GÜTERSLOHER
VERLAGSHAUS

G

Gütersloher Verlagshaus. Dem Leben vertrauen

Die Lutherische Kirche – Geschichte und Gestalten – Band 28

Herausgegeben von Hans Otte, Uwe Rieske und Wolfgang Sommer
im Auftrag der Historischen Kommission des Deutschen Nationalkomitees
des Lutherischen Weltbundes

Karl-Heinz Fix

Glaubensgenossen in Not

Die Evangelisch-Lutherische Kirche
in Bayern und die Hilfe für
aus rassischen Gründen
verfolgte Protestanten

Eine Dokumentation

Gütersloher Verlagshaus

Vorwort

In der Wissenschaft seit langem bekannte Fakten können in der Öffentlichkeit mitunter noch ein hohes Erregungspotenzial entfalten. Oftmals geht es dann nur noch um die Alternative: Lichtgestalt oder Dunkelmann. Ein solcher Vorgang war auch im Jahr 2006 zu beobachten, als es darum ging, Leben und Wirken des bayerischen Landesbischofs Hans Meiser anlässlich seines 125. Geburts- und seines 50. Todestages fundiert und durchaus kritisch zu würdigen. Die berechtigten Anfragen an Meisers Verhalten vor allem als Bischof seit 1933 glitten schnell in Skandalisierungen, in eine Schlacht um Zitate, in Kirchen- und Protestantismuskritik, in Intoleranz und Polemik ab. Hinzu kamen stets medienwirksame Vergleichen mit NS-Größen. Die Debatte endete in der Umbenennung der Meiser-Straßen in München und Nürnberg wegen der Haltung des Landesbischofs zur Judenverfolgung während des Dritten Reichs.

Im Kontext der Debatte um Schuld, Versagen und verfehlte Erinnerung bzw. um Leistung, bleibendes Verdienst für seine Kirche und Gedenkwürdigkeit von Landesbischof Meiser[1] ist auch der von der Wissenschaft erst relativ spät in den Blick genommene Umgang der Landeskirche mit rassisch verfolgten Christen[2] erneut thematisiert worden.[3] Bislang wenig Beachtung wurde hingegen der langen, widerspruchsvollen Vorgeschichte und der Praxis der Hilfe für Glaubensgenossen oder -brüder in Not geschenkt. Auch die erinnerungskulturell bedeutsame Frage, wer eigentlich die Hilfe Suchenden waren, blieb eigenartiger Weise weitgehend unbeantwortet.

Mit der vorliegenden Dokumentation ausgewählter Quellen auf der Grundlage des deutschlandweit einzigartig umfangreichen Aktenbestandes im Landeskirchlichen Archiv Nürnberg wird nicht nur Kirchenhistorikern die Möglichkeit eröffnet, ein differenziertes und fundiertes Urteil über den

1. Vgl. hierzu die Beiträge in dem Sammelband von B. Hamm/H. Oelke und G. Schneider-Ludorff, Spielräume. Als Reaktion auf die emotionalisierte Debatte wurden hier Hans Meiser und die bayerische Landeskirche nicht isoliert betrachtet und zugleich Möglichkeiten und Grenzen kirchlichen Handelns unter dem Nationalsozialismus ausgelotet.
2. Zum Problem der Begrifflichkeit s. u., S. 18, Anm. 9.
3. S. Hermle, Bagatellisierung; D. Schönlebe, Netzwerk; M. Seiler, Tritt ein; A. Töllner, Frage; »… wo ist dein Bruder Abel?«.

Umgang der Landeskirche mit ihren aus rassischen Gründen verfolgten Gliedern und deren Angehörigen zu fällen. Freilich muss der Leser bereit sein, ein ambivalentes Verhalten als solches zu benennen und dieses spannungsreiche Ergebnis auch zu akzeptieren.

Zugleich soll die mittlerweile rege Forschung zum Schicksal dieser Menschen durch Stadtarchive, Kirchengemeinden, Schulen, Gedenkinitiativen etc. befördert werden.[4] Da in der Gegenwart Ausgrenzung, Entrechtung und Verfolgung von Minderheiten weltweit stark wachsende Phänomene sind, mag die vorliegende Dokumentation etwa im schulischen Unterricht dazu beitragen, dem Nachdenken über den Umgang mit »Anderen« einerseits eine historische Dimension zu geben, andererseits Schülern das Schicksal verfolgter Altersgenossen zu verdeutlichen.

Die Dokumentation wird zeigen, dass bayerische Protestanten viele widersprüchliche Rollen einnehmen konnten:
– Vertreter, Profiteure oder Sympathisanten einer in der Vernichtung von Millionen von Menschen endenden Ideologie;
– Entrechtete, Verfolgte und Ermordete in der Folge einer Wahnidee;
– in geringer Zahl aber auch Gegner des Nationalsozialismus und Helfer der »Glaubensgenossen in Not«.

Die vorliegende Arbeit geht zurück auf eine Initiative von Kirchenrat Ivo Huber vom Landeskirchenamt der Evangelisch-Lutherischen Kirche in Bayern. Ihm sei für die gute Zusammenarbeit ebenso gedankt wie Frau Regionalbischöfin Dr. Dorothea Greiner und Herrn Landesbischof Dr. Johannes Friedrich, die der Arbeit großes Interesse entgegen brachten und den finanziellen Rahmen schufen, in dem diese Dokumentation entstehen konnte. Prof. Dr. Harry Oelke, München, begleitete die Arbeit von Beginn an mit Interesse und sicherte die Kommunikation zwischen Theologischer Fakultät und Landeskirche.

Weiterhin danke ich den Mitarbeiterinnen und Mitarbeitern des Landeskirchlichen Archivs in Nürnberg unter Leitung von Frau Dr. Andrea Schwarz. Sie alle sorgten während meiner Archivstudien für außergewöhnlich gute Arbeitsbedingungen. Namentlich ungenannt, aber dennoch ge-

---

4. Auffallend ist, dass bei Fällen, die bereits an anderer Stelle Erwähnung fanden, Kontakte zu den Hilfsstellen – wohl aus Unkenntnis der Nürnberger Quellen – nicht in den Blick kamen. Dies kann durchaus zu Fehlinformationen führen (vgl. S. Golde, Kaufmann). Eine Ausnahme ist der Fall von Franz Fried (IV 10). Die Enkelin Amelie Fried erwähnt kurz Kontakte zu Pfarrer Zwanzger.

würdigt seien die Mitarbeiterinnen und Mitarbeiter zahlreicher Archive für ihre Auskünfte.

PD Dr. Claudia Lepp, Gertraud Grünzinger und Nora Andrea Schulze von der Forschungsstelle für Kirchliche Zeitgeschichte in München sei herzlich für stete Zuhör-, Diskussions- und Kritikbereitschaft gedankt. Frau Astrid Sailer, Augsburg, hat gewohnt zuverlässig die Vorlagen abgeschrieben und auch schwierigste handschriftliche Texte entziffert.

Dem Herausgeberkreis von »Die Lutherische Kirche – Geschichte und Gestalten« mit dem Vorsitzenden der Historischen Kommission des Deutschen Nationalkomitees des Lutherischen Weltbundes, Prof. Dr. Wolfgang Sommer, danke ich für die Aufnahme des Bandes in die Reihe, den Gutachtern für die engagiert-kritische Lektüre des Manuskripts.

München, Oktober 2010   Karl-Heinz Fix

Inhalt

Einleitung

I. Kirchliche Ambivalenzen –
Der Weg zu den Hilfsstellen für die
»Glaubensgenossen in Not«

Staatsfromm und mit theologisch problematischen Argumenten werteten viele protestantische Theologen und Laien die Rassenpolitik des NS-Regimes als rechtmäßiges Handeln einer nach dem Intermezzo der Weimarer Krisendemokratie nun wieder herrschenden guten Obrigkeit. In der Kanzelabkündigung der bayerischen Landeskirche vom Ostersonntag 1933 (16. April) war von einem Staat die Rede, der wieder anfange, nach »Gottes Gebot zu regieren«, der gegen Unsittlichkeit vorgehe, »Zucht und Ordnung mit starker Hand« wieder aufrichte, zur Gottesfurcht rufe, die Ehe wieder heilig halte und in dem heiße Volks- und Vaterlandsliebe nicht mehr verfemt seien.[1]

In den sofort nach der Machtergreifung im Januar 1933 eingeleiteten Maßnahmen gegen politisch anders Denkende und dem deutschen Wesen angeblich Fremde, also vor allem Juden, sahen auch Protestanten die Erfüllung eigener, lange Zeit geäußerter Forderungen nach dem Zurückdrängen des als zu groß erachteten jüdischen Einflusses in Kultur, Wirtschaft und Politik – tatsächlich gab es 1933 in Deutschland rund 525000 Glaubensjuden und sog. Mischlinge, das waren weniger als 1 % der Bevölkerung, sowie etwa 350000 Juden und Mischlinge nichtjüdischen Glaubens.[2]

Daneben gab es im deutschen Protestantismus jedoch seit 1933 auch eine kleine Minderheit von Theologen und Laien, die ihre Kirche zum Wider-

---

1. Zitiert nach E. Henn, Führungswechsel, S. 345.
2. H. Ludwig, So gehe, S. 13. Eine andere Schätzung geht von ca. 400000 »christlichen Nichtariern« und Ehegatten aus. Davon waren ca. zwei Drittel Protestanten (U. Büttner, Von der Kirche, S. 20). E. Röhm/J. Thierfelder, Juden 1, S. 264, geben ca. 90000 evangelischen und 26000 katholischen »Nichtariern« an. Zu den stark differierenden Schätzungen vgl. die Übersicht bei D. Schönlebe, München, S. 11 f.

spruch gegen das Unrecht an jüdischen Mitbürgern und an aus rassischen Gründen verfolgten Christen aufriefen[3] und Hilfe für diese forderten.[4]

Zunächst wird dieses stetige, aber lange Zeit erfolglose Bemühen skizziert, das spät in die Gründung von Hilfsstellen für rassisch verfolgte Christen einmündete. In der dann folgenden Dokumentation wird der Umgang mit der sog. Judenfrage in der bayerischen Landeskirche seit 1918 darstellt. Dabei wird sich zeigen, dass die entschieden positive bayerische Antwort auf die Bitte um Errichtung einer Hilfsstelle im Herbst 1938 angesichts des Verhaltens der Kirchenleitung seit 1933 und der mentalen Prägung der bayerischen Pfarrerschaft nicht zu erwarten war. Im weiteren Verlauf wird die Entstehung sowie die Arbeit der Hilfsstellen in München und Nürnberg dokumentiert und es werden Hilfsgesuche an die Landeskirche aus der Zeit vor der Gründung der Hilfsstellen oder später an ihnen vorbei dargestellt.

Schon vor Dietrich Bonhoeffers Appell vom April/Juni 1933, die »Opfer unter dem Rad zu verbinden« bzw. dem Rad selbst in die Speichen zu fallen[5], hatten Einzelne versucht, ihre Kirche zum Handeln zu bewegen: so im Februar 1933 Amalie von Harnack und andere, die den DEKA baten, gegen die antijüdischen Aktionen zu protestieren. Diese zerstörten die Volks-

---

3. D. Schönlebe, München, S. 10, plädiert auf Grund der Selbstbezeichnung von Selbsthilfeorganisationen für »nichtarische Christen« und betont die zeitgenössische Ablehnung des Wortes »Jude« durch die Betroffenen. Heute ist die Bezeichnung »Christen jüdischer Herkunft« üblich geworden (A. Töllner, Frage, S. 19 f.; G. Lachenicht, Getauft, S. 192 f.). Diese Benennung ist m. E. problematisch, da 1.) für keine andere Gruppe von Konvertiten zum Christentum Bezeichnungen wie »Christen buddhistischer Herkunft« bzw. »Christen atheistischer Herkunft« verwendet werden; 2.) »Christen jüdischer Herkunft« eine biologische Komponente impliziert; die die Taufe als einziges Kriterium der Religionszugehörigkeit relativiert; 3.) seit der nationalsozialistischen Machtergreifung »Christ jüdischer Herkunft« mehr als die Näherbestimmung einer religiösen Biographie ist. Der Begriff wurde neben »Arier« zu einem Unterscheidungsmerkmal im Dienst des Regimes, das den Kampf gegen die von ihm allein definierten »Juden« zum Zentralpunkt seiner Politik und seiner »Heilslehre« machte.
   Da es in dieser Arbeit primär um die Darbietung von Quellen geht und zum Verständnis einer Zeit und eines politischen Systems durch die Nachgeborenen die Sprache eine zentrale Rolle spielt, kann auf die zeitgenössische Diktion auch aus Gründen der Präzision nicht gänzlich verzichtet werden.
4. Vgl. hierzu H. Ludwig, An der Seite, S. 16 ff., und D. Schönlebe, München, S. 51–53.
5. D. Bonhoeffer, Judenfrage, S. 353.

gemeinschaft und verstießen gegen elementare christliche Werte.[6] Der Plan des Berliner Pfarrers Friedrich Siegmund-Schultze vom Mai 1933, ein »Internationales Hilfskomitee für deutsche nichtarische Auswanderer« zu schaffen, scheiterte an seiner Verhaftung und Abschiebung in die Schweiz wegen der Unterstützung von Juden, aber auch am Desinteresse der Ökumene.

Der im Juli 1933 gegründeten und seit 1935 von dem Literaturwissenschaftler Heinrich Spiero geleiteten »Reichsvereinigung christlich-deutscher Staatsbürger nichtarischer oder nicht rein arischer Abstammung e. V.« gelang es nicht, Kontakte zu den Landeskirchen aufzubauen. Dass die deutschchristlich regierten Landeskirchen ablehnten, versteht sich von selbst. Für die Bekennende Kirche war die Hilfe für rassisch verfolgte Christen angesichts der kircheninternen Konflikte ein nachrangiges und kontrovers diskutiertes Thema. Auf der Suche nach Hilfsmöglichkeiten hatten sich Verfolgte an Marga Meusel, Leiterin des Evangelischen Bezirkswohlfahrtsamtes Berlin-Zehlendorf, gewandt. Meusel forderte im August 1934 von Superintendent Martin Albertz, einem Kritiker der NS-Rassenideologie, die Einrichtung einer zentralen kirchlichen Beratungsstelle für rassisch verfolgte Christen. Albertz' Absicht, diese Stelle bei der Inneren Mission anzusiedeln, scheiterte aus organisatorischen und kirchenpolitischen Gründen. Er beauftragte Meusel in der Folge aber, eine Denkschrift zum Problem der Beratung der »Nichtarier« zu verfassen. Meusel beschrieb die »Aufgaben der Bekennenden Kirche an den evangelischen Nichtariern«[7] sowie die möglichen Konsequenzen für die Kirche klar und differenziert. Sie betonte aber auch, dass diese Arbeit unauffällig geschehen müsse und nicht als Opposition gegen den Staat deutbar sein dürfe.

Albertz sandte Meusels Denkschrift an den Präses der Westfälischen Bekenntnissynode und der Bekenntnissynoden der DEK Karl Koch, der sie auf der 3. Reichsbekenntnissynode der BK im Juni 1935 in Augsburg vorlegen sollte. Dieses Ansinnen sorgte jedoch für Verärgerung, und offiziell wurde in Augsburg das Thema nicht angesprochen.[8] Die Motive hierzu gaben in

6. E. Röhm/J. Thierfelder, Juden 1, S. 143. Zu einem weiteren Antrag an den DEKA vgl. unten, S. 34.
7. Leicht, aber gekürzt zugänglich bei E. Röhm/J. Thierfelder, Juden 1, S. 391–396.
8. M. Albertz, Kirchenleitung, S. 168. Albertz berichtet jedoch von einer Kontroverse mit Hans von Soden: dieser wollte nur über Rechtsfragen reden, Albertz wollte über das »Recht aller Entrechteten« diskutieren (ebda., S. 165).

der Forschung Anlass zu Spekulationen: so soll Hans Meiser eine Beratung über die Lage der Verfolgten verhindert haben.[9]

Tatsächlich stand die Synode, die u. a. ein Wort an die Obrigkeit verabschiedete, von Anfang an unter der Prämisse, nicht den Unmut des Staates zu erregen. Die Gefahr hierzu sah man gerade in kirchenpolitischen Fragen. Landesbischof Meiser fürchtete »große sachliche Schwierigkeiten«, falls Karl Barth an der Synode teilnehme. Er versuchte daher, Präses Koch dazu zu bewegen, Barth nicht einzuladen.[10] Oberkirchenrat Meinzolt erklärte im Vorfeld der Synode, dass nur Männer reden sollten, die keine »Exponenten eines geprägten kirchenpolitischen Standpunktes« seien.[11]

Das Augsburger Schweigen war kein Zeichen von Unwissenheit in der BK – zu offenkundig waren die antisemitisch motivierten Angriffe auf das Christentum, auf »nichtarische« Christen und auf die Judentaufe. Zudem hatte die Berliner Lehrerin Elisabeth Schmitz die Lage der Verfolgten detailgenau in der Mitte September 1935 abgeschlossenen Denkschrift »Zur Lage der deutschen Nichtarier« beschrieben.[12] Schmitz forderte einen deutlichen kirchlichen Protest, zumal die Kirche immer wieder Bekenntnisse zum Staat ablege. Der für die 3. Bekenntnissynode der Bekennenden Kirche der APU in Berlin-Steglitz (23.–26. Sept. 1935) verfasste Text wurde dort nicht beraten. Möglicherweise war den Synodalen Schmitz' Kirchenkritik zu scharf. Schmitz' Appell, den sie nach der Verkündung der sog. Nürnberger Gesetze um Hinweise zu deren Folgen für Ehe, Familie und Beruf der Betroffenen ergänzte, blieb ungehört. Dies geht zum Teil auf Meisers Konto. Er hatte vor Steglitz während einer Sitzung der Vorläufigen Kirchenleitung vor einem »selbstverschuldeten Martyrium(s)«, also einem massiven staatlichen Vorgehen gegen Theologen, gewarnt, wenn diese kritisch zur Judenfrage Stellung nähmen. Noch stärker als Meiser kämpfte Präses Koch, bis hin zu einer Rücktrittsdrohung, gegen eine Behandlung der Judenfrage auf der Synode.

In ihrer »Botschaft« erklärten die Synodalen aber bei der Verteidigung der Taufe vor christentumsfeindlichen Angriffen, durch Gottes Willen und

9. E. Röhm/J. Thierfelder, Juden 1, S. 354, Anm. 65, vermuteten ohne Quellenangabe den Einfluss Meisers auf Koch. S. Hermle, Bagatellisierung, S. 61, macht hieraus ein Faktum, wenn er schreibt: »auf Initiative Meisers hatte Präses Karl Koch […] dies nicht zugelassen«.

10. Protokoll der Besprechung zwischen Meiser und Vertretern Kochs am 9. Mai 1935 (LAELKB: Personen 36 [Hans Meiser], Nr. 102).

11. Memorandum vom 24. Mai 1935 (ebda.).

12. Der Text mit Nachtrag findet sich in M. Gailus, Schmitz, S. 191–223, und D. Meyer, Schmitz, S. 220–261.

den Befehl Christi daran »gebunden« zu sein, »allen Völkern, auch den Juden, das Heil in Christus anzubieten«. Die Sakramentsverwaltung dürfe nicht abhängig werden »von Maßstäben, die nicht im Wort der Heiligen Schrift begründet« seien. Wer »der Kirche die Judentaufe als Verrat an Christus« anrechne, lästere das Taufsakrament.[13]

Fast zeitgleich mit Schmitz' Initiative und Albertz' erfolglosem Plan einer rein deutschen Hilfsstelle der VKL für rassisch verfolgte Christen[14] regte Pfarrer Hermann Maas (Heidelberg) im August 1935 an, dass sich der Weltbund für Freundschaftsarbeit der Kirchen mit der Lage der Verfolgten befasse. Man stimmte seinen Plänen zur Unterstützung der Auswanderer und der Auswanderung zu und bat um Gründung nationaler Hilfskomitees. Der Versuch einer Gründung in Deutschland scheiterte jedoch, da weder die Bekennende Kirche noch die Innere Mission sich zu dieser Arbeit im Stande sahen und zur Gründungsveranstaltung die Gestapo erschien. Mit dem dann im Januar 1936 gegründeten Internationalen Hilfskomitee für deutsche Flüchtlinge arbeiteten weder die DEK noch die BK zusammen. Die Spaltung der BK im Februar 1936 und die Bildung einer neuen, vom Reichsbruderrat der BK berufenen VKL im März führten dazu, dass Martin Albertz als VKL-Mitglied ein Referat für rassisch verfolgte Christen einrichten konnte.[15]

Am 4. Juni 1936 richtete die VKL eine vertrauliche, dann aber doch an die Presse gelangte Denkschrift an Hitler. Darin hieß es zum Antisemitismus ambivalent: »Wenn den Christen im Rahmen der nationalsozialistischen Weltanschauung ein Antisemitismus aufgedrängt wird, der zum Judenhaß verpflichtet, so steht für ihn dagegen das christliche Gebot der Nächstenliebe.«[16]

Informationen aus erster Hand zur Lage der rassisch verfolgten Christen erhielt Bischof George Bell von Chichester im Januar 1937 in Berlin bei einem Treffen mit Heinrich Spiero, Charlotte Friedenthal – Mitarbeiterin von Albertz – und Adolf Keller von der »Europäischen Zentralstelle für kirchliche Hilfsaktionen«, deren Exekutiv-Komitee auch Hans Meiser angehörte. Bald darauf wurde der »Reichsverband nichtarischer Christen« in

---

13. M. Gailus, Schmitz, S. 109–111.
14. P. Noss, Albertz, S. 327.
15. Schon im August 1935 war Albertz zum Berichterstatter der VKL über die Judenfrage und zum Verbindungsmann zu denjenigen Verbänden berufen worden, die sich der kirchlichen Betreuung von »Nichtariern« widmeten.
16. Kirchliches Jahrbuch, S. 135.

seiner Funktion als Selbsthilfeorganisation durch die Anordnung, alle »Volljuden« auszuschließen, erheblich geschwächt. Da er im Zuge dieser Maßnahme auch seinen Vorsitzenden verlor, wandte sich Elisabeth Schmitz im März 1937 an Pfarrer Eitel-Friedrich von Rabenau (Berlin). Sie beklagte gegenüber dem Mitglied des Reichsbruderrates die bisherige Untätigkeit der BK gegenüber Hilfe suchenden Rasseverfolgten und hoffte, dass die Maßnahmen gegen den im September 1936 zwangsweise in »Paulus-Bund« umbenannten Reichsverband endlich BK-Pfarrer zur Hilfe für »nichtarische« Gemeindeglieder veranlassten.

Als Folge seines Besuchs sandte Bischof Bell seine Schwägerin Laura Livingstone im August 1937 nach Berlin, damit sie ausreisewillige rassisch verfolgte Christen berate. Eine Bleibe fand sie im aus dem »Paulus-Bund« hervorgegangenen »Büro Dr. Heinrich Spiero«, wo man sich um »vollnichtarische« Christen kümmerte. Ihre Hilfe erwies sich auch bald als notwendig, da gerade in Berlin der Auswanderungsdruck auf die jüdische Bevölkerung durch Willkürmaßnahmen gestiegen war. In dieser Situation forderte Pfarrer Joachim Ungnad, der bereits 1933 gegenüber Martin Buber sein Leiden an »der furchtbaren Ungerechtigkeit«, die Juden zu erdulden hatten, ausgedrückt hatte[17], Friedrich von Bodelschwingh auf, gegen das Unrecht zu protestieren, das Juden angetan werde.

Im Mai 1938 unternahm Hermann Maas einen neuen Versuch, die Leitung der BK zum Handeln zugunsten rassisch verfolgter Protestanten zu bewegen. Ein erstes Ergebnis war, dass ein Appell an BK-Gemeinden ergehen sollte, sich verstärkt dieser Christen anzunehmen. Albertz und Maas stimmten auch überein, dass eine Hilfsstelle eingerichtet werden müsse. Da Albertz beruflich überlastet war und Maas in Heidelberg bleiben wollte, beauftragte die BK den Berliner Pfarrer Heinrich Grüber mit der Betreuung der rassisch verfolgten Protestanten. Grüber widmete sich seiner Aufgabe sofort mit einer klaren Vorstellung von der auf dezentral-landeskirchlichen Strukturen[18] basierenden Organisation, die er am 6. August 1938 beim Auswärtigen Amt anmeldete. Über den fragilen Status der staatlichen Duldung gelangte man freilich nicht hinaus.[19]

Anfänglich arbeitete Grüber mit Heinrich Spiero und Laura Livingstone

---

17. Martin Buber Briefwechsel, S. 484.
18. Dementsprechend entwickelte sich die Zahl der Hilfsstellen von 12 im Dezember 1938 auf zuletzt 26 mit 32 Mitarbeitern in 24 Städten (D. Schönlebe, München, S. 55).
19. Ebda., S. 54.

zusammen. Spätestens aber, als diese im Februar 1939 ihr Büro in das Haus der Grüberschen Hilfsstelle verlegte, trat die Konkurrenz zwischen Grüber und Spiero offen zu Tage.[20] Um seine Arbeit auf eine breite Grundlage zu stellen – die Hilfsarbeit sollte nicht allein eine Angelegenheit des staatlich nicht anerkannten bruderrätlichen Flügels der BK sein – kontaktierte Grüber im Juni 1938 den bayerischen Oberkirchenrat Thomas Breit, Vorsitzender des Rates der Evangelisch-Lutherischen Kirche Deutschlands. Breit stand Grübers Anliegen positiv gegenüber.

Nach Breits Zustimmung und der schnellen Berufung von drei Vertrauensmännern durch den sächsischen Landesbruderrat forderte Grüber am 25. August die Vertrauensleute des Pfarrernotbundes auf, in den jeweiligen Kirchengebieten Mitarbeiter zur Verfügung zu stellen. An die Bischöfe Theophil Wurm in Stuttgart und Meiser wandte er sich am 26. September 1938. Nach München schrieb Grüber, dass er von der zunehmenden Not der Betroffenen erfahre und daher darum bitte, baldmöglichst jemanden für die Betreuung zu benennen (IIIA1). Schon am übernächsten Tag beriet der Landeskirchenrat auf einer außerordentlichen Vollsitzung über das Thema.[21]

Mit der Entscheidung vom 28. September 1938, die verfolgten »Glaubensgenossen in Not« und ihre Angehörigen zu unterstützen, setzte die Landeskirche ein in seiner Deutlichkeit nicht zu erwartendes Zeichen. Zugleich verhielt sie sich trotz der Aufforderung Freiherr von Pechmanns[22] nach der Reichspogromnacht passiv und setzte ihren Schlingerkurs gegenüber der NS-Judenpolitik fort. Am 19. November 1938 beriet der Landeskirchenrat den »Rel.unterricht für nichtarische Kinder u. Seelsorge an Judenchristen«. Man erachtete es als wünschenswert, dass den betroffenen Kindern Religionsunterricht erteilt werde. Für »Judenchristen« sollte ein Seelsorger bestellt werden. Von einem Protest bei staatlichen Stellen wegen der »Judenfrage« sah man ab.[23]

In der zweiten Jahreshälfte 1941 scheint Bischof Meiser dann doch einen

---

20. H. Ludwig, Opfer, S. 70.
21. Die württembergische Landeskirche reagierte sehr viel zögerlicher als die bayerische. Man erkannte die Notwendigkeit der Hilfe, sah sich aber personell dazu nicht im Stande. Erst nach der Reichspogromnacht wurde der Landesverband der Inneren Mission beauftragt, eine Beratungs- und Hilfsstelle einzurichten (H. Ludwig, Opfer, S. 95 f.)
22. F. W. Kantzenbach, Widerstand, S. 267.
23. LAELKB: LKR 676.

Protest gegen die Verfolgung von Christen geplant zu haben. Ausgestattet mit Material, das Pfarrer Zwanzger vorbereiten sollte, wollte er bei Hermann Göring vorstellig werden. Zwanzgers Einberufung zur Wehrmacht verhinderte jedoch den Plan.[24]

Zusammenfassend und mit Blick auf die hier präsentierten Quellen lässt sich sagen:

– die kirchliche Akzeptanz antisemitischer Positionen in der Gesellschaft und vor allem in der Pfarrerschaft schon vor 1933 – also, und vielleicht gerade deshalb, unter den Bedingungen einer Demokratie – standen neben der unbeirrt beibehaltenen Position der Leitung der Landeskirche, dass getaufte »Nichtarier« vollwertige Glieder der Landeskirche seien[25];

– das Schweigen aus Angst vor Repressionen gegen Einzelne bzw. vor Angriffen auf die Institution Landeskirche und der zu lange gehegte Glauben an das legitime Handeln eines offenkundigen Unrechtsregimes standen neben der einzigartigen personellen und finanziellen Ausstattung der kirchlichen Hilfsstellen für die »Glaubensgenossen in Not«;

– der im reichsweiten Vergleich überdurchschnittlich erfolgreichen Arbeit der bayerischen Hilfsstellen[26] stand das – zuletzt an Ostern 1943 mit dem

---

24. J. Zwanzger, Jahre, S. 18. Die in Dokument IIIB8 genannten Fälle dürften der von Meiser intendierten Materialsammlung sehr nahe kommen.

25. So zuletzt im Januar und Februar 1942, als der Landeskirchenrat beschloss, die Aufforderung der Kirchenkanzlei der DEK zum Ausschluss getaufter »Nichtarier« vom kirchlichen Leben zu ignorieren (M. Seiler, Tritt ein, S. 226) und bei der Anfrage des Bamberger Dekans Heller, ob sich anlässlich des Todes einer »Nichtarierin« ein Pfarrer »dem Risiko eines persönlichen Angriffs von der Gegenseite aussetzen« oder sich zum Schutz der Kirche »in irgendeiner Form« zurückhalten solle, »ohne daß die Kirche dabei sich einer Verleugnung schuldig« mache. Im von Breit, Greifenstein und Meiser gezeichneten Entwurf des Antwortschreibens vom 26. Februar 1942 hieß es eindeutig: der betreffenden Person könne weder die seelsorgerliche Betreuung noch die kirchliche Bestattung versagt werden. Das »Risiko eines persönlichen Angriffs« müsse die Kirche um ihres Auftrages willen auf sich nehmen. Eine Form von Zurückhaltung, »ohne sich dabei einer Verleugnung schuldig zu machen«, gebe es nicht (LAELKB: LKR 2595).

26. Die Quantifizierung der Hilfe ist schwierig. Dank der Arbeit des Büro Pfarrer Grüber sollen bis zu dessen Auflösung am 19. Dezember 1940 1700 bis 2000 Betroffene ausgereist sein (H. Ludwig, So gehe, S. 34). Darin ist die Zahl der durch die regionalen Hilfsstellen Geretteten nicht mit eingeschlossen. Eine rechnerische Trennung halte ich bei der engen Verflechtung der Hilfe aus Berlin und aus Bayern nicht für möglich. Darüber hinaus bedeutete die erfolgreiche Ausreise aus Deutschland nicht immer die endgültige Rettung, vgl. hierzu den Fall Weiss (IV13).

Münchener Laienbrief[27] kritisierte – Schweigen zum Massenmord an den deutschen und europäischen Juden gegenüber;
– mit Dietrich Bonhoeffer gesprochen: auf den Entschluss, die unter das Rad Gekommenen zu verbinden, folgte nicht der Schritt, dem Rad in die Speichen zu fallen. Dafür war, wie Freiherr von Pechmann bei Hans Meiser nach einem Gespräch am 24. November 1938 feststellte, die »amtliche Verantwortung« für den Fortbestand der Landeskirche größer als die »rein persönliche(n)«[28] Verantwortung des auf eine mutige Tat seiner Kirche hoffenden Laien.[29]

27. In diesem dem Landesbischof persönlich übergebenen Schriftstück hatten Laien mit theologischen Argumenten gegen die Judenvernichtung protestiert und den unaufhebbaren Zusammenhang zwischen Kirche und Israel betont. Meiser weigerte sich jedoch, diesen Text als Hirtenbrief zu veröffentlichen. Bei Gestapoermittlungen gegen die Autoren schützte er diese durch eine falsche Aussage (vgl. E. Röhm/J. Thierfelder, Laienbrief).
28. F. W. Kantzenbach, Widerstand, S. 267.
29. Meisers Position deckt sich weithin mit der, die Schönlebe (München, S. 28 f., 111) für Kardinal Faulhaber herausarbeitet.

II. Einleitung in den Dokumententeil

1. Weimarer Republik

Wer verstehen will, weshalb viele deutsche Protestanten im Jahr 1933 ihre Hoffnungen auf einen Politiker setzten, dessen »Programm« aus einer aggressiven Außenpolitik und einem Menschen verachtenden Rassismus bestand, muss seinen Blick auf den November 1918 richten. Niederlage und Revolution bargen für Protestanten eine nie da gewesene Verlusterfahrung: statt evangelischer Leitkultur und der zutiefst verinnerlichten Vorstellung von der Monarchie als der besten und den Deutschen gemäßen Staatsform herrschten nun in einem weltanschaulich neutralen Staat Pluralismus und Parteiendemokratie.

Mit dieser Betonung der Epochenjahre 1918/19 soll nicht behauptet werden, dass es vor dem Ende des I. Weltkrieges keine Judenfeindschaft in Deutschland gegeben hat. Mit dem Trauma vom November 1918 erfuhr diese aber eine gesellschaftlich weithin anerkannte Potenzierung.

A. Stimmen aus der Pfarrerschaft

In Aufnahme und Weiterentwicklung der sog. Dolchstoßlegende waren Protestanten schnell und gern davon überzeugt, dass »Juden« die Urheber und größten Nutznießer des erlittenen Verlusts waren (IA1–2). Für die Verbreitung dieser auf Zerrbildern basierenden Überzeugung vom jüdischen Sündenbock sorgte schon früh die einflussreiche kirchliche Presse. In Bayern tat sich besonders »Freimunds kirchlich-politisches Wochenblatt für Stadt und Land« hervor. Bereits 1921 wurde dort gegen die »verjudete« Reichsregierung, gegen die Förderung der Unsittlichkeit als Signatur der neuen Zeit und gegen Juden als Sozialisten und Kapitalisten gewettert.[1]

Schon 1921 forderte mit Wilhelm Auer ein württembergischer, seit 1926 bayerischer Pfarrer zum Boykott jüdischer Geschäfte auf und verlangte die Einführung eines Arier-Paragraphen.[2] 1924 wurde in der Kirchenpresse der

---

1. H. Baier, Verhältnis, S. 81 f.; ders.: Kirche und Judentum, S. 33–35.
2. Das jüdische Problem, Lorch 1921.

Ruf nach einem Boykott jüdischer Geschäfte erneut laut.[3] Derartige Forderungen basierten auf der weit verbreiteten Überzeugung, dass Juden in Deutschland zu viel negativen Einfluss in Politik, Wirtschaft und Kultur hätten.[4] Betrachtet man diese oft statistisch untermauerte These genauer, wird klar: Juden repräsentierten in der protestantischen Wahrnehmung nicht nur ein im deutschen Religionsgefüge fremdes Element, sondern sie standen auch für die ökonomischen, gesellschaftlichen und kulturell-medialen Entwicklungen der Moderne, die einem in rückwärts gewandten, harmonistischen Vorstellungen von Familie, (Land-)Wirtschaft und tiefgründig-innerlicher deutscher Kultur wurzelnden lutherischen Protestantismus widersprachen. Dass solche Thesen auch in die Versuche zur Abwehr antijüdischer Attacken einflossen und damit die Hilflosigkeit vieler Theologen in den 1920er Jahren gegenüber dem Antisemitismus offenbar wurde, macht der Text aus dem Jahr 1926 des damaligen Predigerseminardirektors Hans Meiser (IA8)[5] überdeutlich klar. Schon im August 1924 hatte das von den Geistlichen des Dekanats Nürnberg herausgegebene »Evangelische Gemeindeblatt« einen sprachlich und inhaltlich problematischen Text des Kölner Palästinamissionars Ludwig Schneller über die »Lösung der Judenfrage« durch die Judenmission publiziert. Die Redaktion hatte Schnellers Text mit »Leitsätzen über das Verhältnis des deutschen Wirtsvolkes zu dem jüdischen Gastvolk« ergänzt, die auf eine Entrechtung der jüdischen Mitbürger zielten. Gegen beide Publikationen verwahrte sich das »Nürnberger Isr. Gemeindeblatt« im Oktober 1924, da sie dem religiösen Frieden nicht dienlich seien. Im »Stürmer« wurden dann 1925 der Vortrag des Frankfurter Obermagistratsrats und Wirtschaftswissenschaftlers Ernst Cahn auf der Provinzialtagung des Evangelisch-Sozialen Kongresses in Nürnberg und dessen Zuhörer in übelster Art angegriffen.[6]

Die drei protestantischen Antis (Versailles, Weimar, Juden) sorgten für eine Annäherung der Kirche an das rechte politische Spektrum. Darüber hinaus war die politische Rechte für Theologen auch inhaltlich interessant. In deren religiös verbrämter Betonung überindividueller Gemeinschaftsformen (Familie, Volk, Rasse) meinten sie, Anknüpfungspunkte an die Theorie

---

3. H. Baier, Verhältnis, S. 84, vgl. auch IIA1–2.
4. E. L. Schmidt, Juden, S. 27; vgl. IA3.
5. Die Meisers Quellen analysierende und den Text in den zeitgenössischen Kontext stellende Studie von L. Bormann, Stürmer, erschien erst nach Abschluss des Manuskripts.
6. Der Stürmer 1925, Nr. 40, S. 3; Nr. 41, S. 4.

der Schöpfungsordnungen – das lutherische Deutungsmodell der menschlicher Gemeinschaft – zu finden. Kritik an der christentumsfeindlichen Blut- und Bodenideologie wurde kaum laut. Zugleich erlag man einer Selbsttäuschung und unterschied zwischen ›gutem‹ und ›schlechtem‹ Antisemitismus. Ersterer kämpfe zum Wohl Deutschlands gegen den jüdischen Einfluss, letzterer verherrlichte einseitig das nordische Blut (IA4–6, IB2). Wenn dagegen die Judenfeindschaft auf das Christentum als aus dem Judentum stammende Religion durchschlug, setzte man sich öffentlich zur Wehr (IA3).

Zur literarischen Beschäftigung mit der politischen Rechten kamen die Aktivitäten protestantischer Laien, Theologiestudenten und Pfarrer im rechten politischen Spektrum hinzu, auch wenn die Akteure dieses Tun gerne als national oder sozial, aber nicht als politisch definierten.[7] Die frühen Feststellungen von Kirchenhistorikern, dass die bayerischen Pfarrer wie ihre Kollegen im Reich »so gut wie geschlossen ›rechts‹« standen[8], »in ihrer Mehrheit antisemitisch eingestellt« und durch die Freikorps nach rechts politisiert waren[9], lassen sich heute präzisieren. Nachdem sich bereits 1923 Vikare, aber auch Pfarrer Oscar Daumiller für Hitler begeistern konnten und im September 1924 die Arbeitsgemeinschaft völkischer Pfarrer ca. 80 Geistliche in Nürnberg versammeln konnte, entstand auf Anregung des fränkischen Gauleiters Hans Schemm 1931 der propagandistisch rührige »Nationalsozialistische Evangelische Pfarrerbund«.[10] 1932 konnten ca. 20 % der bayerischen Pfarrer als »überzeugte Anhänger« des Nationalsozialismus gelten, davon wiederum waren ein Viertel auch Parteimitglieder. Der Sympathisantenkreis kann auf 50 % veranschlagt werden. Noch brisanter werden diese Zahlen, wenn man berücksichtigt, dass infolge der gesellschaftlich-sozialen Situation Bayerns die Kirchlichkeit und die Akzeptanz der Kirchenautorität in der evangelischen Bevölkerung größer als in andere Landeskirchen war und den Pfarrern ein entsprechend großer Einfluss auf das politische Denken der Gemeinde zugerechnet werden kann.[11]

---

7. Hierzu passt auch der Eindruck, dass »auf der Ebene der Kirchenleitung in München […] offener Antisemitismus nicht feststellbar« ist, zugleich aber auch keine »Auseinandersetzung mit diesem zeitgeschichtlichen Phänomen« aktenkundig wurde (E. L. Schmidt, Landeskirche, S. 28)

8. F. W. Kantzenbach, Das Einzelne, S. 108.

9. H. Baier, Verhältnis, S. 84 f. Besonders an der Heimatuniversität der bayerischen Theologen, in Erlangen, hatten die Freikorps großen Zulauf gefunden (A. Wendehorst, Erlangen, S. 153).

10. Ebda., S. 76 f., 84, 120 f.; C. Nicolaisen, Pfarrerbund.

11. B. Mensing, Lutheraner, S. 420; M. Kittel, Provinz, S. 373.

Die Suche nach Stimmen, die sich gegen die Judenfeindschaft aussprachen, gestaltet sich schwieriger als der Aufweis antijüdischer Stimmen. Das
liegt u. a. daran, dass ein gegenüber jüdischen Mitbürgern in religiöser,
politischer und kultureller Hinsicht toleranter liberaler und nicht dem kon-
fessionellen Luthertum verhafteter Protestantismus in Bayern kaum exis-
tierte. Ohne den liberalen Protestantismus zum Hort der Toleranz erklären
zu wollen, ist dennoch zu bedenken, dass ein Wissen um die religions-
geschichtliche Bedingtheit des Christentums und die Achtung des Indiv-
iduums mäßigend wirken konnten. So ergibt sich der bemerkenswerte Be-
fund, dass gerade im judenfeindlichen »Freimund« 1929 ein Text (Steinlein:
Luthers Stellung zu den Juden[12]) erschien, in dem die Tendenz, die aktuelle
Judenfeindschaft missbräuchlich mit Luther zu legitimieren, abgelehnt
wurde. Luther – so Steinlein – habe die Juden bekehren wollen.[13]

Selbst aus der Mission unter Israel kamen Stimmen, die von der Religion
der Väter abgefallene Juden zu Feinden der deutschen »Volksseele« erklärten (IA1+7). In diesen Fällen bestand die Lösung der Judenfrage als Schicksalsfrage des deutschen Volkes aber in der Mission unter Israel.

B. Stellungnahmen Erlanger Theologen

Bei der Ausbildung eines national-antidemokratischen Klimas an der Universität Erlangen und bei ihrer Öffnung hin zum Nationalsozialismus kam
der Theologischen Fakultät eine Führungsrolle zu. Hierbei waren die Größe
der Fakultät, aber auch der Charakter der Theologie als Leitwissenschaft und
das damit verbundene Ansehen innerhalb der Universität von Bedeutung.[14]

Der Kirchenhistoriker Hermann Jordan verfocht die These von der Ei-
gengesetzlichkeit der Politik. Mit Luther begründete er 1917, dass der Protestant nur eine religiöse Gleichheit vor Gott, aber nicht die politische
Gleichheit aller Menschen anerkenne.[15] Nachdem er während des Ersten
Weltkrieges für Annexionen und gegen eine Demokratisierung des Reiches
gekämpft hatte, agierte er später v. a. als hoch gelobter[16] politischer Publizist

---

12. Der Text erschien in der Schriftenreihe der Arbeitsgemeinschaft für Volksmission des
    Landesvereins für Innere Mission in Bayern r[echts]. d[es]. Rh[eins]., Abteilung
    Apologetik unter dem Titel »Luthers Stellung zum Judentum«.
13. H. Baier, Verhältnis, S. 79, 85; »... wo ist dein Bruder Abel?«, S. 47–49.
14. G. Jasper, Universität, S. 802–804, 815.
15. H. Jordan, Staatsauffassung, S. IV, 195.
16. KorrBl 44 (1919), S. 172.

der Rechten. In seinen »Gedanken zur Judenfrage« (IB1) erklärte er im August 1921 die Judenfrage zur deutschen Schicksalsfrage. Im Kampf gegen den Einfluss der Juden kamen für Jordan die strenge Selbstbescheidung der von den Deutschen grundverschiedenen Juden, ein Zuzugsverbot oder ein eigener jüdischer Staat in Frage. Deutsche Juden sollten strikt national denken, um mit einer dem »deutschen Geiste« zugewandten Haltung die ihnen begegnende, selbst verschuldete Ablehnung zumindest teilweise zu überwinden.

Auf einer Fortbildungsveranstaltung für bayerische Pfarrer referierte Paul Althaus 1931 (IB2) gestützt auf die Theorie der Schöpfungsordnungen über das Thema Kirche und völkische Bewegung. Aktuell sei der Nationalsozialismus der Exponenten der völkischen Bewegung. Im Kampf »um die deutsche Seele« seien ganzheitliches volksorganisches Denken und der Reinheitsgedanke als Rassengedanken Grund legend. Das Judentum sei als Hauptträger des aufklärerischen Geistes für das deutsche Volkstum gefährlich. Das Recht des Antisemitismus liege in der Wahrnehmung und Thematisierung der Differenz, doch dogmatisiere er fälschlicherweise die Rasse. Die Geschichte des Judentums deutete Althaus religiös, bis hin zu einem radikal eschatologischen Sinn seiner Existenz für die Christen. Gemeinsam seien der Kirche und der völkischen Bewegung die antiindividualistische Hochschätzung des Volkes und die Option, bestehende Verhältnisse revolutionär zu verändern. Eine Ausnahmegesetzgebung gegen Juden lehnte Althaus ab.

In der anschließenden Diskussion scheint keine strikte Ablehnung des Nationalsozialismus laut geworden zu sein. Statt dessen erkannte man inhaltliche Übereinstimmungen von Christentum und völkischer Bewegung. Eine Sondergesetzgebung für Juden wurde intensiv und wohlwollend erörtert. In seinen Ethikvorlesungen trug Althaus künftigen bayerischen Pfarrern Ähnliches vor.[17]

In der Schriftenreihe des in Opposition zur Deutschnationalen Volkspartei entstandenen Christlich-Sozialen Volksdienstes setzte sich der Neutestamentler Hermann Strathmann (IB4) mit Aspekten der nationalsozialisti-

---

17. Paul Althaus: Grundriß der Ethik. Neue Bearbeitung der Leitsätze, Erlangen 1931, S. 94–97: § 31: Das Volk. Althaus legte das Buch seinen Vorlesungen zur Ethik zu Grunde. Nachdem die 1928 erstmals erschienenen »Leitsätze zur Ethik« bis 1929 zwei Nachdrucke erlebt hatten, überarbeitete und ergänzte Althaus das Buch. Dabei nahm er auch inhaltliche Verschärfungen vor. 1953 erschien die Ethik in einer überarbeiteten Auflage, die aber weiterhin die Paragraphen »Das Volk« und »Die Rassen« enthielt.

schen Weltanschauung auseinander. Bei aller Kritik erkannte er in deren Rassenidee »ernste(n) Wahrheiten«, seine Betrachtungen zur deutschen Bevölkerungsentwicklung seit 1914 führten ihn in ein biologistisches Fahrwasser. Selbst mit der Betonung der Führungsrolle der arisch-germanischen Völkerfamilie/Rasse hatte Strathmann keine Probleme, nur mit der Verzeichnung des Rassebewusstseins zum Rassedünkel und der Forderung, dass aus der Verabsolutierung der Rasse eine neue Ethik in Konkurrenz zur christlichen entstehen müsse.

C. Gemäßigte Stimmen

Ein früher theologischer Warner vor dem völkischen Rassenwahn wie Georg Merz (IC1) erklärte dieses gesellschaftlich-politische Phänomen zu einem Thema der protestantischen Ethik und verurteilte die Gewaltbereitschaft der nationalsozialistischen Bewegung. Doch auch der Münchner Studienrat wusste um den ›zersetzenden jüdischen Geist‹. In seiner eng geführten theologischen Ablehnung des Rassismus nannte er die These, dass der Weg zum Heil über das Blut verlaufe, ›jüdisch‹ und das übervölkische Christentum gefährdend.

Dass eine deutschnationale politische Überzeugung und die Verwurzelung im Luthertum nicht zwingend zur rassisch motivierten Judengegnerschaft führen musste, zeigt ein Votum des Kirchenpräsidenten Friedrich Veit (IC2). Er lehnte eine Anwendung der Theorie der Schöpfungsordnungen auf die Deutung der Gegenwart nach 1918 durch Pfarrer ab, die in nationaler Begeisterung kirchliche Verkündigung und Politik verwechselten. Volk und Vaterland seien zeitliche Güter, denen gegenüber der Christ sich seine Freiheit bewahren müsse. Zudem warnte Veit vor einer Verabsolutierung des deutschen Volkes. »Nationalität, Volk und Vaterland« ordneten sich für den Christen in den Bereich ein, innerhalb dessen sich »sein nicht von der Welt stammendes, aber in der Welt sich abspielendes Leben« als Kind Gottes vollziehe. Wer ausschließlich die Rasse im Völkerleben betone, veräußerliche und vergröbere die Auffassung des Volkstums und dehumanisiere die Menschheitsgeschichte. Dadurch drohe eine »Verrohung des Urteils und des Verhaltens«, wie es im »überheblichen Anspruch auf ein Edelrassentum« und im Rassenhaß offenbar werde.

Ein für Bayern sehr seltenes Votum eines Protestanten aus dem Umfeld des Vereins zur Abwehr des Antisemitismus[18] stammt von dem Augsburger

18. Vgl. zum in Bayern besonders vom Engagement des Nürnberger Hauptpredigers

Pfarrer August Christoph Rehbach (IC3). Aber auch bei ihm stand neben der Gegnerschaft zu einem Rassenhass, der sich »gegen alles richtet, was je aus dem semitischen Geist hervorgegangen ist« und der auch das Alte Testament radikal ablehne, die Betonung des zersetzenden Einflusses religiös und national entwurzelter Juden.

Christian Geyer geprägten Verein zur Abwehr des Antisemitismus A. Zeiß-Horbach, Fürsprache; Verein, S. 328–340.

2. Nationalsozialismus

A. *Zeitungsartikel zum Boykott jüdischer Geschäfte*

Unter dem Vorwand, auf die ausländische Kritik an Polizeimaßnahmen gegen politische Gegner und jüdische Mitbürger in der Folge des Reichstagsbrandes vom 27. Februar 1933 zu reagieren, kam es am 1. April 1933 zu einem bis dahin in der deutschen Geschichte einmaligen reichsweiten Boykott jüdischer Geschäfte, Anwälte und Ärzte. Dessen Organisator war der fränkische Gauleiter Julius Streicher. Trotz zahlreicher Aufforderungen, sich dazu zu äußern, schwiegen die Kirchenleitungen zu der Willküraktion. In einer auf das Ausland zielenden Rundfunkrede vom 4. April attestierte etwa Otto Dibelius den Maßnahmen Legalität und deutete sie als Rückkehr zur – seit 1918 nicht mehr bestehenden – Normalität. Auch andere Theologen hatten schon vor dem 1. April versucht, die Lage in Deutschland beschönigend darzustellen und das empörte Ausland zu beschwichtigen.[19]

Die zweimalige Intervention des Münchener Bankiers und Präsidenten des Deutschen Evangelischen Kirchentages Wilhelm Freiherr von Pechmann beim Deutschen Evangelischen Kirchenausschuss als oberstem protestantischen Koordinationsorgan blieb ebenfalls erfolglos. Bei seinem zweiten Anlauf erklärte von Pechmann am 12. April 1933, der Kirchenausschuss dürfe zur »Verletzung christlicher Gerechtigkeit und Liebe« gegen jüdische Mitbürger nicht schweigen. Die Kirche habe »eine Mission zu erfüllen«, der sie sich nur entziehen könne, wenn sie »sich selbst untreu« werde.[20] In der Sitzung beantragte er dann den Erlass einer Kundgebung, in der es u.a. heißen sollte, dass der Kirchenausschuss die Auslandskirchen ernsthaft »um Zurückhaltung gegenüber von [sic!] Vorgängen im Rahmen der deutschen Revolution« bitte. Diese seien nur bei »genauer Vertrautheit mit den besonderen deutschen Verhältnissen« zu verstehen. Zugleich solle der Kirchenausschuss erklären, dass die Kirche »ihre eigenen Angehörigen jüdischen Stammes nach wie vor als die ihrigen ansieht, mit ihnen fühlt und in den Grenzen des praktisch Möglichen für sie eintritt.« Auch mahne man »die öffentlichen Gewalten«, »bei noch so berechtigter Korrektur von Mißständen die Gebote der Gerechtigkeit und der christlichen Liebe nicht

---

19. K. Scholder, Kirchen I, S. 334–341; E. Röhm/J. Thierfelder, Juden 1, S. 141–150.
20. Zu den Verhandlungen des Kirchenausschusses: M. Smid, Protestantismus, S. 354–362; das Schreiben an den Kirchenausschuss bei F. W. Kantzenbach, Widerstand, S. 37.

außer Acht zu lassen.«[21] Freiherr von Pechmann setzte sich demnach nur für rassisch verfolgte Christen ein und konstatierte zudem, dass nicht das Dass der Maßnahmen, sondern das Wie problematisch sei.

In der Landeskirchenratssitzung vom 30. August 1933 berichtete Meiser über die Behandlung der »Nichtarier«. Auf Antrag Meinzolts beschloss das Gremium, »eine Vorstellung gegenüber dem Ministerium zu erheben, weil durch diese Maßnahme viel Unrecht erlitten werde«.[22] Adressat soll der aus Regensburg stammenden Reichsjustizminister Gürtner gewesen sein, mit dem Hans Meiser persönlich bekannt war. Bis heute ist unklar, ob der Brief je abgesandt wurde.[23]

Die dem »Evangelischen Bund zur Wahrung der deutsch-protestantischen Interessen« nahe stehende, 1925 gegründete »Fränkische Wacht« publizierte am Boykott-Tag und zwei Wochen später zwei gehässige, die Aktion legitimierende und die eigene antijüdische Position seit 1925 betonende Texte (IIA1–2).[24]

Nach einer lokalen Boykott-Aktion der NSDAP in Ansbach im März 1934 schrieb Landesbischof Meiser an Ministerpräsident Siebert. In seinem Brief erklärte er, eine wirtschaftliche oder gesellschaftliche Schädigung der jüdischen Bürger sei mit christlichem Handeln unvereinbar. Die Aktion müsse beendet werden, da der Gewissenskonflikt »die besten Teile der Bevölkerung, die sich aus voller Überzeugung dem Nationalsozialismus und dem Dritten Reich erschlossen haben«, in eine Ablehnung des nationalsozialistischen Staates treiben könne. Der Satz lässt offen, was Meiser mehr

---

21. EZA Berlin, 1/3210. In einem Text vom Dezember 1939 und in einem Brief vom September 1934 zitierte von Pechmann seinen Antrag mit nachstehendem, in der Literatur häufig zu findenden Wortlaut: »1. Wir bekennen uns zu allen Gliedern unserer Kirche ohne Unterschied der Abstammung, auch und gerade zu denen, die ganz oder teilweise jüdischer Abstammung sind. Wir fühlen mit ihnen und wir werden für sie eintreten bis zu den Grenzen des Möglichen. 2. An die Träger der öffentlichen Gewalt aber richten wir die ernste Mahnung, bei allem, was zur Abstellung von Mißständen geschehen soll, die Grenzen nicht zu überschreiten, die durch die Gebote der Gerechtigkeit und der christlichen Liebe gezogen werden.« (F. W. Kantzenbach, Widerstand, S. 17 und S. 110).

22. LAELKB: LKR 671 (Niederschrift über die Sitzung des Landeskirchenrats am 29./30. August 1933, S. 18).

23. So die These von H. Baier, Verhältnis, S. 90.

24. Der Text vom 1. April kann als Ausführung der im »Völkischen Beobachter« publizierten Anordnung der NSDAP, die Boykottaktion zu popularisieren, verstanden werden (P. Hanke, Geschichte, S. 83).

am Herzen lag: das Wohl der jüdischen Bevölkerung oder das Ansehen des Staates?

B. Bayerische Stimmen zum sog. Arierparagraphen in der Kirche

Offizielle kirchliche Reaktionen auf das »Gesetz zur Wiederherstellung des Berufsbeamtentums« vom 7. April 1933 unterblieben. Man fühlte sich nicht betroffen, und die Forderung nach einer Zurückdrängung des »jüdischen Einflusses« war protestantischer common sense. Am 6. September 1933 beschloss jedoch die Generalsynode der Evangelischen Kirche der altpreußischen Union die Aufnahme eines sog. Arierparagraphen in ihr Kirchenbeamtengesetz. Bald folgten andere deutsch-christlich regierte Landeskirchen nach. Auf Empfehlung des Auswärtigen Amtes, das negative Folgen im Ausland befürchtete, stellte Reichsbischof Ludwig Müller seinen Plan, den Arierparagraphen auf der Nationalsynode vom 27. September allgemein verbindlich zu machen, zurück. Mitte November 1933 wurden die landeskirchlichen Regelungen sogar zeitweise zurückgenommen.

In Reaktion auf den preußischen Beschluss warben 25 Pfarrer aus Nürnberg und Umgebung mit Schreiben vom 14. September bei Amtsbrüdern um Unterstützung ihrer Aufforderung an den Landesbischof, gegen den bekenntniswidrigen Arierparagraphen zu protestieren.[25] Der Vorstoß fand positive Resonanz, er war aber nur bedingt notwendig, da Meiser einen Antrag an die vom 12. bis 14. September tagende Landessynode auf Einführung eines Arierparagraphen zu verhindern gewusst hatte.

Die Initiatoren der Aktion legten am 21. September 1933 eine neue Erklärung vor, in der sie alle Ambitionen, eine kirchenpolitische Gruppe zu gründen, verneinten und in der sie ihren Protest gegen den Arierparagraphen auf den kirchlichen Bereich beschränkt wissen wollten. Im politischen Raum sah man aus schöpfungstheologischen Gründen die Notwendigkeit eines gegen Juden gerichteten Vorgehens. Um nach außen das Bild einer befriedeten und homogenen Landeskirche zu erwecken, verbot Meiser eine öffentliche Diskussion des Themas.[26]

In diese Situation hinein kam die Bitte der Mitglieder des kurhessischen Kirchentages aus den drei oberhessischen Kirchenkreisen vom 11. September 1933 an die Theologischen Fakultäten in Marburg und Erlangen – ein

---

25. Der Text ist zugänglich in: »… wo ist dein Bruder Abel?«, S. 79.
26. A. Töllner, Frage, S. 51–55.

breiteres theologisch-kirchenpolitisches Spektrum hätte man nicht abde-
cken können – um ein Gutachten über den Arierparagraphen. Es galt zu
klären, ob das altpreußische Kirchengesetz Schrift und Bekenntnis sowie
der Präambel der Verfassung der Deutschen Evangelischen Kirche entspre-
che oder nicht.[27]

In dem von der Marburger Theologischen Fakultät einstimmig beschlos-
senen Gutachten vom 19. September 1933 wurden die jüdischen Ursprünge
des Christentums, die Unabhängigkeit des Pfarrers in Seelsorge und Verkündigung, der rein religiöse Unterschied zwischen Jude und Christ und
die Taufe als alleiniges Kriterium für die Kirchengliedschaft betont. Versuche, in Jesus einen Arier zu erkennen, seien unhistorisch. Eine »politische
oder kirchenpolitische Fesselung« der Verkündigung und die »Beschrän-
kung der Rechte nichtarischer Christen in der Kirche« seien unvereinbar
mit der Verfassung der Deutschen Evangelischen Kirche vom 11. Juli 1933
bzw. mit dem Wesen der Kirche, »wie es durch die allein maßgebende Autorität der Heiligen Schrift und das Evangelium von Jesus Christus bestimmt
und durch die Bekenntnisse der Reformation bezeugt ist«.[28]

Im Auftrag ihrer Fakultät erarbeiteten die beiden Erlanger Systemati-
schen Theologen Paul Althaus und Werner Elert ein »Theologisches Gutachten« (IIB1) über die Zulassung von »Nichtariern« zu den Ämtern der
Deutschen Evangelischen Kirche – nicht zum Ausschluss, wie es das Gesetz
vorsah! Gegenwartsbezogener als das ins Prinzipielle gewendete Marburger
Votum und ordnungstheologisch argumentierend betonten Althaus und
Elert den Unterschied zwischen Juden und Deutschen und die traditionelle
Verknüpfung der Zulassung zu kirchlichen Ämtern mit bestimmten äußeren Voraussetzungen. Die christliche Gotteskindschaft hebe biologische Unterschiede nicht auf, und die Ordnung der Kirche dürfe die »historisch-völ-
kische Gliederung« nicht ignorieren.

Der Dekan der Erlanger Fakultät Hermann Strathmann versuchte in seinem Sondervotum (IIB2) den Spagat zwischen der Anerkennung der
staatlichen Rechtssetzung und der Definition der Kirche als übervölkischer
Liebesgemeinschaft. Damit schied für ihn zwar die Gründung judenchristlicher Sondergemeinden aus, aber einen Anspruch auf ein kirchliches Amt
wollte er aus der vollen Zugehörigkeit von »Nichtariern« zur christlichen
Gemeinde nicht ableiten. Dazu sei die Volkszugehörigkeit notwendig, der
man sich in der Gegenwart wieder strenger bewusst werde und deren De-

27. K. D. Schmidt, Bekenntnisse 1933, S. 178.
28. Ebda., S. 182, 179.

finition noch im Flusse sei. Eine Entlassung »nichtarischer« Pfarrer komme nur bei einer Zerrüttung des Vertrauensverhältnisses zwischen Geistlichem und Gemeinde in Frage.

Mit der ihm eigenen Ambivalenz und mit leiser Kritik am Fakultätsvotum reagierte Meiser auf das Strathmann-Gutachten. In Forderungen nach einem Arierparagraphen im öffentlichen Raum – und nur da – sah er einen berechtigten Kern, der sich jedoch unzulässig radikalisiere und mit einem übersteigerten Nationalismus einhergehe, der wiederum den übernationalen Charakter des Christentums bekämpfe (IIB3).

Einen theologischen Zugang zum Thema wählte Georg Merz, Dozent an der Theologischen Schule Bethel. Daher spiegelte sich in seinem Aufsatz (IIB4) auch der Konflikt des Erlanger Neuluthertums mit einem von Karl Barth beeinflussten Luthertum wider. Beim Arierparagraphen gehe es prinzipiell um das Verhältnis von Kirche und Synagoge, die Judenfrage betreffe nicht die getauften Juden. Einen kirchlichen Arierparagraphen könne es nicht geben, die staatliche Regelung sei eine Reaktion auf »die verheerenden Auswirkungen des Aufklärungsliberalismus«.

C. Angriffe des »Stürmer« auf Pfarrer

Seit seiner Gründung im Jahr 1923 gehörten christentumsfeindliche Artikel zum festen Repertoire des »Stürmer. Nürnberger Wochenblatt zum Kampf um die Wahrheit«. Kirchenrat Julius Schiller, der 1924 einen angeblichen »Nichtarier« bestattete, fand sich ebenso am Pranger des »Stürmer« wieder[29] wie die liberalen Theologieprofessoren Heinrich Hermelink, Adolf Jülicher, Rudolf Otto und Martin Rade, die 1925 für den katholischen Reichspräsidentenkandidaten Wilhelm Marx geworben hatten.[30] Im September-Heft 1925 wurde ein ungenannter bayerischer Vikar unter der Überschrift »Einer von den 500 der getauften Hebräer, die evangelische Pfarrer sind«, mehrfach als »kleiner Judenbub« bezeichnet.[31] Im Februar 1931 suchte man per Annonce nach Personen, die Auskunft über die Abstammung von Kirchenpräsident Friedrich Veit machen konnten.[32] Hiergegen erhoben die Vorstände der Nürnberger Pfarrgemeinden und des Lan-

29. Der Stürmer, 1924, Nr. 31, Oktober, S. 3.
30. Ebda., 1925, Nr. 31, Juli, S. 3 f.
31. Ebda., 1925, Nr. 39, September, S. 4.
32. Ebda., 1931, Nr. 9, Februar.

desvereins für Innere Mission bei der Landesleitung der NSDAP Einspruch, freilich in sehr konzilianter Form.[33]

Lobend erwähnte der »Stürmer« dagegen die judenfeindlichen Predigten des Nürnberger Pfarrers Hans Weinicke. Ein Gottesdienstbesuch bei ihm sei jedem Nationalsozialisten zu empfehlen.[34]

Schon vor der Machtergreifung war die Denunziation als »Jude« ein Gemeinplatz der Stürmer-Artikel, und unliebsamen Personen wurde Gewalt bzw. für den Fall der Machtergreifung Vergeltung angedroht. Über die Wirkung auf die Pfarrerschaft kann nur spekuliert werden, die Sorge um die Gefährdung der eigenen Person bei partei-, nach 1933 auch bei staatskritischem Verhalten darf aber als verbreitet gelten. Nach der Machtergreifung wurde Pfarrer Ernst Bezzel vom »Stürmer« als in seinem Dorf isolierter, politisch unzuverlässiger Judenfreund denunziert (IIC1). Weiterhin wurde evangelischen Pfarrern eine besondere Freude an der Judentaufe und fehlendes Rassenbewusstsein unterstellt. Ohne Hemmung würden sie Mischehen trauen oder sogar selbst schließen (IIC2).[35]

Hauptfeind war Hans Meiser. Mitte September 1934 charakterisierte ihn Karl Holz, stellvertretender fränkischer Gauleiter, in der »Fränkischen Tageszeitung« – bald darauf auch in Flugblättern – als charakterlich und politisch unzuverlässig und forderte die Entfernung des »Judas Ischariot« aus dem Amt.[36] Als im für Bayern bestimmten Teil des »Lutherischen Missionsjahrbuchs« für das Jahr 1935 in einem Beitrag zur Judenmission am Ende Sätze aus Meisers Aufsatz von 1926 (IA8) in einer Mischung aus Zitat und Referat wiedergegeben wurde, reagierte Holz im August 1935 im »Stürmer« mit einem »Offenen Brief des Frankenbischofs Karl Holz an den Landesbischof Meiser«. Aus Meisers Aussage »Wir wollen ihm [dem Juden, K.-H. F.] so begegnen, daß er, wenn […] er zur Ruhe eingehen darf, seine Heimat da sucht, wo er die findet, die ihn in seinen Erdentagen mit Freundlichkeit gegrüßt, […] mit wahrer Liebe erquickt, durch anhaltende Fürbitte gerettet haben«, leitete Holz, gestützt auf Luther, den Vorwurf ab, Meiser stehe auf der Seite der »Stürmer«-Gegner, bei »Schieber(n)« und »Schändungsjuden«.[37] Eine weitere Stufe in Holz' Verleumdungsfeldzug war 1937

---

33. Der Brief ist abgedruckt in der Nürnberger Zeitung, Nr. 51, 2. März 1931, S. 4.
34. Der Stürmer, 1923, Nr. 11, August, S. 7.
35. Weitere Angriffe des »Stürmer« auf Pfarrer sind in »… wo ist dein Bruder Abel?«, S. 62–69, dargestellt.
36. C.-J. Roepke, Protestanten, S. 406 f.; H. Baier, Die Deutschen Christen, S. 112 ff.
37. H. Baier, Die Deutschen Christen, S. 236 f.

der für ihn trotz Protesten folgenlos bleibende, diskriminierende und kri-
minalisierende Vorwurf, Meiser sei homosexuell.[38]

38. A. Schwarz, Überlieferung, S. 190.

3. Die Hilfsstellen für »nichtarische« Christen

A. Schritte zur Errichtung der Hilfsstellen

Heinrich Grübers verklausuliertes Schreiben vom 26. September 1938 (IIIA1) kam für Meiser nicht überraschend. Durch Thomas Breit und Friedrich Keppler, Vertreter Württembergs im Lutherrat, war er über die Beauftragung Grübers informiert. Vom Lutherrat hatte er zudem Grübers Ausarbeitung »Gedanken zur Seelsorge an nichtarischen Christen« erhalten.[39]

Der Brief aus Berlin war nicht die erste Anfrage, in der Meiser um kirchliche Hilfe für rassisch verfolgte Christen gebeten wurde. Im Sommer 1936 stand er in Kontakt mit dem Nürnberger Diplomkaufmann H* E* wegen dessen Ausreisebemühungen in die USA, über die auch der Präsident der United Lutheran Church in America, Frederick H. Knubel, informiert war. Knubel hatte E* zugesagt, den Fall bei Meisers USA-Besuch anzusprechen, und auch Meiser hatte signalisiert, bei seinem Treffen mit Knubel E*s Auswanderungswunsch sowie den eines weiteren Mannes besprechen zu wollen. Am 31. August 1936 hatte E* an Meiser geschrieben, dass sich die Kirchen viel stärker um die rassisch verfolgten Evangelischen kümmern müssten. Er selbst habe keine angemessene Arbeit mehr, seine Lage werde immer schwerer. »Um die Probleme zu lösen, soweit sie überhaupt unter den gegebenen Umständen gelöst werden können«, schlug er »die Einsetzung eines dementsprechenden Ausschusses im Rahmen der Landeskirche« vor.[40]

Auf der außerordentlichen Vollsitzung des Landeskirchenrates am 28. September 1938 berichtete der Landesbischof über die »Fürsorge für nichtarische Christen« und Grübers »Anregung«, einen Geistlichen hierfür zu benennen. Auf Meisers Vorschlag hin wurde beschlossen, Pfarrer Friedrich Hofmann zu fragen, ob er zusätzlich zu seiner Arbeit als 1. Vereinsgeistlicher der Inneren Mission in München auch die Fürsorge für rassisch verfolgte Protestanten übernehmen könne.[41] Bereits am 1. Oktober konnte man an Grüber melden, dass Hofmann »für die Aufgabe gewonnen« worden sei, »die Sie dem Herrn Landesbischof vorgetragen haben«.[42]

---

39. LAELKB: LKR 2595.
40. Alle Schreiben in LAELKB: Personen XXXVI (Meiser), Nr. 176. H* E* starb 1943 in Nürnberg 42-jährig.
41. LAELKB: LKR 676.
42. Ebda.: LKR 2595.

Diese schnelle Entscheidung war notwendig, da bereits vom 11. bis 13. Oktober in Eisenach eine Besprechung zwischen Geistlichen aus verschiedenen Landeskirchen, dem Büro Spiero und dem Initiator Heinrich Grüber stattfand.[43] Die bei dem Treffen erhaltenen Informationen über die sich stetig verschlechternde Rechtslage der rassisch verfolgten Christen, ihre Verdrängung aus Beruf, Bildung und öffentlichem Leben sowie ihre Geld- bzw. Wohnungsnot gab Pfarrer Hofmann in einem detaillierten Bericht an die Landeskirchenleitung weiter (IIIA2). Hofmann zeichnete ein düsteres Bild der noch möglichen kirchlichen Hilfe. Deren von der späteren Arbeit stark abweichende Schwerpunkte sollten sein: Betreuung der Betroffenen in ihrer Gemeinde durch den jeweiligen Pfarrer statt von einer noch zu schaffenden Hilfsstelle, da diese die rassisch verfolgten Glieder separiere; fürsorgerische Arbeit durch die Gemeinde, unterstützt von der Inneren Mission; Auswandererberatung durch das Büro Spiero.

Über die finanzielle Ausstattung der Hilfsarbeit beriet der Landeskirchenrat am 25. November 1938. Meiser konstatierte bei »einzelnen Nichtariern« einen »aussergewöhnliche(n) Notstand«, so dass »einige 1000.– RM« zu deren Unterstützung notwendig seien. Nach dem Antrag Meinzolts, dass der Landessynodalausschuss um eine Erhöhung des Zuschusses für die Innere Mission ersucht werden solle, einigte man sich darauf, beim Landessynodalausschuss zu beantragen, »aus den Mehreinnahmen des Jahres 1938 einen Betrag bis zu 10000.– RM als zusätzliche Leistung an den Verein für Innere Mission zur Behebung besonderer Notstände verwenden zu dürfen.«[44]

Im Landessynodalausschuss wurde die Frage am 28. November 1938 verhandelt. Greifenstein berichtete dem Ausschuss kryptisch von Menschen, »denen der wirtschaftliche Boden einfach unter den Füßen weggezogen« werde. Dies erläuterte er anhand von Beispielen und betonte: »Für die Kirche ist hier eine Aufgabe gegeben, mit der sie aber mit den vorhandenen Mitteln nicht fertig werden kann. Es soll in München und in Nürnberg die Innere Mission in solchen Notfällen zu helfen versuchen.« Da die vorhandenen Haushaltsmittel bereits verplant seien, beantrage er die Bewilligung eines »außerordentlichen Zuschusses« in Höhe von 10000.– RM für »zunächst zwei Stellen (München und Nürnberg)«. In der sich anschließenden

---

43. Vgl. zu diesem und den bis Oktober 1940 folgenden vier weiteren Besprechungen zwischen Grüber und den Leitern der Vertrauensstellen H. Erhart, Büro, S. 287–293 und Dokument IIIB3.

44. Ebda.: LKR 676.

Beratung wurde u. a. festgestellt, dass »die NSV in solchen Fällen nicht in Frage« komme. Der Zuschuss wurde einstimmig genehmigt.[45] Unklar blieb, wie das Geld zu verwenden sei. Erst als im folgenden Jahr der Landeskirchenrat erneut über einen Zuschuss zu beraten hatte, wurde beantragt, dass die Gehälter der beiden Geistlichen nicht aus den 10000.– RM zu bezahlen seien. Dies musste aber vor der Bewilligung durch den Landessynodalausschuss nochmals geprüft werden.[46]

Die Landeskirche unterstützte nicht nur die eigene Arbeit weit über das generelle Auswanderungsverbot vom 23. Oktober 1941 hinaus bis 1945 großzügig[47], sie bedachte auch das Büro Pfarrer Grüber in beachtlichem Umfang. Im Dezember 1940 erhielt Grüber aus Mitteln der bayerischen Opferwoche für die Innere Mission einen Zuschuss in Höhe 1000.– RM. Das waren über 80 % der Summe, die Württemberg in die eigene Hilfsstelle investierte. Der Central-Ausschuss für die Innere Mission hatte dagegen im August 1940 erklärt, dass Grüber mit kirchlichen Geldern und nicht aus Mitteln der Inneren Mission zu unterstützen sei.[48]

Der Grund für die schnelle und großzügige Bewilligung und für die nun geplante Errichtung von »zunächst zwei Stellen« in Bayern liegt auf der Hand. Nach der Reichspogromnacht vom 9. November 1938[49] hatte die Betreuungsarbeit einen solchen Umfang angenommen, dass Pfarrer Hofmann allein damit überfordert war. Ursache für die rasch steigende Zahl von Hilfsgesuchen war neben der Erfahrung ungezügelter Gewalt gegen Menschen und Synagogen auch eine neue Rechtslage. Mittels Durchführungsverordnung vom 5. Oktober 1938 waren Reisepässe von Juden für ungültig erklärt worden. Neue Ausweise, auf denen die »Rassenzugehörigkeit« vermerkt war, mussten bis zum 31. Dezember 1938 beschafft werden. Hofmann wurde daher »mehrfach bei Landesbischof Meiser vorstellig«, damit dieser eine »hauptamtliche Kraft zur Verfügung« stelle.[50]

Zwischenzeitlich war die Landeskirche gezwungen, sich erneut mit der

---

45. Ebda.: LSA A 35.
46. Protokoll der ordentlichen Vollsitzung des Landeskirchenrats vom 16. November 1939 (LAELKB: LKR 677).
47. D. Schönlebe, München, S. 84.
48. LAELKB: LKR 2595 (Beschluss der Präsidialsitzung vom 21. November 1940); Ch.-M. Müller, Hilfe, S. 299. Zur Finanzierung des Büros Pfarrer Grüber vgl. D. Schönlebe, München, S. 56.
49. Vgl. dazu den Beschluss des Landeskirchenrats vom 19. November 1938, einen Seelsorger für »Judenchristen« aufzustellen.
50. H. Baier, Liebestätigkeit, S. 151. Sicher ist, dass Meiser und Hofmann am 20. Okto-

Situation ihrer »nichtarischen« Pfarrer zu befassen. In der Sitzung des Landeskirchenrates am 13. und 14. Dezember 1938 brachte Meiser seine Sympathie für die Auswanderung der betroffenen Pfarrer zum Ausdruck, um dann aber unter dem Eindruck der Diskussion vorzuschlagen, den seit 1933 in Thüngen (Unterfranken) amtierenden, knapp 34jährigen Johannes Zwanzger[51], Mitglied der bekenntnistreuen »Bayerischen Pfarrerbruderschaft«, »als Gehilfe(n) von Pfr. Hofmann bei der Inn. Mission« nach München zu berufen, ihm aber seine bisherige »Pfründe« zu belassen.[52] Zwanzger – sein »Rassestatus« ließ sich nicht eindeutig klären, er war wohl »Mischling II. Grades« – sollte seine Stelle am 1. Januar 1939 antreten.[53] In einem persönlichen Gespräch erläuterte ihm Breit am 16. Dezember, dass er künftig »in beständiger Fühlung mit dem Landeskirchenrat« alle Fragen bearbeiten solle, die »die Verwendung der nichtarischen und nichtarisch versippten Geistlichen« beträfen. »Besondere Aufmerksamkeit« solle er der Verpflichtung der Kirche gegenüber den »getauften Mischlingen« widmen. Sollte Zwanzgers Arbeitszeit dann noch nicht vollständig ausgefüllt sein, müsse er »mit der Zuweisung weiterer Aufgaben rechnen.«[54] Eine klare Vorstellung von den kommenden Herausforderungen sprach aus diesen Worten nicht.

Auf der nächsten Sitzung des Landeskirchenrates, am 23. Dezember 1938, wurde im Rahmen der Beratungen über »nichtarische« Pfarrer auf Vorschlag von Breit beschlossen, den seit Februar 1938 in Steinheim bei Neu-Ulm amtierenden 30-jährigen Hans Werner Jordan gegen dessen er-

ber 1938 über die »Fürsorge f[ür]. nichtar[ische]. Christen« sprachen (LAELKB: Personen XXXVI [Meiser], Amtstagebuch 1938).

51. Zu Zwanzger vgl. A. Töllner, Frage, S. 352–355; H. Baier, Liebestätigkeit, S. 90–92, 135 f.; J. Zwanzger, Jahre.

52. Im März 1939 musste der Landeskirchenrat wegen der Nachfrage des Thüngener Kirchenpatrons über Zwanzgers Pfarrstelle beraten. Nachdem anfangs neue Zwischenlösungen im Raum gestanden hatten, wurde beschlossen, Zwanzger zu Lasten der Kirchenkasse als 3. Vereinsgeistlichen bei der Inneren Mission in München anzustellen (LAELKB: LKR 677). Die Amtseinführung erfolgte am 6. Juni 1939.

53. LAELKB: LKR, Nr. 676. Am 10. November 1938 hatte der Landeskirchenrat während der Diskussion über den Umgang mit »nichtarischen« Pfarrern erklärt, dass im Fall Zwanzger die »Verhältnisse noch näher zu klären« seien (ebda.).

54. Aktennotiz Breits vom 16. Dezember 1938 (LAELKB: PA Johannes Zwanzger). Im Jahr 1941 war Zwanzger neben den rassisch verfolgten Christen auch für das Altersheim Westend und für die Alters- und Gefährdetenfürsorge zuständig. Zudem war er Krankenhausseelsorger und Religionslehrer in Gauting (H. Baier, Liebestätigkeit, S. 92). Als er im Mai 1943 aus dem Krieg zurückkam, wurde er zur Vertretung der Pfarrei Harlaching abgeordnet.

klärten Willen zur Inneren Mission nach Nürnberg zu versetzen, wo er die rassisch verfolgten Christen betreuen sollte.[55] Jordan – ein »Mischling I. Grades«, der 1934 wegen seiner Predigten polizeilich verwarnt worden war und dessen Vater seine Romanistikprofessur in München 1933 aus rassischen Gründen verloren hatte – war vom Pfarrer einer Nachbargemeinde als Jude denunziert worden. Zudem hätte er zum 1. Januar 1939 zur weiteren Erteilung des Religionsunterrichts einen Ariernachweis erbringen müssen.[56]

Jordans Widerstand gegen die Versetzung nach Nürnberg speiste sich aus zwei Quellen, die dem Pragmatismus der Landeskirche entgegen standen: Er fühlte sich als »Nichtarier« in einer Funktion, in der er regelmäßig mit Staatsstellen zu tun hatte, zu exponiert und er sah sich mit der Versetzung nach Nürnberg um die ersehnte attraktive Pfarrstelle gebracht.[57]

Eine weitere Besprechung der mit der Betreuung der rassisch verfolgten Christen Beauftragten fand am 29. November 1938 in Berlin statt. In Hofmanns Bericht (IIIA3) kamen die Not der Betroffenen und die wichtigsten Aspekte der künftigen Arbeit deutlich zum Ausdruck: a) Seelsorge durch die Gemeindepfarrer und Vermeidung judenchristlicher Sondergemeinden; b) Finanzierungsfragen bei wirtschaftlicher Not und Auswanderung; c) Beratung der Auswanderer bei sich stetig ändernder Rechtslage und geringer Neigung des Auslandes, Hilfe Suchende – sofern sie keine Kinder[58] waren –

---

55. Zur Person Jordans: M. Seiler, Tritt ein, S. 209–211. Ein neunseitiger Bericht Jordans über seine Erfahrungen in den Jahren 1933–1945, der von der Enttäuschung über das Verhalten der Landeskirche ihm gegenüber geprägt ist, findet sich in seiner Personalakte (LAELKB). Seiler macht sich Jordans Sicht weithin zu eigen. Er vertritt daher die These, dass die Hilfsstellen für rassisch verfolgte Christen nur eine Alibifunktion hatten, ohne dass der Landeskirchenrat deren Arbeit »im Herzen und im Geiste ganz« mitgetragen und die Nöte der Verfolgten wirklich geteilt hätte. Trotz der Hilfe habe die »generelle Identifikation mit dem Schicksal der Verfolgten« gefehlt (M. Seiler, Tritt ein, S. 231).

56. Jordan folgend, betont D. Schönlebe, München, S. 126, die Entscheidung der bayerischen Landeskirche, zwei »nichtarische« Pfarrer mit der Hilfe für »nichtarische« Christen zu beauftragen, sei »sicher kein Zufall« und für beide nicht vorteilhaft gewesen. Er verkennt freilich die Notwendigkeit für die Landeskirche, eine Lösung zu finden, wie z. B. Jordan ohne Konflikt mit dem Staat weiterhin beschäftigt werden konnte.

57. Auffallend wenig Raum widmete Jordan in seinem Bericht aus dem Jahr 1945 (LAELKB: PA Jordan) der Hilfsstellenarbeit, ausführlich stellt er dagegen seine Vertretungen anderer Pfarrer in den Jahren 1940 bis 1942 dar.

58. Zu den Kindertransporten nach England vgl. R. Göpfert, Kindertransport; C. Curio,

aufzunehmen[59]; d) offene Fragen wie der Unterricht für »nichtarische« schulpflichtige Kinder, die Errichtung von Altersheimen, das Wohnrecht, die Krankenversorgung und die Bestattungen. Hofmanns Bericht verdeutlichte auch, wie sehr Konflikte zwischen dem bruderrätlichen und dem bischöflichen Flügel der BK die Arbeit belasteten. Grübers Kritik an der Passivität des hannoverschen Landesbischofs August Marahrens in Anwesenheit von Ausländern bezog Hofmann auch auf Bayern. Zudem hielt er »einen gewissen Abstand vom Büro Grüber« wegen dessen Auslandsverbindungen und weil Grüber nicht »immer ganz in der richtigen Weise« handele, für notwendig.[60]

Mit Blick auf Bayern betonte Hofmann, dass man um der Auswanderer und der nötigen Informationen willen – über Rundbriefe unterrichtete das Büro Pfarrer Grüber die Vertrauensleute über die Berliner Arbeit, über Verhandlungen mit dem Ausland und die sich ständig wandelnde Gesetzeslage – die Zusammenarbeit mit Pfarrer Grüber pflegen, zugleich aber möglichst selbstständig arbeiten solle, da Grüber enge Kontakte zur VKL unterhalte.[61] Mit Nachdruck erklärte er, dass wirkliche Hilfe nicht neben der Gemeindearbeit erbracht werden könne. Statt dessen sollten am besten Personen »aus den Kreisen der nichtarischen Christen« gewonnen werden.

Im Januar 1939 nahmen die Hilfsstellen konkrete Form an. Nach zwei

Verfolgung, und unten IIIB1, IV5–6, IV13 und IV29. Nach C. Curio, Verfolgung, S. 113, waren 20% der nach England ausreisenden Kinder rassisch verfolgte Christen.

59. Zur Diskrepanz zwischen der Zahl der Einwanderungsgesuche und der Aufnahmequote der USA sowie zum rüden Umgang gegenüber Einreisewilligen vgl. J. Zwanzger, Jahre, S. 15. Zu den Anforderungen der Einreiseländer vgl. unten IV1 (Brief vom 8.2.1939) und IV3.

60. Der anhaltende kirchenpolitische Dissens wird auch an einem Brief Breits vom 5. August 1939 an das Sekretariat des Lutherischen Rates deutlich. Breit beschwerte sich darüber, dass die bayerische Landeskirche wiederholt von der VKL Nachricht über die Arbeit des Büros Pfarrer Grüber erhalte habe. Die Hilfsstellen stünden aber als landeskirchliche Einrichtungen in keinem Verhältnis zur VKL. Er stelle daher anheim, der VKL mitzuteilen, »daß das Sekretariat des Luth. Rats wohl gerne bereit ist, Äußerungen der V[orläufigen]. [Kirchen]L[eitung]. den im Luth. Rat zusammengeschlossenen Kirchen zu vermitteln, daß aber eine unmittelbare Verständigung dieser Landeskirchen unterlassen werden möge«. Am 8. August antwortete der Lutherische Rat jedoch, es liege kein Grund für Beanstandungen vor (LAELKB: LKR 2595).

61. Vgl. zur Distanz zum Büro Pfarrer Grüber etwa auch die Dokumente IIIB7 und IIIC2.

Gesprächen Meisers mit Jordan und Zwanzger am 5. bzw. 16. Dezember 1938[62] fand am 2. Januar im Landeskirchenamt ein turbulentes Treffen[63] zwischen dem Personalreferenten Breit, Pfarrer Weichlein (Landesverein für Innere Mission, Nürnberg), Pfarrer Hofmann (Verein für Innere Mission, München), Zwanzger und Jordan statt (IIIA4). Dabei wurden die Zuordnung der Hilfsstellen zur Inneren Mission, die Gehaltsfrage der Hilfsstellenleiter (Belassung auf den bisherigen Stellen bei gleichzeitiger Vertretung) und die Stellung der Hilfsstellen zu den Behörden geklärt.

Der geringste Verdacht, die Hilfsarbeit erfolge illegal, hätte deren sofortiges Ende bedeutet. Daher war am 2. Januar 1939 beschlossen worden, die Hilfsstellen offiziell anzumelden. Die Kontaktaufnahme mit der Reichsstelle für Auswanderungswesen beim Reichsministerium des Innern[64] und mit der Gestapo gestaltete sich jedoch schwierig. Bei der Münchener Gestapo erklärte man Hofmann, dass die Hilfsarbeit eine »Unternehmung der Kirche« sei. Man könne daher »weder zu- noch abraten«. Mehr als die Kenntnisnahme konnte Hofmann in München nicht erreichen.[65] In seinen Erinnerungen berichtet Zwanzger indessen, dass die Gestapo seine Arbeit nicht behindert habe. Als Grund vermutet er »ein oder zwei Männer«, die der Inneren Mission wohlgesonnen gewesen seien.[66] Die Anmeldung in Nürnberg durch Weichlein bzw. Jordan (IIIA6–7) verlief ebenfalls nicht glatt, da der zuständige Beamte den Sinn der Arbeit nicht einzusehen vermochte und prinzipielle Bedenken erhob.[67]

Als Weichlein in der Folge des ersten Kontaktes mit der Nürnberger Gestapo die Lage am 1. Februar 1939 mit Greifenstein besprach, schlug ihm

---

62. LAELKB: Personen XXXVI, Meiser, Amtstagebuch 1938. Am 1. Februar 1939 traf sich Meiser zudem mit Laura Livingstone (ebda.: Amtstagebuch 1939).
63. Bericht Jordan (LAELK: PA Jordan).
64. Vgl. Dokument IIIA3.
65. Schreiben Hofmanns an Jordan vom 14. Januar 1939 (AIMM: Ordner »Nichtarische Christen«), vgl. IIIB1, 3. Dieser unklare Zustand hatte noch im Sommer 1940 Bestand, denn am 2. Juli 1940 teilte Grüber Zwanzger auf eine Anfrage hin mit, dass die Münchener Stelle »sowohl bei dem Geheimen Staatspolizeiamt Referat IV A 5 b wie beim Hauptamt für Sicherheitsdienst Referat IV D 4 als unsere Vertrauensstelle für Südbayern« gemeldet sei. Der zuständige Beamte habe ihm, Grüber, bestätigt, »dass die örtlichen Stapostellen von dieser Ihrer Funktion in Kenntnis gesetzt worden sind.« (LAELKB: Vereine II, XIV, Nr. 4).
66. J. Zwanzger, Jahre, S. 12; vgl. auch den Hinweis in IIIB11 auf den Träger des goldenen Parteiabzeichens Grassl.
67. Auf Grund von Kriegsverlusten sind keine Akten der Gestapo zu den Hilfsstellen mehr erhalten.

dieser vor, in der geforderten schriftlichen Anmeldung besonders die bereits erteilte Genehmigung seitens der Berliner Gestapo-Zentrale zu erwähnen. Greifenstein riet auch dazu, dass die Hilfsstellenleiter »Briefköpfe und Briefumschläge des Landesvereins für Innere Mission nur im Verkehr mit kirchlichen oder Innere Missionsstellen verwenden« sollten, im übrigen Schriftverkehr aber neutrale Umschläge.[68]

Jordan, der schon vor der offiziellen Anmeldung bei der Gestapo seine Arbeit aufgenommen hatte, wandte sich bereits am 14. Januar 1939 zur Klärung sachlicher und inhaltlicher Fragen an Zwanzger. Als Problem erschienen ihm etwa Hausbesuche bei Hilfe Suchenden. Hier fürchtete er eine »Herauslösung aus der Gesamtgemeinde«. Auch war er sich noch im Unklaren, wo und wen er unterrichten solle. Er dachte an je eine Gruppe für Mittel- und Volksschüler, die er in einem Konfirmandensaal unterrichten wollte.[69] In seiner Antwort legte Zwanzger großen Wert darauf, dass Jordan über die Vorstellung bei einer Dekanatskonferenz den Pfarrern vor Ort bekannt werde, sie über seine Aufgabe informiere und mit ihnen in einen Austausch über Hilfe und Hilfsbedürftige in der Gemeinde trete.[70] Über die Ebenen Kreisdekan und Dekan wurden Ende Januar auch die südbayerischen Pfarrämter offiziell über die neue Hilfsstelle in München unterrichtet (IIIA5).[71] Nach der Einführung des sog. Judensterns im September 1941 wandte sich Zwanzger dann direkt an die Münchener Pfarrämter, um nochmals die Pfarrer an die Arbeit der Hilfsstellen, aber auch an ihre eigene Pflicht zu Betreuung und Seelsorge zu erinnern (IIIA8).

B. Tätigkeitsberichte

Jordan und Zwanzger berichteten regelmäßig an den Landeskirchenrat bzw. den Verein für Innere Mission über ihre Arbeit. Die erhaltenen neun Tätigkeitsberichte aus den Jahren 1939 bis 1941 und 1945 werden hier erstmals

---

68. LAELKB: KKE, Nr. 71. Am 6. Februar 1939 präzisierte Hofmann gegenüber Weichlein den »übrige(n) Schriftverkehr«. Gemeint waren Briefe an »Nichtarier« und ins Ausland (AIMM, Ordner »Nichtarische Christen«). Vgl. dazu IV8; hier adressierte Zwanzger einen Brief an die Austro-Indian Society in Wien wie an eine Privatperson.

69. AIMM: Ordner »Nichtarische Christen«.

70. Schreiben Zwanzgers an Jordan vom 16. Januar 1939 (ebda.). In den Gemeindeblättern für München und Nürnberg wurde auf die Hilfsstellen nicht hingewiesen. In Hofmanns Aufruf für die Kollekte zugunsten der Inneren Mission vom Februar 1939 (F. Hofmann, Arbeit) wurde die Hilfsstellenarbeit ebenfalls nicht explizit genannt.

71. Vgl. den Brief vom 11. Januar 1939 (IV3).

vollzählig und vollständig abgedruckt. Hinzu kommen exemplarisch ein Nachweis über die Verwendung der 1939 ausgegebenen Mittel (IIIB10)[72] und eine Aufstellung der Ausgaben der Münchener Hilfsstelle von November 1940 bis Dezember 1941 (IIIB11).

Zu den offiziellen Tätigkeitsberichten kamen regelmäßige Besuche Zwanzgers bei Meiser. Der Bischof ließ sich dabei »über die Lage der bedrängten Menschen unterrichten« und versicherte Zwanzger seiner Rückendeckung.[73] Umgekehrt dürfte Zwanzger Meiser bei den Treffen zum Handeln gedrängt haben – etwa bei dem Gespräch kurz nach seinem Brandbrief vom 29. Oktober 1940, in dem er Bayern als nächstes von der Judendeportation bedrohtes Land benannt und Schritte zu Gunsten der Mischehen und aller christlichen »Nichtarier« gefordert hatte.[74]

Nachdem Zwanzger am 4. Oktober 1941 zur Wehrmacht einberufen worden war, übernahm Hofmann wieder die Betreuung und die Berichtspflicht. Für die Mitgliederversammlung des Vereins für die Innere Mission in München vermerkte er am 7. Juli 1943: »Die Zahl der Hilfesuchenden ist wesentlich geringer geworden«, zum 22. Juni 1944 schrieb er über den zurückliegenden Zeitraum lakonisch: »Dieser Dienst wird fast nicht mehr begehrt«.[75] Zugleich wird damit aber auch klar, dass die Hilfe in München trotz der »Katastrophe« der Schließung des Büros Pfarrer Grüber im Dezember 1941 weiter ging.

Die Tätigkeitsberichte entsprachen der Rechenschaftspflicht kirchlicher Einrichtungen über erhaltene Zuschüsse, doch nötigte die Art der Arbeit zu einer zeitnäheren Unterrichtung. Daher erstattete Zwanzger bereits am 16. Januar 1939, also nur zwei Tage, nachdem sich Jordan an ihn zur Klä-

---

72. Am 9. April 1940 bewilligte der Landessynodalausschuss für das laufende Jahr erneut einen Zuschuss von 10000.– RM an die Innere Mission. Fehlende Unterlagen hatten eine frühere Bewilligung verhindert. Man merkte jedoch an, dass von dem im November zur Verfügung gestellten Betrag »eine verhältnismäßig nur geringe Summe für den Zweck selbst verwendet worden« sei. Nachdem künftig aber Jordans Tagegelder wegfielen, werde »das von jetzt an in stärkerem Maße der Fall sein können« (LAELKB: LSA A 35, auch in LKR 2595).

73. J. Zwanzger, Jahre, S. 18. Nachweisbar sind Treffen Zwanzgers mit Meiser am 31. Dezember 1939, am 11. Februar und am 21. November 1940 (LAELKB: Personen XXXVI [Meiser], Amtstagebücher 1939 und 1940).

74. LAELKB: Vereine II, XIV, 2.

75. AIMM: Ordner »Geschichte der Inneren Mission 1931–1945/64«.

rung erster Fragen gewandt hatte, einen Bericht über 35 betreute Personen[76] an den Landeskirchenrat.

Auf der ordentlichen Vollsitzung des Landeskirchenrates am 17./18. Januar 1939 brachte Breit Zwanzgers Bericht dem Kollegium zur Kenntnis. Auf Vorschlag Breits wurde die eindeutig feststehende Linie der Vermeidung judenchristlicher Sondergemeinden nochmals bestätigt.[77] Von den »Seelsorgern an nichtarischen Christen« dürfe keine unterstützende Tätigkeit ausgeübt werden, dies sei Aufgabe der Gemeindepfarrer.[78]

In seinen ungeschminkten Berichten über die Arbeit für rassisch verfolgte Protestanten und ihre Angehörigen informierte Zwanzger, der in diesen wie in anderen Schriftstücken eine Neigung zu Zahlen und Tabellen erkennen ließ (VI2), die Kirchenleitung präzise über die Zahl der Hilfsbedürftigen und über die Erfolgsquote der Arbeit, d. h. erreichte Auswanderungen (IIIB3, 6–8). Darüber hinaus erfuhr der Landeskirchenrat anhand von Fallbeispielen genauestens, welche Folgen die jeweiligen Schritte der NS-Rassenpolitik für die Betroffenen in Bayern in allen Bereichen ihres täglichen Lebens hin zu einem verelendeten gesellschaftlichen Pariadasein hatten. Beide Pfarrer sparten auch nicht mit Kritik an der Haltung von DC-Kirchen zu »Nichtariern«, an kirchlichen Voten zur »Judenfrage« und an der Haltung der Behörden bei der Frage der Beisetzung von »Nichtariern« (IIIB3, 6–7). In Zwanzgers Bericht vom Dezember 1940 (IIIB6) wird zudem die Verschärfung der Lage der »nichtarischen« Christen durch die Hinweise auf die ohnehin häufig thematisierten Selbstmorde und die Suche nach – wohl jüdischen – »Angehörigen, die aus verschiedenen Gebieten weggeführt worden waren«, überdeutlich. Jordan legte in der Darstellung seiner Arbeit (IIIB2, 4) großen Wert auf seelsorgerliche Aspekte.

---

76. Bereits am 3. Januar 1939 hatte Zwanzger dem Büro Pfarrer Grüber von sieben Hilfsgesuchen – fünf Männer und drei Frauen (darunter ein Schwesternpaar) – berichtet. Alle Männer waren »Vollnichtarier«, die sich jeweils um ihre Auswanderung bemühten. Eine der Frauen war »Mischling I. Grades«, bei den beiden anderen fehlen Angaben. Zwei Frauen suchten eine Anstellung, eine wollte auswandern (LAELKB: Vereine II, XIV, Nr. 4). Am 19. Mai 1939 schrieb Zwanzger an Grüber, dass er »in den letzten Monaten« 62 Fälle nach Berlin gemeldet habe bzw. diese dort bearbeitet worden seien. Die Angehörigen eingerechnet, seien es 110 Personen gewesen (ebda.).

77. In seinem Erfahrungsbericht vom Juni 1945 berichtet Jordan freilich, hinter der Politik der Landeskirche eine entsprechende Tendenz vermutet zu haben (PA Jordan, LAELKB).

78. LAELKB: LKR, Nr. 677.

Die Auflistungen der Ausgaben der Münchener Hilfsstelle im Krieg zeigen deutlich den Rückgang der Hilfsleistungen nach dem Einsetzen der Deportationen. Die Aufstellungen[79] weisen eine deutlich niedrigere Zahl an Auszahlungen auf. Waren es bis Ende 1941 insgesamt 95 (= ca. 7 pro Monat), so waren es 1942 noch 39 (= ca. 3,4 pro Monat). Von Juli bis Dezember 1943 sind noch elf Positionen gelistet, für das ganze Jahr 1944 sogar nur 17. Davon entfielen 12 auf die Gemeinde der Christuskirche, die nun als einzige empfangende Pfarrei aufgeführt ist. 1940/41 waren noch sieben verschiedene Münchener Pfarreien mit insgesamt 910.– RM ausgestattet worden, Hauptempfänger waren St. Markus mit 275.– und St. Matthäus mit 340.–. An der Christuskirche und an St. Markus amtierten mit Kurt Frör und Walther Hennighaußen bzw. mit Dekan Langenfaß Geistliche, die mit Zwanzger bei der Hilfe für rassisch verfolgte Christen eng zusammenarbeiteten[80] und daher die bei den Hilfsstellen vorhandenen Mittel in Anspruch nahmen.

Für Nürnberg ist eine Ausgabenaufstellung für den Zeitraum vom 24. Januar bis 28. September 1939 erhalten.[81] Danach dienten 440.– RM (= 24 %) der Ausgaben in einer Gesamthöhe von 1837,58 RM (darin waren Jordans Tagegelder und Reisekosten enthalten) der Unterstützung von Pfarreien. Beilngries kamen acht Zahlungen in einer Gesamthöhe von 175.– RM, Nürnberg-Maxfeld 100.– RM zugute.

In einem ganz anderen Stil als die bayerischen war ein Bericht des württembergischen Beauftragten für die rassisch verfolgten Christen über das erste Halbjahr 1942 abgefasst. Erwin Goldmann, zugleich Mitarbeiter des Sicherheitsdienstes der SS, thematisierte stark die eigene nationale Gesinnung und konstatierte bei vielen Betroffenen »weder eine christlich-deutsche, noch christliche Haltung in dieser schweren Schicksalsprüfung«. Auch sei es »sehr schwierig, sie über die Nöte des Alltags hinüberzubringen und die Blicke aufwärts und vorwärts zu richten«. Die Zahl der von Goldmann in diesem Zeitraum Betreuten lässt sich grob auf 340 Personen schätzen.[82]

79. Ebda.: Vereine II, XIV, Nr. 2.
80. D. Schönlebe, München, S. 120.
81. LAELKB: DW 111.
82. G. Schäfer, Wurm, S. 149 f.; S. Hermle, Kirche, S. 31 f.

C. Reflexion und Kritik der Arbeit

So wie die Tätigkeitsberichte der Pfarrer Zwanzger und Jordan in der Schwerpunktsetzung differierten, so war auch die Wahrnehmung der Arbeit von Anfang an unterschiedlich. In Zwanzgers Berichten stand die psychische Verfassung der Betreuten im Vordergrund, seine eigene Situation spielte keine Rolle. Jordan dagegen machte im Frühjahr 1939 aus seiner Enttäuschung über den geringen Umfang der Hilfsgesuche, die Hilfsmöglichkeiten in Nürnberg und über das Schweigen der Kirche zur Not der rassisch Verfolgten gegenüber dem Landesbischof keinen Hehl. Auch die eigene berufliche Situation fern der geliebten Landgemeinde, wo er als Seelsorger erfolgreich wirken konnte, missfiel ihm (IIIC1).[83] Daher betrieb er intensiv seine Auswanderung in die USA, die aber im Sommer 1939 am staatlichen Widerspruch scheiterte. Wie viele andere ausreisewillige Männer war Jordan noch wehrpflichtig, und der NS-Staat scheute sich nicht, »Mischlinge I. Grades«, deren Familien er verfolgte, in der Wehrmacht dienen zu lassen.[84]

Gegenüber seinem Kollegen Zwanzger brachte Jordan im November 1939 seine Verzweiflung über die menschlichen Tragödien, in die er involviert war, auch zum Ausdruck. Dabei deutete er an, freiwillig aus dem Nürnberger Amt ausscheiden zu wollen (IIIC2).

83. Zu Jordans skeptischer Grundhaltung vgl. auch seinen Arbeitsbericht vom 2. November 1939 (IIIB2).
84. Jordan wurde zum 16. Dezember 1940 zur Wehrmacht einberufen, im Januar 1941 wurde er wegen seiner Abstammung wieder entlassen (M. Seiler, Tritt ein, S. 224 f.). Vgl. auch die Dokumente IIIB3 und IV17, wo die Verzögerung der Ausreise mit dem 18. Geburtstag des wehrpflichtig gewordenen Sohnes zusammenfiel.

4. Einzelfälle

Im Quellenteil werden 28 Fälle, die von der Münchner Hilfsstelle betreut wurden, dokumentiert. Das heißt, es wird die Korrespondenz der Münchener Hilfsstelle mit Hilfe Suchenden, mit dem Büro Pfarrer Grüber, mit ausländischen Hilfsorganisationen und dritten Personen weithin vollständig abgedruckt.[85] Fälle der Nürnberger Hilfsstelle wurden nicht dokumentiert, da die dortige Überlieferung[86] nicht die Dichte der Münchner Vorgänge erreicht.

Mit der Wiedergabe der Korrespondenz wird die tatsächliche Arbeitsleistung in den Hilfsstellen nur zum Teil beleuchtet. Zum einen sind die Briefe Zwanzgers durchgehend in einem sehr sachlichen und geschäftsmäßigen Ton gehalten, zum anderen sind – der Brisanz der Gespräche und der seelsorgerlichen Schweigepflicht geschuldet – keine Gesprächsnotizen überliefert. Die psychische Anspannung, unter der die Arbeit erfolgte, lässt sich andeutungsweise aus scharfen Formulierungen in Briefen aus dem Büro Pfarrer Grüber erkennen (IV6, 14), das angesichts der zahlreichen Bitten um Übernahme der Reisekosten auf strengste Ausgabendisziplin pochen musste (IV17, 19, 21), zumal in Einzelfällen große Geldsummen benötigt wurden (IV12).[87]

Die Schriftstücke spiegeln repräsentativ den Kreis der Hilfe suchenden Personen wider: Männer und Frauen, »Juden«, »Mischlinge« und »Arier« aus Mischehen[88], Alleinstehende, Familien oder Kinder. Deutlich wird an Hand der Quellen Dreierlei: die existenziellen Nöte und Verfolgungserfahrungen – etwa KZ-Haft nach dem 9. November 1938 und die dann von der Gestapo bei der Entlassung geforderte schnellstmögliche Ausreise (IV10–12) oder Inhaftierungen aus anderen Gründen mit drohender Einweisung in ein Konzentrationslager (IV25, 28); die mit dem Entschluss zur Auswanderung verbundenen extremen Entscheidungszwänge, gerade wenn Kinder betroffen waren (IV6, 19) und bei stark variierender Dauer der Korrespon-

---

85. Gelegentlich wurde auf die Wiedergabe von Fragebögen und Anlagen verzichtet.
86. LAELKB: DW 1552.
87. Ob das Geld freilich zum Freikauf von Häftlingen verwendet wurde, wie D. Schönlebe, München, S. 69, 75, im Fall S* (IV12) behauptet, lässt sich anhand der Quellen nicht nachweisen.
88. In Zwanzgers Tätigkeitsbericht vom 3. November 1939 (IIIB3) ist davon die Rede, dass rund 23 % der Hilfe Suchenden »Arier«, 27 % »Mischlinge 1. Grades« und 50 % getaufte »Vollnichtarier« waren.

denz[89] die engagiert-kreative Suche Zwanzgers nach Hilfsmöglichkeiten und die vielfältige Beteiligung anderer Geistlicher.

Deutlich wird zudem, dass neben den immer schärfer werdenden Ausreisebestimmungen und Geldforderungen des Staates (Reichsfluchtsteuer, Judenvermögensabgabe, Auswandererabgabe, stark eingeschränkte Möglichkeit des Bartransfers) auch die Einwanderungspolitik möglicher Aufnahmeländer[90], v. a. hinsichtlich des Alters der Hilfesuchenden[91], den Erfolg der Arbeit eingrenzten. Die konfessionelle Einschränkung versuchten Ausreisewillige zu überwinden, als sie von der großen katholischen Ausreiseaktion nach Brasilien erfuhren (IV 8).[92]

Über die Haltung der rassisch verfolgten Christen gegenüber ihrer Kirche angesichts der Verfolgungserfahrung und der spät einsetzenden Hilfe geht aus den Briefen wenig hervor. Neben bald nach der Machtergreifung erfolgten Kirchenaustritten als Zeichen der Kritik am Verhalten der evangelischen Kirchen (IV 25)[93] stehen die als Heimkehr empfundene Konversion zur katholischen Kirche nach der Einweisung in ein Internierungslager (IV 3) oder die vor dem gemeinsamen Suizid geplante Beisetzung ohne Beteiligung eines evangelischen Pfarrer (IV 8).

Jordans und Zwanzgers Betreuungsarbeit konnte auf die Vermittlung des Kontakts mit dem Büro Pfarrer Grüber oder auf die Übernahme eines schon durch das Büro Pfarrer Grüber bzw. andere weit vorangetriebenen Falles beschränkt sein (IV 1). Sie konnte aber eben so gut weithin eigenständig erfolgen. Bemerkenswert ist auch, dass einige von Zwanzger bearbeitete Fälle nicht in seinen Zuständigkeitsbereich fielen, da die Betroffenen einer anderen Landeskirche angehörten, auf deren Gebiet lebten (IV 10, 26) oder in Nürnberg hätten beraten werden müssen (IV 22).

89. In den dokumentierten Fällen reicht die Spanne von nur zwei Wochen (IV 20) bis über zwei Jahre (IV 16).

90. Vgl. etwa Grübers Hinweis auf die zwischen England und den USA völlig verschiedene Haltung zu bereits abgeschlossenen Arbeitsverträgen (IV 4: Brief vom 16. August 1939).

91. Aussichten auf eine Einwanderung hatten gerade die Menschen, die nicht die Hauptgruppe der Hilfe Suchenden bildeten: Kinder unter 17 Jahren oder maximal 55 Jahre alte Inhaber qualifizierter Berufe. Das Büro Pfarrer Grüber suchte etwa im Januar 1940 Ärzte und Krankenschwestern, im März 1939 hatte Zwanzger dagegen erfolglos versucht, Krankenpfleger in ausländische Seuchengebiete zu vermitteln (LA-ELKB: Vereine II, XIV, Nr. 4).

92. Zur »Brasil-Aktion« vgl. D. Schönlebe, München, S. 111–113.

93. Vgl. Dokument V 3.

Grob kann man die Arbeit neben der Beratung in Alltagsfragen und der nicht zu unterschätzenden Aufrechterhaltung vorbehaltloser menschlicher Kontakte in Zeiten einer permanenten Ausgrenzungserfahrung in fünf, sich überschneidende bzw. ablösende Aufgabenbereiche gliedern:

1.) Das Hauptaufgabengebiet der Hilfsstellen war die *Betreuung von Auswanderungswilligen*, d. h. von rassisch Verfolgten und von Ehepartnern bzw. Kindern, die dem zur Flucht gezwungenen oder bereits ausgereisten Ehegatten, Elternteil oder Kind folgen wollten (IV6, 19), sowie die Aufbringung der Reisekosten bzw. der Nachweis der im Gastland geforderten Bürgschaften (IV14, 17). Die Ausreisewilligen wandten sich direkt an die Hilfsstellen oder wurden v. a. vom Büro Pfarrer Grüber an die für sie zuständige Stelle verwiesen. Zwanzger und Jordan unterstützten diese Menschen bei der Suche nach einem Arbeitsplatz im möglichen Aufnahmeland durch vielfältige Kontakte zu Botschaften und Konsulaten (IV8, 14), Hilfsorganisationen und Privatpersonen im In- und Ausland (IV2, 8, 9, 13–14).[94] Die immer wieder auftauchenden bürokratischen Hindernisse und Schikanen nötigten zu organisatorischen Glanzleistungen, etwa beim Beschaffen von Dokumenten (IV5). Angesichts der streng begrenzten Zuständigkeit für protestantische »Nichtarier«[95] und des Problems, dass deren Ehegatten oder Kinder mit anderem »Rassestatus« nur von den jeweils für sie zuständigen Stellen betreut werden durften (IV17), galt es, u. a. mit der Wohlfahrtsstelle der israelitischen Gemeinde München (IV13), mit den Stellen der Reichsvereinigung der Juden (IV18, 21, 25, 27) oder mit einem »Konsulenten« (IV12) koordiniert zusammenzuarbeiten.[96]

2.) Die *Suche nach einem Arbeitsplatz* war vielfach die zweite Phase der Betreuung, nachdem eine Auswanderung gescheitert war. Auch hierbei legte Zwanzger eine große Beharrlichkeit und Findigkeit an den Tag, die auch die Pfarrer vor Ort motivierte (IV3–4, 8, 16).

3.) *Rechtsberatung* innerhalb engster Grenzen bei einer geplanten Heirat (IV22) oder zum Nachweis der politischen Gesinnung (IV23).

4.) *Fürsorge und Hilfe* bei der Wohnungssuche bzw. im Kontakt mit Behörden oder der Familie *im Fall von Kündigung, Alter, Krankheit oder Haft*

---

94. Zu den von Zwanzger kontaktierten Organisationen und seinen Verbindungen zu dem Verleger Walter Classen, der an illegalen Hilfsaktionen für rassisch Verfolgte mitwirkte, vgl. D. Schönlebe, München, S. 72 f.

95. Dies hatte Grüber am 17. März 1939 in einem Rundbrief nochmals ausdrücklich betont (H. Ludwig, Opfer, S. 99).

96. Vgl. Dokument IIIB8.

(IIIB1, IV14, 18, 28). Die Unterbringung alter Menschen war ein besonderes Anliegen Meisers. Er beauftragte Zwanzger damit, sich an die Errichtung eines Altersheimes für rassische Verfolgte zu machen.[97] Dieses Thema stand seit Januar 1939 auf der Agenda der Landeskirche. Damals hatte Friedrich Langenfaß im Auftrag des Münchener Pfarrkonvents angeregt, dass die Landeskirche für wohnungslos werdende rassisch verfolgte Christen, man dachte an etwa 10 Familien, ein Haus im Herzogpark kaufe, das für 120000.– RM angeboten worden sei. OKR Meinzolt schlug dagegen vor, die Hilfe Suchenden in Heimen der Inneren Mission unterzubringen. Eine entsprechende Umfrage ergab jedoch, dass diese Lösung ausschied. Nach Gesprächen in Berlin mit Pastor Braune (Lobetal) teilte Jordan am 24. Januar 1939 Greifenstein mit, dass Braunes Verhandlungen mit staatlichen Stellen über ein Altersheim noch längere Zeit benötigten, so dass die Innere Mission obdachlos Gewordene in ihren Heimen unterbringen müsse, zumal man auch in Berlin von Massenquartieren abrate.[98]

5.) Ein letzter beratender »Dienst« der Hilfsstellen waren *Ratschläge für zur Deportation vorgesehene Menschen*.[99]

Aus dem Rahmen fallen dagegen die Hilfsbemühungen für die in Frankreich internierte Kindergärtnerin Gertrud Hammann (IV26). Sie wurde erst nach ihrer Emigration zum Betreuungsfall, da sie vom deutschen Einmarsch überrascht wurde.

Eine nicht zu unterschätzende Rolle bei der Hilfe für rassisch verfolgte Christen spielten Gemeindepfarrer und die lokalen Vereine der Inneren Mission. Sie wiesen die Hilfsstellen auf die Fälle hin (IV1, 3, 22), informierten über Details zu den Fällen (IV3, 25, 28), gaben Leumundszeugnisse (IV1, 16, 21) und wirkten vor Ort in erheblichem Maß seelsorgerlich (IV15, 28).[100] Pfarrer Henninger übernahm sogar die Vormundschaft für einen zu-

---

97. Schreiben Zwanzgers an Senior Kern vom 22. Mai 1940 (LAELKB: Vereine II, XIV, Nr. 9). Nicht verwechselt werden darf dieser Plan mit dem Hildebrandhaus, in dem auch rassisch verfolgte Christen Aufnahme gefunden hatten und das der Landeskirche testamentarisch am 21. Juni 1940 vermacht worden war. Das Hildebrandhaus war keine allgemeine Hilfsstelle für »Nichtarier« und auch die Kontakte mit Zwanzger waren wohl nur lose (C. Kuller/M. Schreiber, Hildebrandhaus, S. 67, 70 und 91–93)

98. LAELKB: LKR 2595

99. D. Schönlebe, München, S. 76f.

100. Der Augsburger Verein für Innere Mission berichtet am 10. Juni 1939 über fünf Fälle, die ihm aus München überwiesen worden waren. Vier Mal gehe es um Auswanderung, einmal um Wohnungssuche. Eine Auswanderungswillige wurde auch

rückbleibenden Säugling (IV 19), da bei der Ausreise der Mutter noch keine Bürgschaft für das neu geborene Kind vorgelegen hatte. Meiser wies Zwanzger auf einen ihm vorgetragenen Fall hin, bei anderer Gelegenheit schaltete sich der Landesbischof ebenfalls aktiv ein und trug den Fall im Ausland vor.[101]

Während die Aufgaben in München und in Nürnberg gleich waren, unterschieden sich die äußeren Bedingungen. Zwanzger konnte in geringem Maß auf Bürohelfer wie Ludwig J*, einen getauften »Volljuden«[102], und eine Schreibkraft[103] zurückgreifen. Auch scheint die Bürosituation im Haus der landeskirchlichen Stiftungsverwaltung Himmelreichstraße 3 bzw. in der Mathildenstraße 6 bei der Inneren Mission besser als in Nürnberg gewesen zu sein. Zwanzger scheint bis August 1939 die beiden Büros vormittags – die Sprechtage selbst variierten – nebeneinander zur Beratung Ausreisewilliger benutzt zu haben.

Über den Arbeitsalltag in der Nürnberger Hilfsstelle[104], die anfangs im Haus der Inneren Mission (Schildgasse 24) untergebracht war und dann in die Untere Talgasse 20 umzog, ist wenig bekannt. Deutlich ist nur, dass Jordan mit seinen Arbeitsbedingungen unzufrieden war: mehr als die Bürosituation war es das Gefühl, nicht mit den Befugnissen ausgestattet zu sein, die für eine effektive und schnelle Hilfe für die rassisch verfolgten Christen notwendig gewesen wären.[105] Auch das Klima bei der Inneren Mission war anfangs sehr kühl, da Jordan mit der Arbeit von Pfarrer Karl Nagengast bei der Nürnberger Stadtmission konkurrierte. Dieser hatte in privater Initiati-

finanziell unterstützt (LAELKB: Vereine II, XIV, Nr. 4). Walter Künneth (Lebensführungen, S. 173) erwähnte 1979 eine später deportierte Starnberger »Nichtarierin«. Sehr wahrscheinlich handelte es sich um die Opernsängerin Käthe Singer, die sich im November 1939 an Zwanzger gewandt hatte. Dieser hatte daraufhin von Künneth ein Leumundszeugnis erbeten. In seiner Antwort hatte Künneth dann darum gebeten, alles zu tun, um Frau Singer materiell und seelsorgerlich zu helfen. Dies sei »eine besondere christliche Pflicht in der Gegenwart« (LAELKB: Vereine II, XIV, Nr. 9; Gedenkbuch München II, S. 525). Seine Kontakte zu Zwanzger im Fall von Herrn F* (IV 15) erwähnte Künneth in seinen Erinnerungen nicht.

101. Schreiben Meisers an Zwanzger vom 9. Mai 1940 (LAELKB: Vereine II, XIV, Nr. 9); IV 29, 2; D. Schönlebe, München, S. 70.

102. D. Schönlebe, München, S. 8.

103. J. Zwanzger, Jahre, S. 12.

104. Vgl. hierzu die nicht ganz widerspruchsfreie Darstellung bei M. Seiler, Tritt ein, S. 213 f.

105. Bericht aus dem Jahr 1945 (LAELKB Nürnberg, PA Jordan). Sein Büro beschrieb Jordan als »winzige(n), düstere(n) Raum mit hochgelegenen vergitterten Fenstern«.

ve rassisch verfolgte Christen unterstützt. Der Leiter der Nürnberger Inneren Mission, Julius Weichlein, sah durch die Versetzung Jordans an seine Stelle die Arbeit der Inneren Mission gefährdet, da er dienstlich regelmäßig Kontakt zu staatlichen Stellen, u. a. der Gestapo, hatte. Nach und nach schwanden aber die Vorbehalte und wichen engagierter Unterstützung. Der juristisch gebildete Weichlein übernahm für Jordan die Verhandlungen mit der Gestapo und anderen Behörden. Elisabeth Nägelsbach, bei der Inneren Mission für Kinder- und Jugendfürsorge zuständig, bearbeitete auch Gesuche, die die Ausreise von Kindern betrafen.[106] Weiterhin konnte Jordan auf die Hilfe Nagengasts[107] und des Missionars Johann Bock zählen. Bock betreute Auswanderer seelsorgerlich und vertrat Jordan im Büro, wenn er außer Haus tätig war.

Zwanzger konnte innerhalb eines überkonfessionellen »Netzwerks« von Personen und Organisationen arbeiten, die rassisch verfolgten Christen halfen. Dieses Netzwerk bestand neben dem Büro Pfarrer Grüber und dessen Vertrauensleuten an anderen Orten, etwa Hermann Maas in Heidelberg[108], v. a. aus den Hilfseinrichtungen der Quäker (IV 1–2, 6, 11, 17), die sich seit 1936 stark für die Ausreise von Kindern engagierten.[109] In München arbeitete Zwanzger spätestens seit Januar 1939 mit dem Quäker-Ehepaar Annemarie und Rudolf Cohen eng zusammen.[110] Weiterhin unterhielt er Kontakte zur Ökumene in Genf (IV 9) und zu katholischen Hilfseinrichtungen für rassisch verfolgte Christen. 1945 schrieb Zwanzger über diese intensive Zusammenarbeit: »Die Betreuung der Nichtarier geschah hier [...] in stetiger und reibungsloser Zusammenarbeit mit dem Geschäftsführer des hiesigen Caritasverbandes, Herrn Kett«.[111] 1988 betonte er zudem die ausgezeichnete Zusammenarbeit mit den Münchner Amtsbrüdern, die ihn unterstützten und in ihren Gemeinden rassisch verfolgte Christen betreuten.[112]

---

106. Vgl. unten, S. 335, den Fall Willer.

107. Vor seiner Einberufung zur Wehrmacht teilte Jordan Grüber am 14. Dezember 1940 mit, dass ihn Nagengast in seelsorglichen Fragen vertreten werde (LAELKB: DW 111).

108. D. Schönlebe, München, S. 120–122.

109. Ebda., S. 44 f., 71.

110. Ebda., S. 46 f.

111. Dokument III B 11. Zur Zusammenarbeit mit der Caritas bzw. dem in der Auswanderhilfe stark engagierten Raphaelsverein vgl. die leider nicht ganz fehlerfreie Darstellung bei D. Schönlebe, München, S. 70 f., 105–107.

112. J. Zwanzger, Jahre, S. 12 f.

Diese Halt gebende und Hilfsmöglichkeiten eröffnende Lage bot sich Jordan in Nürnberg nicht. Trotz kirchenpolitisch-theologischer Übereinstimmung kam er mit Pfarrern der BK nicht in engeren Kontakt.[113] Da auch keine Zusammenarbeit mit jüdischen Hilfsorganisationen zu Stande kam bzw. von Jordan sogar abgelehnt wurde, scheinen die Caritas und das Ehepaar Cohen die einzigen Kooperationspartner der Nürnberger Stelle gewesen zu sein.[114]

113. M. Seiler, Tritt ein, S. 213.
114. Dokument IIIC1. In einem Brief vom Januar 1940 (LAELKB: DW 1552) sprach Rudolf Cohen Jordan mit »Lieber Freund« an.

5. Anfragen und Unterstützung außerhalb der Hilfsstellen

Rassisch verfolgte Christen fanden vereinzelt auch außerhalb der Hilfsstellen Unterstützung. Verständlicherweise sind diese Vorgänge kaum aktenmäßig überliefert. Es handelte sich um die Unterstützung oder seelsorgerliche Betreuung vor Ort, aber auch um Fälle, in denen sich die Betroffenen direkt an die Landeskirche wandten bzw. ihr Anliegen von Dritten dem Landeskirchenrat vorgetragen wurde.[115] Im Folgenden werden drei Anfragen bzw. Hilfsgesuche beschrieben, die nicht an die Hilfsstellen gerichtet waren. Zur Verdeutlichung der Situation rassisch verfolgter Protestanten und des Umgangs der Landeskirche mit ihnen sind diese Fälle in der Bandbreite der darin zu Tage tretenden Reaktionen vielsagend.

Der Augsburger Pfarrer Limpert sah sich im Mai 1939 mit dem Taufgesuch einer jüdischen Großmutter für ihre Enkelin konfrontiert. Sie wollte mit der Taufe des aus zerrütteten Familienverhältnissen stammenden Kindes verhindern, dass es vom evangelischen Religionsunterricht ausgeschlossen wurde und den Zunamen Sarah tragen musste. In Unkenntnis der Rechtslage wandte sich Limpert an das Landeskirchenamt, das die dann im März 1940 erfolgte Taufe unter Vorbehalten genehmigte (V1). In der landeskirchlichen Verwaltung hinterließ der Fall kaum schriftliche Spuren. Auch als im September 1941 im Landeskirchenamt ein in kinderloser Mischehe lebender »volljüdischer« Journalist im Ruhestand von stramm nationaler Gesinnung anfragte, ob er den unlängst eingeführten »Judenstern« tragen müsse, reagierte die Kirche diskret. Das Anliegen wollte man nicht schriftlich, sondern nur bei einem Gespräch im eigenen Amtsgebäude behandeln (V2).

Im Fall eines 1933 aus Protest gegen die Haltung der Kirche zur Judenpolitik ausgetretenen Ehepaares, das nach der Reichspogromnacht wieder in die Kirche eintreten wollte, lehnte das Dekanat München die schnelle Wiederaufnahme ab. Selbst die von Pfarrer Alt in Aussicht gestellte Hilfe bei den Auswanderungsplänen wurde abgelehnt. Pfarrer Hennighaußen betreute das Ehepaar jedoch bis zu dessen gemeinsamem Freitod am Tag vor der geplanten Deportation (V3).

---

115. Beispiele für die Unterstützung von Juden und »nichtarischen« Christen in München durch Protestanten listet auch A. L. Bühler, Kirchenkampf, S. 258–273, auf. Einige der von ihr S. 269 genannten Personen finden sich auch bei den unten aufgeführten Einzelfällen (Vgl. S. 182 f.).

Ebenso wie über die oben erwähnte Hilfe Nagengasts in Nürnberg für rassisch verfolgte Christen ist auch über andere Hilfs- und Betreuungsfälle wenig bekannt. Ohne Anspruch auf Vollständigkeit seien hier genannt:

In Augsburg unterstützte Dekan Wilhelm Bogner die Ausreise der »vollnichtarischen« Gymnasiallehrerin Marie Oppenheimer nach England. Er griff hierzu auf seine Kontakte zum Mitglied des Lutherrats Hanns Lilje und nach Schweden zurück.[116]

Im Dezember 1938 beauftragte Meiser Stadtvikar Maser, über den Lutherrat die Ausreise des in der Diakonissenanstalt München versteckten Carl Gunter Schweitzer zu erreichen. Mit Hilfe des Büros Pfarrer Grüber gelangte Schweitzer schließlich nach England. Schweitzer, seit 1916 im preußischen Kirchendienst, war 1937 als Superintendent in Potsdam zwangspensioniert worden und nach München übergesiedelt, wo er seit dem 9. November 1938 im Untergrund lebte.[117]

Obwohl sie mit ihrer theologischen Arbeit das theoretische Fundament für die Ausgrenzung von »Juden« in Kirche und Gesellschaft mit gelegt hatten, unterstützten auch die Erlanger Theologen Werner Elert und Paul Althaus ihnen tatsächlich bekannten Personen. Elert sorgte dafür, dass ein an der Theologischen Fakultät in Halle abgewiesener »Mischling II. Grades« seit 1940 in Erlangen als Gasthörer Theologie studieren konnte. Darüber hinaus verschaffte er dem jungen Mann ein Stipendium, das eigentlich immatrikulierten Studierenden vorbehalten war.[118] Auch Althaus unterstützte einen »Mischling I. Grades« durch Stipendien und machte ihn, obwohl nur Gaststudent, zum Senior seines Seminars.[119] Sehr wahrscheinlich ist der Unterstützte der Student R* S*, über dessen Stipendiengesuch der Landeskirchenrat am 11. Februar 1941 beriet. Auf finanzielle Hilfe konnte der aus Sachsen Stammende hoffen, jedoch nicht auf eine Verwendung im bayerischen Kirchendienst. Denn es sei – so der Landeskirchenrat – erwünscht, dass »Mischlinge auf eine Universitätsausbildung verzichten und sich mit einer untergeordneten Stellung begnügen«.[120]

---

116. M. Seiler, Tritt ein, S. 205.
117. H. Baier, Kirche in Not, S. 233f.; E. Röhm/J. Thierfelder, Juden 2/II, S. 214–224.
118. C. H. Meisiek, Theologiestudium, S. 297.
119. A. Töllner, Frage, S. 65.
120. LAELKB: LKR 679.

6. Bilanz der Hilfsstellenarbeit

Jede Beurteilung der Hilfe für rassisch verfolgte Christen steht vor dem Dilemma, dass die Zahl der ermordeten europäischen Juden in kein Verhältnis zu der geringen absoluten Zahl von Personen zu setzen ist, die mit kirchlicher Hilfe Deutschland verlassen konnten. Zur Beurteilung der bayerischen kirchlichen Hilfsaktion kommt nur ein innerkirchlicher Vergleich mit den Zahlen des Büro Pfarrer Grüber in Frage, auch weil Zahlen aus anderen Landeskirchen nicht vorliegen. Anzuerkennen ist zudem, dass es neben der Auswanderung andere – seelsorgerliche – Formen der Unterstützung durch Jordan und Zwanzger gab, die sich nicht quantifizieren lassen.

Über die Zahl der Betreuten und der Ausgewanderten informierte Zwanzger die Landeskirchenleitung regelmäßig und präzise, auch durch den Vergleich mit den Zahlen des Büros Pfarrer Grüber. Schon am 16. Januar 1939 war von 35 betreuten Personen die Rede (IIIB1), zehn Monate später war ihre Zahl um 213 auf 248 gestiegen. Die Auswanderungsquote lag mit 28 Personen bei etwas mehr als 11 % (IIIB3). Genau die Hälfte der Betreuten waren »Volljuden«, etwas mehr als ein Viertel waren »Mischlinge 1. Grades«, hinzu kamen fast 23 % »Arier«. Bis zum Dezember 1940 stieg die Zahl auf 358 »einschl. der arischen oder halbarischen Familienglieder«. Bis Kriegsbeginn wanderten 44 Personen aus, bis Ende November 1940 nochmals 17 (IIIB6). Im nächsten Bericht (IIIB7) korrigierte Zwanzger die Zahl der Auswanderer auf 48 und 17 bei 534 Betreuten. Zu betreuen habe er noch 460 Personen. In Zwanzgers undatiertem Bericht nach dem September 1941 (IIIB8) ist sogar von 66 Ausgewanderten die Rede (36 »Volljuden« mit 30 »arischen« bzw. »halbarischen« Angehörigen).

Zwanzger erfasste einen Großteil seiner Fälle in zwei ausführlichen Tabellen. Aus einer »Übersicht über die vollzogenen Auswanderungen« von März bis Dezember 1939 (VI2) geht hervor, dass von 58 Personen 38 tatsächlich auswanderten: 21 nach England, 5 nach Ungarn, jeweils 2 nach Holland, Schweden und in die USA, jeweils eine Person reiste aus nach Mexiko, Jugoslawien, Italien, Schanghai und in die Schweiz, ein Ziel war unbekannt. Diese Gruppe verteilte sich wie folgt:

	Juden	Mischlinge I. (und II.) Grades	Arier	Summe
Betreut	29	18	11	58
Ausgewandert	23	12	3	38
Zurück geblieben	6	6	8	20

Trotz der Zahl von 534 Betreuten enthält Zwanzgers umfangreichste Auflistung nur 180 Fälle mit insgesamt 401 Personen, 219 Frauen und 182 Männer. Es handelte sich um 105 »jüdische« Männer (65 davon getauft) und um 86 »jüdische« Frauen (67 davon getauft). Weiterhin listete er 55 Männer und 58 Frauen als »Mischlinge 1. Grades« auf, 22 Männer und 75 Frauen waren »Arier«. In mindestens 89 Fällen lebten die Rat Suchenden in einer »Mischehe«. Bei 88 Fällen ist als Zweck die Ausreise angegeben.[121]

Setzt man – wie Schönlebe – die Zahl der »nichtarischen Christen« in München in Relation zur Zahl der Ausgewanderten, so kommt man für München zwar auf eine Quote von 8 bis 11 % und damit auf einen deutlich besseren Wert als das Büro Pfarrer Grüber mit allen Vertrauensstellen. Dieses erreichte nur 2,6 %.[122] Diese positive Münchner Bilanz muss aber leicht nach unten korrigiert werden, da unter den Ausgewanderten nicht nur rassisch verfolgte Christen, sondern etwa auch »arische« Ehepartner waren.

Die Bilanz der Nürnberger Hilfsstelle ist trotz der Klage Jordans, dass er nur einem »Bruchteil« der Menschen helfen konnte (IIIB2), positiver als die Münchner, erst recht als die Berliner. Bis Dezember 1940 waren in Nürnberg mindestens 358 Personen betreut worden, von denen bis Kriegsbeginn 44, danach noch 17, also insgesamt mindestens 61 Menschen (= 17 % der Betreuten) auswandern konnten.[123]

Zwanzger nannte 1945 (IIIB11) seine Arbeit eine dankbar aufgenommene »wirkliche Hilfe« und in verschiedenen Fällen eine Rettung vor dem »sicheren Tode«. Freilich machten zahlreiche Schwierigkeiten im In- und Ausland diese Bemühungen oft zunichte.[124]

Früh verbuchte die Landeskirche das Urteil Zwanzgers für sich positiv.[125] Sie muss sich aber heute zwei Vorwürfen stellen: Fünfeinhalb Jahre lang, bis Herbst 1938, schwieg sie aus Sorge um die Institution zu offen begangenem Unrecht. Ihr obrigkeitsorientiertes Staats- und Selbstverständnis enthielt zudem nicht das theologische Instrumentarium, mit dem Bischof Meiser

---

121. LAELKB: Vereine II, XIV, Nr. 5; vgl. hierzu auch D. Schönlebe, München, S. 83 f.
122. D. Schönlebe, München, S. 84.
123. »… wo ist dein Bruder Abel?«, S. 156; M. Seiler, Tritt ein, S. 231.
124. Vgl. auch sein Resümee in Dokument IIIB3.
125. In der von der Landeskirche initiierten Dokumentensammlung »Apokalyptisches Wetterleuchten« wurde Zwanzgers Bericht bereits 1947 veröffentlicht. Damals verband man den Text mit dem geschickt gekürzten Urteil des Flüchtlingsdienstes des ÖRK aus dem Jahr 1945, dass Christen den Juden in Deutschland mehr Hilfe hätten zukommen lassen, als allgemein bekannt sei (H. Schmid, Wetterleuchten, S. 393; Flüchtlingsdienst des ÖRK, Kirche, S. 6).

und die Kirchenleitung angesichts der christentumsfeindlichen und rassistischen Politik einer Diktatur eine widerständische Haltung hätte entwickeln können. So manövrierte man sich in eine Lage, in der man selbst für die Hilfe für die »Glaubensbrüder in Not« nur noch geringe Handlungsspielräume hatte. Und dass die kirchliche Verantwortung für den Nächsten sich nicht über die gemeinsame Religions- oder Konfessionszugehörigkeit, über die Staatsangehörigkeit oder eine willkürliche ideologische Festlegung definiert, hätte man schon vor 1933 erkennen und auch öffentlich einfordern können.

7. Quellenwiedergabe

Die in den Kapiteln I bis III abgedruckten Dokumente werden fast ausnahmslos vollständig und mit der Originalpaginierung wiedergegeben.
Ausgelassen wurden nur wenige für das Thema nicht relevante Passagen.
Die in den Kapiteln IV und V dargestellten Fälle werden chronologisch in
der Abfolge vom ersten feststellbaren Schriftstücks an dargeboten. Offen-
kundige Fehler in Orthographie und Interpunktion wurden stillschweigend
korrigiert, ebenso falsch geschriebene Namen. Stilistische Eigenheiten wurden hingegen beibehalten. Nicht gebräuchliche Abkürzungen wurden zur
besseren Lesbarkeit in den Dokumenten in [ ] ergänzt. Auf die Wiedergabe
von Betreffzeilen u. ä. wurde weitgehend verzichtet, auch auf die Wiedergabe von Anlagen. Zum leichteren Verständnis der Texte wurden als nicht
allgemein bekannt vorauszusetzende Begriffe, Bücher etc. in Fußnoten
knapp erläutert. Ergänzende Erläuterungen des Bearbeiters zu Briefwech-
seln, Dokumenten und zum weiteren Schicksal der Hilfe Suchende nach
dem Ende der Korrespondenz mit den Hilfsstellen sind kursiv gesetzt. Die
Seitenzählung im Original wird in der Form |123| dargestellt

Namen von Hilfe suchenden Personen oder von in den Dokumenten genannten Dritten wurden aus Gründen des Persönlichkeitsschutzes trotz der
anders gelagerten archivrechtlichen Situation anonymisiert.[126] Es werden
statt dessen nur die Initialen von Vor- und Nachnamen mit * angegeben,
auch Adressen oder andere die Identifikation ermöglichende Angaben wurden durch * ersetzt. Erscheint dagegen in einer Quelle eine Namensangabe
in der Form »X. Y.« handelt es sich um eine originale Schreibweise. Sollte
das Schicksal von Hilfe Suchenden hingegen bereits an anderer Stelle beschrieben worden sein, wird der Name des Betroffenen genannt. Hier wurden dann nur die Namen Dritter anonymisiert. Bei berechtigtem Interesse
stehen die Akten im Landeskirchlichen Archiv in Nürnberg der Forschung
selbstverständlich offen.

Zur Entlastung des Anmerkungsapparates sind dem Personenregister
knappe biographische Notizen beigegeben.

---

126. Vgl. hierzu G. Lachenicht, Getauft, S. 194, die auf den Respekt vor Hinterbliebenen
hinweist, »die nicht unbedingt an ihre jüdischen Wurzeln erinnert werden wollen«.

Landesverein für Innere Mission
in der Evang.-Luth. Kirche Bayerns r. b. Rh.
Fernruf 25696, 21920 und 21927
Postscheckkonto Nürnberg Nr. 2989

Abteilung: Pfarrer Jordan.

Nürnberg-A, den 24. Januar 1939.
Untere Talgasse 20

An den Landesführer
der Inneren Mission in Bayern,
M Ü N C H E N
Arcisstr. 13.

Evang.-luth. Landeskirchenrat
_____ 1122 _____ ⸗7. JAN 193⸗
Bell. _____ / _____

Betreff: Nr.445, nichtarische evangelische Christen.

Sehr geehrter Herr Oberkirchenrat!

Ihr Schreiben betreff Unterbringungsmöglichkeit nichtarischer
evang. Christen wurde mir übergeben. Ich habe darauf sofort
mit den Herrn Amtsbrüdern Weichlein und Diez unterhandelt.
Ergebnis:
1. Im Wichernhaus kein Platz! Weiher wird als nicht gut mög=
lich angesehen. Dort sind Schwachsinnig-Blöde untergebracht.
Man könnte wohl einen Saal freimachen (Massenquartier), aber
die Möglichkeit eines Zusammenlebens kann nicht recht gedacht
werden. Als eventuell in Frage kommend, ist der Wurzhof ge=
nannt worden.
2. Inzwischen war ich gemeinsam mit Kollegen Weichlein in
Berlin, um mit den dortigen Stellen Fühlung zu nehmen. Dort
ist ja Herr Pastor Braune-Lobetal beauftragt, mit den staat=
lichen Stellen Fühlung zu nehmen, daß es genehmigt wird für
ältere nichtarische Christen ein Heim zu gründen. Auch für
Kinder ist schon an etwas ähnliches gedacht worden.
3. Ich bin der Ansicht, daß diese Verhandlungen sich noch län=
ger hinziehen können. Die Innere Mission muß also in dringen=
den Fällen den Mut aufbringen, wo Leute wirklich kein Dach
mehr über dem Kopf haben, sie vereinzelt in ihren Heimen un=
terzubringen. Von einer Anhäufung- also Massenquartier - wird
ja auch von den Berliner Stellen abgeraten.
4. Fälle von Kündigung und Wohnungsverlust gibt es auch hier.
Eine Familie bis zum 1.IV. Ein 70 jähriger Mann bis zum Ende
dieses Monats. Eine 43 jährige Frau mit ihrer 16 jährigen
Nichte. Es wird wohl auch noch mir nicht bekannte Fälle ge=
ben. Ich bitte den Herrn Landesführer, Sich der Not dieser
Leute in den Besprechungen mit den Herrn Anstaltleitern drin=
gend annehmen zu wollen.

Schreiben Hans Werner Jordans an Hans Greifenstein, LAELKB: LKR 2595

Augsburg

An Herrn

10.Juni 1939

Pfarrer Zwanziger

An

zur Kenntnisnahme.

Büro Pfarrer G r ü b e r

B e r l i n   C 2

an der Stechbahn 3-4

In letzter Zeit wurden uns zur Erledigung einige Angelegenheiten nicharischer Christen, die in Augsburg wohnhaft sind, von Herrn Pfarrer Zwanziger, München überwiesen. Wir teilen Ihnen kurz mit, was wir in den einzelnen Fällen bisher tun konnten bezw. inwieweit sich die Dinge erledigt haben.

In der Angelegenheit <u>R</u>   haben wir festgestellt, dass Herr R. nunmehr den Antrag auf Auswanderung nach Brasilien gestellt hat und dass er dort als Farmer sich eine neue Existenz zu gründen versuchen will. Die wirtschaftlichen Verhältnisse des Herrn R. sind geordnete. Die Angelegenheit kann von uns zunächst als erledigt angesehen werden.

Für Frau <u>Dr. U</u>   , Augsburg,   hat sich auch bereits ein Ausweg aus ihren Nöten eröffnet. Sie hat eine neue passende Wohnung gefunden.

Für <u>Frl. A</u>   haben wir heute den ihr zuletzt zugesandte Fragebogen ausgefüllt, durch unseren Report ergänzt und mit den Zeugnisabschriften sofort an das Domestic-Bureau weitergesandt. Hoffentlich wird nun Frl. A   bald die Erlaubnis zur Auswanderung erhalten. Sie ist sehr deprimiert darüber, dass die Angelegenheit sich solange hinzieht. Da sie völlig mittellos ist, mußten wir ihr auch finanziell ein wenig unter die Arme greifen.

Ziemlich aussichtslos ist die Lage im Fall <u>G</u>   . An eine Auswanderungsmöglichkeit ist wegen des Gesundheitszustandes des Herrn G   nicht zu denken. Frau G. bemüht sich um die Aneignung bürotechnischer Kenntnisse. Ihrer Unterbringung in einem Büro dürften sich aber größte Schwierigkeiten entgegenstellen.

In der Angelegenheit der <u>Familie G</u>   konnten wir feststellen, dass die ganze Familie bereits ausgewandert ist. Die Auswanderung erfolgte schon vor dem November 1938.

So versuchen wir zu tun, was in unseren Kräften steht und hoffen an unseren bescheidenen Teil zur Linderung mancher Not beitragen zu dürfen.

Mit deutschem Gruß!
Verein f. Innere Mission
Augsburg, Spenglergasse 7a

Rud. Beyer

Schreiben des Vereins für Innere Mission, Augsburg an Johannes Zwanzger (LAELKB: Vereine II, XIV, Nr. 4)

Dokumente

I. Weimarer Republik

A. Stimmen aus der Pfarrerschaft

1. Michael Rabus: Friede über Israel!

Aus: KorrBl 44 (1919), Nr. 9, 3. März, S. 64
Literatur: E. L. Schmidt, Landeskirche, S. 27 f.

Darf dieser Friedensgruß sich noch hervorwagen in einer Zeit, in welcher
ein gottentfremdeter, internationaler Semitismus unsere Volksseele durch
das Gift der Gottlosigkeit und Heimatlosigkeit zu verseuchen droht, und
manch Ernstgesinnte fürchten, es möchte die vormalige Großmacht
Deutschland bald zu einer ohnmächtigen, verarmten Provinz jenes Semitismus herabsinken? Und doch – ist der Friedensruf nicht da am dringlichsten,
wo die Friedlosigkeit die Wurzel alles Übels ist?

Er, der Friedefürst, kann allein »Israel erlösen aus allen seinen Sünden«.
Und Er wird es tun nach Gottes Verheißung! Auf zwei verhängnisvolle Irr-
wege ist das Judentum geraten: das gesetzestreue Judentum ist erstarrt in
toter Gesetzlichkeit: das gottentfremdete Judentum dagegen leistet dem
Bolschewismus Hand- und Spanndienste zu tobender Ungesetzlichkeit.
Noch niemals war die Judenfrage so brennend wie in der Gegenwart. Wer
allein kann sie lösen? Nur der Messias Israels! Er allein kann dem Toben von
Sturm und Meer gebieten; Er allein kann das Tote erwecken. Christus allein,
der Gekreuzigte und Auferstandene, ist auch hier der Weg und die Wahrheit
und das Leben. Die jüdische Frage wird nimmer gelöst durch die Verfolgung Israels; sie wird aber sicher gelöst durch die Bekehrung Israels!

Mit raschen Schritten eilen wir der Endzeit entgegen. Das tröstlichste
Licht im Dunkel der Endzeit wird aber die Bekehrung Israels sein nach Gottes Verheißung. Zu Zion ersteht ein herrlicher Neubau durch Gottes Gnade,
wenn die übrige Welt in Trümmer sinken will durch die Schuld der Sünde.
Laßt uns im Dienste des Messias mithelfen, daß lebendige Bausteine für das
neue Zion zugerichtet werden auch unter uns!

Der jähe Zusammenbruch des deutschen Reiches hat gar schöne Hoffnungen unserer Leipziger Judenmission in Polen und Rumänien zerstört;
aber den Glauben an unseren Missionsberuf kann nichts zerstören. Mehr
denn je muß unsere evangelisch-lutherische Kirche Missionskirche werden,

gerade weil die Wogen des Heidentums schon an ihre Felsen branden in der eigenen Heimat. Darum wollen wir nicht müde werden in der Friedensarbeit auch an Israel; vor allem wollen wir nicht müde werden im lauteren und lauten Bekenntnis zu dem einigen Friedensfürsten Jesus Christus, dem Heiland der Welt, dem Messias Israels!

[...]

Neuendettelsau.   Michael Rabus, Pfr.

2. Friedrich von Ammon: Der Christ und der Antisemitismus [Referat über eine Rede von Friedrich Langenfaß]

Aus: EGBlM 30 (1921), S. 46 f.

|46| Das war das Thema, zu dessen Besprechung der Gemeindeverein von St. Matthäus am 4. Februar in den kleinen Mathildensaal eingeladen hatte. Der überaus zahlreiche Besuch bewies, wie heiß das Verlangen nach Klärung der Themafrage in vielen Gemütern ist, und die selten bei einem derartigen Abend in dem Maß herrschende atemlose Stille zeigte, wie dankbar die Zuhörerschaft dem Redner, Pfarrer F. Langenfaß war, der in 1 ¾stündigen Ausführungen auf Grund einer gründlichen, in alle Einzelheiten sich erstreckenden Sachkenntnis sein Thema erörterte. Wir glauben allen Gliedern unserer Gesamtgemeinde einen Dienst zu tun, wenn wir die Grundgedanken des Vortrags hier wiederzugeben versuchen.

Woher das brennende Interesse, auf das die Judenfrage allgemein stößt? Lebendig geworden ist diese Frage für weitere Kreise erst infolge des Krieges und der Revolution. Denn mit zunehmender Bitterkeit machte unser Volk seine Beobachtungen, im Feld und daheim, an den jüdischen Mitbürgern: Drückebergerei und Kriegsgewinnlertum wurden ihnen mit gutem Grund zur Last gelegt, während dem ganz entsprechend an der jüdisch-kapitalistisch beeinflußten Presse, die Frankfurter Zeitung voran, ihre mangelnde nationale Haltung und die Zerstörung der Geschlossenheit des kämpfenden deutschen Volkes schwer getadelt werden mußte. Und als mit der Revolution die Ordnungen unseres staatlichen Lebens zerbrochen wurden, zogen die Revolutionsgewinnler und Ostjuden daraus den Gewinn: in diesen Kreisen sah man kaum einen, der wie die ehrlichen Deutschen unterernährt war. Doch sind das letzten Endes nur Oberflächenerscheinungen, deren Wurzel in der materialistischen Gesinnung liegen, deren zwar nicht einziger, aber doch wesentlichster Träger das Judentum ist. So ist die große Bewegung des Sozialismus durch Karl Marx ganz in jüdisch-materialistisches Fahrwasser geraten. Aber auch das Kapital ist größtenteils in jüdische Hände geraten, ebenso wie dessen konsequentester Feind, der Bolschewismus. Doch nicht nur im Wirtschaftsleben, sondern auch, was viel bedenklicher ist, im Geistesleben hat das Judentum mit Erfolg versucht, seinen materialistischen Geist, der stets zersetzt und stets verneint, zur Auswirkung zu bringen, so auf dem Gebiet der Wissenschaft, der Kunst (Theater und Kino) und der Literatur. Von hier aus wurde das Element der sexuellen Sinnlichkeit in die Kunst eingeführt, von hier aus wurde anderseits der Geist der Religions- und Kirchenfeindschaft stets genährt, doch wurde nie zum Austritt aus der Synagoge, nur immer zum Austritt aus der Kirche aufgefordert. Freilich wirken auf all diesen Gebieten nicht die Juden allein, aber sie waren meist die Führer und stets die Virtuosen. Kein Wunder, wenn daher, zumal in national gesinnten Kreisen, die Gegnerschaft gegen das Judentum und seine schädigenden Wirkungen erwacht; |47| bedauerlich bleibt nur, daß der größte Teil der Arbeiterschaft sich der wahren Erkenntnis der Lage noch immer verschließt.

Zur rechten Beantwortung der ganzen Frage ist aber weiter auch ein geschichtlicher Rückblick notwendig. Im Mittelalter war der Gegensatz gegen die Juden ein religiöser, erst seit dem 12. Jahrhundert, wo sich das Judentum trotz seiner gedrückten sozialen Lage den entscheidenden Einfluß auf dem Gebiet der Geldwirtschaft erringt, wird er zum wirtschaftlichen. Das Judentum seinerseits suchte religiös dem Christentum Abbruch zu tun und durch Verleumdungen oft der niedrigsten Art, wie sie auch im Talmud sich fanden, die christliche Kirche zu schmähen. Die gewaltsamen Verfolgungen, die im Mittelalter von Zeit zu Zeit aufloderten, haben dem Judentum in Wirklichkeit keinen Schaden getan, sondern stets das Gegenteil davon erreicht. Auch wirtschaftlich blieben die Christen von den Juden abhängig.

Erst in der neueren Zeit wird die Judenfrage als Rassenfrage behandelt und versucht, das Judentum als solches als eine minderwertige und absolut schädliche Rasse hinzustellen; im Talmud, aber auch zuweilen im Alten Testament selbst sucht man dafür nach Beweisen, indem man die betr.[effenden] Aussagen einseitig auswertet. Weiter führt die Behauptung, der Gott des Alten Testaments sei ein ganz anderer als der Vater unseres Herrn Jesu Christi und das Alte Testament sei für den Christen wertlos, Behauptungen, für die ein wirklicher Beweis trotz Friedrich Delitzschs, des Berliner Assyriologen, neuestem Werk »Die große Täuschung«[1] noch nicht erbracht

1. Friedrich Delitzsch: Die Große Täuschung, Bd. 1: Kritische Betrachtungen zu den alttestamentlichen Berichten über Israels Eindringen in Kanaan, die Gottesoffenba-

wurde, weil er eben nicht erbracht werden kann. Dasselbe gilt von der Theorie, mit der man Jesus vom Alten Testament loszureißen sucht, Jesus sei Arier gewesen. Doch auf dieser Stufe des Gegensatzes herrscht immerhin noch das Bestreben, das Christentum selbst zu behaupten und zu retten; der radikalste Flügel der antisemitischen Bewegung (in der Bewegung selbst ist er, wie in der Diskussion Justizrat v. Zezschwitz betonte, nicht der führende, sondern in der Minderheit und relativ unbedeutend) bricht auch mit dem Christentum, das eben seine Wurzeln im Judentum hat, und sieht als religiöses Ziel die Rückkehr zu einer Art neugermanischen Heidentums (»Wodanismus«) vor Augen. Hier wird die christliche Gotteserfahrung, die auf Grund göttlicher Offenbarung erwächst, verneint.

Wie stellt sich nun der Christ in diesen vielverwirrten Fragen? Ausschlaggebend ist für uns das Neue Testament, d. h. die Stellung Jesu und der Apostel. Jesus erkennt sich als den Messias, in dem die alttestamentliche Weissagung zur Erfüllung kommt, er wurzelt mit seinem Denken im Alten Testament, nicht anders sein größter Apostel: Paulus. Israel ist das auserwählte Volk, aber seitdem es den Messias verstoßen hat, ruht auf ihm der Fluch Gottes.

Was folgt aber daraus für den Christen? Er muß den Antisemitismus als Rassentheorie ablehnen; die Unterschiede der Rassen müssen verschwinden, wenn es sich um die Darbietung des Evangeliums handelt. Dann ist aber auch die Judenfrage als religiöse Frage zu lösen. Weil Israel unter dem Fluch Gottes steht und als ein Zeichen dieses Fluches durch die Welt geht (vergleiche besonders Römerbrief Kap. 9–11, bes. 11, 22), kann man mit dem einzelnen Juden herzliches Mitleid haben. Hat aber Gott mit Israel seine besonderen Absichten, dann wird das Volk, an dem sich jetzt Gottes Zorn auswirkt und das darum ein zerstörendes Element im Verlauf der Weltgeschichte bildet, auch erlöst werden wie der einzelne Israelit. Ist nicht auch Paulus von Gott aus dem Feuerbrand des Judentums herausgerissen worden?

Das Alte Testament bleibt für den Christen die Urkunde der vorbereitenden Offenbarung Gottes. In Israel hat Gott das Verachtet vor der Welt (vgl. 1. Kor. 1) erwählt, um desto mehr seine Macht und Heiligkeit offenbar werden zu lassen. Wie haben die größten der alttestamentlichen Propheten mit besonderer Schärfe im Kampf für die Sache Gottes gegen ihr Volk und des-

rung vom Sinai und die Wirksamkeit der Propheten, Stuttgart/Berlin 1920; Bd. 2: Fortgesetzte kritische Betrachtungen zum Alten Testament, vornehmlich den Prophetenschriften und Psalmen, nebst Schlußfolgerungen, Stuttgart/Berlin 1921.

sen Charakter, wie er von Natur war, Zeugnis abgelegt. Sie haben es vielfach mit dem Martyrium büßen müssen, das ihr eigenes der göttlichen Offenbarung widerstrebendes Volk ihnen aufzwang. Wie könnten wir entbehren wollen, was die Propheten Israels in religiöser und sozialer Beziehung auch heute noch uns zu sagen haben, ist doch für den Christen das Alte Testament unlösbar mit dem Neuen verknüpft.

Abschließend folgt aus alledem die Notwendigkeit der Selbsterkenntnis, wie der durch das Judentum in erster Linie verbreitete Materialismus, der unser Volk jetzt weithin beherrscht, uns ruiniert hat, davon gilt es wieder frei zu werden. Die Losung kann aber nicht sein: her zu der Religion unserer heidnischen Vorfahren, sondern: hin zu dem lebendigen Gott und seinem Christus! Denen gegenüber, die wie Israel unter einem Fluch durch die Geschichte gehen, gilt unser herzliches Mitleid eben deswegen. Wird erst die innere Abhängigkeit vom Judentum dahinfallen, dann muß es mit der äußeren Abhängigkeit ebenso gehen. Keinesfalls aber darf der Gedanke einer gewaltsamen Unterdrückung des Judentums, etwa durch eine Judenverfolgung, aufkommen, denn das ist nicht christlich. Auch erreicht man mit Gewalt das Gegenteil von dem, was man erstrebt. Letzten Endes hat der Christ auch dem Judentum gegenüber das Herrenwort in die Tat umzusetzen: Liebet eure Feinde, dessen eingedenk, daß auch die von Christo Herde noch Fernen herzukommen sollen, damit Eine Herde und Ein Hirte werde.

In der anschließenden Diskussion wurde in allen wesentlichen Punkten dem Referenten Dank und Anerkennung gezollt, auch Justizrat v. Zezschwitz, der über die Ziele des als Abwehrbewegung entstandenen deutschvölkischen Schutz- und Trutzbundes dankenswerte Aufklärungen gab, durfte trotz im einzelnen auseinandergehenden Meinungen dies zum Ausdruck bringen. Es gilt freizuwerden von der geistigen Umklammerung durch das Judentum, »Antisemit sein« heißt, so hatte in den Begrüßungsworten Pfarrer Joch es zum Ausdruck gebracht, »ein Feind des Materialismus, des Kapitalismus und der internationalen Phrase sein«.

3. Beschluß der Bezirkssynode München über »die Wertschätzung des Alten Testaments in unseren Gemeinden«

Aus: EGBlM 30 (1921), S. 211 f.

|211| Die Bezirkssynode des Dekanats München 1 sieht in den Angriffen, die neuerdings gegen die Heilige Schrift des Alten Testaments gemacht werden, eine große Gefahr für den Ernst und die Klarheit des evangelischen

Glaubenslebens. Mit Schmerz erkennt die Synode die schwere Schädigung, die das geistige und soziale Leben unseres Volkes durch den zersetzenden Einfluß gewisser Kreise des Judentums erlitten hat, und hielt die Überwindung dieses Einflusses um der religiösen und sittlichen Zukunft unseres Volkes willen für dringend notwendig; aber diese Schädigung kann für einen evangelischen Christen am allerwenigsten ein Grund sein, das Alte Testament anders einzuschätzen, als es unser Herr und Meister selbst und seine Apostel, voran Paulus, getan haben. Die Synode spricht gemäß den klaren Worten Jesu und seiner Apostel die Überzeugung aus, daß das jüdische Volk so lange eine religiöse Schuld durch die Welt zu tragen hat, bis diese von ihm selber gesühnt wird; aber sie nimmt ebenso entschlossen Stellung gegen alle Versuche, das im Alten Testament sich offenbarende Heilswirken Gottes zu unterschätzen oder zu leugnen, ohne daß irgendwie der zwischen Altem und Neuem Testament vorhandene Gradunterschied verwischt werden soll. Die Synode will sich in keiner Weise in politische Kämpfe einmischen; aber sie bittet alle Gemeindeglieder herzlich, bei der Wertschätzung des Alten Testaments und bei der Beurteilung der Judenfrage sich einzig und allein vom Evangelium Christi und seiner Apostel leiten zu lassen.

Begründung:

1. In Versammlungen, Tageszeitungen und Zeitschriften wird im Zusammenhang mit der Bekämpfung des Judentums das Alte Testament, sein Gottesglaube und sein Gottesbegriff in den Staub gezogen. Besonders geschieht das, seitdem Professor Friedrich Delitzsch sein Buch »Die große Täuschung«[2] hat erscheinen lassen, ein von allen wissenschaftlichen ebenso wie von allen ernsten christlichen Kreisen energisch abgelehntes Machwerk. Daß das Alte Testament in seiner Gotteserkenntnis unter dem Neuen Testament steht und in religiöser und sittlicher Hinsicht hinter ihm zurückbleiben muß, weiß zwar jeder, der den Unterschied zwischen Jesus Christus und den Propheten kennt; auch daß uns das Alte Testament die großen religiösen und sittlichen Mängel des Volkes Israel im Gegensatz zu der ihm geschenkten Gottesoffenbarung unverhüllt zeigt, muß betont werden. Aber zwischen Altem Testament und Neuem Testament, zwischen alttestamentlichem und neutestamentlichem Glauben und Hoffen besteht andererseits ein so enger Zusammenhang, daß selbstverständlich der Schlag gegen das Alte Testament auch das Neue Testament trifft: die Beurteilung, die der

2. Vgl. oben Fußnote 1.

Apostel Paulus erfährt, ist vielfach schon in diesem Sinne ausgeartet; auch die Person Jesu Christi kann schließlich nicht unberührt bleiben. Es besteht die ernste Gefahr, daß im Gegensatz zum Evangelium einem neugermanischen Heidentum die Wege bereitet werden.

2. Die Mißstimmung gegen die heutige Judenheit ist zum größten Teil berechtigt. Besonders ein bestimmtes »modernes« Judentum, das sich von dem strengen Judenglauben nach der Väter Weise sehr zu seinem Nachteil unterscheidet, ist ein Gift für unser Volk, und zwar noch vielmehr in seiner geistigen als in seiner wirtschaftlichen Entfaltung. Es bestehen von seiten des jüdisch-materialistischen |212| und des jüdisch-sozialen Geistes ernste Gefahren für unser Volk. Aber die Ursache der Gefahr wird verkannt: man sieht sie – damit jedem wahrhaft christlichen Geist zuwiderhandelnd – in den Rassenunterschieden, indem man das Judentum an sich als eine Eiterbeule an der Völkerwelt betrachtet. Daraus folgt natürlich eine ganz falsche Blickeinstellung auf das Alte Testament, das dann als Rassendenkmal, nicht als Urkunde einer besonderen gottgewirkten Heilsgeschichte betrachtet wird. Damit aber ist der Boden, auf dem Jesu und der Apostel Evangelium steht, vollständig verlassen.

3. Ohne Zweifel ist das Judentum gezeichnet unter den Völkern; aber nicht durch seine Rasseneigentümlichkeiten, sondern weil es seinen Messias verworfen und ans Kreuz geschlagen hat. Es hat damit den ihm von Gott durch Abraham und Mose und die Propheten vorgezeichneten Weg verlassen und trägt einen Fluch mit sich, bis es reumütig umkehrt. So ist es auch zu einem Fluch der Völker geworden. Ja, es ist das heute mehr als je; denn das »moderne« Judentum hat sich auch der letzten Möglichkeit beraubt, seinen Messias wiederzufinden: es hat seinen eigenen Gottesglauben aufgegeben. Nur durch rechte Erkenntnis der im Alten Testament offenbarten Wahrheit und durch demütige Beugung unter sie aber kann der Jude zu Christus zurückfinden. Auf dem entgegengesetzten Weg muß er zum Virtuosen der Gottwidrigkeit und damit des Mammonismus und Materialismus werden.

4. Darum gibt es für die Christenheit nur ein wirksames Mittel, sich des modern-jüdischen Giftes zu erwehren: Rückkehr zu Christus, den weite Kreise unseres christlichen Volkes verloren haben, und daher nicht Ablehnung, sondern Anerkennung des Alten Testaments, auf dessen Boden Christus steht. Denn damit tut sich ihm wieder der Weg zu dem Gott und Vater auf, der im Alten und Neuen Testament wirksam ist, während unser Volk ohne ihn immer tiefer in einen Materialismus versinkt, der es den verderblichen Einflüssen modern-jüdischen Geistes ausliefert. Die Verkleinerung

des Alten Testaments führt notwendig zur Selbstzerbröckelung der biblischen Gesamtwahrheit, die von Abraham an bis zu den Aposteln eine ge-
schlossene Linie aufweist. Es gilt also, die evangelische Christenheit rechtzeitig zu warnen und zu mahnen, ehe sie im falschen Wahn die Stützen
zerbricht, die ja gerade im Kampf gegen jüdisch-materialistischen Geist einzig und allein dienen können.

4. Adolf Köberle: Hohenecker Konferenz

Aus: KorrBl 49 (1924), Nr. 24, 11. Juni, S. 103–105
Literatur: U. Schwab, Jugendarbeit, S. 337–339

|103| Auch heuer kamen wir Pfarrer, die wir aus der Jugendbewegung stam-
men oder ihr nahe stehen, in Mittelfranken auf der Burg Hoheneck zu einer
Tagung zusammen. Es war nun das dritte Mal, daß wir uns so zu ernster,
ehrlicher Arbeits- und Lebensgemeinschaft trafen [...]. Fernab von aller
Stadtunruhe, auf einsamer Höhe – schon diese Lage allein ermöglicht
einem Kreis die für eine solche Tagung notwendige Abgeschlossenheit und
Zusammengeschlossenheit. Auch heuer waren wieder nichttheologische
Vertreter aus allen möglichen Kreisen der Jugendbewegung und Jugendarbeit gekommen und wie im Vorjahr waren wir gar bald mit ihnen in of-
fenem, herzlichem, lebendigem Gedankenaustausch verbunden. Im Mittel-
punkt der Tagung stand die Frage: Kirche und völkische Bewegung. [...]
|104| Am Nachmittag sprach W. Stählin »von der christlichen Verantwor-
tung gegenüber der völkischen Bewegung«.[3] Die völkische Bewegung ist im
gegenwärtigen Leben zweifellos eine große Macht, wir haben die Pflicht,
uns darum zu kümmern, nicht als hätten wir vor den völkischen Menschen
eine persönliche Verantwortung, ein egoistisches Interesse, daß sie uns Pfarrern gnädig oder günstig gestimmt sind, auch die kirchenpolitischen Gründe sind nicht ausschlaggebend, daß sich unsere Kirchenbänke mit festefei-
ernden Verbänden füllen und unsere Kirche mehr Einfluß und neuen
Boden gewinnt, uns drückt allein die Verantwortung, die wir vor Gott haben, der uns als Boten Christi nun eben einmal in diese bestimmte geschichtliche Lage hineingestellt hat, die daraus erwachsenden Aufgaben zu
erfüllen. Grundsätzlich gilt es, sich klar zu machen: die persönliche Erfreu-

---

3. Stählin publizierte seinen Vortrag in erweiterter Form (64 Seiten) als: Die völkische
Bewegung und unsere Verantwortung (Neue Flugschriften des Bundes Deutscher
Jugendvereine e.V., 5), Sollstedt 1924.

lichkeit oder Unerfreulichkeit der Vertreter ist nie entscheidend für den Wert einer Bewegung [...]. Wir dürfen nicht nur das Verkehrte, Unchristliche in der völkischen Bewegung herausheben, es gilt vielmehr, sich nach Ansatz- und Anknüpfungspunkten umzusehen, wo sich Verheißungen zeigen vom »unbekannten Gott«, dem hier Menschen dienen, ohne daß sie von ihm wissen.

Durch eine dreifache Erkenntniswahrheit werden gerade die jungen Menschen mit fast zwingender Notwendigkeit dorthin gezogen. 1. In der völkischen Bewegung ist wieder der Sinn erwacht für das schicksalsmäßige Hineingegliedertsein in das Schicksal des Volkes. Das Vaterland gehört zu den letzten gottgegebenen Versetzungen [sic!] und Bindungen, die wir nicht mehr selbst gemacht oder gewollt haben, hier ist räumlich und zeitlich etwas gegeben, was vor uns da ist und das unser ganzes Sein und Wesen entscheidend bestimmt. Das Volk ist etwas, was vor und über uns da ist. Damit wird der Mensch in die Abhängigkeit, in den Gehorsam hineingezogen und es erwacht in ihm eine Ahnung, ein Bewußtsein davon, daß wir nur im Gehorsam gegen diese Verordnungen Gottes gesund sein, leben und froh werden können. Das bedeutet aber die vollkommene Überwindung des Persönlichkeitsideals in der Aufklärungszeit. Der völkische Gedanke zerbricht die individuelle Beschränktheit, die äußere und innere Wurzellosigkeit des heimatlosen Großstadtmenschen und bindet ihn wieder an das Volk. Darum geht die deutsche Jugendbewegung, die sich ihre Heimat erwandert und sich dadurch ein ganz tiefes, inneres Zusammengehörigkeitsgefühl mit der Heimat und ihrer Geschichte errungen hat, dorthin, weil sie hier ein Stück der Gebundenheit des Menschen an sein Volk spüren und verwirklichen kann.

2. Wir sind gewohnt, alle geschichtlichen Entscheidungen als Entscheidungen der Zahl anzusehen, durch Beschlüsse, Wahlzettel, Gesetze; während doch im Grunde alle Entscheidungen dynamische, nicht mechanische Entscheidungen sind, Entscheidungen, die den ganzen Menschen mit Leib und Seele fesseln, ein Handeln aus innerer Notwendigkeit heraus, getaucht in unbedingten Opferwillen. Die Politik der letzten Jahre, die alles Handeln in Reden verwandelte, kann junge Menschen nicht begeistern. Sie lieben Adolf Hitler auch bei aller nachgewiesenen politischen Unfähigkeit anläßlich der November-Revolution, weil hier einer ist, der sein Herzblut für etwas einsetzt, was ihm innerlich aufgegangen ist, was er aus eigener Verantwortung vor Gott tun muß. Der verkehrte Gedanke von der Autonomie der christlichen Persönlichkeit wird hier überwunden von dem viel größeren, tieferen, christlichen Gedanken des stellvertretenden Leidens.

3. In der völkischen Bewegung ist ein neues Gefühl der solidarischen Verpflichtung für das gemeinsame geistige Schicksal erwacht. Die Jugend aber sucht nach solchen Kreisen, die den Menschen hinübertragen aus den Eiswüsten des Individualismus in eine neue Gemeinschaft. Was haben wir dem gegenüber [für] eine christliche Verantwortung? Ein dreifaches haben wir zu bewahren und zu verkündigen. 1. Die Jugendbewegung kennt kein Schuldgefühl im pietistischen Sinn, sie empfindet es in einer ganz anderen inneren Weise als gemeinsames Mitteilhaben an der Schuld eines ganzen Geschlechts, einer Welt mit ihrem gottwidrigen Zustand. Demgegenüber bedeutet die völkische Bewegung einen geistigen Rückschritt, eine religiöse Verarmung und Verflachung: der Drache wird nur mehr bei den anderen gesehen, bei den bösen Kommunisten oder Juden, nicht mehr in der Gesamtheit des widergöttlichen Lebens, in dem man selbst mitten darin steckt. Neun Zehntel alles Anti-Semitismus ist nichts anderes als die Faulheit, die eigenen Fehler sehen zu wollen. Das jüdische Volk wird als Sündenbock in die Wüste hinausgeschickt, während man selbst in jüdisch-marxistischen Gedanken bis über die Ohren ertrinkt. Die völkische Bewegung birgt in sich die Gefahr des sich Vorbeidrückens an der letzten Bußfertigkeit eines ganzen Geschlechts, zu der es eigentlich bereits berufen und auf dem Weg war.

2. [sic!] Für unsere Jugend liegt in der völkischen Bewegung die große Gefahr, daß sie vorschnell in eine zu frühzeitige, politische Aktivität hineingezogen wird. Die Botschaft des Propheten Jesaia »durch Stillesein und Hoffen werdet ihr stark sein« – der Gegenwart so besonders notwendig zu hören – wird nicht mehr gehört. Es gilt endlich einmal zu verstehen die tiefe Weisheit des Ostens: die Notwendigkeit |105| stille zu sein, sich zu sammeln, zu vertiefen, zu beten. Demgegenüber sehen wir in der völkischen Bewegung Menschen, die gar nicht mehr hören können, die vor lauter Aktivität, vor lauter Hakenkreuz die Sammlung und Stille immer mehr verlieren. Daß wir beten lernen, ist für das Gesamtschicksal unseres Volkes wichtiger als die Erreichung politischer Tagesziele. Hier hat gerade das Luthertum seine weltgeschichtliche Aufgabe; in sich zu vermählen die vollkommene, tiefe Innerlichkeit, die ganz aus der Gnade Gottes lebt, und die vollkommene Treue gegenüber den Aufgaben dieser Welt. Die völkische Bewegung ist in der großen Gefahr, das zweite auf Kosten des ersteren zu überschätzen.

3. [sic!] In der völkischen Bewegung tritt eine der Gemeinschaftsformen, die es unter Menschen gibt, nämlich Volk und Staat, so in den Vordergrund, daß alle anderen gottgewollten Formen daneben verkümmern und verkannt werden. Man ist hier in der Gefahr, auf jene Kosten die so notwendigen Gemeinschaftsformen der Familie, der Gemeinde, der Kirche zu über-

sehen und beiseite zu schieben. Man hat keinen Sinn mehr für Kirche, für Gemeinschaft des heiligen Geistes, für die weltumspannende Fülle des »Leibes Christi«. Daraus erwächst die Gefahr der frechen Selbstsucht und Selbstvergottung. Gewiß ist es Gottes Wille, daß ein jedes Volk in seiner besonderen Prägung sein Leben lebt und sich wehrt gegen fremde Art, die sein Wesen verflacht und verdirbt (darum z. B. Berechtigung, die Juden aus allen öffentlichen Ämtern, vor allem aus dem Lehramt, auszuschließen), aber der übliche Antisemitismus ist nichts als Volksverblödung, ist eine Schande für unser Volk, man macht Gott gleichsam den Vorwurf, warum er überhaupt so etwas ekelhaftes wie die Juden gemacht hat. Jeder ehrliche Blick auf fremdes Volkstum wird durch solches Geschrei unmöglich. Heute geht durch die Welt eine Ahnung davon, daß »Menschheit« nicht nur ein abstrakter Begriff ist, sondern eine Schicksalsgemeinschaft auch geistig, wie sie es wirtschaftlich ja schon längst ist. Christus geht heute wieder über die Erde und redet nicht nur mit uns, dem auserwählten arischen Lichtvolk. Die Erfüllung dessen, was uns heute aufgetragen ist, ist nicht nur das Reich von der Maas bis an die Memel, als evangelische Prediger haben wir von einem gewaltigeren Reich zu reden, vom Reich Gottes.

Am Abend brachte Dr. Sondermann in der Aussprache manch nachdenkliche Entgegnung und wertvolle Ergänzung zu dem am Morgen und Abend Gehörten: »Man darf die völkische Bewegung nicht nur darnach beurteilen, wie sie sich in Städten wie in Nürnberg aufführt, wo es Antisemiten gibt, die selbst gern das Geschäft machen möchten, das die Juden machen. Es gibt zur Zeit noch gar keine völkische Bewegung mit einem einheitlichen, klar bewußten Ziel, wir streben alle erst nach dem völkischen Ideal, wie es bisher uns am markantesten vertreten zu sein scheint durch Männer wie General Ludendorff und Dr. Friedrich Weber. Von der Mitarbeit der Kirche wird in erster Linie das Gelingen abhängen, unangenehme Typen (Streicher-Nürnberg wurde vor allem genannt!) zurückzudrängen und auszuscheiden. Die Gefahr des vorschnellen Machenwollens erklärt sich eben aus dem furchtbaren Ernst der Zeit, bald wird es zu spät sein und das Volk läßt sich nicht mehr aufrütteln. Die Sehnsucht nach Ruhe und Vertiefung empfinde ich auch sehr stark, aber mein Gewissen genehmigt es nicht.« Valentin Söllner (Erlangen) erhob den sicher nicht ganz unberechtigten Vorwurf, die Kirche würde in der völkischen Bewegung zur Handlangerin der politischen Parteiziele, die Kanzel zur Stätte, da diese Ansichten ins Volk hineingehämmert werden sollen, wo das aber nicht geschieht, kommt man nicht mehr zur Kirche und hält sie für überflüssig. Alles in allem genommen, haben wir den Eindruck, daß es ungeheuer schwierig sei, über die völkische Bewegung

zur Klarheit zu kommen, weil unter ein und demselben Hakenkreuzzeichen sich so verschiedene, heterogene Elemente sammeln. [...]
A. Köberle.

5. Heinrich Derleder: Hohenecker Konferenz und völkische Bewegung

Aus: KorrBl 49 (1924), Nr. 28, 9. Juli, S. 131 f., 134
Literatur: B. Mensing, Pfarrer, S. 81 f.

|131| Hohenecker Konferenz und völkische Bewegung.
Kollege Stählin begründet seinen oben erwähnten Vorwurf[4] damit, daß er sagt, das Schuldgefühl des Einzelnen werde in der völkischen Bewegung abgeschwächt, indem man die Schuld an dem moralischen Zusammenbruch unseres Volkes immer bei den andern, namentlich bei den Juden suche. Über das Schuldgefühl des Einzelnen Gott gegenüber zu reden, hat keinen großen Wert, da man Niemanden ins Herz sehen kann, auch den Völkischen nicht. Wenn aber von der Gesamtschuld eines Volkes die Rede ist, so liegen doch die Dinge nicht so einfach, wie sie beispielsweise im Versailler Vertrag angegeben sind. Dort haben es Deutsche über sich vermocht, die Alleinschuld des deutschen Volkes an dem Jammer, den der Krieg mit sich gebracht hat, zuzugestehen. Dürfen wir zu dieser größten Lüge, die je in der Welt verbreitet wurde, schweigen, wie unsere Reichsregierung schweigt? Dürfen wir in den alten Fehler verfallen, den schon Tacitus als einen hervorstechenden Zug im Wesen der Germanen bezeichnete und das odium sui, den Selbsthaß weiterpflegen? Sollen wir uns schlechter machen als wir sind, als Volk und als Einzelne? Ein Schuldgefühl und Sündenbekenntnis muß doch ehrlich und darf nicht erlogen sein. In ganz natürlicher Reaktion wendet sich die völkische Bewegung gegen diese unehrliche Selbstbezichtigung und es kann dabei selbstverständlich nicht ausbleiben, daß man angesichts des sittlichen Tiefstandes unseres Volkes nach den Verführern und Erzgaunern am Volksleben fragt und sie kenntlich macht. Daß man bei solcher Frage immer und überall auf jüdische Namen stößt, dafür kann man doch die völkische Bewegung wahrhaftig nicht verantwortlich machen. Wer hat denn unser Volk so wunderbar geleitet bis an den Abgrund? Wenn ich so frage, begegnen mir immer die Namen Marx und Lasassa [sic!], Lasker und Singer, Eisner und Rathenau, Kautzky und Rosa Luxemburg, Hilferding und Löbe usw. usw. Dann geht man hin und behauptet, die Völkischen

---

4. Dokument IA4.

machten selbstgerecht das jüdische Volk zum Sündenbock. Wenn man sagen würde, die Juden hätten das deutsche Volk zum Schlachtschaf gemacht, so wäre meines Erachtens die Sachlage richtiger getroffen. Gewiß, es gibt einen verwerflichen Geschäftsantisemitismus und einen noch verwerflicheren religiösen Antisemitismus, der auch die Bibel und besonders das Alte Testament antasten möchte, allein, dieser war schon vor dem Aufflammen der völkischen Bewegung da und wenn sich derselbe noch in völkischen Kreisen regt, so sind das Auswüchse an der völkischen Bewegung, die umso eher entfernt werden können, je mehr sich besonnene christliche Charaktere der Bewegung anschließen und die Führung übernehmen. Aber es gibt auch einen Antisemitismus, der herausgeboren ist aus einer sittlichen Notwehr des Volkes und der sich stemmt gegen den fremden jüdischen Geist, wie er sich seit vielen Jahrzehnten breit macht in Politik und Wirtschaft, Literatur und Kunst. Das ist der Antisemitismus der alten Propheten und derjenige des Heilandes selbst, dem der Kampf gegen die jüdische Geistesrichtung die Geißel in die Hand gezwungen hat. Diesen Kampf führen wir Völkischen unbeirrt um jede Macht, die sich hindernd in den Weg stellt, führen ihn um unseres Volkes willen und ich freue mich, daß Kollege Stählin damit einverstanden zu sein scheint, die Juden aus allen öffentlichen Ämtern, vor allem vom Lehramt auszuschließen. Viel weiter gehen die Völkischen in ihren Forderungen wahrlich auch nicht. So habe ich wenigstens von der Absicht, im Ernst Pogrome zu veranstalten, noch nichts gehört. Wie man da den Antisemitismus in seiner Gesamtheit »eine Volksverblödung und eine Schande für unser Volk« nennen kann, ist mir vollkommen unbegreiflich. Derlei Ausdrücke sollte man den Rednern in kommunistischen Volksversammlungen überlassen.

Das andere, was dem Referenten an der völkischen Bewegung nicht gefällt, ist die frühzeitige Aktivität der völkischen Jugend. Ihr wird vielmehr das Stillesein und Hoffen nahe gelegt und die Pflege des Gebetslebens empfohlen. Ich will der letzte sein, der bestreiten wollte, daß man in der Stille sich wieder Kraft holen muß zur Erfüllung seiner irdischen Pflicht im evang.-luth. Sinn. Aber wenn man der völkischen Jugend eine Vernachlässigung der Innerlichkeit zum Vorwurf macht, – ich halte ihn in dieser Allgemeinheit für ungerechtfertigt, jeder Idealismus und jede Opferfreudigkeit hat ihre Quelle im tiefen Seelengrund – so besteht anderseits in der christlichen Jugendbewegung, soweit ich sie kenne, die andere Gefahr, daß die Sorge um Volk und Vaterland kaum mehr gewürdigt wird gegenüber der Sorge um das himmlische Vaterland. Vor Wochen übernachtete bei mir ein Mitglied des Chr.[istlichen] V[ereins]. J[unger]. M[änner]. aus einer oberfränkischen Stadt. Der junge Mann gestand mir, daß die Mitglieder des Ch.V.J.M. [sic!] jener Stadt ausgerechnet an dem Tage, an welchem ein großartiger deutscher Tag mit einem ergreifenden Gottesdienst abgehalten wurde, an einem abseits gelegenen Außenort eine Versammlung ihrer Art abhielten. Es wurde sogar behauptet, daß in ihrem Kreis die Losung ausgegeben worden war, das irdische Vaterland habe für sie keine besondere Bedeutung mehr. Man staunt über die Verwandtschaft mit Crispien'schen Äußerungen und fragt sich, ob wirklich in einer deutschen Brust Christentum und Vaterland nicht mehr bei einander wohnen können. Wenn in dem Konferenzbericht gesagt wird, es sei von den Schwierigkeiten im Bunde deutscher Jugendvereine bezüglich der Einstellung zur völkischen Frage geredet worden, so vermute ich, daß diese Schwierigkeiten eben auf der bezeichneten Linie liegen. Einen besseren Beweis für die Existenznotwendigkeit der völkischen Bewegung könnte es denn kaum mehr geben. Im übrigen freuen wir Völkischen uns, daß unsere Jugend etwas aktiver geworden und gesonnen |132| ist, dem alten Spießbürgertum unseres Volkes den Laufpaß zu geben. In dem Versammlungssaal eines evang. Arbeitervereinshauses las ich einst den Spruch: »Tu du unten nur das deine; der da oben bringts ins Reine.« Dieses Tun, diese Pflicht, der kategorische Imperativ muß unserer Jugend eingehämmert werden, damit nicht das kommende Geschlecht einst sagen kann: Unsere Väter haben in den harten Jahren nach dem Krieg kaum einen Finger gekrümmt, das traurige Schicksal eines geknechteten und ausgesogenen Volkes zu wenden.

Die dritte Beanstandung der völkischen Bewegung betrifft deren angebliche Überschätzung des Volkes und Staates gegenüber der Kirche. Heute, so heißt es, geht durch die Welt eine Ahnung davon, daß »Menschheit« nicht ein abstrakter Begriff sei. Wenn unter »Welt« auch die außerdeutsche Welt mit einbegriffen sein soll, so mag dies gelten. Wenn aber damit dem deutschen Volke wieder erst vorgehalten werden soll, daß es den Menschheitsgedanken vernachlässigt, so ist dies ganz bestimmt unrichtig. Der internationale Gedanke hat bekanntlich nirgends stärkere Wurzeln getrieben als in Deutschland. Die Allerweltsduselei liegt uns Deutschen wahrhaftig im Blut und ist uns teuer genug zu stehen gekommen. Wenn die Deutschen noch mehr auf die übrige Welt achten sollen als bisher, dann müssen sie eben ein völkisches Harakiri veranstalten. Meines Erachtens kann man vollkommen national gesinnt sein und doch dem christlichen Bruder jenseits der Landesgrenze die Hand reichen. Haben wirs nicht schon früher immer getan? Aber die Brüder drüben? Unsere deutsche evang. Mission weiß von deren Verhalten eine gar traurige, einzig dastehende Geschichte zu erzählen.

Jawohl, wir haben volles Verständnis für die »Fülle des Leibes Christi«. Aber wir wollen als ein Glied dieses Leibes auch von den andern Gliedern nicht mißachtet und geschändet sein und bedanken uns jedenfalls ganz entschieden für ein anglisiertes und amerikanisiertes Christentum.

|134| »Die christliche Verantwortung gegenüber der völkischen Bewegung.« Nach meiner Überzeugung ist sie unsagbar groß. Die völkische Bewegung ist nicht eine Privat- oder Parteisache, wie sie die Sozialdemokratie aus der Religion machen wollte, sondern wie ihr Name andeutet, eine heilige Volkssache. Sie ist das Aufwallen einer gequälten und gefolterten Volksseele, ein Sichaufbäumen gegen die inneren und äußeren Feinde, eine heiße Sehnsucht nach Freiheit, eine Bereitwilligkeit, Gut und Blut zu opfern, wenn es nicht anders sein kann, ein sehnsuchtsvolles Verlangen nach Idealen, nach Treue und Glauben, Wahrheit und Gerechtigkeit, ein Erwachen heiliger Bruderliebe. Sie ist nichts anderes als die Wiederholung der Bewegung von 1914, die nach außen und innen die Volkserneuerung gebracht hatte. Sie ist die Fortsetzung der Bewegung, die Hofprediger Stöcker in den 80er Jahren des vorigen Jahrhunderts entfacht hatte mit der Forderung eines nationalen und christlichen Sozialismus. Was hätte diese Bewegung leisten können, wäre sie nicht niedergeknüppelt worden von den Organen des Staats und der Kirche zugleich. Fast hat es den Anschein, als ob die jetzige Volksbewegung dasselbe Schicksal erleiden sollte. Sie hat erbitterte Feinde hüben und drüben. Man denke an den fanatischen Haß des Zentrums gegen sie. Wo muß da die Stellung, ich will nicht sagen der evangelischen Kirche, aber der evangelischen Pfarrer sein? Die völkische Bewegung wünscht von ganzem Herzen deren Mitarbeit und ist dankbar dafür, wo sie geleistet wird. Je mehr sich der evang. Pfarrer der völkischen Sache annimmt – es muß nicht gerade auf der Kanzel sein und man braucht nicht dabei seine Amtsaufgabe zu vernachlässigen –, desto mehr wird die Bewegung religiös und christlich fundiert. Erkennen und übernehmen wir diese Aufgabe nicht oder bekämpfen wir gar die Bewegung, dann soll sich die Kirche nicht wundern, wenn die völkische Bewegung in anderen Bahnen verläuft, als es der Kirche lieb ist. Hier handelt es sich nicht um eine politische Partei, das muß immer wieder betont werden, sondern um Auferstehen oder Untergang unseres deutschen Volkes, des Volkes der Reformation und deshalb halte ich mich für verpflichtet, das Wort Ludendorffs weiter zu geben: »Unsere evangelischen Pfarrer sollten eigentlich völkisch sein.«

Kasendorf.   Derleder.

6. Konrad Hoefler: Protestantismus und völkische Bewegung, Nürnberg 1924[5]

Literatur: B. Mensing, Pfarrer, S. 83–86; M. Kittel, Provinz, S. 384f.

[…]|5| 1. Die völkische Bewegung ist eine deutsche Volksbewegung großen Stils, die das deutsche Volk nicht nur an seiner Oberfläche berührt, sondern in seinen Tiefen ergreift und als Ganzes bewegt und zwingt, zu ihr mit Ja oder Nein Stellung zu nehmen.

Sie ist herausgewachsen aus der deutschen Not, von außen geweckt durch den Vernichtungswillen und die Zerstörungsarbeit unserer Feinde, von innen geleitet und bestimmt gefühlsmäßig durch den Selbsterhaltungstrieb, erkenntnismäßig durch das Bewußtsein vom Lebensrecht und von der Lebenspflicht des deutschen Volkstums. […]

|8| 9. Der Protestantismus muß auf Grund seiner Stellung zum Staat und zum Volk als gottgewollten Ordnungen auch vom religiösen Standpunkt und von seiner Auffassung der Nächstenliebe aus die völkische Pflicht der Selbsterhaltung |9| durch Hingabe der Einzelnen für das Ganze im völkischen Freiheitskampf als Christenpflicht anerkennen.

10. Die völkische Bewegung hat aber auch gegen innere Feinde zu kämpfen: In erster Linie gegen das Judentum, das sich als fremde Rasse, fremde Nation, in seiner talmudischen Ausprägung auch als fremde Religion, als fremder Geist und damit als Fremdkörper und Schädling im deutschen Volkskörper dem völkischen Gesundungs- und Freiheitswillen grundsätzlich und tatsächlich in den Weg stellt.

11. Die Erhaltung des deutschen Volkstums in seiner ganz bestimmten (rassigen [sic!]) Eigenart ist Recht und Pflicht. Seine Bewahrung vor wesensfremder, zur Entartung führender Blutmischung, wie es die mit semitischem, jüdischem Blute ist, ist sittlich berechtigt und entspricht dem Gehorsam gegen die gottgegebenen Naturgesetze ebenso, wie der Abwehrkampf gegen eine geistige Überfremdung unseres Volkes eine christliche, sittliche Pflicht ist. Auch der gegen die Vormachtstellung des Judentums auf politischem, wirtschaftlichem und kulturellem Gebiet nach dem Grundsatz: »Deutschland den Deutschen!« geführte völkische Kampf muß als ein vollständig berechtigter und notwendiger anerkannt werden. Der

---

5. Der Text basiert auf einem Vortrag, den Hoefler am 1. September 1924 vor der geschlossenen Sitzung des bayerischen Hauptverbandes des Evangelischen Bundes gehalten hatte.

Protestantismus muß aus dem allen anerkennen, daß die Lösung der Judenfrage eine der wichtigsten Aufgaben der völkischen Bewegung ist.

Die Anerkennung der Berechtigung dieses Kampfes und seines letzten Zieles schließt aber nicht in sich, daß der Protestantismus alle innerhalb der völkischen Bewegung da und dort geübten Kampfmethoden billigen kann. So wird er beispielsweise jeden bloßen »Radauantisemitismus« ablehnen, wie das ja auch vom Standpunkt einer geistigen Vertiefung der völkischen Bewegung aus geschehen muß.

Er wird auch von seiner evangelisch-christlichen Orientierung aus jeweils zu prüfen haben, inwieweit die Lösungsversuche der Judenfrage dem Ziele der Reinerhaltung der deutschen Art, der Bewahrung des deutschen Hausrechts und |10| der Aufrichtung und Ausgestaltung des völkischen Staats entsprechen und dienen oder über das Ziel hinausschießen.

Ablehnen wird er auch alle Auswüchse und Grenzüberschreitungen, alle unwissenschaftliche Behandlung wissenschaftlicher in der Hauptsache biblisch-theologischer Fragen, alle laienhaften Urteile über Lehren und Probleme der christlichen Religion, die nur in gründlicher, gewissenhafter Vertiefung in das Wesen des Christentums und seine Grundlagen pietätvollen Sinnes behandelt sein wollen.

Abwehren insbesondere den theologischen Dilettantismus vieler antisemitischer Flugschriften.

Ablehnen, abwehren und bekämpfen den vielfach übertriebenen, verkehrten und unwissenschaftlichen Kampf einzelner völkischer Schriftsteller gegen das Alte Testament und Teile des Neuen Testaments und jeden schwärmerischen Versuch, das Christentum durch eine erneuerte altgermanische Religion oder durch eine neue »deutsche Religion« zu ersetzen oder Volk und Vaterland selbst zum Gegenstand kritikloser Anbetung zu machen.

Indem der Protestantismus dies ablehnt, bewahrt er nicht nur unsere christliche Religion vor Verfälschung und unser deutsches christliches Volk vor mannigfacher Verirrung und Verwirrung, sondern die völkische Bewegung selbst vor der schwersten Gefährdung ihrer eigenen gesunden Fortentwicklung und Vertiefung.

7. Michael Rabus: Friede über Israel! (Zum X. Sonntag nach Trinitatis)

Aus: KorrBl 49 (1924), Nr. 34, 19. August, S. 157 f.

|157| »Friede über Israel!« Diesen Gebetswunsch möchte ich in diesen Tagen hineinrufen in die Arbeitsgemeinschaft der lieben Amtsbrüder. Unsere wichtigste Arbeit ist Missionsarbeit, denn unsere Kirche hat als wichtigste Lebensaufgabe die Missionsaufgabe von ihrem Herrn überkommen.

Äußere Mission und Volksmission, beide berühren sich am innigsten im Werk der Judenmission. Soll es zu sittlicher Wiedergeburt und wirtschaftlicher Blüte unseres deutschen Volkes kommen, so ist die Lösung der »jüdischen Frage« unbedingt notwendig. Wird diese Frage gelöst durch Bekämpfung des Judentums, oder nicht vielmehr durch Bekehrung des Judentums? An der Bekehrung zu arbeiten, ist für uns eine nationale Pflicht, da wir wohl wissen, wie sehr im Lauf der Zeiten ein entartetes, weil dem Gott der Väter entfremdetes Judentum unsere deutsche Volksseele vergiftet hat. Dies Gift einer materialistischen Weltanschauung ist noch viel verhängnisvoller als all die wirtschaftlichen Fesseln, in welche jüdischer Kapitalismus unser Volk geschlagen hat. An der Be|158|kehrung Israels mitzuarbeiten, ist aber für uns vor allem heilige und selige Christenpflicht.

Tragen wir den Namen Christi, dann müssen wir auch Zeugen Christi sein, nicht nur Zeugen seines prophetischen und hohepriesterlichen Amtes, sondern Christi Diener auch zur Ausrichtung seines königlichen Amtes. Christus heißt doch Messias; und zum großen Reichsprogramm dieses unseres Königs gehört auch die Wiederaufrichtung des Reiches Davids in der Endzeit. An der furchtbaren Entartung des Judentums ist doch vor allem dies schuld, daß so viele Kreise des Judentums die herrliche Messiashoffnung der alttestamentlichen Prophetie begraben haben. Gleichwie das Christentum überall da dem Niedergang verfällt, wo das Apostelwort verachtet wird: »Der Herr ist nahe!«, so muß das Judentum in dem Maße degenerieren, als es lau wird gegenüber dem Weckruf: »Siehe, Dein König kommt zu Dir!«

Wollen wir doch nicht wähnen, dies Wort sei schon erfüllt; wollen wir doch uns selbst ernstlich bemühen, die herrliche Messiashoffnung der alttestamentlichen Prophetie aus der hl. Schrift kennen zu lernen und wollen wir doch nicht auf unsere Kirche deuten, was von der Messiaskirche des bekehrten Judentums in der Endzeit geweissagt ist. Und daß die Erweckung dieser Messiaskirche im letzten und größten Abschnitt der Kirchen- und Missionsgeschichte zusammenfällt mit der Heimkehr der gesamten Judenschaft in das Land der Väter, darüber läßt doch die hl. Schrift gar keinen Zweifel.

Das wäre also das erste, um was ich die lieben Amtsbrüder bitten möchte zur Mitarbeit am Werk der Judenmission, durch anbetende Betrachtung des göttlichen Heilsplanes über Israel zunächst selbst einen überwältigenden Eindruck zu bekommen vom Heilsgrund der Missionshoffnung für die Endzeit. Ich nenne hier einige Schriftstellen, die gar nichts zu tun haben mit der Rückkehr des Zweistämmereiches aus der babylonischen Gefangenschaft, sondern die von der Wiedervereinigung des Zwölfstämmereiches von aller Welt Enden handeln in einer Zeit, in welcher das furchtbarste Gottesgericht über die antichristliche Welt ergeht vor der tausendjährigen Bindung Satans. Und ich bitte, diese Schriftstellen ja nicht für die Ausgeburt patriotischen Überschwanges der Propheten zu halten, wie man früher auf mancher Universität hat hören können, sondern für wahrhaftige Zeugnisse des hl. Geistes, dessen Beruf schon im Alten Testamente war, »Christentum, d.h. den Messias zu verklären«. Solche Schriftstellen wären z.B. Jeremia 16, 14–18; Jerem. 23, 6–8; Jerem. 30, 3; 31, 1–10; V. 31–34; Jerem. 33, 7–9, V. 14–16, Kap. 46, 27. 28; Kap. 50, 4–5; ferner Hesekiel 11, 17 bis 20; Kap. 28, 25; Kap. 34, 23–24; Kap. 36, 22–28; Kap. 37, 21 bis 28 Kap. 39, 17–29 (V. 28!! »nicht einen von ihnen«); dazu die wichtige Stelle von Israels Wiedergeburt als Werk des Hl. Geistes: Hesek. 37, 1–14 »Ich werde es und tue es auch, spricht der Herr«. – […]

Und wenn diese »Hoffnung Israels« unser eigenes Herz entzündet hat, dann laßt uns, wenn Juden in unsern Gemeinden wohnen, mit ihnen reden von der Hoffnung ihrer Väter und von der Zukunft ihrer Kindeskinder und laßt uns ein heiliges Feuer des Glaubens wieder im Judentum entzünden, des Glaubens: Siehe, dein König kommt zu dir!

Und dazu laßt uns die Lösung der »Judenfrage« ein heiliges Gebetsanliegen werden; das wird uns heilen von unheil[igem]. Antisemitismus, der doch nur das Reich Gottes aufhält, sowohl in unseren eigenen Herzen, als auch im Judentum.

Und schließlich laßt uns nicht vergessen, daß wir in unserer bayerischen Landeskirche einen Zweigverein für Mission unter Israel haben, der unserem Hauptverein in Leipzig die Geldmittel zuführen soll, um praktisch das Missionswerk vornehmlich unter den Ostjuden zu treiben, unter denen gerade jetzt so viel aufrichtiges Suchen nach dem Messias erwacht ist. Die Geldquellen unseres Vereins sind im letzten Jahre fast ganz versiegt. Wie gerne hätte ich eine »Missionsstunde« gedruckt an die lieben Amtsbrüder hinausgegeben, um für unsere Sache zu werben; aber es fehlen dazu jegliche Mittel. Möchte doch die Liebe zu Israel wach werden, daß wir unser wichtiges Werk wieder treiben können, mitzuhelfen an der Erfüllung des Gebetswunsches:

»Friede über Israel!«

Neuendettelsau.   M. Rabus.

[...]

8. Hans Meiser: Die evangelische Gemeinde und die Judenfrage

Aus: EGBlN 33 (1926), S. 394–397, 406f. und 418f.
Literatur: L. Bormann, Stürmer; T. Hetzer, Stunde, S. 150f.; »... wo ist Dein Bruder Abel?«, S. 39–45

|394|(Der nachstehende Aufsatz geht zurück auf den Bericht über die süddeutsche Provinzialtagung des evang.-sozialen Kongresses in Nürnberg in Nr. 40 des vorigen Jahrganges unseres ev[angelischen]. G[emeinde].-Bl[atts]. Ein der völkischen Bewegung nahestehender Teilnehmer an dem Hauptvortrage Dr. Cahns über: »Die Grundlagen einer neuen Berufsethik« und eifriges Gemeindeglied fand den Bericht unvollständig und deshalb irreführend. In der dadurch angeregten Aussprache trat die Notwendigkeit stark zutage, zu der gerade in Nürnberg weite Kreise der ev. Gesamtgemeinde auf das lebhafteste bewegenden sogen[annten]. Judenfrage vom Standpunkt der evang. Gemeinde aus im Sinn einer Klärung und Richtunggebung grundsätzlich Stellung zu nehmen. In diesem Sinne mögen die folgenden Ausführungen verstanden werden. Die Schriftleitung.)

Soll diese Frage dem Kampfplatz der Leidenschaften entnommen und einer sachlichen Erörterung zugeführt werden, so müssen wir uns daran erinnern, daß die Judenfrage fast so alt ist wie das jüdische Volk selbst und daß nicht nur wir Deutschen, sondern in ähnlicher Weise wie wir alle gebildeten Völker ihre Judenfrage haben. Eine Zeitlang schien es, als sei die Judenfrage endgültig gelöst, als nämlich die Judenemanzipation den Juden die ihnen bis dahin versagte rechtliche Gleichstellung mit den übrigen Staatsbürgern brachte. Damals schrieb ein Jude (Isidor Keim [richtig: Kaim]): »Es ist jetzt (1869) gestattet, an eine Geschichte der Judenemanzipation zu denken, jetzt wo die zivilisierte Welt ihr Endurteil gesprochen und die öffentliche Meinung, jenes oberste Tribunal, keine offene Frage mehr in ihr erblickt. Es gibt in der Tat keine Judenfrage mehr.«[6] Aber statt daß die Frage durch die Judenemanzipation gelöst war, ist sie nun erst recht bren-

---

6.   Isidor Kaim: Ein Jahrhundert Judenemancipation und deren christliche Vertheidiger. Rückblick auf Literatur und Geschichte, Leipzig 1869, S. 1.

nend geworden. Im Besitz der staatsbürgerlichen Gleichberechtigung haben die Juden ihren Einfluß nur um so ungehemmter geltend gemacht und die Schwierigkeiten, die im Zusammenleben der Juden mit den übrigen Staatsbürgern liegen, sind nur um so greller ins Licht getreten.

Ihre Wurzel haben diese Schwierigkeiten in der Rassenverschiedenheit zwischen den Juden und den Völkern, in deren Mitte sie sich niedergelassen haben. Gerade in unserer Zeit ist das Rassenproblem neu erwacht und wir sehen, wie sich überall die Völker gegen das Eindringen fremder Rassen zur Wehr setzen. So spielt sich auf dem Boden Amerikas ein erbitterter Kampf der weißen Rasse gegen die schwarze und die gelbe Rasse ab, so ringen in den europäischen Oststaaten Deutschtum und Slaventum aufs schwerste miteinander. Unter den Gesichtspunkt des Rassenkampfes ist auch die Judenfrage zu rücken; denn kein Volk der Erde hat selber jahrhundertelang die Reinheit der eigenen Rasse so bewußt gepflegt und mit solchem Erfolg erhalten wie die Juden, dieser ursprünglich überwiegend vorderasiatisch-orientalische Stamm. Sonst tritt bei längerer Berührung zweier verschiedener Rassen Rassenmischung ein oder die schwächere Rasse wird von der stärkeren allmählich bis zum Verschwinden aufgesaugt. So gehen die meisten unserer Deutschen, die ins Ausland abwandern, meist schon in der zweiten oder dritten Generation dem heimischen Volkstum verloren. Nur ein Volk in der ganzen weiten Welt der Nationen macht eine Ausnahme von diesem Rassengesetz – die Juden. »Nun schon neunzehn Jahrhunderte hindurch sind sie atomistisch unter die mannigfachsten Nationen der Erde gemischt und die Fluten der großartigsten Umwälzungen sind über die allermeisten Stätten, an denen sie sich niedergelassen haben, dahingebraust. Die Menschenwelt aller bewohnten Länder der Erde ist wesentlich verändert und umgewandelt, alle haben zahlreiche Einwanderungen, Auswanderungen und Mischungen erfahren; fast überall auf der Erde finden wir die Erdarten übereinander geschichtet und mannigfach verworfen, so auch Völkertrümmer, eine Kulturperiode über die andere hingelagert, eine mit der anderen gemischt und alle vielfach verwaschen und zerworfen im Sturmregen der Jahrtausende. Aber in diesem steten Entstehen und Vergehen lebt nur ein einziger Menschenstamm unüberwunden und ungebrochen und ungebeugt weiter fort: alle Völker außer den Juden sterben, die Juden allein unter ihnen allen bestehen weiter.« (K. H. Plath.)[7] An dieser Tatsache ändert auch der Umstand nichts, daß gebildete Juden uns immer wieder ver-

7. Karl Heinrich Plath: Was machen wir Christen mit unsern Juden!?, Nördlingen 1881.

sichern, daß sie keine andere Nationalität besäßen als die Nationalität des Volkes, unter dem sie wohnen. Schon Thiersch (»Über den christl. Staat«[8]) hat die Einrede der Juden, daß sie keine Fremdlinge in den einzelnen Ländern mehr seien, nicht triftig genannt. In der Tat entscheidet über |395| diese Frage nicht, was einer sein will, sondern das, was er wirklich ist. Und die Tatsache kann nicht bestritten werden, daß die Juden bis auf diesen Tag ein Sonderdasein unter den Völkern führen. Die letzten Ursachen, warum die Juden trotz ihrer Zerstreuung unter alle Völker in ihrer Umgebung niemals aufgehen, können wir nur in religiösen Gründen finden. Das religiöse Ideal des Judentums geht auch heute noch darauf, ein Volk für sich zu sein. Im Zionismus hat sich dieser Wille und diese Sehnsucht einen greifbaren Ausdruck verschafft. Das Volk Israel glaubt eine große Zukunftsaufgabe an der Menschheit zu haben. Den Messiasgedanken auf das ganze Volk übertragend, bezeichnen namhafte Führer das jüdische Volk als den Messias der Menschheit. Zur Verbreitung der wahren Gotteserkenntnis berufen, soll Israel der ganzen Menschheit als Erretter zum Segen und Heil geschenkt sein. Auf ein neues messianisches Reich, auf ein neues Jerusalem geht die Hoffnung. Darum schließt sich auch das orthodoxe und halborthodoxe Judentum hermetisch gegen die christlichen Völker ab. Die Juden haben ihre eigene Zeitrechnung, ihren besonderen Feiertag in der Woche, ihre eigene Kultsprache, sie halten fest an der Beschneidung und ihren Speiseordnungen, sie haben eine Unmenge Sitten und Gebräuche bis zum eigenen Jargon; das alles wirkt als trennende Schranke zwischen ihnen und uns. Sie sind in der Nation eine Nation für sich. Gewiß sind nicht alle Juden in gleicher Weise von den letzten Zielen ihres Volkes erfaßt und für sie eingenommen, insbesondere zeigt das Reformjudentum eine größere Aufgeschlossenheit für seine Umgebung, aber bei einer Gesamtwürdigung kann nicht in Frage kommen, was einzelne denken, es entscheidet die Haltung der typischen Vertreter.

Trotzdem nun die Juden überall, wo sie leben, einen Kreis für sich bilden und trotzdem sie überall nur einen geringen Prozentsatz der Bevölkerung ausmachen, gehen doch ganz außergewöhnlich starke Einflüsse von ihnen aus. Am stärksten ist ihr Einfluß in der Volkswirtschaft. Hier findet der ihnen eigene Erwerbstrieb den weitesten Spielraum. Mit einer meisterhaften Fähigkeit ausgestattet, überall den eigenen Vorteil wahrzunehmen, finden wir sie hauptsächlich in den Berufen, die ein schnelles Vorwärtskom-

---

8.   Heinrich Wilhelm Josias Thiersch: Ueber den christlichen Staat, Basel 1875.

men ermöglichen. Jüdische Fabrikarbeiter, jüdische Handwerker, jüdische Dienstboten, jüdische Bauern begegnen uns kaum. Dagegen finden wir den Juden in allen Zweigen und Sparten des Handels, vom Handlungslehrling bis zum Großunternehmer. Daß der mittellose Jude sich sein Brot durch Handarbeit verdient, gibt es nicht. Er wird Händler, Kaufmann, Spekulant. Soweit die Juden nicht im Handel tätig sind, nehmen sie hauptsächlich Verwaltungsstellen ein und entfalten hier eine ausgezeichnete Organisationsgabe. Von den freien Berufen sind die des Mediziners und Juristen bevorzugt. Der volkswirtschaftliche Grundcharakter der Juden aber bleibt durch den Erwerbstrieb bestimmt. »Sie begnügen sich nicht mit den Erfolgen einer Bedarfsdeckungswirtschaft, sie sind und waren stets die typischen Vertreter der Erwerbswirtschaft.«

Der rastlose Eifer der Juden, ihre zähe Beharrlichkeit in der Verfolgung ihrer Ziele, ihre Virtuosität im Erfassen der Konjunktur und ihre Anpassungsfähigkeit an die jeweilige Lage, aber auch die Rücksichtslosigkeit und Skrupellosigkeit ihrer Geschäftsprinzipien verhelfen ihnen, wohin wir auch sehen, zu dem gewünschten Erfolg. Ein immer größerer Teil des Volksvermögens gelangt in ihre Hände. Ohne Übertreibung kann man sagen, daß sie sich den Löwenanteil an unserem Volksvermögen gesichert haben.

Die große Geldmacht, über die sie verfügen, wissen sie geschickt vor allem auf politischem Gebiet auszunützen. Die Abhängigkeit der Politik von der Börse ist zu bekannt, als daß darüber noch ein Wort mehr geschrieben werden müßte. Auffallend ist, daß wir die Juden fast ausschließlich in den linksgerichteten Parteien finden. Wir kennen wohl den religiös orthodoxen, aber nicht den politisch konservativen Juden. Freilich liegt eine Unnatur darin, daß die Juden, die hauptsächlichen Träger des kapitalistischen Systems, sich mit dem Todfeind dieses Systems, dem Sozialismus, verbinden; aber wie man diese Erscheinung auch erklären mag, die Tatsache besteht, daß die Juden den Linksparteien je und je eine große Zahl ihrer fähigsten und tüchtigsten Führer gestellt haben. Nimmt man zu diesem politischen Einfluß die wirtschaftliche Abhängigkeit, in welche die Juden als die |396| hauptsächlichen Geld- und Kreditgeber unseres Volkes und als die Inhaber großer industrieller Unternehmungen immer weitere Kreise unseres Volkes bringen, so bekommen wir eine Ahnung, welch ungeheure Macht hier in einigen wenigen Händen zusammengeballt ist.

Zu dem Einfluß der Juden auf wirtschaftlichem und politischem Gebiet gesellt sich ihr Einfluß auf dem allgemeinen kulturellen Gebiet. Mit Hilfe ihres materiellen Wohlstandes, im Besitz eines scharfen Verstandes und begabt mit einer nicht gewöhnlichen Intelligenz wissen sich die Juden fast ohne Ausnahme ein hohes Maß von Bildung anzueignen und gelangen dadurch ganz außer Verhältnis zu einer kleinen Zahl in viele leitende Stellungen und öffentliche Ämter. So ist vor allem die Zahl der Juden in staatlichen Stellungen und auf den Lehrstühlen unserer Hochschulen in stetem Steigen begriffen. Allbekannt ist der jüdische Einfluß in der Literatur, im Theaterwesen und besonders in der Presse.

Wenn wir nur diese wenigen Andeutungen überschauen, so müssen wir es erstaunlich finden, mit welcher Geschicklichkeit es die paar hunderttausend Juden, die in Deutschland leben, verstehen, auf fast allen Gebieten des öffentlichen Lebens zu dominieren und sich maßgebenden Einfluß zu sichern. Wir könnten diese Tatsache ruhigen Blutes feststellen und uns mit ihr abfinden, wenn der Einfluß, den sich die Juden erobert haben, für unser Volk nicht ein so bedenklicher und unheilvoller wäre.

Gewiß verdankt unser Volk dem regen Handelseifer der Juden und ihrer Organisationsgabe manchen Gewinn, wenn es auch übertrieben sein mag, wenn Sombart dem Prozentsatz, in dem die Juden einem Volke beigemischt sind, einen erheblichen Einfluß auf die Weltmarktstellung dieses Volkes zuschreibt. Aber es liegt doch auch am Tage, mit welch erheblichen Nachteilen für unser Volk die wirtschaftliche Vormachtstellung der Juden verbunden ist. Ich will gar nicht daran erinnern, wie brutal oft der Jude seine wirtschaftliche Überlegenheit ausnützt. Das Wort von den »Judenzinsen« ist keine bloße Verleumdung. Wichtiger ist eine andere Beobachtung. William Retty [richtig: Petty], den man wegen seines Scharfsinnes den politischen Arithmetiker genannt hat, stellte einmal den Satz auf: »Das Gold ist gleichsam das Fett des Staatskörpers.« Wie nun im menschlichen Körper unrichtige Fettbildung und Fettverteilung, etwa die Bildung eines Fettherzens oder einer Fettniere, zur Todesursache werden kann, so kann auch eine abnorme Verteilung des Nationalvermögens einem Volke unmöglich zuträglich sein. Darum muß die Aufspeicherung eines immer größer werdenden Teiles unseres Nationalvermögens in den Händen einer kleinen, durch Abstammung, Religion und Sitte von uns geschiedenen Minderheit nur mit den größten Bedenken erfüllen. Es ist etwas durchaus Ungesundes, wenn immer mehr Volksgenossen den wenigen Juden tribut- und zinspflichtig werden.

Die gleich ernsten Bedenken erheben sich, wenn wir an den politischen Einfluß der Juden denken. Je mehr kulturpolitische Aufgaben der moderne Staat in seine Sphäre hereinzieht – ich denke an das Schul- und Bildungswesen, an die Ehegesetzgebung, an die Fragen der Volkssittlichkeit und der allgemeinen Wohlfahrtspflege – desto verhängnisvoller muß es erscheinen, wenn andersrassige Elemente von zum Teil recht fremdartiger Denkart in so vielen politischen Führerstellungen tätig sind und die Entscheidungen in Verwaltung und Gesetzgebung maßgebend beeinflussen.

Am unerträglichsten freilich ist für uns der jüdische Einfluß auf kulturellem Gebiet überhaupt. Die kulturellen und wissenschaftlichen Leistungen, die wir den Juden zu verdanken haben, sollen voll anerkannt werden und es soll, um nur ein Beispiel zu nennen, nicht unerwähnt bleiben, daß wir die beste deutsche Goethebiographie einem getauften Juden – Bielschowsky[9] – verdanken. Aber das ändert nichts an der Tatsache, daß der jüdische Geist für uns etwas Wesensfremdes hat und daß sein Umsichgreifen zum allergrößten Schaden für unser Volk wäre. Es ist oft betont worden, daß der jüdische Verstand etwas Zerfressendes, Ätzendes, Auflösendes an sich hat. Er ist kritisch zersetzend, nichtkontemplativ, konstruierend, produktiv. Das ist von jüdischer Seite selbst anerkannt, wenn der Jude Abraham Geiger im Hinblick auf Börne und Heine schreibt: »Es ist jüdischer Geist, der in ihnen lebendig ist, der sprudelnde, zersetzende, witzige, weniger positivaufbauend, aber Ferment hineinbringend in den stockphiliströsen, zähen, trockenen, deutschen Geist.«[10] Was die|397|ser Geist schon gesündigt hat an unserem Volk, welch furchtbares Unwesen er in der jüdisch beeinflußten Presse, in unserer Unterhaltungsliteratur, auf deutschen Bühnen treibt, ist kaum auszusagen. Nur mit tiefem Schmerz können alle wahren Freunde unseres Volkes an alle diese Dinge denken. Ja, in der Tat, die Judenfrage ist eine brennende, wichtige Frage für Volkstum und Christentum und es ist nötig, daß auch unsere evangelische Gemeinde zu ihr Stellung nimmt.

Aber was soll denn geschehen?

Kurz vor dem Krieg (1911) erschien die Schrift eines jüdischen Deutschen über »Die Juden in Deutschland«[11], in der der Verfasser, dem neben den Vorzügen seines Volkes auch dessen dunkle Schattenseiten nicht verborgen sind, mit tiefem Bedauern die Tatsache feststellt, daß heute noch wie vor 50 Jahren nach Vollendung der Judenemanzipation das Judentum wie eine Insel im deutschen Volksmeere sei und daß keine Brücke zu den Volksgenossen anderen Glaubens und anderer Rasse hinüberführe.

9. Albert Bielschowsky: Goethe. Sein Leben und Werk, 2 Bde., München 1896/1904, [43]1925.

10. Zitat nicht ermittelt.

11. [Friedrich Blach]: Die Juden in Deutschland. Von einem jüdischen Deutschen (Kultur und Leben, 19), Berlin 1911. Meiser stützte seine Ausführungen weithin auf dieses Buch. Die nachfolgenden Zitate stehen dort auf den Seiten 7, 15, 31, 35 und 42.

|406|»Diese Insel«, sagt er, »schon vielfach zerklüftet, muß den Wogen weichen, muß restlos in der Gesamtheit aufgehen.« Sein Programm ist Verdeutschung des Judentums, Assimilierung an das Volksganze. »Wir wollen und dürfen nicht herrschen«, ruft er seinen Stammesgenossen zu. »Wir müssen in erster Linie lernen, Deutsche zu sein. Die Frage lautet nicht, schadet die Maßregel auch nicht den Juden, sondern nützt sie Deutschland?« Starke Willenszucht soll die psychische Anpassung der Juden an den deutschen Volkscharakter herbeiführen. Auch den physischen Eigenheiten des Judentums, dem Rassetyp, soll zu Leibe gegangen werden. »Hier müssen wir uns rein physisch ändern, d. h. wir müssen in großer Zahl Mischehen eingehen.« Selbst vor einer religiösen Angleichung sollen die Juden nicht zurückschrecken. Der Verfasser schreitet bis zu der Forderung vor: »Wenn ich nur deutsch oder jüdisch sein kann, so muß ich eine Überzeugung opfern. Und wenn wir Juden nur durch die Taufe uns einfügen können, so werden wir Christen werden, ob wir wollen oder nicht.« Zuletzt ruft er aus: »Unter meinen Glaubensgenossen werde ich heute leider noch allzuviel Gegner dieser Grundsätze finden. Nennen doch die Zionisten Assimilation Selbstmord. Nun gut, das ist sie, freier, freudiger Selbstmord. Denn ich will nicht mehr das Selbst sein, das ich war, ich will dem herrlichen Volke angehören, in dessen Mitte ich geboren. ›Stirb zur rechten Zeit: also lehrt es Zarathustra.‹ Allzulange haben wir schon gezaudert.« Niemand kann die warme Liebe zum Deutschtum verkennen, von der dieser Jude beseelt ist und seine Sehnsucht. Die unselige Kluft zwischen Deutschtum und Judentum zu überbrücken, hat etwas tief Bewegendes. Und doch ist seine Schrift eine Utopie. Eine Eindeutschung des Judentums, bei welcher, wie es dem Verfasser vorschwebt, das Judentum nicht einfach im Deutschtum untergeht, sondern sich zum jüdischen Deutschtum umgestaltet, erscheint als ein Widerspruch in sich selbst. Was dabei herauskäme, wäre weder ein wirkliches Deutschtum, noch ein echtes Judentum; ganz abgesehen davon, daß dieses Ideal eines einzelnen oder einzelner Kreise niemals von der Judenschaft in ihrer Gesamtheit ergriffen werden wird. Das lehrt die mehrtausendjährige Geschichte dieses Volkes zur Genüge.

Radikal gesinnte Antisemiten empfehlen den entgegengesetzten Weg. Nicht Assimilation des Judentums, sondern Bekämpfung des Judentums mit allen Mitteln, Zurückverweisung der Juden ins Ghetto, Ausmerzung der Juden aus dem Volkskörper – das ist der einzig mögliche Weg zur Lösung der Judenfrage. Vor allem sind es rassenhygienische Gesichtspunkte, die stark in den Vordergrund gestellt werden. Von der antisemitischen Bewegung stark beeinflußt, sieht auch die völkische Bewegung in der Rassenfrage den Kernpunkt der Judenfrage und steht hier mit der antisemitischen Bewegung in einer Front.

Es sei darum in erster Linie die Frage aufgeworfen, wie wir uns als Christen zu dem Rassengegensatz verhalten sollen, der uns von unseren jüdischen Mitbürgern trennt. Es gilt hier der Grundsatz, daß die Treue gegen das eigene Volk eine ernste Christenpflicht ist. Es liegt etwas durchaus Berechtigtes in der Forderung nach Reinhaltung des Blutes. So wenig wir Mischehen etwa mit naturalisierten Slaven gutheißen, so wenig können wir Mischehen zwischen Deutsch-Stämmigen mit Juden billigen. Schon der religiöse Gegensatz sollte Christen die Eingehung einer solchen Ehe verbieten, wie denn auch unsere Kirche solche Ehen von der kirchlichen Trauung ausschließt. Mit Recht sagt v. d. Goltz (»Christentum und Rassenfrage«): »Keinerlei Christentum nötigt uns zur Heirat, zur Blutmischung mit einer fremden Rasse. Auch wenn ich den anderen achte und ehre, ist es noch keine Beleidigung, wenn ich sage: ›Aber heiraten kann ich dich nicht‹.«[12] Das Judentum führt ja selbst seinen Existenzkampf vor allem durch Reinhaltung seiner Rasse. Kann man es dann unserem Volk verdenken, das auf allen Seiten von fremden Stämmen umbrandet wird und das gerade in der Gegenwart so ernst wie zu kaum einer anderen Zeit seiner Geschichte um seine Arterhaltung ringen muß, wenn es sein Stammesbewußtsein pflegt und heute achtsamer als vielleicht früher über die Reinerhaltung seines Blutes wacht! Gott hat jedem Volk seine völkische Eigenart und seine rassischen Besonderheiten doch nicht dazu gegeben, damit es seine völkische Prägung in rassisch unterwertige Mischlingsbildungen auflösen läßt. Auch unser Volkstum ist ein anvertrautes Pfund, mit dem wir wuchern sollen, und für das wir einst Rechenschaft schuldig sind. Darum können wir uns mit den völkischen Idealen weithin einverstanden erklären und halten es für einen Gewinn, wenn unser Volk durch die völkische Bewegung wieder an seine Pflicht gegen die eigene Art und das eigene Blut erinnert wird. Insbesondere erscheint es als eine Pflicht der Selbsterhaltung, dem weiteren Eindringen des Ostjudentums in unsere Grenzen mit Nachdruck zu wehren und wir unterschreiben, was jener oben erwähnte Jude in bezug auf die Auslandsjuden seinen deutschen Stammesgenossen zuruft: »Den ausländischen Glaubensgenossen, soweit sie in Not sind, zu helfen, ist Menschenpflicht, aber das eigene Land ihnen als Heimstätte anbieten, das ist gegen Pflicht und Vernunft.«[13]

---

12. Eduard von der Goltz: Christentum und Rassenfrage, Königsberg 1925, S. 11.
13. F. Blach, Juden, S. 20: »Wir müssen endlich damit aufhören, uns fortgesetzt mit un-

Nur darf freilich die Betonung des Rassengegensatzes nicht in den Rassenmaterialismus ausarten, der uns in der völkischen Bewegung weithin begegnet und der nun alles und jedes rassisch bedingt sein läßt und sich gebärdet, als komme es nur auf die rechte Paarung an, dann werde man lauter edle und tüchtige Menschen erzeugen. Vor allem können wir denen keine Gefolgschaft leisten, die die Juden bloß um ihrer Rasse willen von vornherein und ohne Ausnahme als minderwertige Menschen ansehen. Es mag viele zweifelhafte Existenzen unter den Juden geben, aber wer könnte nicht auch edle, sittlich hochstehende und verehrungswürdige Menschen unter ihnen nennen? Und wer wollte behaupten, daß die Zugehörigkeit zur arischen oder nordischen Rasse von selbst vor all den üblen Eigenschaften bewahrt, die man den Juden zum Vorwurf macht? Wenn das jüdische Volk so in Bausch und Bogen verurteilt wird, so vergessen gerade wir Christen nicht, daß dieses Volk imstande gewesen ist, das Volk der Propheten, das Volk Jesu, das Volk der Apostel zu sein. Auf keinen Fall lassen wir uns durch völkische Heißsporne unsere Wertschätzung des Alten Testamentes, das auch die Bibel Jesu war, rauben und müssen es für ein törichtes Unterfangen erklären, den sittlichen und religiösen Gehalt der alttestamentlichen Schriften an den Maßstab eines übersteigerten Rassendogmas messen zu wollen. Und selbst wenn die jüdische Rasse eine minderwertige Rasse wäre, wissen wir Christen denn nichts von einer Rassenveredelung und Rassenerneuerung? Trauen wir es der Kraft des Geistes Gottes zu, daß er die Papuas und Hindus und Malayen neu machen kann, sollte er einen Juden nicht erneuern können? Es ist eine zwar landläufige, aber darum keineswegs richtige Rede, daß der Jude Jude bleibt, auch wenn er getauft wird. Ist die Taufe nicht bloß aus äußeren Rücksichten begehrt, sondern mit einer inneren Bekehrung verbunden, so gilt dem Juden so gut wie jedem Heiden, daß die Taufe ein Bad der Wiedergeburt und Erneuerung des Heiligen Geistes ist. Gerade wer von der Minderwertigkeit der jüdischen Rasse überzeugt ist, dürfte, wenn er nicht ein blinder Fanatiker ist, mit dem nicht zu rechten ist, nicht das Judenpogrom predigen, sondern müßte zur Judenmission aufrufen, weil in ihr die Kraft liegt, die Juden auch rassisch zu veredeln.

|407| Bei aller Anerkennung des völkischen Ideals können wir doch das übervölkische Wesen des Christentums nicht preisgeben, das es nicht duldet, den Angehörigen einer anderen Rasse nur mit den Augen des Rassen-

seren ausländischen Glaubensgenossen zu beschäftigen. Soweit sie in Not sind, wollen wir ihnen gewiß helfen. Das ist Menschenpflicht. Aber das eigene Land ihnen als Heimstätte anbieten, das ist gegen Pflicht und Vernunft.«

hasses anzusehen, sondern uns immer wieder daran erinnert, daß unser Gott im Himmel auch der Juden und Heiden Gott ist und über die Angehörigen auch der anderen Rassen so gut seine Heils- und Friedensgedanken hat, wie wir hoffen, daß er sie gegen uns hegen möge. Gott hat uns nicht zur gegenseitigen Vernichtung, sondern zum gegenseitigen Dienst und zur gegenseitigen Förderung geschaffen.

Viel wichtiger als die einseitige Betonung des rassischen Gegensatzes erscheint mir das andere, daß unser Volk durch die Führerstellung, die sich die Juden auf fast allen Gebieten des öffentlichen Lebens erobert haben, beständig der Gefahr ausgesetzt ist, in seinem geistigen Sein, seinen sittlichen Anschauungen und Denkgewohnheiten, in seiner ganzen Kultur von jüdischer Denkart und Lebensauffassung, von jüdischer Moral und Weltanschauung durchdrungen zu werden. Wer sich an den Realismus der jüdischen Lebensauffassung erinnert, die alles unter den Gesichtspunkt des Geldverdienens rückt, der alles, selbst die zartesten und innerlichsten Dinge wie Heirat und Ehe, zum Geschäft wird, wer den alles nivellierenden, die sittlichen Grundlagen unseres Volkstums zersetzenden, bis zur Laszivität ausschweifenden jüdischen Geist kennt, wie er uns in ungezählten Presseerzeugnissen aus jüdischer Feder wie ein erstickender Brodem entgegenweht, der kann sich ein Bild davon machen, was unserem Volk drohte, wenn dieser Geist noch weiter als bisher schon um sich griffe und zum Gemeingut unseres Volkes würde. Um unsere gute deutsche, innerliche, idealistisch gerichtete Art wäre es dann geschehen. Die Hoffnung auf eine innere Erhebung unseres Volkes wäre für immer dahin. Gegen diese Art der »Verjudung« unseres Volkes können wir nicht energisch genug ankämpfen.

|418| Es wird mit Recht beklagt, daß sich die Juden in so unverhältnismäßig großer Zahl in die öffentlichen Stellen und Ämter drängen und es ist wohl erlaubt zu fragen: Was würden die Juden in einem rein jüdischen Staat, wie ihn die Zionisten schaffen wollen, tun, wenn eine kleine Schar andersrassiger und anderskonfessioneller Bürger die Führung in diesem Staat an sich reißen und den Geist dieses jüdischen Staates in antijüdischem Sinn beeinflussen wollten! Wenn es Recht und Pflicht ist, daß zwischen den beiden großen christlichen Konfessionen in unserem Lande, zwischen Protestanten und Katholiken bei der Besetzung der öffentlichen Stellen der Grundsatz der Parität gewahrt wird, dann kann es nicht unrecht sein, wenn den Juden unseres Landes gegenüber der gleiche Grundsatz gehandhabt wird und sie zu öffentlichen Ämtern nur im Verhältnis zu ihrer Bevölkerungszahl zugelassen werden. Die Juden werden doch nicht so unbescheiden sein wollen, für sich eine Ausnahme beanspruchen zu wollen.

Ganz entschieden wehren wir uns als Kinder christlicher Eltern [sic!] dagegen, wenn unsere Kinder dem Einfluß jüdischer Erzieher unterstellt werden sollten. Erziehungsfragen sind zu eng mit Weltanschauungsfragen und religiösen Fragen verbunden, als dass es gleichgültig sein könnte, wer das Erziehungsamt ausübt. Natürlich billigen wir das gleiche Recht, das wir für uns fordern, auch den jüdischen Eltern zu und haben von uns aus nicht nur volles Verständnis für den Kampf der Juden um Erhaltung ihrer jüdischen Schulen, sondern können sie in diesem Kampf auch mit ehrlicher Überzeugung unterstützen.

Sehr schwer wird es sein, dem verderblichen jüdischen Einfluß in Presse, Literatur und Theater zu begegnen. Doch wäre es immerhin schon ein Gewinn, wenn der seinerzeitige Antrag Stöckers zum Gesetz gemacht würde und alle leitenden Artikel in den Zeitungen mit vollem Namen gekennzeichnet werden müßten. Unser Volk wüßte dann wenigstens, wer die Gewährsmänner sind, bei denen es sich seine politischen Überzeugungen holt. Auch davon läßt sich manches Gute versprechen, wenn die sog. Kulturschutzgesetzgebung weiter ausgebaut wird und gesetzliche Handhaben gegen die Vergiftung unseres Volkes, gegen Literatur-, Kino- und Theaterschund geschaffen werden. Es ist bezeichnend für den Geist unserer Zeit, daß wir einen Naturschutz schon längst haben, zum Kulturschutz aber uns erst nach und nach mühsam durchringen müssen. Man kann daraus erkennen, wie groß die Widerstände der am ungestörten Weiterbestehen des Schundes und Schmutzes interessierten Kreise sind.

Im übrigen wird gerade auf diesem Gebiet durch bloße gesetzliche Schutzmaßnahmen nicht allzuviel zu erreichen sein. Viel wichtiger ist die innere Immunisierung unseres Volkes gegen alle zersetzenden und zerstörenden, undeutschen und unchristlichen Einflüsse. Je bewußter christlich, je überzeugter evangelisch unser Volk denkt und handelt, desto besser schützt es sich gegen die von einem entarteten Judentum drohende Gefahr. Wurde früher um die Judenemanzipation gekämpft, so geht der Kampf jetzt um die Emanzipation des christlichen Geistes von den Fesseln, in die der jüdische Geist ihn schlagen will. Ist den Juden ihre Emanzipation gelungen, sollten wir so träge, morsch und willensschwach geworden sein, daß wir uns nicht frei zu ringen vermöchten? Mögen jüdische Federn von ätzendem und zerfressendem Gift triefen, wer gebietet uns, die Witzblätter und seichten Romane zu lesen, die schlüpfrigen Theaterstücke anzusehen, die dieses Gift in unsere Adern einführen sollen? Mag die Moral vieler Juden nichts anderes sein als stinkende Unmoral, wer zwingt uns denn, ihre Grundsätze zu befolgen und es ihnen gleichzutun oder gar sie zu übertreffen? Selbsthilfe ist oft die beste Hilfe. Darum scheint mir diese sittliche Selbstschutzbewegung das Allernotwendigste zu sein, was wir in bezug auf die Judenfrage zu tun haben.

Von dem Abwehrkampf gegen die wirtschaftliche Vormachtstellung der Juden will ich nicht weiter sprechen, obwohl auch darüber Manches zu sagen wäre.

|419|Ich möchte nur auch hier mit allem Nachdruck betonen, daß kein Kampf um sittliche Güter mit unsittlichen Mitteln geführt werden darf. Die widerliche Verhöhnung und niedrige Beschimpfung der Juden, wie sie uns vielfach in antisemitischen Hetzblättern begegnet, ist christlicher Kampfesweise unwürdig. Die offenbare Ungerechtigkeit, die alles Unheil in unserem Volk dem Juden allein zur Last legen will und den getauften Volksschädlingen nicht mit der gleichen sittlichen Energie zu Leibe geht, muß den Gegner nur erbittern und versteift ihn in seinem Unrecht, statt ihn zu bessern. Auch die gewisseste Überzeugung, daß unserem Volk von Juden schon viel Schaden geschehen ist und noch fort und fort geschieht, entbindet uns nicht von der Pflicht christlicher Nächstenliebe auch gegen unsere jüdischen Volksgenossen. Mögen sie vielen unter uns noch so unsympathisch sein, mögen es uns manche Juden noch so schwer machen, ihnen mit rechter christlicher Liebe zu begegnen, »es gehört mit zu den größten Proben christlicher Liebe, sie auch denjenigen Israeliten zu erzeigen, die uns durch Eitelkeit, Frechheit und Anmaßung herausfordern und beleidigen«. Der Kampf gegen das Judentum hat unter uns solche Formen angenommen, daß alle ernsten Christen förmlich genötigt sind, sich schützend vor die Juden zu stellen, damit nicht der christliche Name vor aller Welt verunglimpft werde. Für uns sind auch die Juden Menschen, die Gott für sein Reich sucht und die an der Erlösung durch Christus Anteil haben sollen. Sind sie noch ferne von Christus, so ist das kein Anlaß für uns, sie durch unsere Lieblosigkeit noch weiter von ihm wegzustoßen. Im Gegenteil bedürfen sie unserer Liebe erst recht, damit sie daran etwas von der beglückenden Macht des Evangeliums spüren und Sehnsucht bekommen, nach diesem Evangelium sich auszustrecken. Die christliche Liebe, den Juden erwiesen, wird von ihnen, wenn sie echt ist, sehr bald erkannt und macht auf sie den tiefsten Eindruck. Bezeichnend hierfür ist die Erzählung eines mittelalterlichen Prämonstratensers, Hermann von Kappenberg; ursprünglich ein Jude, wurde er später christlich getauft und starb als katholischer Priester in dem Kloster, nach welchem er seinen Namen führt. Er hat es selbst beschrieben, von welcher Wirkung es auf sein Gemüt, als er noch Jude war, gewesen sei, als er sich bei einem Besuch in einem Kloster zu Münster durch einen frommen Geistlichen

Richmar überaus liebreich behandelt sah und die Selbstverleugnung des Bischofs Egbert erfuhr, die dieser im Interesse des Juden übte. Das alles wurde zu einem Bande, von welchem er nicht wieder los kam.

Nur einige Richtlinien für unsere Stellung zur Judenfrage wollen die vorstehenden Ausführungen geben. Völlig beseitigen oder gar lösen werden wir die Judenfrage innerhalb dieses Geschichtsverlaufes nicht. Ihrer restlosen Lösung steht das dunkle, rätselhafte Schicksal entgegen, dem Gott dieses Volk unterworfen und das ein spanischer Rabbiner in der schrecklichen Verfolgungszeit unter Ferdinand, dem Katholischen, in das tiefe Wort gefaßt hat: »Wir sind zugleich ein gesegnetes und ein mit Fluch beladenes Volk. Jetzt wollt ihr Christen uns ausrotten; aber es wird euch nicht gelingen, denn wir sind gesegnet; dereinst werdet ihr euch bemühen, uns emporzuheben; aber auch das wird euch nicht gelingen, denn wir sind verflucht.« Der ewige Jude wird bleiben unter den Völkern bis ans Ende der Welt. Er stirbt nicht. Wir können ihn von seinem Fluch nicht befreien. Ruhelos und heimatlos zu bleiben ist sein Los. Aber er soll nicht sagen können, wenn er einst an das Ende seiner Wanderfahrt gekommen ist, er habe nichts davon gespürt, daß er auf seinem Weg auch durch christliche Völker gekommen sei. Wir wollen ihm so begegnen, daß er, wenn Gott dereinst den Fluch von ihm nimmt und er zur Ruhe eingehen darf, seine Heimat da sucht, wo er die findet, die ihn in seinen Erdentagen mit Freundlichkeit gegrüßt, mit Selbstverleugnung getragen, durch hoffende Geduld gestärkt, mit wahrer Liebe erquickt, durch anhaltende Fürbitte gerettet haben.

B. Stellungnahmen Erlanger Theologen

1. *Hermann Jordan: Gedanken zur Judenfrage (1921)*

Aus: H. Jordan: Von deutscher Not, S. 81–99
Literatur: R. Wittern, Professoren, S. 39 f.; F. W. Graf, Erlanger Theologie,
S. 134 f.; ders., Theologische Strömungen, S. 254 f., 262

|81| Es ist wohl gegenwärtig nicht ganz leicht, diese Frage in Gespräch und
Verhandlung ganz sachlich und ruhig zu erörtern, da die innere Anteilnahme an dem Gegenstand und die Leidenschaft bei seiner Behandlung hüben
und drüben groß sind. Aber ich meine, es müßte doch vielleicht möglich
sein, sie so zu erörtern, daß alles gesagt wird, was gesagt werden muß, ohne
daß man verletzt. Das kann wohl vor allem dadurch geschehen, daß auch
diese Frage ganz unter einen höheren Gesichtspunkt gestellt wird. Dieser
kann wohl nur darin bestehen, daß man fragt: wie läßt sich eine Lösung
der Judenfrage in der Weise anbahnen, daß das Deutsche Reich und seine
Volksgemeinschaft dadurch Förderung und Festigung erhält, indem es allmählich von einer Frage befreit wird, die immer wieder gärende Unruhe
erzeugt.

Doch begegnet uns sofort der Einwand, daß es in Deutschland überhaupt
keine Judenfrage mehr gebe und geben dürfe. Die in immer größerem Maße
im Verlaufe des letzten Jahrhunderts sich vollziehende Emanzipation des
Judentums sei nunmehr grundsätzlich und rechtlich vollendet. Konfession
und Rasse können nun weder in Bevorzugung noch Benachteiligung irgendeine Rolle spielen weder im wirtschaftlichen, noch im geistigen, noch
im politischen Leben. Eine Judenfrage gibt es nicht und darf es nicht geben.

Ich kann mich nicht zu dieser Auffassung bekennen, denn sie wird
schwerlich dem wirklichen Leben gerecht, in dem nun einmal die Frage gegenwärtig eine große Rolle spielt und wahrscheinlich noch sehr lange spielen wird.

Man kann die Dinge wohl kurz etwa so formulieren: das Maß des wirtschaftlichen, geistigen und politischen Anteils und Einflusses des Judentums in Deutschland hat nach Ansicht weiter Kreise gegenwärtig einen so
weit über den zahlenmäßigen Anteil des Judentums an der Bevölkerung des
Reiches hinausgehenden Grad erreicht, daß auf wirtschaftlichem, geistigem
und politischem Gebiete Schädigungen der anderen Volksteile |82| und des
staatlichen Ganzen eingetreten sind und weiter zu befürchten sind. Das ist
der Kern der gegenwärtigen Judenfrage.

Es leuchtet dabei sofort ein, daß es sich in der Judenfrage nicht um die

Frage der Religion, sondern der Rasse handelt. Seitdem der Gedanke der Einheit der Religion bzw. Konfession im Staate mehr und mehr sich aufgelöst hat, stehen nun Religionen, Kirchen, Konfessionen usw. im wesentlichen gleichberechtigt nebeneinander und, wo sie sich untereinander bekämpfen, geschieht dieser Kampf gänzlich auf geistigem und religiösem Wege ohne jeden staatlichen Zwang. Die Dinge liegen freilich bei der jüdischen Religion dadurch eigenartig, daß bei dem Großteil der deutschen Juden Religion und Rasse oder Volkstum auf das engste zusammengehören, das Judentum aus seiner Stammesreligion außerordentlich starke Kräfte zur Bewahrung seiner Rasse und seines Volkstums gewinnt. Aber das darf doch nicht darüber hinwegtäuschen, daß es sich in der Judenfrage nicht um die Religion, sondern um die Rasse handelt.

Es ist naheliegend, daß man gegen das Bestehen einer Frage der jüdischen Rasse einwendet, daß es eine deutsche Rasse nicht gebe, daß vielmehr die jüdische Rasse zu den zahlreichen Rassen bzw. Unterrassen hinzutrete, aus denen das Deutschtum sich gebildet hat. Ganz reine Rassen gibt es in Europa wenige, es handelt sich meist um Vermischungen. Doch findet sich der reine Germane in Deutschland häufig genug, vor allem im Bauerntum und im Adel, ich erinnere nur an das friesische, niedersächsische, westfälische, alemannische, bayerische Bauerntum und das in größeren Kolonisationsgebieten eingewanderte germanische Bauerntum des Ostens. Aber es ist von etwaigen keltischen, römischen und sonstigen Resten abgesehen ein starker slavischer, insbesondere polnischer und wendischer Einschlag besonders im Osten und im Großstadtproletariat nicht zu verkennen. So wendet man gegen die Berücksichtigung der Rasse ein, daß das Deutschtum keine Beziehung des Blutes sei, sondern eine Gemeinschaft der Sprache, der gemeinsam erlebten Geschichte, der gemeinsamen Kultur mit allen ihren Inhalten, nicht zuletzt eine Gemeinschaft des Staates. Und diese Betrachtung hat gewiß etwas Berechtigtes in sich. Kultur und Staat haben die Kraft gehabt, nichtgermanische, insbesondere slavische Elemente des Ostens in das Volkstum ein|83|zubeziehen und so zu amalgamieren, daß die fremden Bestandteile sich nur dem kundigen Auge offenbaren. Daß in gewissen Gegenden und Schichten des Volkes eine gewisse Rassenveränderung des germanischen Grundtypus dadurch stattgefunden hat, ist nicht zu verkennen. Ob dadurch eine Verbesserung oder eine Verschlechterung der Rasse eingetreten ist, ist eine Frage, die schwer allgemein auszumachen ist. Sicher ist, daß das Germanentum den amalgamierten Elementen kulturell und staatlich seinen Stempel aufgedrückt hat und nicht umgekehrt. Wenn das einerseits darauf beruht, daß das Germanentum in der Blutmischung des Reiches meistens das überwiegende Element ist, so dürfte doch wohl auch nicht zu verkennen sein, daß das germanische Element in seiner kulturellen und staatsbildenden Kraft dem slavischen überlegen war.

Wenn nun diejenigen recht hätten, die meinen, daß es auf Blut und Rasse im staatlichen Leben überhaupt nicht ankomme, so wäre es z. B. ganz gleichgültig, ob das Deutsche Reich etwa 25 Millionen Slaven sich angliederte und mit sich amalgamierte. Dagegen würde sich das Volksbewußtsein auf das äußerste sträuben von beiden Seiten und es würden, wenn die staatliche Einheit aufgerichtet würde, gerade die Rassenunterschiede um so stärker als Scheidewände aufgerichtet werden. Je gesünder und kräftiger ein Volkstum ist, um so stärker ist sein gewissermaßen natürliches Bestreben, sich rasserein zu erhalten, und um so größer ist die Kraft, das auch durchzuführen. Die germanischen Bauern, die [...] mitten in slavischen Ländern sich niederließen, haben, zumal da, wo sie sich in mehr oder weniger geschlossenen Gebieten ansiedelten, ihr Volkstum und ihre Rasse bewahrt, unter gleichen Verhältnissen auch die Bauern in Amerika. Dagegen verliert ein auswanderndes wurzelloses Großstadtproletariat mit germanisch-slavischem Mischtypus sehr bald sein Volkstum im fremden Lande.

Es handelt sich in der Rassenfrage letzten Endes nicht um die Entweder – Oder, sondern um ein Mehr oder Weniger. Es handelt sich nicht um das Entweder der völligen Reinhaltung der germanischen Rasse und nicht um das Oder der völligen Gleichgültigkeit der Rasse, sondern es handelt sich darum, daß ein gesundes Volkstum das Bestreben hat, sich möglichst rein zu |84| erhalten, daß es die in der Vergangenheit liegenden Rassenmischungen seines Volkstums nicht als Veranlassung nimmt, jede weitere Rassenmischung nunmehr als gleichgültig aufzufassen, da ja die reine Rasse nicht mehr vorhanden sei, sondern das Maß neuer Rassenmischung und damit Rassenveränderung nach Möglichkeit beschränkt. Das ist der gesunde und innerlich berechtigte Kern jeder völkischen Bewegung.

Ich meine, dieser Gesichtspunkt müßte von jeder Seite her anerkannt werden; so denken Engländer, Franzosen, Polen, Deutsche. Und anders können im Grunde Juden auch nicht denken.

Aber da begegnet uns noch ein gewichtiger Einwand: Wir Juden sind ja gar keine Rasse, kein Volk; wir sind unter den Völkern zerstreut, wir sind Volksgenossen der Völker geworden, unter denen wir leben. Wir deutschen Juden fühlen uns schlechtweg als Deutsche, wir haben zum Teil die väterliche Religion aufgegeben, sind Christen oder Dissidenten geworden und, wenn wir die väterliche Religion behalten haben, so hält uns eben nicht die Rasse, sondern ein Glaube zusammen, so gut wie andere Deutsche irgendeine Weltanschauung zusammenhält. Doch ist dieser Einwand rein theoretisch; die körperlichen und geistigen Erbqualitäten, und darum handelt es sich letzten Endes, ändern sich nun einmal nicht durch die Gesinnung, sondern nur durch die Blutmischung. Erst wo diese eintritt, erfolgt allmählich die Assimilierung. Diese Blutmischung aber wird erfahrungsgemäß am stärksten hintangehalten, da wo das Judentum an der väterlichen Religion und ihren Gebräuchen festhält. Die jüdische Rasse erhält sich da am stärksten unvermischt, wo sie aufs engste mit der Religion verbunden ist. Wo das aber der Fall ist, da wirkt unbewußt oder bewußt die Rasse als einigendes Band des Judentums über die Unterschiede der Staaten und Völker hinaus, mag der einzelne auch noch so sehr sich kulturell mit dem Volke verbunden fühlen, unter dem er lebt. Erst die Blutmischung führt durchgehend einen wirklichen dauernden Übergang, vor allem auch hinsichtlich der Erbqualitäten, herbei, nachdem der Verzicht auf die väterliche Religion den Boden für die Blutmischung geebnet hat.

So dürfte es dabei bleiben, daß es sich im Judentum um einen Teil einer besonderen Rasse handelt, so gut wie bei Germanen und Slaven. Dabei kommen noch ein paar besondere Gesichts|85|punkte in Betracht, nämlich, 1. daß im Judentum sich die Rasse reiner erhalten hat, als im wesentlich auf dem Germanentum ruhenden Deutschtum, obwohl auch das jüdische Volk ursprünglich aus Rassenmischung, zum Teil mit fernliegendem Typus entstanden ist. Damit hängt 2. zusammen, daß die Rasseneigentümlichkeiten der Juden sowohl die körperlicher wie geistiger Art zum großen Teil beständiger und ausgeprägter sind, als beim Deutschen. Es kommt 3. hinzu, daß anthropologisch der Slave dem Germanen ganz wesentlich näher steht als der semitische Jude. Aus alledem erklärt es sich, daß die Bestandteile slavischen Blutes, die dem germanischen beigemischt werden, sich in körperlicher und geistiger Hinsicht viel weniger augenfällig geltend machen als der Tropfen semitisch-jüdischen Blutes. Eine nur einmalige jüdische Blutmischung des Germanen macht sich erfahrungsgemäß körperlich und auch geistig noch in Generationen geltend, was bei der slavischen Blutmischung viel weniger der Fall ist. Diese Tatsache aber ist geeignet, die Judenfrage im Rahmen der Rassenfragen der deutschen Nation zu einer wichtigen zu machen, indem die Frage gestellt wird, ob eine Vermehrung der jüdischen Rasse in Deutschland verhindert, eine Verminderung erstrebt werden soll, um dadurch entweder bei eintretender Blutmischung eine allzu starke Veränderung des germanisch-deutschen Typus hintanzuhalten oder ohne jede Blutmischung den Anteil des reinrassigen Judentums an der Bevölkerung des Reiches nach Möglichkeit gering zu gestalten.

Es liegt in diesen beiden Wünschen meines Erachtens nichts, was dem Angehörigen der anderen Rasse verletzend erscheinen muß. Wenn es dem Judentum gelingen würde, irgendwo in der Welt einen großen jüdischen Staat zu errichten, so wäre meines Erachtens nichts berechtigter, als daß das Judentum dieses Staates wünschte, daß es sein Volkstum und seine Rasse nach Möglichkeit rein erhielte und der Anteil des reinrassigen Judentums an der Bevölkerung des Staates ein möglichst großer sei.

Nun liegt natürlich in jedem solchem Wunsche bewußt oder unbewußt eine besondere Bewertung des eigenen Volkstums und der eigenen Rasse beschlossen, die natürlich leicht in eine geringere Bewertung des fremden Volkstums umschlägt. Man |86| hängt im allgemeinen an seiner Familie und liebt sie vor anderen, man hängt an seinem Volkstum und liebt es vor anderen.

Aber ein objektiver Maßstab hinsichtlich des größeren oder geringeren Wertes eines Volkstums läßt sich nur schwer gewinnen und daher auch kaum ein objektives Allgemeinurteil darüber abgeben. Man kann gewiß immer wieder mit einigem Erfolge den Versuch unternehmen, die körperlichen und geistigen Eigenarten und Besonderheiten eines Volkstums und die Vorzüge und Mängel nach dieser oder jener Seite zu bestimmen, aber von einer schnellen Beantwortung der Frage etwa, ob die Vorzüge die Mängel überwiegen, ob das fremde Volkstum minderwertiger ist als das eigene, sollte man sich doch billig hüten. Zur Erkenntnis der Vorzüge und Mängel des fremden Volkstums hat man ein Recht, ja eine gewisse Notwendigkeit, um sein Verhalten ihm gegenüber richtig einzurichten, zu dem Allgemeinurteil der Geringbewertung kaum, es sei denn, daß es sich um die rein subjektive Form der Sympathie oder Antipathie handelt.

Es wird gut sein, diese Betrachtung auch auf das Verhältnis von Deutschtum und Judentum anzuwenden. Vorzüge und Mängel beider dürften so oder so bestimmt werden. Es kann etwa noch hinzugefügt werden, daß einem sehr großen Teile der Deutschen die Juden – mit Ausnahmen – nicht gerade sonderlich sympathisch sind; ob das auch umgekehrt der Fall ist, wage ich nicht zu entscheiden. Im allgemeinen liegen dabei, wenn ich recht sehe, die Dinge wohl so, daß der seines Deutschtums bewußte Deutsche den Juden recht gern gelten läßt, solange der Jude politisch, geistig und gesellschaftlich nicht die Oberhand erstrebt, sondern sich dem fügt, daß er eben in deutschem Lande lebt; der Deutsche greift dann höchstens einmal zu gutmütigem Spotte; die Antipathie erwacht dann und steigert sich dann, wenn der Jude unklug genug ist, politisch, geistig und gesellschaftlich führen zu wollen; hier liegen die tieferen Wurzeln der Antipathie. Der internationalisierte Teil des deutschen Proletariats empfindet darin anders und läßt sich die jüdische Führung gefallen. Der seines Deutschtums bewußte Teil des Volkes reagiert gegen jüdische Führung und empfindet dann das fremde Volkstum nicht bloß als anders, sondern als außerordentlich unsympathisch. Aber, wenn wir objektiv denken und urteilen, so sollte man doch bei einem Allgemeinurteil einfach dabei stehen bleiben, daß der Jude |87| anders ist als der Deutsche, und das Urteil, daß er schlechter sei, vermeiden. Das letztere Urteil mag in Einzelheiten noch so sehr begründet sein, und immer wieder bestätigt werden, man darf doch nicht vergessen, daß die Verschiedenheit des Volkstums auch eine gewisse natürliche Verschiedenheit der ästhetischen, ethischen, geistigen und kulturellen Auffassung in sich schließt, so daß man doch in Gefahr kommt, Ungleichartiges zu vergleichen. Es kommt auch noch das hinzu, daß Deutschtum und Judentum sich in einem sehr langen, manchmal stillen, manchmal lauten Kampfe befinden, in welchem nicht immer die besten Eigenschaften zutage treten. Gewisse Talente des Juden treffen da oft auf Mängel des Deutschen, deren oft unbewußte Ausnützung bei der Kampfesstellung natürlich ist, aber dann auch leicht einer moralischen Abwertung des Juden durch den Deutschen Vorschub leistet.

Ich meine daher, es würde bei Behandlung der Judenfrage genügen, wenn man sagt, daß der Jude eben seiner körperlichen und geistigen Wesensart nach anders ist als der Deutsche. Damit kann auch der Jude übereinstimmen, wenn er auch vielleicht immer noch einwenden wird, daß er ganz in die deutsche Kultur aufgegangen sei. Denn das kann ja niemand leugnen, daß trotz gemeinsamer Kultur die äußeren und inneren Merkmale und Eigenschaften sehr verschieden sind. Und daß dann der Deutsche sagt, ich möchte wünschen, daß im Reiche der Anteil des nichtdeutschen Blutes sich nicht vermehrt, auch daß der geistige, kulturelle und politische Einfluß nichtdeutscher Elemente möglichst niedrig gehalten wird zur Bewahrung der deutschen Eigenart, das ist durchaus natürlich und verständlich und sollte von keiner Seite her bestritten werden. Denn die charaktervolle Eigenart eines Volkstums zu bewahren, bleibt doch immer das Kennzeichen eines zukunftsreichen Volkes und damit auch eine seiner Aufgaben, ohne daß irgendein anderes Volkstum deshalb geringer bewertet zu werden braucht.

Aber es begegnet da noch ein sehr gewichtiger Einwand, nämlich der, daß der prozentuale Anteil des Judentums an der Bevölkerung des Reiches doch ein außerordentlich geringer ist, so daß er wenig ins Gewicht fällt. |88| [...] Es fragt sich nun, ob in einem 60-Millionenvolke Hunderttausende oder zwei Millionen Juden eine das Volkstum verändernde Rolle spielen können.

Man rechnet wohl, daß es in Deutschland 600000 Juden gibt; damit sind die Juden gemeint, die noch an ihrer Religion festhalten. Das würde etwa 1 Prozent der Bevölkerung ausmachen. Dazu kommen dann die Dissidenten, die zum Christentum übergetretenen Juden und außerdem der Anteil jüdischen Blutes aus legitimer oder illegitimer Blutmischung. Darüber gibt es meines Wissens keine irgendwie zuverlässigen Angaben. Aber man dürfte von der Wirklichkeit nicht allzusehr entfernt sein, wenn man annimmt, daß etwa 2 Prozent des Blutes der gegenwärtigen Bevölkerung des Deutschen Reiches rassemäßig jüdisch ist. Das ist nicht sehr viel, aber doch nicht unbeträchtlich; es ist weniger als in Polen und in Ungarn, mehr als in Rußland, Frankreich und England. Nun hat in den letzten Jahren ein Zustrom von Juden aus dem Osten nach Deutschland stattgefunden. Die Angaben schwanken; zunächst sprach man von 15000, dann von 90000; der preußische Minister des Innern Dominicus hat am 18. Juni 1921 im Hauptausschuß des preußischen Landtags gesagt, daß gegenwärtig »mehrere hunderttausend ›fremdstämmige Ausländer‹ in Deutschland« seien. Unter diesen Fremdstämmigen mögen eine Anzahl geflohene Russen sein, der Großteil sind Ostjuden. Das wäre eine außerordentliche Vermehrung des Judentums, die von dem in diesen Zeilen vertretenen Gesichtspunkte aus als unerwünscht bezeichnet werden muß. Man sagt dagegen von jüdischer Seite, daß es sich nicht um eine Einwanderung, sondern um eine Durchwanderung handle; die Ostjuden wanderten nur durch Deutschland nach Amerika. Doch spricht der nun schon jahrelang dauernde Aufenthalt von Massen von Ostjuden in Deutschland gegen die Allgemeingültigkeit dieser These. Jedenfalls liegt hier eine Tatsache vor, die ernsteste Beachtung fordert; während die Einwanderung aus dem Osten für die letzten 35 Jahre vor 1915 auf 60 000 angegeben wird, würde es sich hier um das Vielfache in wenigen Jahren handeln. Jede Vermehrung des jüdischen Elementes durch Einwanderung |89| über den Stand von 1914 hinaus ist nach dem Gesagten nicht erwünscht und daher zu verhindern.

Die ganze Frage des prozentualen Anteils des Judentums an der Bevölkerung des Deutschen Reiches hat nun aber noch eine besondere Seite. Wenn sich dieser Anteil des Judentums von 1–2 Prozent gleichmäßig auf alle Gegenden, Stände, Erwerbsschichten usw. verteilte, so würde das vielleicht nicht so starke Bedenken erregen. Wenn statt der geradezu verschwindend wenigen jüdischen Arbeiter im Deutschen Reiche jeder 100ste oder 50ste deutsche Arbeiter ein Jude wäre, aber dann auch nur jeder 100ste oder 50ste Kaufmann, Rechtsanwalt, Arzt, Akademiker, Abgeordneter, Minister, wenn jeder 100ste oder 50ste zu den Begüterten zählte, so würde das normal sein und das Volksempfinden würde sich dagegen kaum wenden. Es würde sich dann auch der Anteil des jüdischen Blutes gleichmäßig verteilen, gleichmäßig in allen Volksteilen assimilieren. Man rechnet, daß heute nicht 1–2 Prozent der Akademiker Rassejuden sind, sondern mindestens 20 Prozent der Ärzte, Rechtsanwälte, Journalisten, Schriftsteller, 25 Prozent der gegenwärtigen deutschen Reichsminister usw. Und was die Begüterten anbetrifft, so braucht man sich nur in den teuren Kurorten umzusehen und man wird finden, daß ein Prozentsatz von 25 Prozent Rassejuden noch zu tief gegriffen ist. Geht man in ein teures Sanatorium, dessen Preise nur sehr Begüterten den Aufenthalt dort gestatten, wohin aber doch gleichmäßig den Kranken die ärztliche Vorschrift führt, so übersteigt auch da durchgehend der Anteil der Rassejuden 25 Prozent. Man kann annehmen, daß heutzutage durchgehend nicht, wie es normal wäre, 1–2 Prozent der Begüterten in Deutschland dem Rassejudentum angehören, sondern mindestens 25–30 Prozent. Die Rassejuden gehören in Deutschland in ihrer großen Masse den Schichten mit großen Geldmitteln, den intellektuellen und gebildeten Schichten an. Und trotz allem gibt Geld, Intellekt und Bildung auch heute, und heute erst recht, Macht und Einfluß im staatlichen, wirtschaftlichen und geistigen Leben. Indem aber das Judentum sich auf diese Weise wesentlich in der deutschen Oberschicht befindet, bildet es von dieser nicht 1–2 Prozent, sondern eben mindestens 25 Prozent. Diese Tatsache aber ist es, welche von den hier entwickelten Gesichtspunkten aus ins |90| Auge gefaßt werden muß. Der Anteil des Judentums an der deutschen Oberschicht, an dem Besitze des Geldes, des Einflusses auf das geistige, wirtschaftliche und politische Leben übersteigt seinen Anteil an der Bevölkerung so stark, daß dagegen das Volksbewußtsein weiter deutscher Kreise sich wendet, weil es wünscht, in geistiger, wirtschaftlicher, politischer Beziehung so zu bleiben, wie es der deutschen Eigenart entspricht und weil es auch wünscht, daß gerade seine Oberschicht so bleibe.

Diese Tatsachen kann niemand bestreiten, es sei denn, daß der eine oder der andere die genannten etwaigen Prozentsätze etwas geringer oder noch etwas höher ansetzt. Doch es fragt sich nun, wie diese Erscheinung zu erklären ist. Die häufig gehörte Erklärung ist die, daß es der Jude eben verstanden hat, mit List und Tücke, mit Anwendung aller Mittel und der größten Skrupellosigkeit sich diese Stellung zu erringen. Die Erklärung geht also wesentlich nach der moralischen Seite. Und niemand wird leugnen können, daß diese Erklärung im einzelnen Falle und in vielen Fällen zutrifft, aber man kann dagegen doch einwenden: warum hat es der Deutsche denn nicht verstanden, sich gegen List und Skrupellosigkeit zu wehren? Andere Völker als gerade die Deutschen zeigen doch nicht in solchem Maße diese Erscheinungen und werden des Problems mehr oder weniger gut Herr.

Also muß es doch wohl auch an dem Deutschen liegen, daß ihm das so wenig gelingt und doch vielleicht auch an gewissen an sich bedeutenden Eigenschaften der Juden in Deutschland. Ich erkläre mir die Dinge so: Die Judenschaft in Deutschland bildet unter dem Judentum eine gewisse Elite, die zweifellos höher steht als das Judentum des Ostens. Die in ihrer Weise vornehmen spanischen und portugiesischen Juden, deren Vorfahren vor Jahrhunderten etwa in Hamburg einwanderten, dürften biologisch sehr hoch stehen und eine Art Adel des Judentums bilden; ähnlich steht es wohl mit gewissen alten Kreisen etwa des Frankfurter oder Berliner Judentums, welch letzteres z. B. am Anfang des 19. Jahrhunderts eine große geistige Rolle spielte. Dazu kam dann im 19. Jahrhundert eine Einwanderung von Juden des Ostens, die entschieden weniger vornehm waren, aber biologisch doch eine gewisse Auslese des östlichen Judentums darstellten. Wer von |91| dem Judentum des Ostens sein Heil in Deutschland suchte und finden konnte, mußte gewandt, gescheit und in seiner Art tüchtig sein über das gewöhnliche Maß hinaus, damit es ihm gelang, über die Etappen Bentschen, Posen in Berlin zu Reichtum, Bildung und Einfluß zu gelangen. Somit hat man es im deutschen Judentum gewissermaßen mit einer Auslese des Judentums zu tun, die, wenn die 15 Millionen Juden der Erde jetzt in einem Reiche zusammenkämen, auch da eine entscheidende und beherrschende Rolle im politischen, wirtschaftlichen und geistigen Leben dieses jüdischen Staates spielen würde.

Diese Auslese stieß nun im deutschen Volk auf ein Volkstum von großen Anlagen des Körpers, Geistes, Gemütes und Charakters, das aber in vielen seiner Teile, sieht man das Endergebnis an, dieser jüdischen Auslese zwar innerlich, aber nicht durchaus im Kampfe des Lebens und in der Öffentlichkeit gewachsen war, so daß schließlich nicht das deutsche Volk als Ganzes, sondern nur die deutsche Auslese mit dem Judentum im allgemeinen Einfluß rivalisieren konnte. Das spricht an sich durchaus nicht für die geringeren Anlagen des deutschen Volkes als Ganzem, sondern nur dafür, daß der Deutsche in seinen breiteren Schichten eine geringere Anlage hat, sich unmittelbar und erfolgreich durchzusetzen. Ein sehr großer Teil des deutschen Volkes gehört eben der Schar der Dichter und der Träumer an, die erst ankommt, wenn die Welt verteilt ist. So geht es dem Deutschen, wenn er nicht unter großer politischer Führung steht, im Kampfe der Weltvölker untereinander und so im Innern im Wettstreit mit dem Judentum. Man hat früher in Erkenntnis dieser Lage dagegen Dämme aufgerichtet, indem man das

Judentum wenigstens aus den entscheidenden leitenden Sphären des staatlichen Lehens nach Möglichkeit fern hielt, d. h. aus Verwaltung, Ministerien, Heer und Flotte, Richteramt und sonst, indem man sie einer Auslese führender deutscher Schichten reservierte. In dem Moment, wo diese Dämme mit der Revolution gänzlich abgetragen wurden und breitere Schichten des demokratischen Bürgertums und des sozialistischen Proletariats die politische Führung übernehmen sollten, zeigte sich, daß das Judentum diesen demokratisch-sozialistischen deutschen Schichten politisch außerordentlich überlegen war, indem sich die politische Führung völlig mit Juden durchsetzte, obwohl die |92| dahinterstehenden Massen fast rein deutsch waren. In Rußland tritt das noch stärker zutage entsprechend der Tatsache, daß die breiten Schichten des Slaventums noch weniger zu eigener politischer Führung fähig sind, als die demokratisch-sozialistischen Massen des deutschen Volkes. Damit ist auch schon erklärt, wie es kam, daß der Anteil jüdischer Führer an der Novemberrevolution von Eisner, Levien, Leviné, Toller zu Rosa Luxemburg, Haase, Cohen usw. ein so großer war, indem ein internationalisierter Teil des Judentums die Führung über die internationalisierten deutschen Sozialisten und Demokraten übernahm. Schuld daran ist letzten Endes doch nicht eigentlich die Schlechtigkeit dieser Juden, sondern die politische Unfähigkeit breiter Schichten des deutschen demokratischen Bürgertums und der sozialistischen Arbeiterschaft, die in Friedens- und Verständigungsträumen sich von den Feinden narren und sich von den fähigen deutschen Führern abziehen und von großenteils nichtdeutschen Führern in den Abgrund führen ließ, der zwar das Glück des deutschen Volkes und den Wohlstand des Mittelstandes und der Arbeiterschaft verschlang, wobei aber kraft seiner großen Anpassungsfähigkeit das deutsche Judentum an Geld, Einfluß, Macht, leitenden Stellen nur gewonnen hat. Aber es gibt viele Juden, die den starken Anteil von Juden an unserem Zusammenbruch und der Zerrüttung unserer Verhältnisse durch die Revolution außerordentlich bedauern, teils solche, die in jener Tatsache eine Gefahr für die politische und soziale Stellung des Judentums in Deutschland sehen, teils solche, die mit dem Deutschtum innerlich so eng verbunden sind, daß sie Schmach und Elend des Landes, dem sie angehören, völlig mit empfinden.

Nach alledem dürfte der Kern der gegenwärtigen Judenfrage in Deutschland in folgendem zu sehen sein: Das Maß des wirtschaftlichen, geistigen und politischen Einflusses des Judentums und des Anteils an den besitzenden und führenden Schichten ist auf das sovielfache des Anteils an der Bevölkerung gewachsen, daß sich demgegenüber immer lebhafter der Wunsch erhebt, diesen Anteil auf ein Maß zurückzuführen, das erträglich erscheint; beurteilt man vielerseits diesen überragenden Anteil des Judentums besonders auf geistigem, moralischem und politischem Gebiete als direkt schädlich, so genügt doch auch schon der andere Gesichtspunkt, daß der Deutsche den Wunsch hat, daß seine Art in |93| Deutschland die herrschende sei und nicht die Art einer anderen Rasse, um zu verstehen, daß die Judenfrage für uns ein ernstes Problem ist. Wir wollen von Deutschen regiert werden, die Bühne, die Literatur usw. sollen deutschen Geist atmen; dieser Wunsch bricht sich heutzutage so unmittelbar Bahn, daß es unmöglich ist, ihn zu überhören. Und ich meine, auch die deutsche Judenschaft wird bei einer ruhigen Prüfung der Lage Anlaß nehmen müssen zu fragen, ob dieses Problem nicht irgendwie zu lösen ist, um damit rechtzeitig Kämpfen vorzubeugen, die geeignet sind, schließlich doch einmal zu Schädigungen auch des Judentums zu führen.

Vor allem ist dabei wohl das Judentum selbst noch auf eines aufmerksam zu machen. Je fühlbarer der allgemeine Einfluß des Judentums in Deutschland im öffentlichen Leben geworden ist, um so stärker machen sich doch auch die Widerstände geltend. Und wenn sie nirgends anderswo sich auswirken können, so wirken sie sich auf dem gesellschaftlichen Gebiete in einer für den Juden oft sehr empfindlichen Weise aus. Das Judentum hatte einst in der guten deutschen Gesellschaft zum Teil eine bessere Stellung als in der neueren Zeit. Der guten deutschen Gesellschaft gegenüber befindet sich der Jude, mag er es merken oder nicht, gerade wegen des Anteils von Juden an Deutschlands Niederbruch doch mehr oder weniger im Ghetto. Diese durch Gesetze und Emanzipationen nicht zu verhindernde Ablehnung wird sich noch verstärken, je fühlbarer der allgemeine öffentlich Einfluß des Judentums wird. Die Gesellschaft hilft sich eben da auf ihrem Wege. Dagegen kann der Jude gar nichts machen. Es liegt daher durchaus im Interesse des Judentums das hier verhandelte Problem nicht beiseite zu schieben, sondern an der Lösung der Frage mitzuarbeiten, wie unter möglichster Schonung der Empfindungen des Judentums ein modus vivendi sich allmählich herausbildet, der den deutschen Wünschen und Notwendigkeiten gerecht wird.

Freilich ist nun die Lösung der Judenfrage in Deutschland nicht leicht und restlos ist die Frage wohl nicht zu lösen. Restlose Lösungen gibt es überhaupt in der Politik sehr selten. [...]

Es scheinen mir nun alle die Wege nicht gangbar zu sein, |94| auf denen man versucht, die Emanzipation des Judentums auf die eine oder die andere Weise rechtlich wieder rückgängig zu machen, um so den Einfluß des Judentums zurückzudrängen. Ein künftiges wieder aufgerichtetes Rußland, das, wenn es wirklich frei und national werden will, vom Bauerntum, vom Adel, von den bodenständigen Elementen der Intelligenz und von der immer mehr an Einfluß gewinnenden orthodoxen Kirche regiert werden wird, wird nach den furchtbaren Erfahrungen der ganz wesentlich von Juden geleiteten Bolschewistenherrschaft voraussichtlich diesen Weg gehen, weil es sich nicht anders helfen kann, wenn es nicht gar die Austreibung aller Juden verfügt. Aber ganz abgesehen davon, daß sich die Rückgängigmachung der Emanzipation bei uns rechtlich nicht, auch nicht teilweise erreichen läßt, würde es doch für uns politisch nicht klug sein, ein solches Mittel des Zwanges anzuwenden, das starken Haß erzeugt und das Problem doch kaum löst, sondern immer nur neue Unruhe schafft. Es sind m. E. auch die kleinen gesetzlichen Mittel abzulehnen, an die man hier und da gedacht hat, wie Kontingentierung etwa des Anteils an den akademischen Berufen nach dem Prozentsatz des Anteils der Juden an der Bevölkerung, besonders starke Besteuerung der Juden, insbesondere der jüdischen Kriegs- und Revolutionsgewinnler usw. Das sind alles kleine Mittel, die schließlich, wenn sie anwendbar wären, ihren Zweck verfehlen, doch mehr als Nadelstiche wirken und die Judenfrage nicht einer Lösung entgegenführen würden.

Dagegen erwarten nun viele die Lösung der Judenfrage für Deutschland auf dem Wege des Zionismus. Doch ist sie so allein nicht zu erreichen. Zu einer Auswanderung nach Palästina wäre nur ein sehr geringer Prozentsatz des deutschen Judentums bereit; man erzählt, daß ein eifriger Zionist bemerkte, daß er sehr für den jüdischen Staat in Palästina sei, er würde aber selbst dann gern jüdischer Gesandter in Berlin sein. Etwa die gesamte Judenschaft der Welt von gegenwärtig wohl 15 Millionen in Palästina anzusiedeln, ist natürlich auch völlig unmöglich; das Land könnte nur ganz geringe Bruchteile von ihnen aufnehmen. Irgendein Gebiet in Deutschland oder außerhalb Deutschlands zu finden, in dem sämtliche deutschen Juden angesiedelt werden, ist ein tatsächlich unausführbarer Gedanke, es sei denn, daß man sich zum Zwange entschließen wollte. Denn dem Juden geht es in |95| den meisten Hinsichten in Deutschland so gut, wie kaum in einem anderen Lande der Erde, so daß er im allgemeinen an Auswanderung nicht denkt. Immerhin kann man sagen, daß durch eine zionistische Auswanderung oder eine Auswanderung nach anderen Ländern, die zur Verminderung des rassejüdischen Prozentsatzes beiträgt, in gewissem, wenn auch geringem Grade zu einer Lösung der Judenfrage beigetragen werden kann.

Dagegen scheint mir grundlegend eine klare Stellungnahme zur jüdischen Einwanderung in Deutschland. Denn wenn sich das Judentum in

Deutschland durch Einwanderung vermehrt, so ist es ausgeschlossen, daß wir des Problems Herr werden. Es ist außerordentlich bedauerlich, daß von den Regierungen seit der Revolution nur die bayerische die Kraft gewonnen hat, die jüdische Einwanderung zu verhindern und die Einwanderung in Krieg und Revolution nach Möglichkeit rückgängig zu machen. Ich habe im Gespräch mit in Deutschland alteingesessenen Juden mehrfach gefunden, daß auch sie diese Forderung, namentlich im Hinblick auf das einwandernde Ostjudentum, vertraten. Auch die ganze Kraft der völkischen Bewegung sollte sich m. E. jetzt auf diesen einen Punkt konzentrieren, denn wenn wir dieser Einwanderung nicht Herr werden, dann ist an eine Lösung der Judenfrage in Deutschland in absehbarer Zeit nicht zu denken. Und zwar ist es notwendig, daß nicht bloß die weitere Einwanderung verhindert wird, sondern auch die Ostjuden, welche nach Öffnung der Grenzen Polens und Rußlands durch den Krieg seit 1914 eingeströmt sind, wieder ihren heimatlichen Wohnsitzen zugewiesen werden. Und wenn, wie man angibt, es sich nur um eine Durchwanderung handelt, so ist diese zeitlich eng zu begrenzen. Man verquicke diese Forderung in den Parlamenten und in der Presse nicht mit irgendwelchen Angriffen gegen die Moral und Kultur des Ostjudentums oder des Judentums überhaupt, so berechtigt diese in vielen Fällen sein mögen, sondern man vertrete die Forderung einfach vom Standpunkte des Nationalstaatsgedankens aus.

Wenn das durchgesetzt ist, so werden wir es künftighin nur mit der Judenschaft von 1914 in Deutschland zu tun haben. Nun sagt man, daß das Judentum in Deutschland sich in geringerem Grade durch Kinder vermehre, als die Deutschen. Einwandfreie |96| Zahlenangaben habe ich nicht dafür. Aber die Angabe ist deshalb wahrscheinlich, weil das Judentum zu seinem größten Teile den begüterten intellektuellen Großstadtschichten angehört, die erfahrungsgemäß den übrigen Volksteilen an Kinderzahl erheblich nachstehen. So wird anzunehmen sein, daß bei völliger Verhinderung jüdischer Einwanderung der Anteil des Rassejudentums an der Bevölkerung des Reiches zu sinken beginnt. Dazu käme dann als zweites in derselben Richtung wirkendes Moment eine freilich begrenzte jüdische Auswanderung. Ein gewisser Teil des Judentums wird allmählich amalgamiert, wozu das Aufgeben der mosaischen Religion bzw. der Übertritt zum Christentum, vor allem aber die Heirat mit Deutschen den Weg bereitet. Wirken alle diese Momente zusammen, so kann man wohl annehmen, daß im Laufe von etwa zwei Generationen die Judenfrage in Deutschland keine sonderliche Rolle mehr spielen dürfte, natürlich vorausgesetzt, daß jede neue jüdische Einwanderung verhindert wird.

Ich weiß wohl, daß gegen die hier vorgeschlagene allmähliche Amalgamie-rung, vor allem auch durch Heirat, Bedenken erhoben werden vom Stand-punkt des Rassebewußtseins, übrigens nicht bloß von germanisch-deutscher Seite, sondern auch von jüdischer Seite, wo man zum Teil ebenfalls wünscht, völlig rasserein zu bleiben. Und ich selbst, aus rein germanischem […] Blute stammend, würde mich an diesem Amalgamierungsprozeß zu beteiligen nicht bereit sein. Ich sehe die Amalgamierung durch Heirat auch keines-wegs als ideale Lösung an. Auch verhehle ich mir nicht, daß die Amalgamie-rung durch Heirat insofern ihre Bedenken hat, als sie, wie die Verhältnisse liegen, ganz wesentlich in der Schicht der Besitzenden, Gebildeten, Intellek-tuellen, kurzum in den leitenden Schichten stattfindet; verteilte sie sich gleichmäßig auf alle Stände, auch auf Handwerker und Arbeiter, so wäre sie jedenfalls unbedenklicher. Aber einen gewissen Ausgleich schafft es doch, daß aus den breiteren Schichten rein germanische Elemente vor allem aus dem Mittelstand und dem Bauernstande in die führenden Schichten fort und fort aufwärts steigen. Ich meine, es wird doch wohl das richtige sein, der Amalgamierung, die ja schon lange eingesetzt hat, ihren Lauf zu lassen in der Erwartung, daß sie an ihrem Teile wenigstens etwas mithilft allmählich die Juden|97|frage in Deutschland aus einer vordringlichen zu einer verhältnismäßig bedeutungslosen zu machen.

Freilich gehört dazu noch etwas Besonderes, was auf einer ganz anderen Linie liegt. In England werden etwa 300000 Juden mosaischer Religion ge-zählt, etwa ¾ Prozent der Bevölkerung, zweifellos weniger als bei uns, aber doch nicht so erheblich weniger. Und doch hat England kaum eine rechte Judenfrage. Während man in Deutschland darüber klagt, daß Juden das geistige Leben in einem nichtdeutschen Sinne beeinflussen, daß sie mit ihren internationalen Ideen das politische und nationale Leben Deutsch-lands schwer geschädigt haben, beugt sich der englische Jude völlig dem geistigen Leben Englands, vertritt er wie nur ein Engländer Englands natio-nale Interessen, so daß gerade jüdische Politiker konservative und nationale englische Politik machen; ich erinnere an Lord Beaconsfield und […] an Lord Northcliffe. Deutsche jüdische Redakteure schrieben das »Berliner Ta-geblatt« und die »Frankfurter Zeitung« in einem den nationalen Interessen Deutschlands abträglichen Sinne und der englische Jude Lord Northcliffe verteilte die beiden Zeitungen unter den deutschen Gefangenen, um Stim-mung unter ihnen gegen Deutschland zu machen und zwar mit gutem Er-folge […] Man mag dafür viele historische Gründe anführen, letzten Endes bleibt es doch dabei, daß der nationale Geist des Engländers den Juden in seinen Bann schlägt, was bei uns viel weniger der Fall ist, weil das nationale

Bewußtsein geringer ist. Man hat mit Recht gesagt, daß der Jude in den verschiedenen Staaten der »Dominante« folge. So folgte er in Deutschland zum größten Teile den Mehrheitsparteien der Linken und half mit ihnen zu Zusammenbruch und Revolution, in England unterstützte er die schärfste nationale Richtung bis zum Endsiege, wie sie ganz England bis auf verschwindende Kreise beherrschte.

Wollen wir der Judenfrage wirklich völlig Herr werden, so wird es zu einer Erneuerung unseres geistigen Lebens im Sinne des nationalen Gedankens kommen müssen. Wenn erst dieser Geist nach dem Niederbruch der internationalen Utopien unser Volk in seiner Mehrheit |98| innerlich ergriffen hat und durch Not und Knechtschaft dieser Jahre hindurch immer fester in den Herzen wurzelt, und unter neuer geistiger und politischer Führung wir uns innerlich festigen, so wird sich dem das Judentum nicht entziehen können.

Aber es liegt darin doch auch eine recht ernste Mahnung an die deutschen Juden. Solange ein so großer Teil des Judentums in einem dem Deutschtum und dem deutschen Geiste abgewandten Sinn geistig und politisch wirkt, können sich die Juden nicht wundern, daß, wo man sich nicht gesetzlich gegen sie wehrt, die Gesellschaft stillschweigend sie und schließlich auch die vielen unter ihnen, die ganz unschuldig darunter leiden müssen, ablehnt. Man sollte wünschen, daß die geistigen Führer des Judentums Einsicht genug hätten, wie es gelegentlich erfreulicherweise geschehen ist, dafür Sorge zu tragen, daß sich die Juden hüten, da allzu sehr vorzudringen, wo der Deutsche nach den Erlebnissen der letzten Jahre den Juden nicht sehr gern sieht, in der Stellung als Minister, in der Verwaltung, im Richteramt, auf den Universitäten. Auf diese Imponderabilien muß das Judentum Rücksicht nehmen, wenn es nicht seine Stellung und die hier erstrebte Lösung der Judenfrage außerordentlich erschweren will. Der Jude ahnt wahrscheinlich gar nicht, wie aufreizend es auf weiteste, auch sehr duldsame Kreise wirkt, wenn ein Jude an das Königtum der Wittelsbacher greift, wenn ein Jude die Leitung des gesamten Schulwesens der Reichshauptstadt erstrebt, wenn Presse, Theater, Ministerien usw. stark von den Juden beherrscht werden. Wer eine wirklich im staatlichen Interesse liegende gute Lösung der Judenfrage erstrebt, die allmähliche Bildung eines modus vivendi, der wird nicht bloß dafür sorgen müssen, daß eine verletzende Polemik gegen das Judentum nach Möglichkeit vermieden wird, sondern auch dem Judentum selber eine möglichste Zurückhaltung in dem öffentlichen Hervortreten im geistigen und politischen Leben empfehlen.

Meines Erachtens aber hätte die deutsche Judenschaft allen Anlaß, noch mehr zu tun durch einen scharfen Kampf gegen alle die Elemente in ihr, die geeignet sind, durch ihre politische Arbeit und ihre wirtschaftliche Betätigung die Judenschaft als solche zu diskreditieren. Sie wendet wohl ein, daß sie über viele unlautere Elemente in ihr keine Gewalt habe. Und das ist bis zu einem gewissen Grade richtig. Aber es gibt Wege genug, um mittelbar |99| oder unmittelbar in dieser Richtung zu wirken. Um nur eins zu nennen: die deutsche Judenschaft hat einen großen Einfluß auf die Presse, insbesondere auf die demokratische Presse und verwendet ihn zur Vertretung ihrer Interessen und zur Abwehr von Angriffen gegen sie. Wenn die Judenschaft Deutschlands will, so kann sie diesen Einfluß dahin geltend machen, daß sie den auf politischem, geistigem und sittlichem Gebiete verderblichen Einfluß von jüdisch geleiteten Blättern, wie dem Berliner Tageblatt, zurückdrängt oder unterbindet. Wenn die deutsche Judenschaft auf diese oder ähnliche Weise nicht sehr viel energischer, als sie es bisher getan hat, selbst an der Abstellung der Schäden mitarbeitet, die man ihren Gliedern zur Last legt, wird sie sich nicht wundern können, wenn der Widerstand gegen sie wächst und ihre Stellung schwieriger wird. Die Bekämpfung des Judentums wird von selbst nachlassen und schließlich aufhören, wenn einsichtige Glieder der Judenschaft ihren ganzen Einfluß ausüben, um die Klagen abzustellen, die gegen Glieder der Judenschaft erhoben werden.

2. Paul Althaus: *Evangelische Kirche und völkische Bewegung. Vortrag auf einer »Arbeitstagung« bayerischer Pfarrer im April 1931*[14]

Aus: E. Fikenscher, Riederau

|176| [...] Das Hauptreferat erstattete Universitätsprofessor D. Althaus-Erlangen über das Thema: Ev. Kirche und völkische Bewegung. Das Thema ist aktuell im stärksten Maße und hat damit seine großen Schwierigkeiten. Mit einer klaren und vornehmen Darstellung der völkischen Bewegung begann der Referent, wobei er sich eingehend mit dem Nationalsozialismus als dem derzeitigen hervorragenden Exponenten der völkischen Bewegung beschäftigte. Der Ausgangspunkt der Bewegung ist das Erwachen an 1918 und gegen 1918 aus dem Fronterlebnis als dem Erlebnis der Geschichte und

---

14. An der Tagung nahmen 46 bayerische Pfarrer teil.

des Volkstums. Der Kampf geht um die deutsche Seele. Der führende Gedanke der Bewegung hat seine Einheit in der Idee des freien Volkes und gliedert sich in den nationalen Freiheitswillen (gegen den Pazifismus), in den volksorganischen Gedanken der Ganzheit und den Reinheitsgedanken als Rassengedanken (gegen den Liberalismus, Marxismus), wie in den sozialistischen Gedanken (gegen Bürgertum und bürgerlichen Geist). Die Bewegung trägt Erbgut in sich vom Konservatismus und der Rassenbiologie. Das Originale der Bewegung ist ihr Wesen als Volksbewegung. Sie birgt ein gewaltiges Geschichtsbewußtsein in sich, wie es nur noch dem Kommunismus heute eignet. Das Sendungsbewußtsein, der Kampfgeist, die Erneuerung des Führer- und damit zugleich des Gefolgschaftsgedankens sind wesentliche Kennzeichen der Bewegung. Die Darstellung der Bewegung wurde eingehend erläutert durch zahlreiche Belege aus dem nationalsozialistischen Schrifttum offizieller Art. Die Objektivität der Darstellung fand allgemeine Anerkennung.

Im zweiten Teil ging D. Althaus auf eine Darlegung der christlichen Gedanken über Volk, Volksgeschichte und Rasse ein, wofür gerade das Alte Testament sehr wesentliche Gesichtspunkte bringt. Die Haltung der Kirche zur völkischen Frage folgt aus ihrem theologischen Ansatz. Hat das Christentum Berührung mit den völkischen Fragen? Im Krieg war sie vorhanden, jetzt ist man wieder in der Kirche sehr individualistisch geworden. Starke Hemmungen für eine lebendige Beziehung der Kirche zum Volkstum bereiten heute sowohl die dialektische Theologie, welche zu einer völligen Isolierung des Evangeliums geführt hat, als auch die vom Pietismus beeinflußte Theologie und Frömmigkeit mit ihrer ausschließlichen Bezogenheit auf den Einzelnen. Das Volk ist eine gewachsene Lebenseinheit. Fichte hat uns für diese Frage wertvollste Anregung gegeben. Die Menschheit besteht nicht aus Einzelnen, sondern aus Völkern. Ein Volk ist eine Lebenseinheit, die hinausgreift über die engere Lebenseinheit (Familie, Sippe), die sich weiter zeugt, die zu erfassen ist in einer gemeinsamen seelischen Art (Sprache, Ordnung, Kultur). Natürliche und geschichtliche Werte durchdringen ein Volkstum. Die Entstehung des Volkstums ist Urzeugung geistiger Art, ein geistiges sich als Volk Erfassen. Blut ist für den Geist wichtig, aber nicht die herrschende Macht. Ein Volkstum kann geistig weiterzeugen und sich bluthaft umbilden (Hugenotten). Volkstum und Rasse sind zweierlei. Das christliche Denken bejaht die völkische Besonderheit der Menschheit als Gottes Schöpferfreude. Gott ist ein Gott der Fülle. Die Volksindividualität ist uns heilig, die eigene wie die fremde. Die »Menschheit« ist nicht besser als »die Völker«. Gegenüber dem Einwand im »Tagebuch eines Großstadt-

pfarrers«[15] im »Reich Gottes« werde das Volkstum überwunden, ist festzuhalten am Volkstum, sonst müsse man auch den Unterschied zwischen
Mann und Weib aufheben. Die völkische Sonderung ist Reichtum und
Grenze. Vom Zeichen des Todes ist auch jedes Volkstum gezeichnet. Über
der Welt der völkischen Sonderung ist ein Fluch Gottes, der zur Erlösung
schreiten will durch das Evangelium. Die Kirche hat zur Treue zum Volkstum und zur Treue gegen Gott aufzurufen.

Eingehend beschäftigte sich der Referent mit der Judenfrage. Die Kirche
hat hier allzulange auf eine Antwort verzichtet. Zwischen der liberalen Ableugnung und der rassischen Erfassung der Judenfrage geht das Gespräch.
Wohl gibt es da und dort einmal bei Einzelnen eine starke geistige Assimilation vom Judentum zum deutschen Volkstum. Aber das Judentum ist gerade unserm Volkstum sehr fremd, vor allem in seiner zwischenhändlerischen Rolle, in seinem erfolgreichen Versuch Verwalter unsres geistigen
Besitzes, Inhaber der geistigen Führung zu sein. Der Antisemitismus hat
sein Recht in der Erfassung der Verschiedenheit, in der Aufrollung der Judenfrage als Volksfrage, im Erkennen der Gefahr der Überfremdung auf
geistigem und politischem Gebiet. Aber der Antisemitismus hat sich gefangen in seiner Dogmatisierung der Rassentheorie. Weder das Deutschtum
noch das Judentum ist eine einheitliche Rasse. Die Fremdheit des Judentums gegenüber unserem Volkstum besteht in seiner ganz bestimmten Geistigkeit, welche begründet ist in seinem inneren und äußeren Schicksal. Besonders gefährlich für unser Volkstum ist die Wahlverwandtschaft des
Judentums mit der Aufklärung. Das Judentum emanzipierte sich und führt.
Es trägt den Kampf vor gegen alle gewachsenen Überlieferungen und Bindungen, es ist Entheimatung. Dabei ist das Judentum auch heute noch prophetisch-revolutionär, auch wenn es völlig säkularisiert ist (Rußland!). Die
Geschichte des Judentums muß religiös begriffen werden von 70 her. Israel
ist an Jesus gescheitert (Buber). Das heutige Judentum ist etwas anderes als
Israel. Es ist unsre Aufgabe, die sich anbahnende Selbsterkenntnis des Judentums als Volkstum zu fördern, es damit auf seine Grenzen zu weisen
und so stark als möglich selbst deutsch zu sein. Es ist ein Geheimnis um
das jüdische Volk: es blieb erhalten in seiner Eigenart. Das Wohnen des Judentums unter uns hat eschatologischen Sinn (Röm. 9). Wir müssen die
Grenzen völkischer Geschlossenheit sehen. Das Reich Gottes ist mehr als
die Volkstümer, dazu ist uns das Judentum ein Fingerzeig. Das Wohnen

15. [Gerhard Jacobi]: Tagebuch eines Großstadtpfarrers. Briefe an einen Freund, Berlin
o. J. [1929], ⁹[1930].

des Judentums unter uns bewahrt uns vor aller Profanierung der Heilsgeschichte. Wir müssen den Mut haben dem Judentum zu sagen, was ihm
von Golgatha her zu sagen ist. Wenn das jüdische Volk Christum annehmen
würde, das wäre Auferstehung von den Toten. Eine staatliche Ausnahmegesetzgebung gegen das Judentum lehnte der Referent ab.

[…] Was läßt sich die Kirche von der völkischen Bewegung sagen? »Gott
und Volk« ist ernstzunehmen. Mit Gott erleben wir Volksgeschichte. Dies
gilt es zu deuten in Predigt und Unterricht. Es muß uns heute um eine
ernsthafte theologia naturalis gehen (Ps. 139: Gott umgibt uns von allen
Seiten). Ferner ist es Aufgabe der Kirche gegenüber einem überbetonten
Individualismus, einen offenen Blick zu haben für die Volksgeschichte, ihre
Zusammenhänge und Nöte, ohne einem leeren Kirchenpatriotismus zu verfallen. Es ist heute gefährlicher hier zu schweigen als einmal sich [zu] ver-
greifen. Gott zerbricht schon, was ihm nicht gefällt. Für eine lebendige Verkündigung in diesen Fragen ist das Alte Testament von großer Bedeutung
(Maurenbrecher: weil ich völkisch bin, predige ich das Alte Testament). Wir
müssen uns freilich davor hüten, einfach |177| promissiones für Israel auf
uns zu übertragen. Bei ihrer Verkündigung weiß sich die Kirche unabhängig
in letzter Verantwortung vor dem Evangelium und Gott in ihm. Hier gibt es
schwere Gewissensentscheidungen. Luther hat nicht gesehen, daß es auch
eine Revolution im Amte geben kann, im Opfer und Einsatz für das Volk
(»gerechte Revolution«). Was hat die Kirche dem Nationalsozialismus zu
sagen? Ein Nein zur nationalen Religion, wo sie gewollt wird. Ein Nein
zum Rassegedanken im platten Sinn (der Ursprung des Bösen ist nicht die
Rassenschande). Ein Nein zur brutalen Lösung der Judenfrage und zum
Staat auf dieser Grundlage. Die positive Wertung der völkischen Bewegung
ist bereits erfolgt. Die Kirche muß den Anspruch des Evangeliums aufrech-
terhalten und mit den Menschen in ihrer Sprache reden. Es gilt in der Predigt überall die Einbruchsstelle zu zeigen, wo die Gottesfrage kommt über
dem, was Menschen wollen (drittes Reich – Reich Gottes). Es geht nicht um
Rassefanatismus, sondern um Verantwortung für das Volkstum vor Gott.
Die Kirche bildet nicht Parteien, sondern Gewissen. Die Kirche hat allen
zu dienen und muß sich wünschen Glieder aus allen Parteien zu haben.
Jeder Christ kann in einer Partei stehen im Glauben an die Gemeinschaft
der Gläubigen. Wir brauchen innerhalb der Kirche politisch nicht einer
Meinung zu sein, es ist auch Neutralität nicht notwendig. Als Christen kön-
nen und müssen wir in verschiedenen Parteien sein und dort stehen im
Bewußtsein der Gemeinschaft aller, die dem Reich Gottes entgegenharren
in, bei und durch die politische Haltung.

Die sehr anregenden und ausgedehnten Aussprachen über das Referat von D. Althaus standen auf beachtlicher Höhe dank der ausgezeichneten, klar durchdachten und über der parteipolitischen Atmosphäre stehenden und doch mit innerster Anteilnahme dargebotenen Ausführungen des Referenten. Auch die [...] Leitung der Aussprache [...] gab den Gesprächen eine klare Linie. Höchst erfreulich war es zu sehen, wie Gegner und Freunde des Nationalsozialismus in der Aussprache sachlich und vornehm blieben, sodaß kein einziger Mißton die eingehaltene Linie störte. Im Wissen um eine letzte Verantwortung für Volk und Kirche fanden wir uns bei aller Verschiedenheit in der Beleuchtung der einzelnen Fragenkomplexe brüderlich eins im Glauben. Bei der Aussprache wurde die Bedeutung des Alten Testaments für die heutige kirchliche Verkündigung besonders betont. Die völkische Besonderung wurde vom 1. Glaubensartikel her allgemein bejaht und dabei auf eine Reihe besonderer Nöte hingewiesen, welche bei der Neubesinnung auf wurzelhaftes Volkstum hemmend entgegenstehen (Wohnungsnot, Geburtenfrage). Gewarnt wurde davor, die Kirche zum Sündenbock für alle Nöte der Gegenwart zu machen wie auch eine zu sichere eschatologische Deutung der Zeichen unsrer Zeit zu wagen. Die heutige Aufgabe der Kirche fand eine eindrucksvolle Formulierung: die Kirche müsse unbedingt die sittliche Forderung v[om]. Evangelium her aufstellen, dabei habe sie die Pflicht zu unbedingter Barmherzigkeit. Über die Judenfrage entspann sich eine längere Diskussion. Es wurde auf den Eingang des jüdischen Geistes auch auf viele Christen hingewiesen. Die Judenfrage ist ein internationales Problem (Reventlow). Der Jude ist nicht der einzige Feind unsres Volkstums. Die Meinungen gingen auseinander über die Frage einer Sondergesetzgebung gegen das Judentum. Ihre Befürworter erblickten darin eine Notwendigkeit des völkischen Selbstschutzes und die einzige Möglichkeit einer radikalen Bereinigung, während die Gegner an die Möglichkeit einer geistigen Auseinandersetzung und Überwindung glaubten. Ob eine Assimilierung des Judentums möglich sei, blieb eine offene Frage. Auch über die Frage der Zugehörigkeit des Pfarrers zu einer politischen Partei gab es keine einheitliche Anschauung. Die einen betonten die völlige Unabhängigkeit des Pfarrers von jeder Partei um seines Dienstes willen, andere sahen die Notwendigkeit gegeben, in dem heute fast ausschließlich durch die Politik bestimmten Lebensraum des Volkes innerhalb der politischen Parteien den Anspruch des Evangeliums anzumelden. Eine Diskussion über das noch unklare wirtschaftliche Programm des Nationalsozialismus wurde abgebrochen, da weder die völkische Bewegung noch die heutige Wirtschaft, geschweige die Theologen fähig sind, durchführbare neue Wege aus der Krise zu weisen.

3. Hermann Strathmann: Nationalsozialistische Weltanschauung?, Nürnberg 1931

Literatur: O. Hass, Strathmann, S. 262–270

|16| [...] Mögen indessen auch der nationalsozialistischen Rassenidee solche Schwierigkeiten anhaften und mögen sie auch theoretisch nicht zu überwinden sein, so werden doch dadurch die ernsten Wahrheiten, die in diesen Gedanken stecken, nicht beseitigt. Vielmehr ist es als ein Verdienst der Bewegung anzuerkennen, daß sie mit stärkstem Nachdruck die öffentliche Aufmerksamkeit auf diese Wahrheiten hinlenkt. Der Weltkrieg mit seiner Vernichtung zahlloser bester männlicher Erbstämme bei gleichzeitiger Schonung des weniger Wertvollen bedeutet zweifellos eine ernste Verschlechterung der durchschnittlichen Güte der Gesamterbmasse des Volkes. Um so ernster tritt an uns die Frage heran, ob es nicht möglich ist, die Belastung unseres Volkstums durch körperlich und geistig Entartete, durch ausgesprochen Minderwertige einzuschränken. Es ist verdienstlich, ja es ist notwendig, auf die Gefahr der biologischen Verwahrlosung unseres Volkes, der fortschreitenden Verschlechterung seiner Erbmasse hinzuweisen. Es ist gut, das Bewußtsein vom Wert des eigenen Volkstums in ein Bewußtsein erhöhter Verantwortlichkeit für seine Reinerhaltung umzusetzen. Mag auch die wissenschaftliche Erforschung der Vererbungsgesetze noch in den Anfängen stecken, so wissen wir doch längst genug, um daraus auch für die menschliche Fortpflanzung wichtige Lehren ziehen zu können. Diese sollten Gemeingut des Volkes werden. Aus der Erkenntnis der Ordnungen der Natur, in denen der Christ Gottes Schöpferordnung verehrt, ergibt sich für uns alle eine sehr ernste Verantwortung. Diese sollte besonders in allen denen recht lebendig sein, die berufen sind, die Väter und Mütter der nächsten Generation zu werden. Und diese Warnung gilt auch vor der Verbindung mit Fremdrassigen schon aus dem Grunde, weil die so ins Leben Gerufenen allzu leicht heimatlos und darum haltlos zwischen zwei Lebenskreisen stehen, denen beiden sie sowohl angehören wie nicht angehören.

Indessen trifft diese Anerkennung so wenig wie jene Kritik den Kern der Sache. Dieser besteht nicht darin, daß überhaupt |17| der Rasse oder dem Volkstum ein besonderer Wert zuerkannt wird, der pfleglich zu behandeln ist; auch nicht darin, daß dem Ariertum oder dem Germanentum ein besonders hoher Wert zugeschrieben wird. Daß die arische Völkerfamilie für die Kulturgeschichte der Menschheit Unvergleichliches geleistet hat, liegt am Tage. Ebenso, daß sie noch heute die Führung besitzt. Und warum sollten wir uns nicht mit Stolz und Dankbarkeit als Germanen empfinden? Es wäre töricht, hinsichtlich der Begabung und Leistung von einer Gleichwertigkeit der Rassen oder der Völker zu sprechen. Der Kern der Sache besteht vielmehr darin, daß hier die Rasse, das Volkstum, vielmehr die arische oder die nordische Rasse, das germanische Volkstum zu einem schlechthin unbedingten Wert, zum Maßstab aller Werte gemacht wird, nach welchem sich schlechterdings alles zu richten, dem sich alles unterzuordnen hat, von dem aus alles, alles zu gestalten ist. Anders ausgedrückt: der Kern der Sache liegt darin, daß hier das Rassebewußtsein zum Rassedünkel, der Rassegedanke zum Rassekultus gesteigert wird, und in den Folgerungen, die sich hieraus nach den verschiedensten Richtungen ergeben! Und dies ist zugleich der Punkt, an dem die Frage nach dem Verhältnis der nationalsozialistischen »Weltanschauung« zum »positiven Christentum« mit größtem Ernste wieder auflebt. [...]

|18| [...] Zunächst ergibt sich aus diesem Rasseglauben mit Notwendigkeit eine völlig neue Ethik und zwar sowohl des privaten wie des öffentlichen Lebens.

a) Bei Hitler findet man den sehr merkwürdigen Satz, die völkische Weltanschauung glaube zwar an die Notwendigkeit einer Idealisierung des Menschentums; aber sie könne auch einer ethischen Idee das Existenzrecht nicht zubilligen, sofern diese Idee eine Gefahr für das rassische Leben der Träger einer höheren Ethik darstellt (S. 421)!![16] Worauf zielt das ab, wenn nicht auf die christliche Idee der Liebe?

»Die Idee der Ehre – der Nationalehre – wird für uns Anfang und Ende unseres ganzen Denkens und Handelns. Sie verträgt kein gleichwertiges Kraftzentrum, gleich welcher Art, neben sich, weder die christliche Liebe, noch die freimaurerische Humanität, noch die römische Philosophie« – schreibt Rosenberg (S. 486). »Das Ideal der Nächstenliebe ist der Idee der Nationalehre unbedingt zu unterstellen« (S. 570!). Wenn das |19| Evangelium in zugespitzter Form vor Rachsucht warnt und Versöhnlichkeit fordert (Mt. 5, 38f.), so ist das eine »Feigheitslehre, auf die »nur innerlich bastardierte Menschen Wert legen« (S. 569). Ebenso ist ihm die christliche Demut

---

16. A. Hitler, Mein Kampf, S. 421.

zuwider (S. 567).[17] Sie ist der »deutschen Erneuerungsbewegung« hinder-
lich. Denn diese verlangt rücksichtslose Kräftigung der Rasse. Unter diesem
Gesichtspunkt wird man dann vieles ganz anders ansehen als heute [...]

17. Diese vier Passagen sind Paraphrasen bzw. Zitate aus A. Rosenberg, Mythus. Sie finden sich dort auf S. 514, 608, 607 und 604.

C. Gemäßigte Stimmen

1. Georg Merz: »Völkisches« Christentum?

Aus: EGBlM 30 (1921), S. 192 f.

|192| Die Judenfrage, so alt wie die Tatsache eines »staatenlosen« Judentums selbst, ist in den letzten Jahrzehnten immer mehr Thema der allgemeinen Erörterung geworden. Augenblicklich beherrscht sie die Rednertribünen der großen Versammlungen und den lauten Lärm der Straße. Wäre sie lediglich eine politische und wirtschaftliche Frage, dann brauchten wir dazu keine Stellung zu nehmen. Aber die Erörterung der Frage greift auf das Gebiet der Weltanschauung über und bekommt eine sehr wichtige Bedeutung für unsere ethische und religiöse Einstellung. Maßgebend ist dabei für die Meinung der Massen die Geschichtsphilosophie, die auf den französischen Grafen Gobineau zurückgeht und die Houston Stewart Chamberlain weiterbildete und durch seine »Grundlagen des 19. Jahrhunderts«[18] zum Dogma weitester Kreise machte. Von daher stammt die Beurteilung der Rasse und der Rassenmischung als ausschlaggebende Faktoren für Aufstieg und Niedergang von Volksorganismen, von daher die Einschätzung des jüdischen Volkes als unschöpferisch und vollkommen irreligiös. Je mehr diese Anschauungen popularisiert wurden, um so mehr wurden sie vergröbert; heute geben sie die Grundlagen ab für den Rassendünkel, der einem vielfach bei jugendlichen Menschen begegnet, und für die Geringschätzung, mit dem man heute weithin die religiösen Urkunden der heiligen Schrift behandeln zu können glaubt. Diese Dogmen werden sich ändern. Wie sie im Gegensatz stehen zu einer Geschichtsbetrachtung, wie sie Lessing und Herder hatten, so treten sie auch in Widerspruch zu einer Geschichtsauffassung, wie sie Oswald Spengler seinem berühmt gewordenen Buch »Untergang des Abendlandes«[19] zugrunde legt, so daß anzunehmen ist, daß mit der Popularisierung seiner Anschauungen plötzlich ein anderes »Dogma« zum Schlagwort zunächst der Bildung und dann der Massen wird. Darum brauchen wir auch auf diese Seite der Judenfrage nicht einzugehen. Dagegen müssen wir uns ihrer ethischen und

18. Houston Stewart Chamberlain: Die Grundlagen des 19. Jahrhunderts, 2 Bde., München 1899.
19. Oswald Spengler: Der Untergang des Abendlandes. Umrisse einer Morphologie der Weltgeschichte, Bd. 1: Gestalt und Wirklichkeit, Wien/Leipzig 1918; Bd. 2: Welthistorische Perspektiven, München 1922.

religiösen Seite zuwenden. Wir müssen es, weil Demagogie, die immer vom Übel ist, zum Frevel wird, wenn sie sich in das Gewand der ethischen und religiösen Überlegenheit kleidet. So steht es aber heute mit der antisemitischen Propaganda. Wenn kommunistische Organe, die von freireligiösen Schriftstellern geleitet werden und bewußt jede Beziehung zum Christentum ablehnen, zu Gewalttaten auffordern, wird dies jeden bekümmern, der sich mit der Gesamtheit des Volkes verbunden weiß, aber er sieht diese Forderungen von Menschen vertreten, die sich mit Entschiedenheit außerhalb der christlichen Lebensanschauung stellen. Wenn aber eine Bewegung, die Erneuerung völkischer Sitte auf ihr Banner schreibt und deren Führer christliche Klänge ihren Worten beimischen, nicht nur im politischen Leben Gewalt für erlaubt hält, sondern ihre Gewaltmethoden auch dorthin trägt, wo es sich um Klärung von Weltanschauungsfragen handelt, ja sogar die Beschimpfung israelitischer Gotteshäuser mit in den Kreis ihrer Betätigung zieht, so muß gerade von evangelischer Seite solche Verrohung als die Schmach hingestellt werden, die sie ist. Gerade weil wir den unheilvollen Einfluß, der von einem gewissen jüdischen, zersetzenden Geist ausgeht, in seiner ganzen Wucht zu sehen glauben, müssen wir die hier gewählten Mittel plumper Gewalt als untauglich erkennen und können auch nicht glauben, daß junge Leute dadurch immun werden gegen »jüdischen« Geist, daß man sie möglichst früh theoretisch und praktisch in die Methoden des Rassenkampfes einführt; die Klassenkampf-Erziehung der proletarischen Jugend und ihre offen zutage tretenden Folgen könnten uns hier wirklich eines Besseren belehren.

Noch ernster aber als all diese Bedenken sind die Bedenken, zu denen die religiösen Folgerungen nötigen, die der radikale Flügel der antisemitisch deutsch-völkischen Bewegung aus seinem Programm zieht. Statt das »Jüdische« aus unserer Religion und aus unserem Volke auszurotten, wie ihre Führer vorgeben, sind sie auf dem Wege uns zu »Juden« zu machen. Wer nur einigermaßen die Bibel kennt, weiß, wie in ihr von den Büchern des Moses und den Propheten an bis zu den Evangelien und den aposto|193|lischen Briefen ein ernster Kampf geführt wird gegen jenes Judentum, das glaubt, es sei deshalb Gott näher, weil es das Blut Abrahams in den Adern habe. Um nur einige Stellen zu nennen, so zeigen Amos 9, 7, Lukas 3, 8, Joh. 8, Phil. 3, 1–8 deutlich, wie schon die prophetische Predigt, dann aber besonders die Verkündigung Johannes des Täufers, die Botschaft Jesu und das Zeugnis seines großen Apostels übereinstimmend betonen, daß nicht eine natürliche Beschaffenheit den Weg zu Gott eröffnet (»das Fleisch«), sondern das »von neuem (von oben!) Geborenwerden«. In diesem kühnen Glauben konnte das Christentum die durch Rassen- und Klassengegensätze zerklüftete kranke Welt heilen (Gal. 3, 28, Eph. 2, 19–22) und wer die Geschichte der Apostel kennt, weiß, wie Paulus mit seinem rassestolzen Volke kämpfen mußte und wie er es um Christi willen wagte, diesen Kampf zu führen und sein Leben zum Opfer zu bringen. Heute aber wird er als der große »jüdische Verderber« des Christentums hingestellt und es wird mehr oder minder bestimmt von maßgebender Seite, auch in der Münchener deutsch-völkischen Bewegung, verkündigt: »Der Weg zu Gott geht durch das Geblüt«. Man dünkt sich dabei deutsch und arisch und ist tatsächlich im »Judentum« befangen. Man glaubt auf der Höhe deutschen Glaubens zu stehen, wenn man versichert: »Das Lutherlied ›Ein feste Burg ist unser Gott …‹ kann unser Bekenntnis nicht sein; denn da steht ›der Herr Zebaoth, und ist kein andrer Gott‹, mit diesem Judengott aber haben wir nichts zu tun«, in Wirklichkeit aber verrät man damit, daß man in Rasseaberglauben verstrickt die reformatorische Befreiungstat Luthers gar nicht verstanden hat. Solange solche Anschauungen in Broschüren vertreten und in kleineren Kreisen geäußert werden, nimmt man sie zur Kenntnis als eine der vielen Nuancen der modernen Religionsmischung, sieht man aber, wie auf großen Plakaten Bibelstellen als Argumente für den Rassenkampf verwendet werden und nimmt man wahr, wie weite Kreise solchen Argumenten glauben, so erkennt man erschrocken, wie wenig unser Religionsunterricht die Menschen zu klaren Überzeugungen heranbildet und möchte fast wünschen, daß nicht weniger, sondern mehr Altes Testament gelehrt wird, damit die Christen zu wahrer Erkenntnis des biblischen Glaubens gelangen und verstehen, warum nicht nur das Neue Testament, sondern auch die Reformatoren auf Moses und die Propheten verwiesen. Ein Antisemitismus, der solcher Art mit der Bibel umspringt, ist eine der größten Gefahren für das evangelische Christentum; denn er macht Rasse und Abstammung entscheidend für unsere Gemeinschaft mit Gott, nicht den Glauben an Christus. Wer freilich das Neue Testament wirklich kennt, ist hoffentlich gefeit gegen eine Propaganda, die aus der »Fremdlingschaft« der Bibel ein politisches Argument macht und damit die Tiefe gerade dieses Wortes verkennt. Letzten Endes sind wir ja auch als Deutsche Fremdlinge; daheim sind wir nur in Gott. Darum soll man nicht im Wahne, dadurch »völkischer Erneuerung« dienen zu können, das Christentum in seinem eigentlichen Wesen preisgeben. Ich zitiere ein Wort des großen Leipziger Kirchenhistorikers Albert Hauck: »Das Christentum ist keine Volksreligion. Alle Volksreligionen sind Projektionen dessen, was die Völker sind. Das Christentum dagegen ist die Projektion Gottes in diese Welt. Deshalb ist das Christentum entweder

Weltreligion oder es ist überhaupt nicht«.[20] Das sagte Hauck nicht in aka-
demischer Erörterung, sondern zu Beginn des Jahres 1916 in öffentlichem
Vortrag, als man schon anfing, »Völkisches« und »Christliches« heillos zu
verwirren. Und der es sagte, war ein Mann, der sein Deutschtum so liebte,
daß er um der deutschen Auslandsgemeinden willen eifriger Förderer des
alldeutschen Verbandes war. Vielleicht bringt diese Erinnerung manchen
von jenen Evangelischen, die um ihrer deutschen Sorge willen geneigt sind,
jene Propaganda, die wir hier meinen, zu unterstützen, zur Erkenntnis, daß
man dadurch gerade das Gegenteil erreicht. Zum Schlusse aber möchte ich
noch den Wunsch aussprechen, daß diejenigen unserer Gemeindeglieder,
die in deutsch-nationalen Kreisen geschätzt und gehört werden, alles tun,
um der heillosen Verwirrung zu steuern, die der Gegensatz: »völkisch-
biblisch« hervorbringt.

2. Friedrich Veit: Zum Neuen Jahre

Aus: Neue Kirchliche Zeitschrift 35 (1924), S. 1–19
Literatur: W. Sommer, Veit

[…] |9| Das führt uns auf ein anderes Gebiet, das nicht minder in unseren
Tagen der kraftvollen Geltendmachung der sittlichen Grundsätze evangelischen Christentums bedarf, das des staatlich-völkischen Lebens. Es entspricht materialistischer Denkweise, daß man sich angewöhnt hat, das
Volkstum lediglich unter dem biologischen Gesichtspunkt der Rassen-
gemeinschaft anzusehen. Niemand bestreitet, daß dem eine Wahrheit zu-
grunde liegt. Abstammung und die geheimnisvollen Bande des Blutes schaffen die natürlichen Grundlagen für die Volksgemeinschaft [...]. Aber so
wenig der Mensch lediglich das Produkt seiner Abstammung und der von
seiner Umwelt auf ihn ausgehenden Einflüsse ist, sondern wie für die Aus-
gestaltung seiner Persönlichkeit das sittliche Moment der Reaktion auf diese
|10| Naturgrundlage im positiven und negativen Sinne von ausschlaggeben-
der Bedeutung ist, so bildet sich der Typus eines Volkes, wenn immer im

---

20. Albert Hauck: Evangelische Mission und deutsches Christentum, in: Deutsche Evangelische Missions-Hilfe. Zweite Sitzung des Verwaltungsrates. Berlin, 1. Februar
1916, Berlin 1916, S. 9–23, S. 13: »Die Entscheidung ist gegeben durch das Wesen
des Christentums. Es ist keine Volksreligion. Alle Volksreligionen sind Projektionen
dessen, was die Völker sind, die Götter sind die persönlich gedachten Eigenschaften
der Völker. Das Christentum dagegen ist die Projektion Gottes in diese Welt. [...]
Deshalb ist das Christentum entweder Weltreligion oder es ist überhaupt nicht«.

Zusammenhang mit seiner natürlichen Bedingtheit, durch seine Geschichte. Damit aber rückt die Volksgemeinschaft aus dem Bereich des naturmäßig Gegebenen in den des sittlich Gewordenen. Die ausschließliche Betonung der Rasse bedeutet eine Veräußerlichung und Vergröberung der Auffassung des Volkstumes, schaltet aus der Geschichte der Menschheit das spezifisch Menschliche aus und drückt sie auf die Stufe des Tierreiches herab. Kein Wunder, daß sie damit auch leicht eine Verrohung des Urteils und des Verhaltens verbindet, wie sie in dem überheblichen Anspruch auf ein Edelrassentum und dem lediglich auf fremde Stammesangehörigkeit sich gründenden Rassenhaß zutage tritt. Die häßlichen Formen eines alles Maß übersteigenden Antisemitismus, der manchen Kreisen als spezifisches Merkmal des völkischen Mannes gilt, sind dafür ein widerliches Beispiel, um so widerlicher, wenn sie als christlich sich auszugeben versuchen. Wie wenig übrigens Rassengemeinschaft Volksgemeinschaft bedingt, davon haben uns die Ereignisse der letzten Jahre überzeugende Beispiele gebracht, deren Wirkungen wir heute noch am eigenen Leibe erfahren, während umgekehrt das deutsche Volk im Laufe seiner Geschichte allerlei fremde Elemente zu fruchtbarer und für das Ganze bedeutungsvollster Gemeinschaft sich eingegliedert hat. So bildete sich im Laufe der Geschichte und durch sie der Typus des Deutschen, so gestaltete er sich sein Land mit seinen Burgen und Städten, mit seinen Domen und Rathäusern [...], das wir lieben, für das wir nicht den Namen des auserwählten Volkes beanspruchen, dem anzugehören wir doch stolz sind, das dazu berufen oder dazu verdammt ist, alle Fragen der Menschheit in ihren Tiefen zu durchleben, in seinem Innersten erschüttert wie kein anderes, aber auch reich und froh in seinem Gott und der Welt erschlossen in der Schwungkraft der Jugend, zum Lernen bereit und ahnungsvoll ruhend im Ewigen. Wenn Ranke recht hat, daß in den Nationen die Geschichte der |11| Menschheit erscheint, so ist es ein bedeutungsvolles Stück ihrer Geschichte, das in der deutschen Nation Wirklichkeit geworden ist, und wir hoffen, daß es noch nicht zu Ende sei. Und wenn es andererseits wahr ist, daß die Geschichte nicht ein bloßes Nacheinander, auch nicht nur eine durch Ursache und Wirkung erklärbare Kette von Ereignissen sei, sondern daß darin schaffende Gedanken als Beweggründe im Spiel von Gebundenheit und Freiheit zu bestimmten Zielen hin zur Auswirkung kommen, so sieht unser Glaube darin das Walten der Macht und Weisheit des lebendigen Gottes und in jedem Volke ein Werkzeug seiner Hand, ein jedes mit seiner besonderen Gabe und Aufgabe. Damit ordnen sich auch Nationalität, Volk und Vaterland dem Christen in den Umkreis der Gaben und Güter ein, innerhalb deren sich ihm sein nicht von der Welt stammendes, aber in der Welt sich abspielendes Leben als eines Kindes Gottes vollzieht. Ein heiliges Maß ist ihm damit gegeben, das in Zeiten hochgehender vaterländischer Bewegung ihn vor ungeistlicher Überschätzung auch dieser teuren Güter bewahrt. Es besteht besonderer Anlaß das besonders hervorzuheben. Denn mancher vaterländischen Kreise hat sich eine Stimmung bemächtigt, die so tut, als ob das Heil der Welt vom Schicksal des deutschen Volkes abhinge und als ob Gott es unserem Volke eigentlich schuldig sei, ihm wieder zur Geltung und zur früheren Macht zu verhelfen. Auch auf den Kanzeln macht sich schon seit den Kriegsjahren ein Ton breit, der der kirchlichen Verkündigung mehr oder weniger den Charakter der vaterländischen Rede als der Predigt des Evangeliums aufprägt. Wir schweigen von all den Taktlosigkeiten und Entgleisungen, denen der Prediger da ausgesetzt ist, wo er die Stunde und den Ort nicht für zu heilig hält, um sich in das zumeist recht unheilige Getriebe der Tagespolitik einzumengen. Auch gut gemeinte vaterländische Ergüsse scheinen oft zu vergessen, daß auch Volk und Vaterland zu den zeitlichen Gütern gehören, durch die der Glanz der ewigen nicht verdunkelt werden darf und denen gegenüber der Christ sich die Freiheit des inneren Lebens wahren muß. So nur wird seine Liebe zum Vaterland eine wahr|12|haft sittliche, und so nur kann er ihm zu Dienst und Opfer sich bereit stellen, ohne daß er Schaden nimmt an seiner Seele. Im Lichte der ewigen Heimat sieht und liebt er sein irdisches Vaterland, im Blick auf den Thron des Weltenrichters, vor dem einst alle Völker der Erde versammelt sein werden, ordnen sich ihm auch die Beziehungen von Volk zu Volk. Auch hier sind es sittliche Gesichtspunkte, nach denen sich sein Urteil bestimmt und sein Verhalten sich bemißt. Sünden der Völker kennen wir so gut, wie Sünden des Einzelnen, und Generationen gehen dahin von der Macht des Bösen gebunden und vom Irrglanz der Lüge geblendet. Aber bei allem, was ein einzelnes Volk darunter an Unrecht zu leiden hat, ist doch keines, das von dem allgemeinen Gesetz sich ausnehmen dürfte:»Die Sünde ist der Leute Verderben«, und es wäre ein irregehender Patriotismus, der um der Fehler willen übersähe, was Gottes Reichtum auch in andere Völker gelegt und sein Weltenplan auch durch sie ausrichten will. Nicht wirklichkeitsfremden Völkerbundesidealen oder einem phantastischen, das Wesensrecht der Nationalität verkennenden Internationalismus rede ich damit das Wort, wohl aber der Selbstbescheidung und Gerechtigkeit, die nach dem Worte Jesu denkt und handelt: Alles, was ihr wollt, daß euch die Leute tun, das tut ihr ihnen. Einmal und wäre es erst in der Ewigkeit müssen wir es doch lernen, auch mit Franzosen und Engländern uns zu vertragen, ja sogar den geschmähten und verachteten Juden als Spätling im

Reiche Gottes uns gefallen zu lassen. Niemand kann übersehen, einen wie mächtigen Zufluß an auflösenden und zerstörenden Kräften, die wie ätzendes Gift wirken, das äußere und innere Leben der Völker gerade von Israel her erhalten hat. Innige Gottessehnsucht lebte in den Frommen dieses Volkes, als ob es keine Welt gäbe: »Wenn ich nur dich habe, so frage ich nichts nach Himmel und Erde« und dann wieder war es an die Welt verkauft, als ob kein Gott wäre, ein ruheloses Geschlecht unter den Völkern. Und doch stehen über ihm Gottes Verheißungen und Jesu Abschiedswort: »Ihr werdet mich nicht sehen, bis ihr sprechet: Gelobt sei, der da kommt im Namen des Herrn!« |13| Und was Paulus Röm. 9–11 über seines Volkes Gericht und Hoffnung schreibt, ist dem Christen ein Stück göttlicher Offenbarung, das mit der Geschichte von Welt und Kirche in wundersamer Verbindung steht. Zugleich leuchtet uns daraus eine Glut der Vaterlandsliebe entgegen, die ein sprechender Beweis dafür ist, wie das Vaterland, das droben ist, die Liebe zu Volk und Vaterland auf Erden nicht beeinträchtigt, sondern sie läutert und vertieft, indem von dort erst das rechte Licht auf seine Stellung und seinen Beruf im Gang der Geschichte fällt. [...]

3. *August Christoph Rehbach: [Votum zum Antisemitismus]*

Aus: Antisemitismus?, S. 22

Ich sympathisiere mit Ihren Bestrebungen durchaus. Wenn ich auch nicht verkenne, daß von einem religiös und national entwurzelten Judentum zersetzende Einflüsse ausgehen, die eine große Gefahr für unser geistiges Leben bilden, so bin ich doch ein ausgesprochener Gegner jenes blöden Hasses, der sich nicht nur gegen den einzelnen Juden, sondern gegen alles richtet, was je aus dem semitischen Geist hervorgegangen ist und auch das uns Christen heilige Alte Testament für nichts anderes hält, als für ein Werk dieses Geistes und von dem Geist göttlicher Offenbarung in ihm nichts merkt. Diese Art Antisemitismus lehne ich ab und freue mich über jeden, der ihn bekämpft.

II. Nationalsozialismus

A. Zeitungsartikel zum Boykott jüdischer Geschäfte

1. Hetze gegen Deutschland!

Aus: Fränkische Wacht, Nr. 14, 1. April 1933, S. 109
Literatur: S. Friedländer, Dritte Reich, S. 32–36; E. Röhm/J. Thierfelder, Juden 1,
    S. 109–111, 141–150

Ostjuden in Nordamerika und England sowie aus Deutschland geflüchtete
Juden wie Einstein und Feuchtwanger haben nichtswürdige Hetzlügen gegen die ohne Gewalttat durchgeführte deutsche Erhebung ausgesprengt und
dadurch bewirkt, daß deutsche Waren in Verruf erklärt und Deutsche tät-
lich angegriffen worden sind. Darauf muß die gebührende Antwort erfolgen. Wir haben in der Fränkischen Wacht schon seit acht Jahren gesagt:
»Kauft nur in christlich-deutschen Geschäften!« Das muß jetzt mit äußer-
ster Strenge ausnahmslos durchgeführt werden. Wer jetzt noch in einem
jüdischen Geschäft kauft, begeht Verrat am deutschen Volke.

In der großen Hetzversammlung, welche die Neuyorker Juden am 27.
d[ieses]. M[onats]. In der Madison-Square-Garden-Hall veranstalteten,
war der Hauptredner Al Smith, der Führer der amerikanischen Papstdiener,
vor 4 Jahren ihr Präsidentschaftskandidat. Wie immer und überall: Juda
und Rom Hand in Hand gegen Deutschland!

2. [ohne Titel]

Aus: Fränkische Wacht, Nr. 16, 13. April 1933, S. 125
Literatur: S. Friedländer, Dritte Reich, S. 32–36; E. Röhm/J. Thierfelder, Juden 1,
    S. 109–111, 141–150

Die nichtswürdige jüdische Lügenhetze gegen Deutschland, die durch die
Gegenmaßnahmen des 1. April beantwortet worden ist, hat noch keineswegs aufgehört, ist aber immerhin in den hauptsächlich in Betracht kommenden Ländern wesentlich schwächer geworden. Es hat sich also wieder
einmal gezeigt, daß man den bewußten Herrschaften nur mit der nötigen
Schärfe entgegenzutreten braucht, um den gewünschten Erfolg zu erzielen.
Wir an unserm Teile bleiben bei unserer schon seit acht Jahren unausgesetzt

wiederholten Mahnung: »Kauft nur in christlich-deutschen Geschäften!«
Wäre stets darnach gehandelt worden, so wäre es nie so weit gekommen.
Jetzt muß jeder Deutsche einsehen, daß dieser Grundsatz fortan aufs
strengste durchgeführt werden muß. Den, der es immer noch nicht begriffen hat, sollte man auf die von uns seinerzeit auf Grund amtlicher Angaben
einwandfrei aufgestellte Berechnung hinweisen, wonach in Bayern, auf den
Kopf berechnet, der Katholik etwas über 19 Mark, der Protestant etwas über
38 Mark, der Jude mehr als 353 Mark Staatseinkommensteuer zahlt. Diese
Tatsache dürfte für jeden, der seinen Verstand einigermaßen beisammen
hat, genügen, um ihm zu zeigen, was seine Pflicht ist.

B. Bayerische Stimmen zum sog. Arierparagraphen in der Kirche

1. Theologisches Gutachten über die Zulassung von Christen jüdischer Herkunft zu den Ämtern der Deutschen Evangelischen Kirche (Erlanger Gutachten)

Aus: K. D. Schmidt, Bekenntnisse 1933, S. 183–186
Literatur: T. Hetzer, Stunde, S. 174–180; A. Töllner, Frage, S. 56–65

|183| Die Theologische Fakultät hat nach eingehender Beratung, welche die völlige Übereinstimmung in den sachlichen Forderungen ergab, ihre Vertreter der systematischen Theologie beauftragt, die Eingabe zu beantworten. Ihr Gutachten lautet wie folgt:

Die Eingabe bezieht sich auf folgende grundlegende Bestimmungen aus dem von der preußischen Generalsynode angenommenen Gesetze über die Rechtsverhältnisse der Geistlichen und Kirchenbeamten:

§ 1, Abs[atz]. 2. Wer nichtarischer Abstammung oder mit einer Person nichtarischer Abstammung verheiratet ist, darf nicht als Geistlicher oder Beamter der allgemeinen kirchlichen Verwaltung berufen werden. Geistliche oder Beamte arischer Abstammung, die mit einer Person nichtarischer Abstammung die Ehe eingehen, sind zu entlassen. Wer als Person nichtarischer Abstammung zu gelten hat, bestimmt sich nach den Vorschriften der Reichsgesetze.

§ 3, Abs[atz]. 2. Geistliche oder Beamte, die nichtarischer Abstammung oder mit einer Person nichtarischer Abstammung verheiratet sind, sind in den Ruhestand zu versetzen.

Abs[atz]. 3. Von der Anwendung des Abs[atz]. 2 kann abgesehen werden, wenn besondere Verdienste um den Aufbau der Kirche im deutschen Geiste vorliegen.

Abs[atz]. 4. Die Vorschriften des Abs[atz]. 2 gelten nicht für Geistliche und Beamte, die bereits seit dem 1. August 1914 Geistliche oder Beamte der Kirche, des Reiches, eines Landes oder einer anderen Körperschaft des öffentlichen Rechtes gewesen sind oder die im Weltkriege an der Front für das Deutsche Reich oder für seine Verbündeten gestanden haben oder deren Väter oder Söhne im Weltkriege gefallen sind.

§ 11. Für die Mitglieder der kirchlichen Körperschaften sowie für die Träger kirchlicher Ehrenämter gelten die Vorschriften der §§ 1 und 3 sinngemäß.

Die preußische Generalsynode folgt mit diesen Bestimmungen formell der Gepflogenheit der christlichen Kirchen aller Zeiten, die Zulassung zu ihren Ämtern von der Erfüllung bestimmter persönlicher Voraussetzungen der Bewerber abhängig zu machen (1. Tim. 3, 1–13). Zu diesen Voraussetzungen gehören z. B. für das geistliche Amt bereits in den bisherigen deutschen Landeskirchen außer der deutschen Reichsangehörigkeit |184| auch biologische Merkmale, des Alters, des Geschlechts und der körperlichen Eignung. In den angeführten Bestimmungen ist die Forderung arischer Abstammung neu hinzugekommen. Für die theologische Beurteilung dieser Forderung ist das Verhältnis der christlichen Kirchen zu den völkischen Unterschieden, insbesondere die Wirkung dieses Verhältnisses auf die Zulassung zu den kirchlichen Ämtern zu prüfen.

1. Nach dem Zeugnis des Neuen Testaments ist in Jesus Christus unserem Herrn, in seinem Sterben und Auferstehen der Wille Gottes zur Erfüllung gekommen, daß allen Menschen geholfen werde. Von der universalen Geltung dieses Evangeliums ist kein Mensch, geschweige ein ganzes Volk auszuschließen. Alle zum Glauben gekommenen sind nach dem Zeugnis des Apostels Eins in Christo. In der Verbundenheit mit Christus gibt es vor Gott keinen Unterschied zwischen Juden und Nichtjuden. Aber die allen Christen gemeinsame Gotteskindschaft hebt die biologischen und gesellschaftlichen Unterschiede nicht auf, sondern bindet jeden an den Stand, in dem er berufen ist (1. Kor. 7, 20). Die biologische Bindung an ein bestimmtes Volk, der wir schicksalhaft nicht entrinnen können, ist vom Christen mit Gesinnung und Tat auch anzuerkennen.

2. Die äußere Ordnung der christlichen Kirche hat nach reformatorischer Lehre im Unterschied von der römisch-katholischen nicht nur der Universalität des Evangeliums, sondern auch der historisch-völkischen Gliederung der christlichen Menschen zu entsprechen. Nach der Conf. Aug. VII ist die Forderung der Einheit auf die Reinheit der Lehre und der Sakramentsverwaltung zu beschränken. Die daneben mögliche Unterschiedenheit in anderen Fragen der Kirchenordnung wird von der Apologie erläutert durch den Hinweis darauf, daß in der alten Kirche die Judenchristen einer anderen Kirchenordnung folgten als die Heidenchristen (Apol[ogie]. 4, 42 ff., Müller S. 161[1]). Das Eins-Sein in Christus ist für die lutherischen Bekenntnisse keine Frage der äußeren Organisation, sondern des Glaubens.

Diesen Grundsätzen entsprechend haben sich die aus der Wittenberger

---

1. Johann Tobias Müller: Die symbolischen Bücher der evangelisch-lutherischen Kirche, Gütersloh [12]1928.

Reformation hervorgegangenen Kirchentümer den Grenzen der verschiedenen Völker eingefügt und in ihrer Kirchensprache, in Kultus und Verfassung die nationalen Eigentümlichkeiten nicht nur geschont, sondern zu ihrer Pflege und Erhaltung wesentlich beigetragen. Auch die äußere Mission der lutherischen Kirche war in steigendem Maße darauf bedacht, die Verkündigung des Evangeliums bei fremden Völkern in der Ordnung neuer, ihrer völkischen Art besonders entsprechender Volkskirchen sich vollenden zu lassen.

3. Ist die völkische Mannigfaltigkeit der äußeren Kirchenordnung eine notwendige Folge der sowohl schicksalhaften wie ethisch zu bejahenden völkischen Gliederung überhaupt, so ist ihr auch bei der Zulassung zu den Ämtern der Kirche von dem Zeitpunkt ab Rechnung zu tragen, wo eine Missionskirche zur Volkskirche geworden ist. Der Träger des geistlichen Amtes soll mit seiner Gemeinde in ihrer irdischen Existenz so verbunden sein, daß die ihr daraus erwachsenden Bindungen auch die seinen sind. Dazu gehört die Bindung an das gleiche Volkstum. Die reformatorischen Kirchen haben diesen Grundsatz in der Regel praktisch befolgt, auch schon ehe er theoretisch formuliert wurde.

4. Ob und wieweit dieser Grundsatz auch gegenüber den unter uns wohnenden Christen jüdischer Abstammung anzuwenden ist, bedarf besonderer Erörterung. Es fragt sich zunächst, ob die in Deutschland ansässigen Juden im vollen Sinne dem deutschen Volke angehören oder eigenen Volkstums und somit ein Gastvolk sind. Die Kirche als solche kann das nicht entscheiden. Für sie ist freilich das jüdische Volk auch heute nicht ein Volk wie andere: es bleibt in Erwählung und Fluch das heilsgeschichtliche Volk, das Volk Jesu und der Apostel nach dem Fleisch, als Volk aufbewahrt für eine end|185|liche Geschichte Jesu Christi mit ihm (Matth. 23, 39; Röm. 11). In seiner landlosen Zerstreuung durch die Völker erinnert es an die Grenzen aller völkischen Geschlossenheit, die Vorläufigkeit der Sonderung der Völker, an das eine Reich Gottes, das durch den Israel verheißenen Christus kommt. Aber aus diesem Wissen der Kirche um die heilsgeschichtliche Einzigkeit und das Geheimnis des jüdischen Volkes ergibt sich nicht die Möglichkeit, die Frage zu entscheiden, ob das unter uns wohnende Judentum im vollen Sinne zum deutschen Volke gehört oder ein fremdes, ein Gastvolk ist. Auch nicht für die Judenchristen kann die Kirche diese Frage allgemeingültig, etwa durch den Hinweis auf das Sakrament der Taufe, beantworten. Das Bekenntnis der Kirche zur Heilsbedeutung der Taufe schließt als solches z.B. kein Urteil darüber ein, ob Eheschließungen zwischen Deutschen und getauften, christusgläubigen Juden im ganzen er-

wünscht oder zu widerraten sind. Die Frage nach dem völkischen Verhältnis von Deutschtum und Judentum ist biologisch-geschichtlicher Art. Sie kann nur von unserem Volke, wie entsprechend von jedem anderen, im Blick auf seine besondere biologisch-geschichtliche Lage beantwortet werden.

5. Das deutsche Volk empfindet heute die Juden in seiner Mitte mehr denn je als fremdes Volkstum. Es hat die Bedrohung seines Eigenlebens durch das emanzipierte Judentum erkannt und wehrt sich gegen diese Gefahr mit rechtlichen Ausnahmebestimmungen. Im Ringen um die Erneuerung unseres Volkes schließt der neue Staat Männer jüdischer oder halbjüdischer Abstammung von führenden Ämtern aus. Die Kirche muß das grundsätzliche Recht des Staates zu solchen gesetzgeberischen Maßnahmen anerkennen. Sie weiß sich selber in der gegenwärtigen Lage zu neuer Besinnung auf ihre Aufgabe, Volkskirche der Deutschen zu sein, gerufen. Dazu gehört, daß sie heute ihren Grundsatz von der völkischen Verbundenheit der Amtsträger mit ihrer Gemeinde bewußt neu geltend macht und ihn auch auf die Christen jüdischer Abstammung anwendet. Für die Stellung der Kirche im Volksleben und für die Erfüllung ihrer Aufgabe würde in der jetzigen Lage die Besetzung ihrer Ämter mit Judenstämmigen im allgemeinen eine schwere Belastung und Hemmung bedeuten. Die Kirche muß daher die Zurückhaltung ihrer Judenchristen von den Ämtern fordern. Ihre volle Gliedschaft in der Deutschen Evangelischen Kirche wird dadurch nicht bestritten oder eingeschränkt, so wenig wie die anderer Glieder unserer Kirche, welche die Voraussetzungen für die Zulassung zu den Ämtern der Kirche irgendwie nicht erfüllen.

6. Diese grundsätzliche Haltung bedeutet kein starres Gesetz, sondern läßt Raum für Ausnahmen von der Regel. Das staatliche »Gesetz zur Wiederherstellung des Berufsbeamtentums«[2] erkennt in der Feststellung der Ausnahmen von seinen Bestimmungen an, daß Juden z. B. durch die Bereitschaft zum Opfer des Lebens für Deutschland sich dem deutschen Volke eingliedern können. Damit ist zugestanden, daß die Grenze zwischen den Juden und dem deutschen Volke im einzelnen nicht starr, sondern fließend ist. Die Kirche selber weiß, daß auch und gerade die echte Bekehrung zu Jesus Christus einen Juden durch sein Einwurzeln in der Kirche aus der Fremdheit zur Gliedschaft am deutschen Volke führen kann.

Dem allen entspricht es, daß die Kirche in ihrer Ordnung ausdrücklich Raum läßt für die Ausnahme, daß zu ihren Ämtern Christen jüdischer oder halbjüdischer Abstammung zugelassen werden. Die Versehung kirchlicher

2. Das Gesetz wurde am 7. April 1933 erlassen.

Ämter durch Judenstämmige ist in unserer Kirche immer selten gewesen und soll auch in Zukunft den Charakter der Ausnahme behalten, muß als solche aber bei besonderen Führungen möglich bleiben.

7. Diese Ausnahme betrifft in erster Linie die Geistlichen und Amtsträger jüdischer oder halbjüdischer Abstammung, die schon im Amte stehen. Es verletzt das |186| Wesen insonderheit des geistlichen Amtes, der Ordination und Berufung zu ihm, wenn die Kirche allgemein Geistliche jüdischer oder halbjüdischer Abstammung, die sich im Dienste bewährt haben, lediglich wegen ihrer Abstammung aus dem Dienste entläßt. Nicht – wie im § 3 des preußischen Kirchengesetzes – ihre Belassung im Amte, sondern ihre Entlassung bedarf von Fall zu Fall besonderer Begründung. Die Fälle, in denen aus Anlaß der jüdischen Abstammung des Geistlichen unüberwindliche Schwierigkeiten zwischen dem Pfarrer und der Gemeinde entstehen, sind nach den kirchlichen Vorschriften zu behandeln, die auch sonst für Fälle der Zerrüttung des Vertrauensverhältnisses zwischen Pfarrer und Gemeinde gelten. Die Kirche kann hier überall nicht einfach die Bestimmungen der staatlichen Gesetzgebung übernehmen, sondern muß nach Regeln handeln, die sich aus ihrem Wesen als Kirche ergeben.

8. Was schließlich die Fälle künftiger Zulassung von Männern jüdischer Herkunft zu den kirchlichen Ämtern anlangt, so wird die Kirche auch für die Begründung und Begrenzung dieser Ausnahmen eigene Grundsätze kirchlicher Art finden müssen. Sie weist die Entscheidung der einzelnen Fälle am besten ihren Bischöfen zu.

Erlangen, den 25. September 1933.
D. Paul Althaus
D. Dr. Werner Elert
Ordentliche Professoren der Theologie.

2. Hermann Strathmann: Kann die evangelische Kirche Personen nichtarischer Abstammung weiter in ihren Ämtern tragen?

Aus: K. D. Schmidt, Bekenntnisse 1933, S. 186–189
Literatur: O. Hass, Strathmann, S. 262–270; A. Töllner, Frage, S. 66–69

|186| Die Frage, ob die Herübernahme der sogenannten Arier-Bestimmungen des »Reichsgesetzes zur Wiederherstellung des Berufsbeamtentums« in die kirchliche Gesetzgebung mit dem Evangelium und dem Wesen der Kirche vereinbar sei, bewegt heute viele ernste Christen aufs äußerste. Man

bekommt Anfragen und soll helfen, durch das Dickicht widerstreitender Überlegungen eine Gasse zu bahnen.

Auf der einen Seite steht die Tatsache des wiedererwachten völkischen Selbstgefühls, das das Judentum in unserer Mitte nicht nur als Fremdkörper, sondern wegen des zersetzenden Einflusses, den es auf Denken, Wollen und Haltung unseres Volkes notorisch vielfach ausgeübt hat, als eine sein Wesen und Leben bedrohende Gefahr betrachtet. Und der neue Staat hat daraus die praktische Folgerung gezogen – seinem Wesen nach mußte er sie ziehen –, das Judentum aus allen führenden Stellungen in unserem politischen und kulturellen Gemeinschaftsleben auszugliedern.

Es ist nicht ersichtlich, woher die evangelische Kirche das Recht herleiten könnte, grundsätzlich – nur darum handelt es sich – diese Selbstschutzmaßregeln des Staatsvolkes abzulehnen. Um so weniger, als gerade die Kirchen der Reformation ihre Volksverbundenheit stets bewußt betont haben. Dem entspricht auch ihre volkskirchliche Gliederung, wobei der Unterschied zur universalen katholischen Kirche in die Augen springt. Und hieraus scheint sich vielen sogleich die Folgerung zu ergeben, daß nun auch die Kirche mit ganz entsprechenden Maßregeln wie der Staat und vielleicht gar noch folgerichtiger als er es getan hat, die Ausgliederung der nicht dem eigenen Volkstum zugehörigen Elemente, wenn nicht aus ihrer Gemeinschaft überhaupt, so doch mindestens aus ihren Ämtern und besonders aus dem geistlichen Amt durchführen müsse.

|187| Aber andererseits die Kirche als solche ist ja nicht im Volkstum begründet, sondern in dem Glauben an den einen Herrn Jesus Christus, als den Heiland aller Menschen. Dieser Glaube begründet eine über alle menschlichen Unterschiede des Standes, des Geschlechts, der Völker hinübergreifende Gemeinschaft. Diese Gemeinschaft des Glaubens aber begründet doch auch eine Gemeinschaft der Liebe. So scheint sich von hier aus alsbald die Unmöglichkeit zu ergeben, das zu tun, was auf der anderen Seite das neuerwachte Selbstgefühl des Volkes und sein Selbstbehauptungswille verlangt.

Es ist indessen zu beachten, daß die natürlich-geschichtlichen Unterschiede der gesellschaftlichen und auch der völkischen Ordnung nicht nur, sondern auch eine der Verschiedenheit der praktischen Bedürfnisse entsprechende Verschiedenheit der kirchlichen Organisation durch diese Gemeinschaft des Glaubens und der Liebe keineswegs ausgeschlossen wird. Zu diesen praktischen Bedürfnissen gehören auch die aus der gemeinsamen Volkszugehörigkeit der Kirchenglieder sich ergebenden. Daher die Bildung völkisch begrenzter kirchlicher Gemeinden im Ausland, für deren Bildung freilich meist auch noch konfessionelle Gesichtspunkte maßgebend sind. Hier erhebt sich die Frage, ob denn nicht auch die Christen aus dem jüdischen Volke solche Gemeinden, judenchristliche Gemeinden also, in unserer Mitte bilden könnten. Einem solchen aus praktischen Gründen ihrerseits hervortretenden Wunsche wäre nicht zu widersprechen. Es ist aber eine andere Frage, ob die Deutsche Evangelische Kirche ein inneres Recht hat, grundsätzlich alle »nichtarischen« Christen auf diesen Weg zu zwingen. Hierbei muß schon das bedenklich stimmen, daß die Möglichkeit, derartige judenchristliche Gemeinden zu bilden, praktisch nur ganz vereinzelt besteht. Ein solcher Zwang würde also bedeuten, daß die Christen jüdischer Herkunft weithin von der kirchlichen Versorgung ausgeschlossen würden. Tatsächlich würde also, soviel an uns ist, in dieser Beziehung durch ein solches Vorgehen die Bestimmung des Evangeliums für alle Menschen in Frage gestellt. Die Lage würde derjenigen recht ähnlich sein, in welcher der Apostel Paulus nach Gal. 2, 11 ff. in Antiochien die Absonderung der Judaisten aus Jerusalem zurückzuweisen hatte. Außerdem ist aber zu beachten, daß der größte Teil derer, die hiernach den zu bildenden judenchristlichen Gemeinden zuzuweisen wären, auch von der anderen Seite nicht würde angenommen werden können. Wenigstens nicht, wenn die gleichen Rassebestimmungen dort zur Anwendung kämen, die bei uns gelten würden. So würde dieser größte Teil vollends ins Leere fallen. So muß also hinsichtlich der Zugehörigkeit zur gemeinsamen kirchlichen Organisation gefordert werden, daß die in der Gemeinschaft des Glaubens begründete Gemeinschaft der Liebe hier die aus dem völkischen Selbstgefühl kommenden Hemmungen überwinde.

Mit dem Fortbestehen der bisherigen kirchlichen Gemeinschaft ist jedoch über die Zulassung von Christen jüdischer Herkunft zum geistlichen Amt noch nichts gesagt. Aus Bibelstellen wie Gal. 3, 28 (Hier ist kein Jude noch Grieche usw.) oder durch den Hinweis auf die Sakramente kann eine Entscheidung hierüber nicht gewonnen werden. In Gal. 3, 28 handelt es sich um die Zugehörigkeit zur Kirche Christi und nicht um die Frage der Zulassung zum kirchlichen Amt. Auch die Sakramentsgemeinschaft ist hierfür nicht ausschlaggebend. Ebensowenig die Rücksicht auf die unbestrittene Bedeutung des jüdischen Volkes für die Geschichte der Offenbarung. Ebensowenig aber ist die Frage auch einfach durch den Hinweis auf die staatliche Gesetzgebung zu regeln. Vielmehr kann die Kirche sie nur von eigentümlich kirchlichen Gesichtspunkten aus entscheiden. Dafür kann aber nur in Betracht kommen, ob die notwendigen Vorbedingungen für ein ersprießliches Wirken im Dienst der Kirche gegeben sind, oder ob Umstände vorliegen, welche die Tätigkeit des Geistlichen in Verkündigung und Seelsorge von vornherein unwirksam machen und weiter|188|hin die volksmissionarische Aufgabe der Kirche überhaupt beeinträchtigen.

In bodenständigen, volksverwurzelten Kirchen muß den regelmäßig zu erfüllenden Vorbedingungen zugerechnet werden, daß der Träger des geistlichen Amtes dem Volke angehört, unter dem er wirkt. Ist nach diesem Grundsatz in den evangelischen Kirchen auch bisher schon zumeist tatsächlich verfahren worden, so muß er bei der Lage, wie sie nun bei uns geworden ist, und zwar unter kirchlichem Gesichtspunkt, bewußt beobachtet werden.

Was die Umstände betrifft, die den Ausschluß vom geistlichen Amt rechtfertigen, so handelt es sich hierbei nicht nur um das Fehlen der rein persönlichen Eignung, wenn damit nur an die Begabung und den im Verhalten bewährten Ernst der christlichen Überzeugung gedacht ist, sondern auch um andere Umstände. Welche als solche zu bewerten sind, das kann nach Zeiten und Verhältnissen wechseln. Ein Grund, der heute die Wirksamkeit eines Geistlichen in Verkündigung und Seelsorge in Deutschland tatsächlich aufs schwerste bedroht, ist infolge des neuerwachten Volksbewußtseins die Zugehörigkeit zur jüdischen Rasse. Das ist nur die Kehrseite des soeben positiv Ausgedrückten. Über diese Tatsache kann sich die Kirche nicht hinwegsetzen, wenn sie nicht die ihr zugewiesene Aufgabe gefährden will. Sie muß ihr um dieser Aufgabe willen Rechnung tragen.

Daraus folgt aber keineswegs, daß Christen nichtarischer Herkunft aus Ämtern, in denen sie bisher im Sinne des Evangeliums wirken konnten, nur aus diesem Grunde entfernt werden müßten oder auch nur dürften. Die Kirche kann die einmal erteilte Berufung in das geistliche Amt nicht um der aus der völkischen Verschiedenheit kommenden Hemmungen willen rückgängig machen. Vielmehr hat sie die Forderung aufzustellen, daß die Gemeinschaft des Glaubens und der Liebe diese Hemmungen erträgt und überwindet. Einzelne Fälle, in welchen trotzdem aus Anlaß der nichtarischen Abkunft des Pfarrers das Verhältnis zur Gemeinde untragbar geworden ist, sind nach den bestehenden Vorschriften zu ordnen, die für Fälle der Zerrüttung des Vertrauensverhältnisses zwischen Pfarrer und Gemeinde gelten. Ganz abgesehen hiervon aber widerspräche es durchaus dem Liebesgebot, wenn die Kirche für Fehler, die sie etwa selbst in der Vergangenheit, in der Zeit eines noch nicht wieder erstarkten Volkstumsbewußtseins, mit der Hereinnahme dieser Geistlichen begangen hat, diese Männer büßen lassen wollte. Auch vom staatlich-völkischen Gesichtspunkt aus wird das weitere Wirken dieser Männer erträglich sein, da eine Gefahr volkszersetzender Wirkung von ihnen her erfahrungsgemäß nicht besteht.

Was endlich die zukünftige Zulassung zum kirchlichen Amt betrifft, so muß für die Kirche auch hier der oben aufgestellte Grundsatz maßgebend sein, ob in der in Aussicht genommenen Verwendung die nichtarische Herkunft so anzusehen ist, daß dadurch die kirchliche Tätigkeit des Betreffenden unwirksam gemacht oder gar die volksmissionarische Aufgabe gehindert wird. Diese letztere Wirkung könnte heute in der Tat leicht eintreten, wenn die Kirche solche Personen in irgend erheblicher Zahl weiter in ihre Ämter eindringen lassen wollte. Hier hat die Kirche das Wort 1. Kor. 9, 20 auf sich anzuwenden, wonach der Apostel den Juden ein Jude, den Griechen ein Grieche geworden ist, d. h. in jeder Lage sich so verhielt, daß er das Ziel, nur überall etliche für Christus zu gewinnen, nicht gefährdete. Auf die heutige Lage der Kirche in unserem Volk übertragen heißt das, daß die Kirche bei ihren judenchristlichen Mitgliedern die größte Zurückhaltung hinsichtlich des Eintritts in die kirchlichen Ämter erwarten und sicherstellen muß. Ob und inwieweit ein solcher Eintritt trotzdem erfolgen kann, ist nach den in Betracht kommenden persönlichen und sonstigen Verhältnissen, besonders |189| auch der Verwendungsart, zu entscheiden, und zwar am besten durch die Männer, die an der Spitze der Landes- oder Provinzialkirchen stehen. Dieses Verfahren wird auch vom staatlich-völkischen Gesichtspunkt aus möglich erscheinen, da auch das Reichsrecht Ausnahmen zuläßt. Nach ihm gelten ja sogar Personen zweifellos jüdischen Blutes, wofern nur die Großeltern bereits als Kinder getauft wurden, nicht mehr als Nichtarier, sondern als eingedeutscht.

Das Gesagte gilt in erster Linie vom Amt des Pfarrers, weiterhin aber auch von den übrigen Ämtern; denn auch sie sind nicht ohne Rückwirkung auf die Möglichkeit der Kirche, ihre volksmissionarische Aufgabe zu erfüllen.

3. Georg Merz: Zur theologischen Erörterung des Ariergesetzes

Aus: Zwischen den Zeiten 11 (1933), S. 529–535
Literatur: A. Töllner, Frage, S. 75–83

|529| Die Frage nach dem Rechte des »Arierparagraphen« in der Kirche ist im letzten entscheidenden Sinne die Frage nach dem Verhältnis der »Kirche« zur »Synagoge«. Die christliche Kirche weiß sich auf Grund des Wortes der heiligen Schrift als die Erbin des Segens Abrahams und der Verheißung Davids. In Jesus von Nazareth ist nach ihrer Lehre der von den Propheten bezeugte König Israels im Fleisch erschienen, hat um sein Volk geworben und ist von seinem Volke verworfen und gekreuzigt worden. Durch die

Kraft Gottes auferweckt, gab er als der »Herr« den Auftrag, »alle Völker«
(panta ta ethn = »qol haggojim«) zu seinen Jüngern zu machen, indem er
sie auf den Namen des Vaters, des Sohnes, des heiligen Geistes taufen ließ.
Deutlich klingt in diesem Befehl »alle Völker im Namen Gottes taufen«
(Matth. 28, 19) das Wort an Abraham wider: »Ich will dich zum großen
Volk machen, und will dich segnen, und dir einen großen Namen machen,
und sollst ein Segen sein. Ich will segnen, die dich segnen, und verfluchen,
die dich verfluchen; und in dir sollen gesegnet werden alle Geschlechter auf
Erden« (1. Mose 12, 2 u. 3). Das Evangelium des Matthäus, das mit diesem
Taufbefehl schließt, sagt denn auch an seinem Anfang: »Dies ist das Buch
von der Geburt Jesu Christi, der da ist ein Sohn Davids, des Sohns Abra-
hams« (Matth. 1, 1). Die Apostelgeschichte zeigt dann in ihren ersten Kapiteln, wie sich die Christengemeinde in Jerusalem mit dem Anspruch, das
»legitime« Israel zu sein, nochmals an die Juden wendet, sie zur Buße, zur
Erkenntnis und Anerkennung ihres Königs rufend. Die weiteren Kapitel
|530| und die apostolischen Briefe zeigen, wie die Völker, die »Gojim« zum
Volk Gottes eingehen, wie aus dem Israel nach dem Fleisch und aus den
Heiden durch den Glauben ein Bundesvolk, eine »ecclesia« wird. Das Volk
Gottes ist seit der Verwerfung Christi durch Israel die Kirche, die Gemeinde
Gottes in den Völkern. Kein Volk, weder Rom noch das heilige römische
Reich, noch Rußland, noch England ist das Volk Gottes, so laut diese An-
sprüche auch bis in die Gegenwart erhoben werden[1]). Die Kirche ist das
Bundesvolk, das Israel »echter Art, das aus dem Geist erzeugt ward« (Lu-
ther).

Wenn darum ein Jude Jesum als Messias erkennt, so ist das in anderem
Sinn ein Ereignis, als wenn es ein »Heide« tut[2]). Für einen Juden bedeutet
dies zugleich die Trennung von seinem Volke. Indem er das »Israel echter
Art« anerkennt, verurteilt er den Ratschluß der Hohenpriester und damit
die Synagoge. Indem er seinen Messias, der zugleich der Messias der Welt
ist, erkennt, wird er in seinem Volke ein Fremder. Solange die Völker vom
biblischen Denken beherrscht waren, trugen sie dem Rechnung. Wer als
Jude zur Kirche Jesu Christi kam, wurde in das Volk aufgenommen, in
dem er die Taufe empfing. Um dieser Zusammenhänge willen, nicht weil
man das Judentum als »Konfession« sah[3]), er|531|kennt das alte Staats-
und Kirchenrecht den getauften Juden das Bürgerrecht in einem christlichen Staat zu. Die Reformation folgte hier dem Gebrauch des Mittelalters.
Luther griff nie den gläubig gewordenen Juden an, nur den hartnäckig ver-
stockten. Die Sünden der Juden, die wenige so rücksichtslos aufdeckten wie
er, sah er nicht in ihrer Rasse begründet, sondern in ihrer Unlust, sich zu

bekehren[4]). So erklärt sich seine scheinbar zwiespältige Stellungnahme, in der er die Christenheit zunächst zur Missionierung der Juden aufruft und später zu ihrer Vertreibung. Selbst Adolf Stoecker glaubte die Judenfrage gelöst sobald die Juden durch die Taufe in das »christliche« deutsche Volk eingingen[5]).

Eine Judenfrage, die die getauften Juden mit einschlösse, gibt es unter solchen Voraussetzungen nicht. Durch die Taufe beantwortet der Jude die an ihn gestellte Frage, und die Christenheit erkennt die Antwort an. So war es, bis sich die Juden selber nicht mehr als die auf den Messias wartenden Söhne Abrahams verstanden und von der Christusfrage so wenig beunruhigt waren, daß sie den Christen gegenüber ihre »Religion« ob ihrer vernünftigen Lehre und ihrer vollkommenen Moral als überlegen priesen und die Aufforderung, sich taufen zu lassen, großartig zurückwiesen oder die Befolgung dieses Rufs als unerheblich ansahen. Dies geschah durch Moses Mendelssohn, den »Kirchenvater des Reformjudentums«[6]). Folgerichtig wirkte dieses Judentum durch die Aufklä|532|rung auf die Kirche, erreichte die Emanzipation und damit das Bürgertum des Juden in der abendländischen Welt, auf Grund der »Humanität« und dem in ihrem gegebenen Gesetze, nicht mehr durch die Bekehrung zu dem Messias, in dem auch die Heiden ihren Erlöser sehen. Die Emanzipation wurde möglich, weil die Völker nicht mehr von dem biblischen Denken beherrscht waren. So wurde dann der »Übertritt« der Juden eine kulturelle und gesellschaftliche Angelegenheit, nicht mehr ein Ereignis, in dem die Entscheidung für Christus fiel. Die Judenmission wich dem in vielen Fällen zufälligen Übertritt. Entscheidend war die Emanzipation; ob der emanzipierte Jude sich taufen ließ, wurde oft, wenn auch nicht immer, durch unkirchliche Gesichtspunkte bestimmt[7]).

Der Gegenschlag erfolgte, indem ein völkischer Antisemitismus entstand. Er sah in Israel, das mit Unrecht eine »Konfession« sein wollte, eine »Rasse« und schloß darum die getauften Juden in seine Abwehr mit ein. Die Juden antworteten, scheinbar folgerichtig, tatsächlich nur nach der Logik der Welt, nicht nach der hl. Schrift, mit dem »Zionismus«. Dieser erlaubte den Juden, ein »Volk« zu sein, ohne gläubig zu sein. Man brauchte nun weder auf den Messias zu warten, noch das Gesetz zu halten. Man kann sogar Atheist sein. Will der Reformjude die Synagoge als »Konfession« (um daneben Glied jedes beliebigen Volkes zu sein), so will der Zionist die Synagoge als »Volk«, d. h. er will sie überhaupt nicht. Er gebietet strenge Anerkennung des völkischen Zusammenhangs und erlaubt daneben, jede Religion zu haben, sogar keine zu haben, nur – Christ darf man nicht sein! In der Aufrichtung dieser Schranke bricht selbst hier die Unruhe auf. Auch der Zionismus, wenn auch nur in der Abwehr, muß für Christus zeugen.

Dies ist der Hintergrund der »Arier«gesetzgebung des dritten Reiches, in der die Regierung eines Volkes, das sich aufgerufen weiß, sich gegen die verheerenden Auswirkungen des Aufklärungsliberalismus zu wehren, ihre Möglichkeit sieht, die Judenfrage zu regeln. Aber wegen des eben gezeigten Hintergrundes kann dieses Gesetz niemals Eingang in die Kirche finden. Es könnte dies nur geschehen, wenn ein Mann wie Wilhelm Stapel |533| recht hätte. Nach ihm nämlich wäre Jesus Christus als Sohn Gottes zugleich die Erfüllung von Jahve und Jupiter und Odin. Dann kann er freilich nicht der Sohn Davids sein. Dann hat der Eingang des Matthäusevangeliums nur »historischen« Sinn, und wir dürfen das Alte Testament nicht mehr so lesen, wie es die Christenheit aller Konfessionen bisher las. Stapel fordert folgerichtig, daß das Ariergesetz auch für die Kirche gelten muß und fordert die Bildung »jüdisch-christlicher« Gemeinden.

Die Verfassung der deutschen evangelischen Kirche hat aber im Gehorsam gegen Schrift und Bekenntnis keinen Arierparagraphen in ihre Ordnung eingeführt und mit Recht hat die erste Veröffentlichung des Verfassungsentwurfes auf den biblischen Grund dieses »Verzichts« hingewiesen. Ihr ist der getaufte Jude als Glied der Gemeinde lieb und wert. Er nimmt teil an Taufe und Abendmahl; er wird konfirmiert und kann darum auch Patenstellen annehmen, also verantwortlich werden für die »christliche« Erziehung auch jedes »arischen« Kindes, aber er soll – so will es nun ein Beschluß der Synode der altpreußischen Union, nicht ordiniert werden können. Warum dies? Wenn die Kirche die Juden in die Gemeinde aufnimmt, so ist sie, die Gemeinde, des Juden Volk geworden. Das ist die einfache Folge der neutestamentlichen und lutherischen Lehre vom »Israel echter Art«. Der Staat des dritten Reichs mag zum Unterschied vom ersten Reich durch volkspolitische Erwägungen genötigt sein, ihm den Eingang in das natürliche Volk zu versagen. Der lutherische Christ, dem es erlaubt ist, »nach kaiserlichem und anderen üblichen Rechten Urteil und Recht zu sprechen« (C. A. XVI) kann auch dies Gesetz bejahen. Die Gemeinde aber als Gemeinde kann dem Staat nicht folgen. Gerade weil sie das allgemeine Priestertum lehrt, darf sie den »Priester«, der der Jude durch die Taufe geworden ist, nicht vom Amt ausschließen. Man wende nicht ein, daß Mangel an Sprachbegabung oder körperliche Gebrechen oder sogar der Schmuck mit Mensurnarben in manchen Landeskirchen von der Ordination ausschließe. Die »Herkunft aus Israel« steht eben – wenn ich nicht mit allen Vätern der alten und der reformatorischen Kirche irre – an einem anderen Orte als diese »Voraussetzungen«[8]).

|534| Nun mag es freilich sein, daß der Staat der Kirche Schwierigkeiten macht, »Nichtarier« in Pfarrämter und Lehrämter zu berufen. Es sei! Die Kirche muß sich wie in anderen Dingen mit dem Staat darüber verständigen, aber sie kann dadurch nicht veranlaßt werden, ihrerseits ein Gesetz zu geben, das ihrem Wesen widerspricht. Das würde bedeuten: Die Kirche hat zuzusehen, ob der Staat eine solche Übung von ihr verlangt. Von der römisch-katholischen Kirche hat er sie nicht verlangt. Er gibt ihr sogar mit der Erlaubnis, ihre künftigen Priester in Rom ausbilden zu lassen (Konkordat vom 20. Juli 1933, Art. 14 1c)[3], die Möglichkeit, das den Nichtariern abholde deutsche Studentenrecht zu umgehen. Gäbe es einen mit dem Wesen der evangelischen Kirche gegebenen Grund, hier eine andere Regelung zu suchen, als sie die römische traf, müßten wir anders verfahren. Ich sehe keinen; es sei denn, wir gäben mit Wilhelm Stapel das Alte Testament in der Geltung, die es bei den Reformatoren hat, preis. Der Einwand jedenfalls, »Nichtarier« könnten einem Arier nicht predigen, weil sie seine Seele nicht verstehen, beruht auf Beobachtungen, denen ebensoviele andere gegenüberstehen, und der Hinweis auf die Mission, in der die volksfremden Missionare möglichst bald den eingeborenen Predigern wichen, verliert seine Kraft nicht nur durch die eigentümlich andere Lage, in der die deutsche evangelische Kirche dieses Gesetz erwägt, sondern vor allem durch die besondere, hier vorgetragene Erwägung, die das jüdische »Volk« nahelegt[9]). Dabei soll den |535| pädagogischen Sorgen einer Kirchenleitung nicht gewehrt sein. Die Frage bleibt eine Frage und stellt das Kirchenregiment vor eine nur mit besonderer Weisheit zu lösende Aufgabe. Ebenso sind die wenigen Pfarrer jüdischer Herkunft innerhalb der deutschen evangelischen Kirche besonders gemahnt, es nicht an Verständnis der schwierigen Lage, »in die sie die Kirche vor dem Volk bringen«, fehlen zu lassen. Leicht kann es nun einmal die christliche Kirche im Zeitalter der Ariergesetzgebung nicht ha-

---

3. Artikel 14 des »Konkordats zwischen dem Heiligen Stuhl und dem Deutschen Reich« lautete: »Die Kirche hat grundsätzlich das freie Besetzungsrecht für alle Kirchenämter und Benefizien ohne Mitwirkung des Staates oder der bürgerlichen Gemeinden, [...] Außerdem besteht Einvernehmen über folgende Punkte: 1. Katholische Geistliche, die in Deutschland ein geistliches Amt bekleiden oder eine seelsorgerliche oder Lehrtätigkeit ausüben, müssen: a. deutsche Staatsangehörige sein, [...] c. auf einer deutschen staatlichen Hochschule, einer deutschen kirchlichen akademischen Lehranstalt oder einer päpstlichen Hochschule in Rom ein wenigstens dreijähriges philosophisch-theologisches Studium abgelegt haben.«

ben wollen. Sie kann weder ins 19. Jahrhundert zurück, noch kann sie so tun, als sei das 20. Jahrhundert ihr Jahrhundert. Wie die Kirche im heiligen römischen Reich deutscher Nation ein Fremdling war und blieb und gerade so Volk und Staat diente, so bleibt sie es im dritten Reiche. Daß die Herübernahme einer staatlichen Ordnung, wie die des »Arierparagraphen« in die Ordnung der Kirche, die Kirche darüber hinwegtäuschen könnte, macht diesen Akt gefährlich. Die Kirche tut darum gut daran, rechtzeitig zu bedenken, daß es sich bei dem Beamtengesetz der preußischen Synode nicht nur um die ganz selten aktuell werdende Frage handelt, ob in ihr ein getaufter Jude ordiniert wird oder nicht. Es geht darum, ob sie dies mit der Bereitschaft tut, allen Rechenschaft zu geben, warum sie es auch weiterhin für geboten erachtet, denen, die aus dem Volk Israel stammen, das Wort zu verkündigen, Gemeinschaft an den Sakramenten zu gewähren und sie in allen Dingen so zu halten, wie es den Gliedern der Gemeinde geziemt. Abgeschlossen am 11. November 1933.

1) Ausführlich habe ich über diese Dinge in meinem Versuch »Kirchengeschichtlicher Unterricht als Aufgabe einer kirchlichen Unterweisung« gehandelt (Verlag der Anstalt Bethel).

2) In diesem Punkt hat Stapel (»Die Kirche Christi und der Staat Hitlers.« Hanseat. Verlagsanstalt Hamburg, S. 85 f.) Recht. Sofern sein Ruf nach einer Scheidung von Judenchristen und Heidenchristen Protest gegen »Humanität« ist, mag er Richtiges zur Prüfung vorlegen, aber warum übersieht er die biblischen Argumente, die gegen diese Scheidung sprechen?

3) Indem das Gutachten der Marburger Fakultät das Judentum als »Konfession« nimmt, erleichtert es sich die Antwort und setzt sich zugleich dem Vorwurf aus, nicht biblisch-theologisch, sondern modernistisch zu denken, was in Anbetracht der umsichtigen Begründung, die es im übrigen auszeichnet, bedauerlich ist. Ebenso scheint mir die Tatsache der Kirche als »Volkskirche« bei den Marburgern ebenso leicht genommen, wie sie bei den Erlangern zum Schaden der biblisch gegründeten Beweisführung überbetont wird. [...] Eine theologische Erörterung des Problems gab schon vor der Gesetzgebung Walther Künneth in dem durch Unterbreitung und Verarbeitung wichtigen Stoffes sehr brauchbaren Buch »Die Nation vor Gott« [...].

4) Vgl. hierzu die sorgfältige Studie von Walter Holsten: »Christentum und nichtchristliche Religion nach der Auffassung Luthers [...]. Auch Bornkamm in »Volk, Staat, Kirche« [...] widerspricht dem nicht.

5) Es liegt ein Widerspruch zwischen der Proklamation eines »christlichen« Volkes und der Forderung von besonderen jüdisch-christlichen Gemeinden, wie sie beide von führenden Männern der »Glaubensbewegung Deutsche Christen« erhoben werden. Er löst sich, wenn man annimmt, daß sie zum Unterschied von Stoecker die »Christlichkeit« des Volkes nicht theologisch, sondern biologisch sehen. Auch Stapel müßte, um glaubwürdig zu erscheinen, seiner [...] Theologie

des »Reiches« eine Betrachtung über die Stellung der Juden und der getauften Juden im »Reiche« hinzufügen.

6) Es lohnt sich, Moses Mendelssohn's Schrift »Das neue Jerusalem« im Blick auf die heutige Lage zu lesen, dazu die Vorgeschichte, die Aufforderung von Bonnet und Lavater, zum Christentum überzutreten und vor allem die Nachgeschichte, Hamanns »Golgatha und Scheblimini« samt dem Nachwort (Roth VIII, 352 f.). Alles, was H. hier schreibt, erscheint mir ungleich tiefsinniger als Kant's unbedingtes Lob des Buches von Mendelssohn (Brief an M. 16. 8. 1783, Cassierer IX, 233–234).

7) Der Spott Stapels über die »Belastung der Judentaufe« seit H. Heine hat das Recht an sich, das der zu beanspruchen hat, dem offenbar der Jude nur als entwurzelter Literat und politischer Abenteurer begegnet. Daß damit nicht die Übung der Gemeinde als solche betroffen ist, weiß jeder, der »nichtarische« Christen als Gemeindepfarrer kennen lernte.

8) Stapel (S. 86) fordert neben einer römisch-katholischen, griechisch-katholischen, deutsch-lutherischen (!) Kirche eine juden-christliche Kirche. Ob wohl Stapel schon darüber nachgedacht hat, warum es seit der Zerstörung Jerusalems keine juden-christliche Kirche mehr gibt und alle Versuche, eine solche wieder aufzurichten, scheiterten? St. schreibt: »Wo die Heilsgeschichte spricht, müssen humanitäre Gründe schweigen« (S. 86). Hier spricht die Heilsgeschichte, und darum müssen auch mythologisch-spekulative und nationalpolitische schweigen. Sie müssen aber auch schweigen gegenüber dem klaren Bekenntnis der auf die Schrift gegründeten lutherischen Kirche. Es gibt zwar eine evangelisch-lutherische Kirche deutscher Nation, aber beileibe keine deutsch-lutherische Kirche. […]

9) Es wird jeden, der der Erlanger Fakultät verbunden ist, gewundert und geschmerzt haben, daß diese Argumente – eines Hofmann und eines Delitzsch! – im Erlanger Gutachten keine Rolle spielen. – Leider hat noch kein Neutestamentler zu der Frage Stellung genommen, die wahrscheinlich nicht nur mich am meisten interessiert. Es ist die rein exegetische Frage, ob Gal. 3, 8 (»Hier ist kein Jude noch Grieche, hier ist kein Knecht noch Freier, hier ist kein Mann noch Weib; denn ihr seid allzumal einer in Christo Jesu«) der »Jude« als zum »qahal« gehörig den »gojim« gegenübergestellt und als solcher mit ihnen verbunden erklärt wird oder ob nur gesagt ist, daß alle Völker in Christus eins sind. Wenn nämlich das erste gilt – der Zusammenhang der Galaterbriefe [sic!] scheint es mir nahezulegen – dann bekommt der Protest gegen die Absonderung der getauften Juden neues Gewicht. Der Jude unter den Heiden wird zum Zeugen des in Christus geschlossenen Bundes.

4. Hans Meiser: Schreiben an den Dekan der Erlanger Theologischen Fakultät Hermann Strathmann. München, 4. Oktober 1933

Aus: LAELKB: Personen 36, Meiser, Nr. 115
Literatur: A. Töllner, Frage, S. 68 f.

Hochwürdiger Herr Dekan!

Für die Überreichung des Gutachtens der Theologischen Fakultät in Sachen des Arierparagraphen[4] spreche ich verbindlichen Dank aus. Die Stellungnahme zu der vorwürfigen Frage wird dadurch erschwert, dass in weiten völkischen Kreisen der Ausschluss der Juden und von Christen jüdischer Herkunft von der Bekleidung öffentlicher Ämter nicht bloss aus rein rassebiologischen Erwägungen gefordert wird, sondern dass mit dem Begriff der rassischen Andersartigkeit zugleich der Begriff der Unterwertigkeit, und zwar in jeder Form, verbunden wird. Zustimmung zu dem berechtigten Kern, der in der Forderung des Arierparagraphen liegt, scheint im Urteil vieler zugleich die Zustimmung zu dem ganzen rassenmaterialistischen Hintergrund zu bedeuten, von dem aus die völkischen Kreise ihre Forderungen erheben. Zugleich begegnet in diesen Kreisen vielfach ein übersteigerter Nationalismus, der dem Bekenntnis der Christenheit zu Christus als dem Herrn aller Völker widerstreitet und dem derjenige ebenfalls zuzustimmen scheint, der sich zum Arierparagraphen bekennt.

Von daher ist es zu verstehen, dass für viele evangelische Christen, Theologen wie Laien, mit der Annahme des Arierparagraphen der status confessionis gegeben ist. Diesen Kreisen wäre es eine Hilfe gewesen, wenn das Gutachten der Fakultät noch etwas stärker, als es geschehen ist, die Irrtümer abgewiesen hätte, die in der Linie einer Überspitzung des Arierparagraphen liegen.

Mit verehrungsvoller Begrüssung
Ihr sehr ergebener

---

4. Dokument IIB1.

C. Angriffe des »Stürmer« auf Pfarrer

1. A. K.: Der Pfarrer von Wald

Aus: Der Stürmer, Nr. 12, März 1934

Lieber Stürmer! In der Nähe von Gunzenhausen liegt das fränkische Dorf Wald. Seine Bauern sind schon lange Nationalsozialisten. Die Burschen stehen in der SA. Nur im Pfarrhof ist vom Geist der neuen Zeit noch kein Hauch zu spüren. Der Pfarrer Bezzel kritisiert und nörgelt bei jeder Gelegenheit an den heutigen Verhältnissen herum. Und bringt Unruhe in das Dorf. Pfarrer Bezzel ist ein dicker Freund der Juden. In einer Bibelstunde sagte er, er kaufe ein, wo er wolle und lege sein Geld an, wo es ihm passe, auch wenn es ein Jude sei. Den Boykott gegen die Juden hätte es nicht gebraucht. Er sage dies, selbst wenn er gemeldet werde. In seinen Predigten flicht er immer wieder ein, daß nach dem Emporsteigen und der Machterringung oft schnell wieder der Fall und das Ende komme. In anderen Gotteshäusern schließt der Pfarrer den Führer des deutschen Volkes in das Fürbittegebet ein. Dem Pfarrer Bezzel fällt dies recht schwer. Das haben die Bauern von Wald erst einmal erlebt. Über das Konkordat verbreitet dieser sonderbare Geistliche die tollsten Gerüchte. Es könne eines Tages so weit kommen, daß an die evangelische Schule des Dorfes ein katholischer Lehrer versetzt werde.

2. Verlorener Rasseinstinkt. Ein Dr. jur. heiratet eine Halbjüdin

Aus: Der Stürmer, Nr. 12, März 1934

Im »Stürmer« Nr. 4 (1934) werden unter der Überschrift »Der Jude von Mußbach« die Juden Hermann und Ferdinand Deutsch genannt. Sie sind die Direktoren der Süddeutschen Metallwarenfabrik. Diese beiden Fremdrassigen sind Brüder oder Vettern des Juden Ludwig Deutsch, Direktor der Dresdner Bank in Frankfurt am Main. Ludwig Deutsch ist getauft. Er hatte sich den Taufschein besorgt, um in seinem Schutze (wie der Jude Professor Dr. Gans schreibt) »desto besser Jude sein zu können«. Er heiratete auch eine Nichtjüdin. Sie heißt Retze und nun nannte sich der Jude von da ab: Deutsch-Retze. Der getaufte Jude Deutsch-Retze hat in dem Zitzmann-Prozeß (Erlangen) eine unrühmliche Rolle gespielt.

Der getaufte Jude Deutsch-Retze hatte auch eine Tochter gezeugt. Sie folgte, wie das bei Rassenvermischungen meist der Fall ist, der »ärgeren

Hand«. Sie ist Mischling, sieht aber wie eine Jüdin aus. Am 18. Januar 34 verheiratete sie sich mit dem Sohne eines evangelischen Pfarrers. Mit dem Dr. jur. Kübel, dem der Rasseinstinkt allem Anscheine nach abhanden gekommen ist. (Bei Pfarrern ist das übrigens keine Seltenheit. Sie taufen jeden dahergelaufenen Fremdrassigen und sind obendrein noch stolz darauf. In Nürnberg taufte der Hauptprediger Dr. Geyer von St. Sebald die Tochter des Revolutionsjuden Kurt Eisner (Kosmanowsky) und traute sie voller Freude einem Amtsbruder als Gattin an. Und der Kirchenrat Brendel von St. Lorenz taufte die Kinder des Juden Guckenheimer und machte diesen zum Pfleger der Lorenzkirche.) Dr. Kübel hat es also fertig gebracht, ein Jahr nach der nationalsozialistischen Revolution eine Halbjüdin zu heiraten. Er müßte dafür wegen Rasseverrat vor die Gerichte gebracht werden. Der getaufte Jude Deutsch, Kübels Schwiegervater, zeigte sich dafür erkenntlich. Er brachte den Kübel in der Dresdner Bank unter.

Deutsch ist noch ein Mächtiger unter der jüdischen Bankaristokratie. Er ist Aufsichtsrat von 19 (neunzehn) großen Industrieunternehmungen. Er gehört auch noch dem Korps »Bavaria« in Erlangen an. Er, der Vollblutjude Dr. Deutsch! Was mögen das für sonderbare »Bajuvaren«, sein, die den Juden nicht mehr vom Deutschen unterscheiden können. Sie mögen sich Unterricht geben lassen von Kindern, Fabrikarbeitern und Bauernknechten. Diese wissen ihnen den Rasseunterschied zu erklären. Sie haben noch das in sich, was den »Bajuwaren« und dem Dr. jur. Kübel fehlt. Das Wissen von der Judenfrage.

III. Die Hilfsstellen für »nichtarische« Christen

A. Schritte zur Errichtung der Hilfsstellen

1. Heinrich Grüber: Brief an Hans Meiser. Berlin, 26. September 1938

Aus: LAELKB: LKR 2595

Hochverehrter Herr Landesbischof!
Sie haben wohl von Herrn Dekan Keppler gehört, um welche Glieder unserer Kirche ich mich jetzt besonders sorge. Wie ich gerade auch aus Ihrer Landeskirche erfahre durch mancherlei Briefe und Anfragen, wächst die seelische Not immer mehr. Ich kann die einzelnen Punkte natürlich brieflich nicht anführen. Wir müssen aber, glaube ich, vor dem kommenden Winter uns klar werden über die Wege, die zu beschreiten sind. Ich wäre Ihnen sehr dankbar und verbunden, wenn es Ihnen möglich wäre, dass Sie möglichst bald einen Pfarrer oder sonst jemanden von Ihrer Kirche gewinnen könnten, den wir als unseren Mitarbeiter für diese Fragen im Bereiche Ihrer Landeskirche einführen könnten. Ich schreibe deshalb so dringlich, weil ich mit einigen Herren in der kommenden Woche in Eisenach zusammen bin und zwar von Dienstag, 4. Oktober bis Donnerstag, 6. Oktober abends.[1] Wenn es möglich wäre, mir umgehend einen Namen mitzuteilen, würde ich mich über den Tagungsort mit dem Betreffenden verständigen.
Mit hochachtungsvoller Begrüßung bin ich
Ihr sehr ergebener
Grüber

2. Friedrich Hofmann: Bericht über eine Besprechung in Eisenach. München, 25. Oktober 1938

Aus: LAELKB: LKR 2595
Literatur: H. Baier, Liebestätigkeit, S. 148–150

Bei einer Besprechung waren Geistliche verschiedener Landeskirchen anwesend, das Büro Spiero (s. unten), vertreten durch Herrn Dr. Kobrak. Die

---

1. Vgl. Dokument IIIA2.

Besprechung wurde geleitet durch ihren Einberufer, Herrn Pfarrer Grüber, Berlin-Kaulsdorf. Das Ergebnis der Besprechung kann in seinen wesentlichen Punkten folgendermaßen zusammgefaßt werden:

Die Lage der nichtarischen Christen: Die Nürnberger Gesetze bilden für die Stellung der nichtarischen Christen in der Volkgemeinschaft die rechtliche Grundlage. Über sie hinaus aber gibt es eine sehr große Zahl von Verordnungen, die zum Teil nicht veröffentlicht sind und nach denen sich die Staatspolizeistellen in ihren Maßnahmen richten. Auf Grund dieser Tatbestände ist es den nichtarischen Christen fast unmöglich, innerhalb der deutschen Volksgemeinschaft einen Beruf auszuüben. Da die Betriebe, um etwa am Leistungswettkampf der deutschen Betriebe teilnehmen zu können, geschlossen in der Arbeitsfront stehen wollen, die Arbeitsfront aber Nichtarier nicht aufnimmt, können nichtarische Christen auch als Arbeiter oder Hilfsarbeiter kaum ihr Brot verdienen. Am ehesten ist dies noch möglich, wenn sie zu einem handwerklichen Beruf umgeschult werden, in dem heute besonderer Mangel herrscht (Feinmechaniker usw.). Solche Umschulung ist aber schwierig. Eine Erschwerung ihrer wirtschaftlichen Situation bedeuten auch die Verordnungen, auf Grund welcher ihnen steuerliche Vergünstigungen, wie sie andere Volksgenossen genießen, nicht gegeben werden. Die Ausbildungsmöglichkeiten für ihre Kinder sind sehr beschränkt. In manchen Städten müssen sie bereits damit rechnen, daß ihnen ihre Wohnungen gekündigt werden und daß sie keine Wohngelegenheiten finden.

Zu diesen wirtschaftlichen Notständen kommt ihre öffentliche Verfemung, wie sie durch eine gewisse Presse betrieben wird und sehr tief in das Bewusstsein unseres Volkes eingedrungen ist. Sie finden ihren äußeren Ausdruck in Benützungsbeschränkungen (Gasthäuser, Anlagenbänke, Bäder usw.). Die Bestimmung, daß ab 1. Januar 100 %ige Juden zu ihren Vornamen den Vornamen Israel bezw. Sara hinzufügen und diesen Namen bei allen Rechts- und Geschäftshandlungen führen müssen, trifft auch die christlichen Juden. Die Liste der Vornamen, die in Zukunft die Kinder aus solchen Ehen zu wählen haben, enthält kaum einen tragbaren Namen. Die jüdischen Ärzte müssen, soweit sie überhaupt noch zur Ausübung einer Praxis zugelassen sind, ein blaues Schild mit der Aufschrift »nur für Juden zugelassen« führen; auf dem Schild befindet sich ein gelber Kreis, in den der Davidstern eingezeichnet ist.

Diese Situation bewirkt bei den nichtarischen Christen eine solche Hoffnungslosigkeit, daß die Fälle von Selbstmord sich in erschreckender Weise mehren. Die Lage der nichtarischen Christen ist insofern schwieriger als die ihrer Rassengenossen, die Glieder der Synagoge geblieben sind, als letztere durch die internationalen Beziehungen des Weltjudentums immer noch in vieler Hinsicht materielle und ideelle Stärkung erfahren. Die nichtarischen Christen wenden sich in ihrer verzweifelten Lage an ihre Kirche und erwarten von ihr Fürsorge und Seelsorge.

Die Möglichkeiten einer fürsorgerischen Betreuung dieser Gemeindeglieder sind sehr beschränkt. Am nächsten liegt der Gedanke der Auswanderung. Dies ist aber ungemein schwierig. Die Bestimmungen über die Auswanderung ändern sich in den einzelnen Ländern häufig. Es bedarf einer sehr gründlichen Kenntnis derselben, wenn man nichtarische Christen in Auswanderungsfragen beraten will. Diese Kenntnis setzt ein gründliches Studium der einschlägigen Gesetze für alle in Frage kommenden Länder voraus. Gewissenhafte Beratung können nichtarische Christen, die auswandern wollen, erhalten durch das Büro Spiero, Berlin W 15, Brandenburgische Straße 41, dessen Geschäftsführer Dr. Kobrak ist. Aufs Ganze gesehen läßt sich aber folgendes sagen: es gibt keine Länder, die freie Einwanderung zulassen. Die in Frage kommenden Länder haben für Deutsche Einwanderungsquoten, die die Einwandererzahl begrenzen. Außerdem verlangen z. B. die amerikanischen Konsulate den Nachweis eines Vermögens von 5000 Dollars für die Einzelperson, von 8000 Dollars für ein Ehepaar. Da man aus Deutschland ein solches Vermögen nicht herausnehmen darf, ist ein Affidavit nötig, d. h. die Erklärung eines Amerikaners, daß er bereit und imstande sei den Auswandernden zu unterhalten. In der Regel werden nur Affidavits von nahen Verwandten anerkannt. Der Erteilung des Visums geht eine sehr genaue Gesundheitsprüfung voraus. Die Zahl der auf den Konsulaten vorliegenden Affidavits ist außerordentlich hoch, sodaß sie gar nicht alle durchgeprüft werden können. Nur Wenige können die Prüfung ihres Affidavits abwarten, dadurch verringert sich die Zahl der praktisch in Frage Kommenden. Eine Möglichkeit zur Einwanderung, abgesehen von den festgesetzten Quoten, gibt es nur für bestimmte Berufe, in erster Linie für Professoren und Geistliche. Bei der Auswanderung darf man aus Deutschland nur RM 10.–, günstigstenfalls RM 60.– mitnehmen. Sein Vermögen kann man an die Golddiskontbank verkaufen (Sperrmark), die es 7 oder 8 %ig ankauft. Alle Sachwerte darf man mitnehmen, auch seinen Hausrat für die Auswanderung ergänzen. Nur muß man eine genaue Aufstellung aller ausgeführten Gegenstände machen. Die Unbedenklichkeitserklärung für die Ausfuhr erhält man, wenn man einen Betrag (die ersatzlose Abgabe, oft in Höhe des Sachwertes) zahlt. Eine Beschwerde über die Höhe der festgesetzten Summe ist meist sinnlos, weil man nicht man nicht auf ihre Erledigung warten kann, wenn der Auswanderungstermin festgesetzt ist. Ob in bestimmten Ländern gerade in dem gewünschten Zeitpunkt trotz der dort einschlägigen Gesetze eine Einwanderung möglich ist und wie man die deutschen Bestimmungen im Einzelfall bestmöglichst erfüllen kann, kann nur von Fall zu Fall geprüft und beantwortet werden.

Die Fürsorgemaßnahmen der Kirchengemeinden oder der Inneren Mission sind naturgemäß beschränkt. Sie geben auch bei stärkerem Einsatz von Geldmitteln nur die Möglichkeit einer Durchhilfe für verhältnismäßig kurze Zeit.

Die Seelsorge an nichtarischen Christen ist ungemein schwierig und lässt sich in ihren einzelnen Notwendigkeiten schwer beschreiben.

Auf Grund der geschilderten Situation ergeben sich für die fürsorgerischen und seelsorgerischen Maßnahmen etwa folgende Richtlinien:

Die evangelische Gemeinde darf an der großen Not ihrer nichtarischen Glieder nicht achtlos vorübergehen. Da der Dienst, den sie diesen Gemeindegliedern tun kann, nach Lage der Dinge mehr auf seelsorgerlichem als auf fürsorgerischem Gebiet liegt, wäre es meiner Meinung nach falsch, wenn man die nichtarischen Christen etwa der Betreuung einer bestimmten und für diesen Zweck zu schaffenden Hilfsstelle übertragen würde. Sie würden dadurch aus ihren Gemeinden herausgenommen und eine solche Maßnahme würde ihrer seelischen Ghettostimmung noch das Bewußtsein der Aussonderung aus ihrer kirchlichen Gemeinschaft hinzufügen. Ich halte es für vielmehr richtiger, wenn die Geistlichen in geeigneter Weise auf die vorliegende Not hingewiesen und ermahnt werden, sich gerade dieser Gemeindeglieder besonders anzunehmen. Es wird dabei häufig notwendig sein, daß sie ihre nichtarischen Gemeindeglieder aufsuchen, da diese zum Teil sich scheuen zu zeigen, daß sie zu den Betroffenen gehören und auf die Betreuung der Gemeinde angewiesen sind. Wo es angängig ist, können die Familien der Betroffenen zu Abenden der Aussprache und des Beisammenseins eingeladen werden, die neben geselligem Zusammenschluß auch Vertiefung und Festigung in Gottes Wort zum Ziel haben müssen. Ein Heft mit Schriftworten, die in besonderem Maße solchen Leuten eine Hilfe sein können, soll zusammengestellt werden. Pfarrer Grüber gibt gedruckte Briefe heraus, die verteilt werden können. Das von Frl. Lina Lejeune – Eisenach geleitete »Heimglückblatt«[2] soll, zunächst versuchsweise, auf diesen besonderen Leserkreis abgestimmt werden. Im Heimglückhaus in Eisenach sollen Frei-

---

2.   Gemeint ist die von 1925 bis 1940 erschienene Zeitschrift »Heimglück. Bausteine zum Aufbau der deutschen Familie«.

zeiten stattfinden (s. Beilage[3]), die für nichtarische Christen in besonderem Maße gedacht sind.

In fürsorgerischer Beziehung wird jede Gemeinde nach ihren Kräften helfen müssen, unter Umständen unter Einbeziehung der Inneren Mission.

Nichtarische Christen, die auswandern wollen, sind grundsätzlich an das Büro Spiero (s. oben) zu verweisen.

Die Mitglieder der Eisenacher Besprechung haben sich an Herrn Pastor D. v. Bodelschwingh und Herrn Landesbischof D. Meiser mit der Bitte gewendet, sie möchten bei den zuständigen Stellen (Reichsinnenministerium) dahingehend vorstellig werden, daß die Bestimmung auf Grund welcher die noch zum Praktizieren zugelassenen Ärzte auf ihren Schildern den Davidsstern führen müssen und die Bestimmung über die Namenserteilung für Kinder jüdischer Rasse auf Juden-Christen nicht angewendet werden möchten.

Ein besonderes Problem bildet die Frage der Betreuung der nichtarischen Theologen. Sie werden auf etwa 40 bis 50 geschätzt. Die Auswanderungsmöglichkeiten für sie sind etwas günstiger als für andere Berufe. Listen derselben sollen alsbald mit genauer Darlegung der Verhältnisse an Pfarrer Maas – Heidelberg, Hirschstraße 17, gesandt werden. Herr Kirchenrat Klingler hat zugesagt, daß er als Führer der deutschen Pfarrervereine alles tun werde, was zur Erleichterung des Loses der nichtarischen Theologen beitragen kann.

3. Friedrich Hofmann: Brief an den Landeskirchenrat. München, 9. Dezember 1938

Aus: LAELKB: LKR 2595
Literatur: H. Baier, Liebestätigkeit, S. 151 f.

Am 29. XI. 38 fand in Berlin eine Besprechung von Pfarrern und Laien statt, die die Möglichkeit einer fürsorgerischen und seelsorgerlichen Betreuung nichtarischer Christen zum Gegenstand hatte. Ich nahm an dieser Besprechung als Beauftragter unserer Landeskirche teil. Ihr Ergebnis läßt sich in den wesentlichen Punkten folgendermaßen zusammenfassen:

1. Die seelsorgerliche Betreuung soll, wo es möglich ist, durch die zuständigen Gemeindepfarrer geschehen. Eine Herauslösung der nichtarischen Christen aus den Gemeinden, deren Konsequenz die Bildung von juden-

---

3. Nicht abgedruckt.

christlichen Gemeinden wäre, kommt nicht in Frage, weil eine solche Maßnahme die Betroffenen innerlich heimatlos machen würde. Auch würden sie
sich ja wohl nicht zu einer solchen Gemeinschaft halten. Es erscheint aber
notwendig, daß die Pfarrer im Blick auf die unermessliche innere Not der
nichtarischen Christen besonders dringend gebeten werden, sich ihrer anzunehmen und die, die aus einer gewissen Scheu heraus nicht zu ihren Pfarrern kommen, aufzusuchen.

2. Die fürsorgerische Betreuung besteht in erster Linie darin, daß den
nichtarischen Christen, die in wirtschaftliche Not geraten, Unterstützung
dargereicht werden muß. Wesentlich schwieriger als dies ist die Aufbringung der für Auswanderungen notwendigen Mittel, da es sich dabei immer
um große Beträge handelt. Eine gewissenhafte Nachprüfung der Bittgesu-
che ist in den meisten Fällen nur unter Einschaltung der Pfarrämter möglich.

3. Die meisten nichtarischen Christen bitten um Beratung hinsichtlich
ihrer Auswanderungspläne. Es ist ungemein schwer in dieser Sache richtige
und wirklich fördernde Auskünfte zu geben. Die diesbezüglichen Bestimmungen der zur Einwanderung in Betracht kommenden Staaten ändern
sich ständig. Aufs Ganze gesehen muß gesagt werden, daß die Einwan-
derungsmöglichkeiten überall außerordentlich beschränkt sind, das gilt
auch für Holland und England. Auch die dort bestehenden Hilfskomitees
können daran nichts ändern. Einwanderungsgenehmigungen werden in der
Regel erteilt, wenn der, der einwandern will, von einer Stelle des betreffenden Landes angefordert wird. Aber es ist schwer dies zu erreichen. Das nahe
Ausland kommt für Immigration nur in sehr geringem Masse in Betracht,
wohl aber für Transmigration. Holland nimmt jetzt Nichtarier auf, die ihre
Papiere für ein anderes Land in Ordnung haben, aber aus irgend einem
Grund noch nicht dort hineinkommen können, aber aus Deutschland hin-
aus sollen. Günstiger liegen die Auswanderungsmöglichkeiten für Kinder.
England hat 5000 Kinder eingeladen. Eine grössere Zahl davon sind schon
unterwegs. Dabei wird aber kein Unterschied unter den Konfessionen ge-
macht. Die Kinder werden zunächst gemeinsam in Lagern untergebracht
und kommen später in Familien oder in Heime. Vielleicht wird dann nach
Konfessionen getrennt. Die Kinder sollen in England bleiben, bis sie ihre
Eltern in einem anderen Land treffen können.

4. Pastor D. v. Bodelschwingh bezw. Pastor Braune-Lobetal, bemüht sich
um Klärung folgender Fragen; durch Vorsprache bei den zuständigen Ministerien:

a) Können Internate für nichtarische schulpflichtige Kinder eingerichtet werden?

b) Was geschieht mit den Alten, nicht auswanderungsfähigen, können Altersheime eingerichtet werden?

c) Können Umschulungsmöglichkeiten für Erwachsene geschaffen werden?

d) Wer darf Nichtarier aufnehmen, wenn ihnen die Wohnungen gekündigt werden?

e) Welche Krankenhäuser nehmen Nichtarier auf?

f) Auf welchen Friedhöfen werden Nichtarier beerdigt?

5. Es gibt 30 nichtarische Pfarrer in Deutschland. Sie sind nach der Westschweiz und England gemeldet. Das Hilfskomitee der BK in der Schweiz (Vorsitzender Pfarrer Vogt-Zürich. Seebach, 1. Mitarbeiter: Pfarrer Gelpke-Bonstetten bei Zürich) arbeitet schneller als das Büro für die Freundschaftsarbeiten der Kirchen-Genf (Adolf Keller – Henriod). In London suchen Pfarrer Hildebrandt und Pfarrer Rieger alle 30 Theologen unterzubringen.

NS: Im Blick auf die gesamte Arbeit läßt sich sagen, daß die Zahl der hilfesuchenden Nichtarier so groß ist, daß ein Pfarrer neben seiner übrigen Tätigkeit die viele seelsorgerliche und fürsorgerische Arbeit an diesen Glaubensgenossen nicht bewältigen kann, wenn er den Leuten wirklich nachgehen will. Es ist deshalb notwendig, daß Hilfskräfte gewonnen werden. Diese sollten am besten aus den Kreisen der nichtarischen Christen kommen.

Die Organisation der gesamten Hilfsarbeit liegt in den Händen von Pfarrer Grüber-Berlin-Kaulsdorf. Er hat jetzt in Berlin N 24, Oranienburgerstraße 20, ein besonderes Büro dafür eingerichtet. Er tut diese Arbeit im Auftrag oder mindestens im engsten Zusammenhang mit der V[orläufigen]K[irchen]L[eitung], die auch im Namen von Superintendent Albertz die zu der Besprechung am 29. XI. Zusammengekommenen begrüßen ließ. Herr Pfarrer Grüber gab ein Verzeichnis »seiner Mitarbeiter«, in dem auch mein Name aufgeführt ist, an die Reichsstelle für Auswanderungswesen, die dem Reichsinnenministerium untersteht und Verständnis für die Arbeit zeigt. Ich halte es für notwendig, daß unsere bayerischen Hilfsstellen mit Herrn Pfarrer Grüber in Verbindung bleiben, weil von ihm wichtige Informationen kommen, ohne die vor allem in der Auswanderungsfrage nichts Fruchtbares geschehen kann. Ich bin aber andererseits der Meinung, daß wir unsere Arbeit in Bayern möglichst selbständig halten müssen, um der engen Verbindung des Büros Grüber zur V[orläufigen]K[irchen]L[eitung] [willen]. Ich habe deshalb an die Reichsstelle für Auswanderungswesen (und in Abschrift an Herrn Pfarrer Grüber) folgendes Schreiben gerichtet:

»Herr Pfarrer Grüber-Berlin-Kaulsdorf, hat ein Verzeichnis von Beratungsstellen für evangelische Nichtarier an Sie gelangen lassen. Wir bitten dasselbe für Bayern folgendermaßen berichtigen zu wollen:

München: Verein für Innere Mission in München e. V., München 15, Mathildenstraße 6,

Nürnberg: Verein für Innere Mission in Nürnberg, Schildgasse 24.

Beide Beratungsstellen arbeiten im Auftrag des Evang.-Luth. Landeskirchenrates in Bayern r[echts]. d[es]. Rh[ein]s. und sind diesem verantwortlich. Heil Hitler! gez[eichnet]. Hofmann.«

Ich halte einen gewissen Abstand vom Büro Grüber auch deshalb für notwendig, weil in dieser Arbeit mit ausländischen Stellen verhandelt wird und ich nicht das Vertrauen habe, daß das immer ganz in der richtigen Weise geschieht. Bemerken möchte ich auch noch, daß Herr Pfarrer Grüber bei der Besprechung (bei der auch Vertreter ausländischer Hilfsorganisationen zugegen waren) an der Haltung des Herrn Landesbischof Marahrens scharfe Kritik übte, weil er in keiner Weise in dieser Sache mitzuarbeiten geneigt sei. Etwas ungeschickte Verallgemeinerungen der Einstellung des Herrn Landesbischof D. Marahrens in Richtung auf die Stellung »anderer deutscher Bischöfe«, veranlaßten mich zu betonen, daß ich von Herrn Landesbischof D. Meiser für Bayern beauftragt sei die Arbeit zu tun. In persönlicher Aussprache, die ich in dieser Sache mit Herrn Pfarrer Grüber herbeiführte, betonte er, daß sich seine Kritik an dem Verhalten »gewisser Bischöfe« nicht auf Bayern und Württemberg bezogen habe. Er stellte dies auch bei Beginn einer nachmittägigen Besprechung auf meinen Wunsch hin noch einmal öffentlich fest und versprach, es gegenüber den am Vormittag anwesenden Ausländern auch klarzustellen.

Hofmann
Pfarrer.

Auf dem Schriftstück findet sich der Vermerk von OKR Greifenstein: »A…: Wie stellt sich der Lutherrat zu der Arbeit? Hannover geht in dieser Frage ganz eigene Wege. Bayern lehnt sich an Grüber an. Ist der brauchbar?«

4. Aktennotiz des Landeskirchenrats. München, 10. Januar 1939

Aus: AIMM: Ordner »Nichtarische Christen«

Montag, den 2. Januar 1939 sprachen beim Personalreferenten vor: Pfarrer Weichlein (Landesverein für Innere Mission in Nürnberg), Pfarrer Hofmann (Verein für Innere Mission in München), Pfarrer Zwanzger – Thüngen und Pfarrer Jordan – Steinheim.

Das Ergebnis der Aussprache:

1. Der Referent für die Seelsorge an den nichtarischen Christen in Nürnberg und Nordbayern (Pfarrer Jordan – Steinheim) wird dem Landesverein für Innere Mission in Nürnberg beigegeben; entsprechend für Südbayern wird Pfarrer Zwanzger – Thüngen dem Verein für Innere Mission in München beigegeben.

2. Pfarrer Jordan und Pfarrer Zwanzger bleiben bis auf weiteres im Besitz ihrer Pfarrstelle, die wenn möglich hauptamtlich verwest wird.

3. Pfarrer Hofmann in München und Pfarrer Weichlein in Nürnberg werden der Frage nachgehen, ob und in welcher Weise die staatlichen und politischen Behörden von der Tätigkeit dieser Referenten in Kenntnis gesetzt werden können und ob eine öffentliche Anerkennung dieser Referenten und ihres Auftrags in irgend einer Form zu erlangen sei.

4. Die Besorgung eines Büros in Nürnberg wird Pfarrer Weichlein in die Hand nehmen; die Arbeit dortselbst soll in ständiger Fühlungnahme mit der Nürnberger Stadtmission geschehen. In München wird ein Zimmer im Hause der Landeskirchlichen Stiftungsverwaltung (Himmelreichstr.) zur Verfügung gestellt.

5. Die beiden Referenten teilen keine Unterstützungen aus. Wo geldliche Hilfe unumgänglich erscheint, wird dieselbe auf dem Weg über die Pfarrämter an die Bedürftigen geleitet. Die reinen Sachausgaben für das Büro übernimmt der Landesverein bzw. Verein für Innere Mission auf das Konto Unterstützungsgelder.

[…]

gez[eichnet]. Breit.

5. Oskar Daumiller: Brief des Kreisdekans an die Dekanate des südbayerischen Kirchenkreises. München, 23. Januar 1939

Aus: LAELKB: Dekanat München, I, Nr. 18

Betreff: Nichtarier.

Den Amtsbrüdern ist bei der nächsten Gelegenheit mitzuteilen, dass der Landeskirchenrat für Auskunft und Rat in dieser Angelegenheit eine Zentralstelle in München eingerichtet hat. Sachbearbeiter ist Herr Pfarrer Zwanzger, erreichbar durch den Landeskirchenrat.

Notwendige finanzielle Hilfen haben die Gemeinden selbst zu leisten.

Daumiller

6. Julius Weichlein: Aktennotiz zur Anmeldung der Nürnberger Hilfsstelle. Nürnberg, 31. Januar 1939

Aus: LAELKB: KKE, Nr 71

Heute sprach ich auf der hiesigen Stelle der Geheimen Staatspolizei, Z. 341 vor und teilte dem betr[effenden]. Beamten, der sich hierfür zuständig erklärte, mit, dass die Evang. Luth. Landeskirche in unseren Geschäftsräumen, Untere Talgasse 20 eine Fürsorgestelle für evang. Nichtarier ins Leben gerufen habe. Der Beamte erklärte, dass er das Verhalten der Evang. Kirche nicht verstehen könne. Wenn man die ihm eben mitgeteilte Tatsache mit der gestrigen Führerrede[4] in Beziehung bringe, ergeben sich ganz merkwürdige Folgerungen in Bezug der Verwendung der Kirchensteuermittel. Ich hielt dem entgegen, dass es sich ja nur um Angehörige unserer Kirche handle, die selbst Kirchensteuer bezahlt hätten und die auf diese Betreuung Anspruch haben. Er erkundigte sich sodann, wer die Stelle leite und woher der betreffende Herr gekommen sei. Die gewünschten Auskünfte wurden ihm gegeben. Daraufhin wollte er auch noch die Arbeit selbst näher umschrieben haben. Ich erteilte ihm auch hier soweit ich konnte, die entsprechenden Aufschlüsse. Sodann erklärte er, das seiner Meinung nach diese

---

4. Am Abend des 30. Januar 1939 hatte Hitler in der Sitzung des sog. Großdeutschen Reichstages weitschweifig über das Judentum in der Welt gesprochen und die Drohung ausgestoßen: »Wenn es dem internationalen Finanzjudentum in und außerhalb Europas gelingen sollte, die Völker noch einmal in einen Weltkrieg zu stürzen, dann wird das Ergebnis nicht die Bolschewisierung der Erde und damit der Sieg des Judentums sein, sondern die Vernichtung der jüdischen Rasse in Europa.« (M. Domarus, Hitler, S. 1056–1058, Zitat: S. 1058).

Arbeit überflüssig wäre und er sich auch nicht vorstellen könne, nachdem es sich nur um einen zahlenmässig kleinen Kreis von Betreuten handeln würde, dass eine Kraft damit voll beschäftigt sei. Auf meine Einwendung, dass die Arbeit doch so umfangreich wäre, dass sogar in München eine zweite Kraft hauptamtlich damit befasst werden musste, hielt er dem nochmals seine bereits geäusserte Auffassung entgegen, dass er diese Sache einfach nicht gutheissen könne. Ich erklärte ihm, dass diese Arbeit aufs Reich gesehen bereits von dem Centralamt der Geh[eimen]. Staatspolizei Oberführer Best in Berlin genehmigt worden sei und ich lediglich gekommen wäre, um ihn darüber zu informieren, daß wir auch hier in Nürnberg eine Stelle hätten. Es stünde ihm ja frei, die Weiterarbeit dieser Stelle zu verbieten, wenn er anderer Auffassung wäre, wie das Berliner Amt. Darauf entgegnete er, dass er die Sache so nicht annehmen könne und empfehlen müsste, die Anmeldung schriftlich durch den Leiter der Stelle, Pfarrer Jordan, vollziehen zu lassen.

7. Hans Werner Jordan: Brief an die Geheime Staatspolizeistelle Nürnberg, Abteilung Judenreferat. Nürnberg, 11. Februar 1939

Aus: LAELKB: LKR 2595

Wie Ihnen am 31. Januar 1939 durch Herrn Pfarrer Weichlein mündlich mitgeteilt wurde, ist auf Veranlassung des Evang.-Luth. Landeskirchenrates beim Landesverein für Innere Mission, Nürnberg, Untere Talgasse 20 eine Hilfsstelle für evangelische Nichtarier eingerichtet worden.

Leiter dieser Nürnberger Stelle ist Pfarrer Hans Werner Jordan.

Es handelt sich bei dieser Arbeit um Beratung und seelsorgerliche Betreuung von Nichtariern evangelischen Glaubens. Die evangelische Kirche weiß sich um der Taufe im Namen Jesu Christi willen verpflichtet, auch diesen ihren Gliedern zu raten und zu helfen.

Es besteht diese Arbeit nicht nur in Nürnberg, sondern im ganzen Reich und genießt als solche die Anerkennung der Reichsstelle für Auswanderungswesen unter B 5500 vom 18. Januar 1939.

Sollten bei Ihnen hierüber noch Zweifel bestehen, so bitten wir Sie, sich mit dem Geheimen Staatspolizeiamt Berlin, Prinz Albrechtstraße? Oberführer Best, bezw. Assessor Hülf, in Verbindung zu setzen.

Ihrem Wunsche gemäß haben wir hiemit die Meldung unserer Arbeit schriftlich erstattet.

Heil Hitler!

gez[eichnet]. Hans Werner Jordan, Pfarrer

8. *Johannes Zwanzger: Brief an die Evangelisch-Lutherischen Pfarrämter und Vikariate in München.*
München, 22. September 1941

Aus: LAELKB: Dekanat München I, 18
Literatur: Jens J. Scheiner, Flicken

In diesen Kriegstagen geht ein großer Teil der von uns Betreuten durch besondere innere und äußere Anfechtungen und bedarf mehr denn je der inneren Aufrichtung. Wir bitten daher sehr, solchen angefochtenen Gemeindegliedern Mut zu machen, den Gottesdienst zu besuchen und spüren zu lassen, daß sie trotz allem zu der Gemeinschaft ihrer Kirche gehören und als volle Glieder der Gemeinde betrachtet werden. Wir bitten auch solche, die dafür in Frage kommen, auf Erleichterungen hinzuweisen, die bestehen. Sie können diese an Hand der Beilage selbst feststellen. In Zweifelsfällen bitten wir sehr, solche Leute zu uns in die Mathildenstraße zu senden.
Zwanzger
Pfarrer

Pfarrer Johannes Zwanzger (LAELKB)

Pfarrer Hans Werner Jordan (LAELKB)

B. Tätigkeitsberichte

1. *Johannes Zwanzger: Bericht an den Landeskirchenrat.*
München, 16. Januar 1939

Aus: LAELKB: Vereine II, XIV, Nr. 1
Literatur: H. Baier, Liebestätigkeit, S. 154–156

Über den derzeitigen Stand der Betreuung nichtarischer Christen läßt sich für München Folgendes mitteilen:

1. Grundsätzliches:
Die Arbeit geschieht in enger Verbindung mit den zuständigen Gemeindepfarrern. In der Regel wird die seelsorgerliche Betreuung durchwegs von ihnen durchgeführt.

2. Legalität
Herr Pfarrer Hofmann hat in dieser Angelegenheit zuerst beim Innenministerium vorgesprochen. Er wurde dort an das die Staatspolizei verwiesen. Er legte dort Gründe und Methoden dieser Arbeit dar. Es wurde ihm gesagt, da es sich hierbei um eine Unternehmung der Kirche handle, könnte die Staatspolizei weder zu- noch abraten. Pfarrer Hofmann erklärte dann, es liege ihm nur daran, der Staatspolizei mitzuteilen, daß wir diese Arbeit in Angriff genommen hätten. Davon nahm der Referent Kenntnis. Die Staatspolizeistelle Nürnberg untersteht nicht der Münchener Stelle. Infolgedessen konnte hier für die Nürnberger Hilfsstelle keine derartige Erklärung abgegeben werden. Pfarrer Jordan wurde davon verständigt.

3. Auswanderung.
Die Schwierigkeiten, die sich einer Auswanderung entgegenstellen, sind fast unübersehbar. Das Ausland schließt sich weithin ab. Aber auch hier bei uns sind so viele zeitraubende Formalitäten zu erfüllen, daß sich alles auf Monate hinauszieht. Die bekannten Vorgänge[5] haben aber bei den Auswanderungswilligen eine begreifliche Hast erweckt.

Wie Pfarrer Grüber kürzlich mitgeteilt hat, war er in der letzten Zeit in Holland, England und in der Schweiz. Er will jetzt ein größeres Vorhaben in Angriff nehmen, das er leider nicht näher bezeichnet hat. Er hofft weiter, in der nächsten Zeit erhebliche Mengen im Ausland zur Umschulung für Brasilien unterbringen zu können. Weiter teilt er mit, daß Neuregelung mit England bevorsteht, dahingehend, daß die Einreise erleichtert wird für folgende Gruppen:

---

5.   Gemeint ist insbesondere die Reichpogromnacht vom 9. November 1938.

a) junge Leute zwischen 18 bis 30 Jahre, die ein Handwerk erlernen oder für die Siedlung sich umschulen lassen wollen.

b) Hausangestellte und junge Mädchen, die den Schwestern- oder Hebammenberuf lernen wollen.

c) Alte Leute, die über 65 Jahre alt sind und für die der Lebenunterhalt von Privatpersonen bis zum Lebensende garantiert ist.

Endlich besteht Aussicht, aus Deutschland etwa 100 Familien nach Mittelamerika zu bringen. Das ist ein Tropfen auf [den] heißen Stein. In diesem Zusammenhang wurde hier von mir Fühlung mit dem Raphaelsverein (Herr Kett, Heßstraße), mit der Auswanderungsstelle Kanalstraße 29 und mit dem amerikanischen Generalkonsulat genommen.

4. Kinder

a) Kinderverschickung.

Hier bestehen nach Mitteilung von Pfarrer Grüber Möglichkeiten. Ich habe ihm daher 3 Fälle von hier gemeldet, die nach meiner Ansicht vordringlich sind. Diese 3 scheinen Aussicht zu haben nach England hinauszukommen.

b) Unterricht.

Auf der letzten Konferenz wurde diese Angelegenheit besprochen. Durch das hiesige Dekanat wird z.[ur] Z[ei]t. die Zahl der Kinder bei den einzelnen Pfarrämtern ermittelt. Wenn die genaue Zahl der Kinder feststeht, würde ich selbst den Religionsunterricht für diese Kinder übernehmen.

5. Wohnungsfrage.

Es sind verschiedene Kündigungen vorgenommen worden, teils aus Mietwohnungen, teils nur Häuser, die bis vor kurzem im Privatbesitz des Betreffenden gewesen sind. Teils wurde von den Gekündigten vom Mieterschutz Gebrauch gemacht, teils auf dem Wege der gegenseitigen Vereinbarung ein kleiner Aufschub erwirkt.

Eine tatsächlich vorgenommene Exmission ist mir bis jetzt von den Leuten, die mich aufgesucht haben, nicht mitgeteilt worden. Aber trotzdem besteht für manche eine große Unsicherheit. Diese Angelegenheit kann über Nacht brennend werden.

Wie weit solche Leute vorübergehend in einem Heim der Inneren Mission untergebracht werden können, wird z[ur]. Z[ei]t. festgestellt. Bezüglich des Lindenhofes wurde ich darauf aufmerksam gemacht, daß der Lindenhof[6] nicht heizbar ist, wenigstens nicht der Teil, der dafür in Betracht

---

6. Der Lindenhof im oberbayerischen Grafenaschau gehörte seit 1898 dem Verein für

käme. Außerdem wird das Heim im Frühjahr wieder für Freizeiten benötigt. Es besteht also für dieses Heim keine Aufnahmemöglichkeit.

Bezüglich der Rechtslage hat das Büro Grüber unterm 10.I.39 mitgeteilt: »Nach Besprechungen, die Pfarrer Braune-Lobetal mit den zuständigen Referenten im Innenministerium geführt hat, ist es nun möglich geworden, daß die Heime der Inneren Mission nichtarische Glaubensbrüder aufnehmen, ohne daß dadurch die Gemeinnützigkeit der Anstalt aberkannt wird.«

6. Ehescheidungen.

In den rassisch gemischten Ehen gleicher und verschiedener Konfession ist die Ehescheidung zu einer brennenden Frage geworden. Hier kann man von Tragödien sprechen.

Begründung dieser Ehescheidungen:

a) Man will dem arischen Teil noch an Erwerb oder Besitz erhalten, was unter den gegebenen Verhältnissen erhalten werden kann und darf.

b) Leichtere Auswanderungsmöglichkeit für den nichtarischen Teil, leichtere Dableibensmöglichkeit für den arischen Teil. Es ist eine ungeheure Versuchung, die an solche Ehen herantritt, auch öfters aus dem Kreis der eigenen Verwandtschaft heraus.

7. Wirtschaftliche Not.

Sie wird im Laufe der Zeit immer mehr in Erscheinung treten, da die Menschen noch von den Resten ihres einstigen Erwerbes oder Besitzes leben. Diese Frage wird in engster Verbindung mit den Pfarrämtern behandelt.

8. Seelische Vereinsamung.

Nicht alle wagen sich mehr in die Kirche, in Bibelstunden und ins Pfarrhaus. Umso dankbarer sind solche Leute für den Besuch eines Geistlichen. In solchen Fällen wird der zuständige Geistliche von mir verständigt. Zu dieser seelischen Vereinsamung kommt noch die geistige Vereinsamung durch den Ausschluß von den kulturellen Stätten und der Unterbindung der beruflichen Arbeit. Z.B. wurde einem der Rundfunk-Apparat abgenommen.

9. Minderwertigkeitsgefühle.

Die Tatsache, daß diese Leute, darunter auch Kriegsteilnehmer, nun plötzlich wie Aussätzige und Parias behandelt werden, führt bei einem Teil zu einer seelischen Ghettostimmung und zu Minderwertigkeitsgefühlen.

Innere Mission in München. Er wurde als Erholungsheim für bedürftige Kinder und Großstädter genutzt.

Dies zeigt sich auch in einer gewissen Empfindlichkeit gegenüber solchen Predigten, die die Judenfrage behandeln.

10. Angst und Verzweiflung.

Die Erfahrungen der letzten Monate erhalten die Leute in beständiger qualvoller Angst, die bis zur Schlaflosigkeit geht. Die Ungewissheit, »was kommt jetzt, was kommt dann?« ist für diese Menschen entsetzlich. Nicht das, was alles gekommen ist, ist für Sie das Schwerste, sondern vielmehr das, was noch kommen könnte. Unter diesen Umständen ist die Gefahr der Verbitterung und Verzweiflung sehr naheliegend und ein besonders schweres und ernstes Anliegen bei den einzelnen Aussprachen. Der Selbstmord ist – so furchtbar es klingt – in meinen Sprechstunden zu einem alltäglichen Aussprachegegenstand geworden. Es ist ja auch kein Wunder, wenn man aus den mancherlei Berichten, die man von Besuchern bekommt, ersieht, wie eben diese Leute weithin in absehbarer Zeit praktisch vor dem Nichts stehen.

11. Berufliche Schichtung.

Architekt: 1, Ärzte: 3, dazu 1 Arztfrau und 1 Zahnarztfrau, beide geschieden. Ingenieure und Chemiker: 3. Kaufleute und Angestellte: 9, Rechtsanwalt: 1, Studentin: 1, Kapellmeister: 1, Beamte: 3, Opernsänger: 1, Kellner: 1, Handwerk und Landwirtschaft: 3, Kriegsblinder: 1, Sonstige: 5.

2. *Hans Werner Jordan: Bericht über die »Notwendigkeit und Möglichkeit der Arbeit an den notleidenden Glaubensbrüdern«. 2. November 1939*

Aus: LAELKB, DW 111

1. Die Notwendigkeit dieser Arbeit besteht. Denn bei diesen Glaubensgenossen handelt es sich bei einer beträchtlichen Zahl um wirtschaftliche Not, bei allen aber um ein hohes Maß seelischer Not. Es ist unbedingt nötig, daß diese Menschen zu fühlen bekommen, daß sie nicht ganz verlassen sind, sondern daß es auch Menschen gibt, die zu ihnen stehen und die ein Verständnis für sie aufzubringen versuchen. Es ist eine bittere Wahrheit, daß ihre Seelsorger nicht immer den Mut und den Willen dazu aufbringen.

2. Die Möglichkeiten der Arbeit sind allerdings sehr gering.

Bis zu Beginn des Krieges handelte es sich zumeist um Auswanderungsfragen, die durch das Büro Pfarrer Grüber-Berlin vermittelt wurden. Es ist nur ein Bruchteil, denen geholfen werden konnte. Neben der Auswanderungsfrage war es eine Zeit lang die Wohnungsfrage, die eine große Rolle spielte. In dieser Frage ist die Stelle ziemlich machtlos, da ihr jegliche Nürnberger Beziehungen fehlen, auch sind die Bestimmungen sehr begrenzt, sodaß Schützlinge jetzt in einer Umgebung wohnen müssen, in die sie nicht gehören und in der sie sich nicht wohl fühlen. Eine dritte wichtige Frage ist die Unterbringung alter Leute in Heimen. Hemmnisse bilden aber immer wieder entweder mangelnde Gelder, auch daß gefürchtet wurde, die betreffenden Anstalten in Schwierigkeiten zu bringen, auch Platzmangel wurde mir des öfteren genannt. Das einzige, was ich eigentlich konnte, war mit den zur Verfügung stehenden Mitteln da und dort mal auszuhelfen und zur Verfügung zu stehen, damit sich die Leute aussprechen konnten.

Meine Meinung geht dahin, daß die Arbeit in dieser Weise zu kostspielig und vor allem organisatorisch unmöglich ist. Sie gehört in die Hand eines Mannes der Inneren Mission, in dessen Händen mehrere Fäden zusammenlaufen. Auf diese Weise würden die an sich schon beschränkten Möglichkeiten doch wenigstens etwas erweitert. Denn es ist eben eine ganz andere Sache, wenn ein Mann mit Einfluß sich dieser Brüder annimmt, als wenn ein nahezu unbekannter dies tue, der selbst gehemmt ist.

Eine Aufstellung des Kontoauszuges liegt bei. (Beilage[7]).

3. Johannes Zwanzger: Bericht an den Landeskirchenrat. München, 3. November 1939

Aus: LAELKB: KKE, Nr 71

Die Arbeit an den notleidenden Glaubensgenossen konnte bisher ungestört durchgeführt werden, wie schon früher berichtet, wurde durch Herrn Pfarrer Hofmann die Geheime Staatspolizei von dieser Tätigkeit mündlich in Kenntnis gesetzt.

I. Lage:
1. Allgemeines.
Seit dem 1. September dieses Jahres sind an die Juden verschiedene behördliche Anordnungen ergangen, von denen einige hier wiedergegeben werden.

Am 11. Sept[ember]. teilte der Vorstand der Kultusgemeinde mit: »Die Geheime Staatspolizei – Staatspolizeileitstelle – München hat heute ein Ausgehverbot für Juden von 20 Uhr bis 6 Uhr angeordnet. Ausgenommen sind nur die mit besonderen Ausweisen versehenen Personen. Wir machen

---

7. Nicht abgedruckt.

unseren Mitgliedern zur Pflicht, sich genauestens an diese Vorschriften zu halten, deren Übertretung ernstliche Folgen nach sich ziehen kann.«

4. Oktober 1939: »Zufolge behördlicher Anordnung wird wiederholt darauf aufmerksam gemacht, dass der Einkauf von Lebensmitteln nur in den zugelassenen und vorgeschriebenen Geschäften vorgenommen werden darf.

Am gleichen Tag: »Die Besitzer von Radio-Apparaten, soweit sie Juden deutscher, polnischer Staatsangehörigkeit oder staatenlos sind, werden aufgefordert, ihre Empfangsgeräte bei der israelitischen Kultusgemeinde zwecks Weiterleitung an die Behörden unverzüglich abzuliefern.«

Am 13. Oktober 1939: »L[au]t. Behördlicher Anordnung ist den Juden das Betreten des Viktualienmarktes mit sofortiger Wirkung verboten. Zuwiderhandlungen werden durch staatspolizeiliche Maßnahmen geahndet.«

Von diesen Maßnahmen werden die christlichen Nichtarier ebenso stark betroffen. Vor allem das Ausgehverbot und die Ablieferung der Rundfunkapparate vermehren die seelische Vereinsamung, in der diese Leute sich ohnehin schon befinden.

2. Wirtschaftliche Verhältnisse.

Es vollzieht sich ein stetiger Prozeß der Verarmung. In verschiedenen Fällen verdient der arische Familienteil notdürftig den Lebensunterhalt. Theoretisch besteht auch für Juden die Möglichkeit, beschäftigt zu werden. Praktisch kommt dies hier ganz selten vor. Ich habe vor einiger Zeit in dieser Angelegenheit auf dem hiesigen Arbeitsamt vorgesprochen, aber ohne praktisches Ergebnis. Es sind daher eine ganze Reihe auf Unterstützung angewiesen. Juden, die der Reichsvereinigung angehören, werden vom jüdischen Wohlfahrtsamt unterstützt. Juden, die der Reichsvereinigung nicht angehören, meist christliche Nichtarier in Mischehen mit halbarischen Kindern, werden nicht von dem jüdischen Wohlfahrtsamt unterstützt.

3. Schule und Erziehung.

In der hiesigen jüdischen Schule, die nach dem Gesetz auch die evang. Kinder jüdischer Rasse besuchen müssen, befinden sich z[ur]. Z[ei]t. keine evang. Schüler. Pfarrer Grüber beabsichtigt, in Berlin ein Heim zu errichten, um eine besondere christliche Schulabteilung für vollnichtarische christliche Kinder zustande zu bringen und ihnen eine christliche Erziehung zuteil werden zu lassen.

4. Wohnungsfrage.

Die Wohnungsfrage bietet hier besondere Schwierigkeiten. Es herrscht hier ein großer Mangel an Wohnungen. Weitgehende Befugnisse für jüdische Wohnungen hat hier ein Sonderbeauftragter des Gauleiters in der Widenmayerstr. 27.[8] Ich habe auch dort einmal vorgesprochen um für christliche Nichtarier Erleichterungen zu erreichen. Aber es wurde mir erklärt, daß diese Wohnungsangelegenheit eine politische Sache wäre, die die Kirche gar nichts anginge. Ich solle dies ausdrücklich meinen Vorgesetzten zur Kenntnis bringen. In der Unterredung dort wurde nur erreicht, daß ich denjenigen, die bei mir wegen Wohnungsfragen Rat suchen, nicht aufs jüdische Wohnungsamt zu schicken bräuchte, wie man es zuerst von mir verlangte, sondern in die Widenmayerstr. Ich habe dies in verschiedenen Fällen getan. Praktisch aber kam nichts dabei heraus. So verursachte gerade die Wohnungsfrage viel Not und Kopfzerbrechen, aber manchmal ließ sich doch ein bescheidener Ausweg finden.

Für Juden, die in Mischehen leben und christliche Kinder haben, bestehen gewisse Erleichterungen, da man die halbarischen Kinder nicht in rein jüdischer Umgebung aufwachsen lassen will. Doch dieses Gesetz wird nicht immer berücksichtigt.

5. Sonstiges.

Daß bei Bestattungen vollnichtarischer Christen Schwierigkeiten gemacht wurden, ist ja bekannt. – Reichsbürgerrecht. Alle Versuche bei Grenzfällen, Einigen zum vorläufigen Reichsbürgerrecht zu verhelfen, sind gescheitert. In einem Fall ist dieser Versuch noch im Gang. – Wehrpflicht. Besonders einschneidend ist es, daß die Söhne von Juden, die in Mischehen leben, voll wehrpflichtig sind und mit Leib und Leben sich für das Land einsetzen müssen, das ihren nichtarischen Elternteil aus der Volksgemeinschaft ausgestoßen hat. Daß da bei Eltern und Kindern innere Nöte nicht ausbleiben, ist klar. – D. C.-Kirchengesetzgebung. Daß nichtarische Christen auch aus einigen Landeskirchen ausgeschlossen wurden, vermehrte die seelische Heimatlosigkeit. Das betreffende Gesetz der D. C.-Kirchen über die kirchliche Stellung evang. Juden, das die sogenannte Entjudung der Kirche herbeiführen soll, praktisch aber zur geistigen Verjudung der Kirche führt, hat auch bei den nichtarischen Christen Bestürzung hervorgerufen.

6. Wirkungen

Alle diese Umstände üben eine tiefgreifende Wirkung auf die Betroffenen aus. Die einen kommen zu dem Standpunkt: »lieber ein Ende mit Schrecken als ein Schrecken ohne Ende«. Die anderen verfallen der Verbitterung. Es ist sehr schwer, diese Menschen davon innerlich zu lösen. Über die Dritten kommt ein Zustand der Lethargie. Der seelische Druck, verbunden mit der

8.   Hier hatte der Beauftragte des Gauleiters für Wohnungsfragen seinen Sitz.

Untätigkeit, macht diese Leute willensschwach und gleichgültig und es kostet sehr viel Mühe, sie so weit zu bringen, daß sie sich wieder etwas aufraffen. Die Vierten leben in einer beständigen Angstpsychose und fürchten eine Wiederholung der Vorgänge vom vorigen Jahr.[9] Aber eine ganze Zahl dieser Leute trägt ihr schweres Los mit christlicher Geduld und echtem Gottvertrauen. Soweit mir bekannt, ist unter den von mir Betreuten bisher kein Selbstmordfall vorgekommen.

7. Zusammenarbeit:

Im Laufe dieses Jahres hat sich eine sehr befriedigende Zusammenarbeit mit dem in der Caritas dafür zuständigen Herren Kett und den hiesigen Quäkern herausgebildet. Mit dem Büro Pfarrer Grüber-Berlin wurde stets Fühlung gehalten. Zweimal war der Unterzeichnete zu Besprechung bei Pfarrer Grüber, einmal im März und einmal im Juli.[10] Doch es wäre manchmal notwendig gewesen, öfters mit Pfarrer Grüber mündlich zu verhandeln. Aber mit Rücksicht auf die daraus entstehenden Kosten wurde dies unterlassen.

II. Möglichkeiten.

1. Auswanderung.

Trotz der immer größer werdenden Einwanderungsbeschränkungen des Auslandes fanden sich immer wieder Mittel und Wege, Leute hinauszubringen. Der Ausbruch der Feindseligkeiten bedeutet einen schweren Rückschlag. Aber es bestehen doch noch einige sehr bescheidene Möglichkeiten. Wer alle Vorbedingungen erfüllt hat, kann auch heute noch über Italien nach Übersee auswandern. Nur müssen die Reisekosten jetzt in Devisen bezahlt werden. Pfarrer Grüber ist z[ur]. Z[ei]t. bemüht, im Ausland solche zu beschaffen. Von den von ihm Betreuten könnte sofort eine ganze Anzahl auswandern, wenn die Reise bezahlt wird. Nach einer Mitteilung von ihm am 26. Okt[ober]. benötigt er augenblicklich ca. 100000 Dollar für solche, die Auswanderungsmöglichkeiten haben, die aber wegen Devisenmangel nicht ausreisen können. Vor dem 1. Sept[ember]. konnten alle diese Leute auf deutschen Schiffen für deutsches Geld hinausbefördert werden.

2. Umsiedlung

Neuerdings gehen Gerüchte von einer Umsiedlung der Juden. In diesem Zusammenhang ist eine Nachricht der »Neuen Basler Zeitung« erwähnens-

9. Gemeint ist die Reichspogromnacht vom 9. November 1938.
10. Gemeint sind die Besprechungen Grübers mit den Vertrauensleuten am 9. März 1939 in Berlin und am 17. Juli 1939 in Dortmund (H. Erhart, Büro, S. 287–293).

wert. In Ihrer Dienstagsausgabe vom 31. Okt[ober]. 1939, S. 2 schreibt sie unter Rubrik: »Die Umsiedlung in Osteuropa. Die Juden werden bei Lublin angesiedelt.

Berlin, 30. Okt[ober]. p[os]t[erior]. Einige Tausend Juden, die in den letzten Jahren aus Polen nach Deutschland und Österreich ausgewandert waren, aber noch die polnische Staatsangehörigkeit besitzen oder staatenlos sind, wurden, wie man hört, aus Wien und Berlin in die östlichen Teile des von den deutschen Truppen besetzten polnischen Gebiets gebracht. Es dürfte sich um eine Ansiedlung in der Gegend von Lublin handeln. Wie man weiter erfährt, dürften nunmehr die noch in den zu Reichsgauen erklärten Ostgebieten lebenden Juden bevorzugt nach dem Osten befördert werden.«

3. Sonstiges.

Im übrigen wird diese kirchliche Hilfsstelle nicht nur zur Auswanderungshilfe in Anspruch genommen, sondern auch zur Beratung und Hilfe in den vielen mit der Gesetzgebung für Nichtarier zusammenhängenden Fragen. Diese sind oft sehr kompliziert und schwierig.

III. Ergebnisse.

1. Auswanderung.

Darüber einige zahlenmäßige Angaben.

Gesamtzahl der bisher Betreuten: 248

Deren Rassen:

Juden: 124, Mischlinge 1. Grades (Halbarier): 67, Mischlinge 2. Grades (3/4 Arier): keine, Arier: 57.

Berufliche Schichtung:

Akademiker/25, Künstler/8: Kaufleute: 30, Gärtner u. ä.: 8, Handwerker: 19, Sonstiges: 17.

Es konnten auswandern: 28

Davon waren 16 Juden, 9 Halbarier und 3 Arier.

Bei den meisten von ihnen konnte auch von hier aus wirksam dazu beigetragen werden. Fast alle Kinder, die zur Auswanderung von hier aus angemeldet waren, konnten im Ausland untergebracht werden. Z[um]. T[eil]. sind aber deren Eltern noch hier. Es ist durch den Ausbruch der Feindseligkeiten eine erschütternde Zerreißung dieser Familien eingetreten, da niemand mehr von dem Anderen etwas hört. Versuche, sie mit solchen Angehörigen in Feindstaaten in Verbindung zu kommen, scheiterten bisher am behördlichen Verbot.

2. Seelische Hilfe.

Neben dem seelsorgerlichen Gespräch wurde versucht, durchgedruckte Predigten von Pfarrer Grüber, die auf diesen Kreis der Betreuten eingestellt waren, seelische Hilfe zu geben. In manchen Fällen wurde Anschluß an Familien in gleicher Lage vermittelt, um der Vereinsamung entgegenzuarbeiten

3. Verwendung der zugeleiteten Mittel.

Für Unterstützungszwecke an die verschiedenen Pfarrämter

(bis einschl. 3. 11. 1939)	RM	775.–
Tagegelder vom 17. 12. 38 – 30. 4. 1939	RM	628.20
Fahrtauslagen	RM	425.65
Telefon	RM	4.–
Porto	RM	30.30
Sonstiges	RM	1.–
Summa:	RM	1864.15

Vom Evangl.-Luth. Landeskirchenrat wurden zugewiesen RM 2000.–

Abgleichung:

Einnahmen	RM	2000.–
Ausgaben	RM	1864.15
Bestand am 3. 11. 1939	RM	135.85

Da die Mehrzahl der Betreuten sich noch im Lande befindet, zum Teil in großer Not, so sind noch immer Glaubensgenossen auf unsere Hilfe angewiesen. Da nur noch sehr geringe Auswanderungsmöglichkeit besteht, ist auf längere Zeit eine Besserung der Lage nicht zu erwarten. Für einen kleinen Teil ist aber auch jetzt noch Beratung und Hilfe in Auswanderungsfragen möglich.

Zusammenfassend kann gesagt werden, daß durch die Errichtung dieser kirchlichen Hilfsstelle in verschiedenen Fällen auch wirklich Hilfe gebracht werden konnte. Manchmal konnte neuer Mut gegeben werden, manchmal ein Ausweg gezeigt werden. Aber die Zahl der Schwierigkeiten war oft so groß, daß alle Mühe vergeblich war. Die meisten der Betreuten haben diesen Dienst mit sehr großem Dank hingenommen. Diesen darf ich an den Evang.-Luth. Landeskirchenrat weitergeben mit der Versicherung, daß dieser notwendige Dienst trotz mancherlei Fehlschlägen nicht umsonst gewesen ist.

gez[eichnet]. Zwanzger

4. Hans Werner Jordan: Bericht an den Landeskirchenrat. Nürnberg, 12. März 1940

Aus: LAELKB: PA Jordan, Hans Werner

Der Bericht kann Bezug nehmen auf den Bericht vom 2. November 1939.[11] Es hat sich demgegenüber nichts wesentlich geändert.

Die Auswanderungsfrage ist seit dem Kriege selbstverständlich fast ganz zurückgegangen. In drei hiesigen Fällen waren die Permits schon unterwegs, als der Krieg ausbrach. Damit wurden die Permits wieder hinfällig. Andere, die als Hausangestellte hofften, hinüberzukommen, mußten ihre Bemühungen auch einstellen. Die Hoffnungen, nach USA auszuwandern scheitern entweder an den zu hohen Wartenummern oder am Mangel an Passagegeldern, die ja jetzt in Devisen bezahlt werden müßten.

Die Leute, die jetzt kommen, brauchen entweder einen kleinen Rat oder sie erkundigen sich wieder nach den Auswanderungsmöglichkeiten. Die meisten brauchen eine Unterstützung. Die schwierigsten Fälle sind hier zerrüttete Mischehen.

Man macht aber die Erfahrung ebenso, daß manche Ehen sich erst recht festigen. Erschütternd war der Fall eines alten Ehepaares, die von auswärts stammten und hier, in der Heimatstadt der Frau, versuchten Selbstmord zu verüben. Sie standen völlig vor dem Nichts. Ich hoffte, sie gemeinsam unterzukriegen. Aber die gesetzlichen Bestimmungen zwangen, daß wir die Frau, bei der es keine Schwierigkeiten gab, in Fürth in einem Heim unterbrachten, während der Mann nach Berlin zurück mußte. Seitdem muß das alte Ehepaar getrennt leben. Ich habe sie damals auseinandernehmen müssen und möchte so etwas nicht noch mal tun müssen.[12]

Neue Fälle kommen zur Zeit kaum mehr. Es sind zumeist die Alten, die immer wieder einmal herschauen mit einer Bitte oder einem schwachen Hoffnungsfünkchen. Leider kann ja nur wenig getan werden.

Doch ist auch manches [sic!] für ein bescheidenes Trostwort empfänglich und dankbar. Und dankbar sind auch die, denen mit einer Gabe wieder etwas über die dringendsten Sorgen geholfen werden konnte.

Manche Pfarrämter haben hier auch in feiner Weise mitgeholfen, sodaß diese Menschen das Gefühl bekamen, daß sie nicht von einer »Stelle« getragen werden, sondern Anteil haben an der Gemeinschaft des Leibes Christi.

11. Dokument IIIB2.
12. Vgl. unten, S. 194f., 336.

Andere Pfarrämter zeigen eine erschreckende Verständnislosigkeit, gerade auch bei einem, bei dem nicht über Mangel an Mitteln geklagt werden könnte.

Und das ist dann für diese Menschen oft schwer zu tragen, wenn sie da, wo sie eigentlich hingehören, so wenig von der Gemeinschaft des Glaubens erfahren. Meinen Erfahrungen nach, ist uns hier die katholische Kirche weit über.

Dennoch darf mit allen Vorbehalten gesagt werden, daß die Arbeit vielleicht nicht ganz vergeblich war. Auch die Stadtmission, die sich zweier Fälle noch besonders annimmt, hat in einem Fall sehr gute Erfahrungen gemacht.

Das stärkt einen in dieser gewiß nicht »schönen« Tätigkeit, daß es auch noch andere gibt, die für diese Menschen Verständnis aufbringen.

Hans Werner Jordan.

5. *Johannes Zwanzger: Bericht für die Zeit vom 1. Oktober 1939 bis 15. März 1940 an den Landeskirchenrat*

Aus: LAELKB: PA Zwanzger

Meine Tätigkeit in diesem Zeitraum umfasst drei Gebiete:
1. Die Betreuung der nichtarischen Christen
2. Altersfürsorge
3. Seelsorge im Diakonissenhaus.

1. Die Betreuung der nichtarischen Christen beschäftigt sich in erster Linie mit deren Auswanderung. In jedem Fall wird festzustellen versucht, ob eine Auswanderung möglich ist, auf welche Art und Weise die Auswanderung bewerkstelligt oder beschleunigt werden kann. Jeder einzelne Fall erfordert eine eingehende Behandlung und bringt meist einen sehr umfangreichen Schriftwechsel mit sich. In den verschiedenen Fällen waren häufige mündliche Verhandlungen mit den hiesigen Quäkern und auch mit der Caritas notwendig. Durch Besuche in einzelnen Fällen suchte ich mich persönlich von der Richtigkeit der gemachten Angaben zu überzeugen. Da kranke nichtarische Christen in einem besonderen Krankenhaus untergebracht sind, wurden sie dort von mir aufgesucht und seelsorgerlich betreut. Im Zeitraum vom 1. Januar 1939 bis 31. August 1939 sind etwa 10 % der Betreuten ausgewandert. Seit Kriegsausbruch konnten erst 2 Einzelpersonen auswandern. Es bleibt dann mehrfach auch die Aufgabe, sich um die zurückgebliebenen halbarischen Angehörigen zu bekümmern.

[...][13]
Zwanzger

6. Johannes Zwanzger: Bericht an den Landeskirchenrat. München, 4. Dezember 1940

Aus: LAELKB: Vereine II, XIV, Nr. 1

Wie im vergangenen Jahr, so sei auch diesmal ein kurzer Überblick über die Arbeit für notleidende Glaubensgenossen gegeben.

Die Notwendigkeit dieser Arbeit besteht immer noch. Eine Auswanderung ist seit einigen Monaten praktisch unmöglich. Die Zahl der zu Betreuenden betrug bis jetzt insgesamt 358 einschl[ießlich]. der arischen oder halbarischen Familienglieder. Davon konnten vom 1. 3. 39 – 31. 8. 39 d. h. bis zum Ausbruch des Krieges 44 Personen auswandern, davon allein im Juli und August 1939 monatlich durchschnittlich 12 Personen. Mit Ausbruch des Krieges vom 1. 9. 40 – 30. 11. 40 waren es insgesamt 17 Personen, die zur Auswanderung kamen. Zum Vergleich seien die Zahlen angeführt, die das Büro Pfarrer Grüber geliefert hat: Vom Sept[ember]. 39 – Sept[ember]. 40 305 Personen. In dieser Zahl sind die Auswanderer von München miteingerechnet. Monatsdurchschnitt im Büro Grüber im Juli/August 1939 75 bis 80 Personen. Ab Sept[ember]. 1939 monatlich 25 bis 30 Personen.

Allein die Aufbringung der Devisen für die Reise stößt auf fast unüberwindliche Schwierigkeiten. Das Büro Grüber brachte dafür ca. 10000 Dollar seit Kriegsbeginn auf. Wer die Verhältnisse kennt, weiß, daß dies eine Leistung ist. So liegt das Schwergewicht der Arbeit auf der Betreuung der Zurückgebliebenen.

Jüngere und kräftigere Leute fanden fast alle Arbeit meist in Gärtnereien und Fabriken. Beratung der Leute nach dieser Seite hin wurde in verschiedenen Fällen geübt. Einige wenige konnten in Altersheimen untergebracht werden. Wer aber den Platzmangel in den evang. Altersheimen kennt, weiß, daß auf diesem Wege wenig geholfen werden kann.

Nachforschungen nach Angehörigen, die aus verschiedenen Gebieten weggeführt worden waren, mußten mehrfach eingestellt werden. – Eine Fülle von persönlichen Sorgen und Nöten nach den verschiedensten Seiten hin wurden in den Sprechstunden vorgebracht und mussten durchdacht und

---

13. Ausgelassen wurde Zwanzgers Darstellung seiner Arbeit in der Altenfürsorge, der Seelsorge im Diakonissenhaus und der von ihm in der Markuskirche gehaltenen Gottesdienste.

beraten werden. Da sich die Verhältnisse oftmals durch neue Bestimmungen ändern, kommen die gleichen Leute immer wieder von neuem in die Sprechstunden und suchen Rat und Trost. Daß dabei die materiellen Nöte eine immer größere Rolle spielen sei nur nebenbei erwähnt.

Auf Grund von Vorgängen in den letzten Monaten haben drei der hiesigen Betreuten sich das Leben genommen. Es war nicht die Geldnot, denn diese drei waren relativ finanziell noch gut daran, sondern die Verzweiflung und Hoffnungslosigkeit der ganzen Lage dieser Menschen. Wie ein Alpdruck lagert auf den Herzen dieser Leute die Angst, auch innerhalb einiger Stunden weggeführt zu werden wie diejenigen aus Baden und Pfalz. Manche haben erklärt, lieber dann noch vorher Selbstmord zu begehen, als in eine hoffnungslose Zukunft zu gehen. Sie sehen dann eine solche Handlung gar nicht als Selbstmord an, sondern weisen darauf hin, daß sie von andern in die größte Verzweiflung gestoßen sind und daß daher andere die Verantwortung für den furchtbaren Schritt tragen. Ich versuche in solchen Aussprachen immer wieder das klar zu machen, daß damit [sic!] wir nicht unserer persönlichen Verantwortung vor Gott frei und ledig sind und daher nicht das Recht haben, uns das Leben zu nehmen. Es legt sich mir dabei immer wieder die eine Frage schwer auf die Seele: »Wieweit sind wir als Christen an dem allen mitverantwortlich?« Nach einer Sprechstunde wurde ich einmal gefragt, warum ich so niedergeschlagen aussehe. Ich konnte dem Betreffenden antworten, daß ich einen Vormittag lang nichts anderes zu tun hatte, als verschiedenen Leuten den Gedanken an den Selbstmord auszureden.

Tiefschmerzlich ist auch die Art und Weise, wie man mit Verstorbenen umgeht. Meine persönliche Überzeugung geht dahin, daß der Dienst der Kirche auch am Grabe im Ornat geschehen soll, ganz gleich, wo diese Gemeindeglieder auf Grund behördlicher Anordnungen begraben werden. Ich betone dies deswegen, weil diese Frage meines Wissens noch nicht endgültig geklärt ist. Da die Bestattung getaufter Nichtarier behördlicherseits rein jüdischen Stellen übertragen ist, kann es vorkommen, daß der zuständige Gemeindepfarrer überhaupt nicht verständigt wird, wie dies kürzlich einmal der Fall war. Oder wie bitter ist es, wenn Angehörige unter großen Kosten gezwungen sind, den Vater nach auswärts in einen evang. Friedhof überführen zu lassen, weil auf keinem Friedhof Münchens dem Toten ein Ruheplatz gegönnt wird und weil es die Angehörigen als eine Zumutung ansehen, ihren Vater, der evang. war, auf dem jüdischen Friedhof beisetzen zu lassen.

Mit diesen Stichproben wurde versucht, einen Einblick in die Art und

Weise dieser Arbeit zu geben. Ihre grundsätzlich wichtige Seite besteht darin, daß sie nicht aus Mitleid und aus Gründen menschlicher Wohltätigkeit,
sondern aus dem Verständnis des Taufsakraments heraus geschieht, das uns
mit den Menschen vor Gott und der Welt verbindet, die in der Gemeinschaft des Glaubens an den einen Herrn und Heiland stehen.

7. Johannes Zwanzger: Bericht vom 4. April 1941 für die Mitgliederversammlung des Vereins für Innere Mission am 22. April 1941

Aus: LAELKB: Vereine II, XIV, Nr. 1
Literatur: H. Baier, Liebestätigkeit, S. 128

Betreuung der nichtarischen Christen.

Bericht 1940.

Die Notwendigkeit der Betreuung dieser Glaubensgenossen besteht nach
wie vor. Mehr und mehr tritt die rein seelsorgerliche Art der Arbeit in den
Vordergrund. Dagegen tritt die Mitarbeit an der Auswanderung dieser Leute mehr und mehr zurück, da heute praktisch kein Land der Welt eine grössere Zahl von Auswanderern aufnimmt.

Die Zahl derjenigen, die unter diese Betreuung fallen, beträgt seit Beginn
dieser Arbeit einschliesslich der arischen oder halbarischen Familienangehörigen mindestens etwa 534. Davon konnten vom 1.3.1939 bis 31.8.
1939, d.h. bis Kriegsausbruch 48 Personen auswandern, darunter allein
im Juli und August 1939 monatlich durchschnittlich 14 Personen. Seit
Kriegsausbruch kamen 17 Personen zur Auswanderung, die letzten im September 1940. Einige sind verstorben, einige haben Selbstmord begangen,
sodass zur Zeit noch mindestens 460 Personen zu betreuen sind. Die Aus-
wanderungsarbeit ist bei uns sehr in den Hintergrund getreten, da diese
augenblicklich mehr von anderen Stellen betrieben wird. Von dieser Zahl
der Zurückgebliebenen haben etwa 4/5 irgendwie einmal den Rat oder seelsorgerliche Hilfe bei uns in Anspruch genommen, sehr häufig auch die arischen Familienangehörigen in Mischehen. Eine Fülle von persönlichen Sorgen, wirtschaftlichen und anderen Nöten wurden in den Sprechstunden
vorgebracht und mussten durchdacht und beraten werden. Da sich die Verhältnisse oftmals durch neue Bestimmungen ändern, kommen die gleichen
Leute immer wieder in die Sprechstunde und suchen Rat und Trost. Verzweiflung, Hoffnungslosigkeit und Angst vor dem, was der nächste Tag
bringen kann, beherrscht das Leben dieser Menschen. Jeder spürt, dass die-

ser ganze Fragenkomplex sich mehr und mehr einer wohl tiefgreifenden Lösung zuspitzt.

Sehr schmerzlich empfinden es vor allem die arischen Angehörigen in Mischehen, dass der jüdische Familienteil, auch wenn er einer christlichen Konfession angehört, auf dem jüdischen Friedhof bestattet werden muss.

Sehr einschneidend für die ganze Arbeit war die behördliche Schliessung des Büros Grüber in Berlin Mitte Dezember 40.[14] In mancherlei Fällen konnte man sich dort Rat holen, gerade auch in Auswanderungsangelegenheiten. Durch Mithilfe dieses Büros konnten zum Beispiel im 1. Kriegsjahr (Sept[ember]. 39 – Sept[ember]. 40) immerhin noch 305 Personen auswandern. In dieser Zahl sind auch die Auswanderer aus München mitenthalten. Auffallenderweise ist die katholische Stelle für die Nichtarier, der Raphaelsverein, nicht von der gleichen Massnahme wie das Büro Grüber betroffen worden. Für die Auswanderung evangelischer Nichtarier besteht zur Zeit nur die Abteilung E (Evangelische) in der Reichsvereinigung der Juden in Berlin, die von einem Herrn aus dem früheren Büro Grüber[15] geleitet wird. Eine engere organisatorische Verbindung von hier aus mit dem Büro Grüber bestand nicht. Die hiesige Arbeit geschieht allein im Auftrag des Landeskirchenrats ohne jede organisatorische Bindung an ähnlich arbeitenden Stellen. Trotzdem war die Schliessung des Büros Grüber eine einschneidende und ganz unerwartet gekommene Massnahme, da die Existenz einer solchen Stelle in der Reichshauptstadt auch für die evangelischen Nichtarier im Altreich eine grosse Hilfe in der Erledigung ihrer Angelegenheiten war.

8. Johannes Zwanzger: Bericht an den Landeskirchenrat über die Betreuung nichtarischer Christen. München, o. D.[16]

Aus: LAELKB: Vereine II, XIV, Nr. 1

Verlauf der Dinge seit Ende 1938.

1.) Eine grosse Anzahl im K. Z. Im Laufe der Zeit von dort wieder entlassen.

2.) Von über 200 Vollnichtariern, die evangelisch sind, oder mit Ariern verheiratet sind, wandern 36 Nichtarier aus, die 30 arische oder halbarische Angehörige mitnehmen konnten. Es sind hier noch zu betreuen ca

14. Heinrich Grüber war am 19. Dezember 1940 von der Gestapo verhaftet worden. Das Büro wurde geschlossen, alle Akten und die Kasse waren beschlagnahmt worden.
15. Gemeint ist der Jurist Paul Heinitz.
16. Der Bericht wurde nach dem 19. September 1941 verfasst.

200 Voll-Nichtarier mit ca 250 arischen oder halbarischen Angehörigen, meistens älteren Leuten.

Auswanderungsländer:

USA	12	Schweiz	1
Engl[and].	22	Jugosl[awien].	1
Ecuador	1	Italien	3
Holland	4	Neu-Seel[an]d.	1
Mexiko	1	Schanghai	1
Ungarn	5	Unbekannt	11

3.) Verschiebung der Stettiner Nichtarier in die Lubliner Gegend (Frühjahr 1940)

4.) Oktober 1940. Verschiebung von 7000 Nichtariern – auch 70-, 80-jährigen Leuten – aus Pfalz, Baden ins unbesetzte Frankreich.[17] Ihr zurückgelassener Besitz beschlagnahmt, versteigert. Die Verschickten in einem ehemaligen rotspanischen Flüchtlingslager in den Pyrenäen untergebracht. Grosse Not. Als Essgeschirr zum Teil Konservenbüchsen.

5.) In München Entmietungen am laufenden Band. Massenunterbringung in jüdischer Wohngemeinschaft, jetzt z[um]. T[eil]. in Berg am Laim und in den Baracken in Milbertshofen (müssen ihren Besitz: Möbel, Wäsche usw. zurücklassen, dürfen nur das mitnehmen, was in 2 kleine Koffer geht.)

6.) Arbeitseinsatz der Männer und Frauen.
In Milbertshofen keine Entlohnung, keinerlei Kassen. Den dort Arbeitenden eine Erklärung zur Unterschrift vorgelegt, dass sie auf Entlohnung, Krankenkasse und Unfallversicherung verzichten. Andere arbeiten als Hilfsarbeiter in einer Sauerkrautfabrik u.a., Frauen in einem Flachsbetrieb oder bei Parkus[18] usw.

7.) Vom Tragen des Davidsternes etwa die Hälfte der christlichen Nichtarier betroffen. Im Unterschied zu manchen Konfessionsjuden leiden die christlichen Nichtarier besonders schwer darunter.

§ 3 und § 4, Abs[atz]. 3 der 1. V[er]O[rdnung] z. Reichsbürgergesetz vom 14.11.35 (RGBl/I S. 1333): »Die Angelegenheiten der Religionsgesellschaften werden nicht berührt«

---

17. Die Opfer der Deportation vom 22. Oktober 1940 wurden in das Lager Camp de Gurs in den Pyrenäen gebracht.

18. Gemeint ist die »Gebrüder Parcus Buchdruckerei und Verlagsanstalt G.m.b.H.« am Ritter-von-Epp-Platz 12.

Wichtig für die Betreuung der Nichtarier und der Frage ihres Gottes-
dienstbesuches etc. Dies alles Angelegenheit der Religionsgesellschaft.
Selbstmorde.
Innerhalb eines Jahres 5 Selbstmorde evangelischer Nichtarier. Bei kei-
nem der Betreffenden wirtschaftliche Not die massgebende Ursache, son-
dern seelischer Zusammenbruch.
Fall B*.
Witwe 60 Jahre alt, evangelisch (Mann arisch u. Rechtsanwalt). Hatte ihre
Möbel, Teppiche, Porzellane beim Spediteur zur Aufbewahrung hinterlegt,
da sie ihre Wohung auflösen musste. Der ganze Besitz auf Anordnung ver-
steigert, der Erlös auf Sperrkonto und ihr nicht zugänglich. Sie konnte ihren
Familienbesitz nicht arischen Schwiegertochter bezw. dem 3/4-arischen
Enkelkind zukommen lassen. Frau z[ur]. Z[eit]. Hilfsarbeiterin in der
Buchdruckerei Parkus von 7 h 15 bis 17 h 15. Herzleidend. Am 15. 10. muss
sie ihr derzeitiges Zimmer räumen. Falls es ihr nicht gelingt, ein Zimmer zu
finden, Massenquartier in Berg am Laim.
Fall F* evang.
Mischehe. Mann arisch, im Weltkrieg gefallen. Kriegerwitwe. Wohnte in
O*. Wurde auf amtliche Anordnung entmietet, bewohnt eine dürftige
Dachkammer. Muss als Kriegerwitwe den Davidsstern tragen. Hilfsarbeite-
rin. Kommt voraussichtlich in das Massenquartier in Berg am Laim.
Fall H*
Priv[ilegierte]. Mischehe. Frau arisch. 3 Kinder. Beruf: Oberstaatsanwalt
i. R. Ein Sohn ausgewandert nach USA, dort jahrelang arbeitslos, der andere
Sohn Polenfeldzug mitgemacht, dann entlassen. In der Systemzeit wegen
seiner nationalen Haltung als Oberstaatsanwalt von der roten Presse öffent-
lich angegriffen. Bezieht nicht volle Pension, da diese auf Sperrkonto. Z[ur].
Z[eit]. Erdarbeiter ohne Bezahlung und ohne Kassen.
Fall H*
Priv[ilegierte]. Mischehe. Frau arisch. 1 Tochter.
Zivilberuf: Amtsgerichtsrat a. D. Kriegsteilnehmer 1914–1918 im Regiment List. Oberleutnant der Reserve, zeitweise Hitlers Kompagnieführer
im Winter 1916. In der Regimentsgeschichte namentlich genannt. Im Oktober 1937 nach Italien (Südtirol) ausgewandert. Musste von dort auf
Grund des deutsch-ital. Rücksiedlungsvertrages nach Deutschland zurück.
Zusage des Chefs der Reichskanzlei Lammers [...] 15. 11. 40: »Auf Ihr
Schreiben vom 6. Oktober 1940 bestätige ich Ihnen, dass Sie dem Führer
aus dem Weltkrieg als Offizier bekannt sind ... Es entspricht dem Wunsche
des Führers, dass Ihnen wegen Ihrer Abstammung keine weiteren, über die

gesetzlichen Bestimmungen hinausgehenden Beschränkungen auferlegt werden … Ich stelle Ihnen anheim, von diesem Schreiben, wenn erforderlich, Gebrauch zu machen« gez[eichnet]. Lammers). Dieses Schreiben liess sich vor einiger Zeit die Gestapo zurückgeben. Kürzlich erfolgte von Lammers ein Widerruf der gewährten Erleichterungen. H* arbeitet als Erdarbeiter in Milbertshofen. Keine Entlohnung, keinerlei Kassen.

Fall Hoffa.[19]

Priv[ilegierte]. Mischehe. Frau arisch. 1 Kind.

Früher hervorragender Chemiker der I[nteressen]G[gemeinschaft]. Über 30 Reichspatente. Hatte Stellung von einer japanischen Firma in Aussicht und Genehmigung der japanischen Stellen zur Übernahme dieses Postens. Darauf wird ihm von hier aus die Ausreise nicht genehmigt. Z[ur]. Z[eit]. Erdarbeiter.

Fall K*

Mann früherer russ. Staatsangehöriger, Halbjude, evang. Ingenieur. Frau Deutsche, arisch, kath.

Beide staatenlos, da Sowjetrussland den Mann ausgebürgert. Mann im Jan. 41 verhaftet, vermutlich, weil er zu den Russen-Juden gerechnet wird. Kam von hier nach Wien. Seither keinerlei Nachricht. Gesuche der Frau unbeantwortet. Nach der Eroberung Litauens erfährt die Frau, dass ihr Mann völlig mittellos in Kowno. Dort von den deutschen Truppen im letzten Augenblick befreit. Vermutlich der Mann im Frühjahr über die russische Grenze abgeschoben, dort aber von den Bolschewisten aufgegriffen, eingekerkert und ausgeplündert. Scheint dort nun völlig mittellos dazustehen.

Fall Neumeyer

Kinderlose Mischehe. Frau arisch. Arischer Stiefsohn. Kriegsbeschädigter E[isernes]K[reuz] I, Inhaber der w[ür]ttb[er]g[ischen]. gold[enen]. Tapferkeitsmedaille. In der Regimentsgeschichte namentlich erwähnt. November 1938 im KZ. Stiefsohn bei der Wehrmacht. Hatte Bürgschaft für USA. Einwanderungsbehörde verweigert die Einwanderung wegen seiner Kriegsbeschädigung. Weil er Jude, bekommt er den Ehrensold von RM 20.– nicht, der allen Trägern der gold[enen]. Tapferkeitsmedaille zusteht. Muss Davidsstern tragen und darf daher seine Orden nicht mehr tragen. Zum Arbeitseinsatz geholt.[20]

---

19. Vgl. unten IV 16.
20. Vgl. unten IV 17.

Fall R*

Evang. Jude, Ingenieur, Sportredakteur. Kriegstcilnehmer 1914–18. Vize-wachtmeister im Freikorps Epp (Freikorpsurkunde). Muss Davidsstern tra-gen. Arbeiter.

Fall S*

Fabrikdirektor. Nov[ember]. 38 KZ. Priv[ilegierte]. Mischehe. z[ur]. Z[eit]. Hilfsarbeiter in einer Fabrik.

Fall S*

Evang. Jude. Dipl.-Ing. (Hoch-Tiefbau), Weltkriegsteilnehmer. Arbeits-einsatz beim Barackenbau Milbertshofen. Keine Bezahlung. Nur wöchent-liche Wohlfahrtsunterstützung vom jüdischen Wohlfahrtsamt. Nach Voll-endung des Baues eingewiesen in die Baracke. Bewohnt mit 16 Personen einen Raum. Muss dafür monatlich RM 18.– zahlen.

Fall S*

Mischehe. Frau arisch, evang. kinderlos. Entmietet, in einer jüdischen Wohngemeinschaft. Hatte einer jüdischen Frau in dieser Wohngemein-schaft Gurken abgegeben zu einer Zeit, als Gurken noch Mangelware. Dies kam auf. Der arischen Frau wegen asozialen Verhaltens Kleiderkarte ent-zogen und jüdische Lebensmittelkarten zugeteilt.

Frau S*

Mischehe. Frau arisch. Die Auswanderungsverhandlungen zogen sich derartig lange hin, dass die Frau nicht mehr auswandern konnte, weil sie vor der Entbindung stand. Durch das Kind dann eine neue Sachlage, weil nun für eine 3. Person eine Bürgschaft besorgt werden musste. Frau reiste ihrem Mann nach, liess das Kind in Deutschland zurück. In der Woche, in der aus Amerika die Mitteilung kam, dass der Hinüberreise des Kindes nichts im Wege stehe, stirbt hier das Kind an Scharlach.[21]

Fall W*

Mischehe. Frau arisch. 2 Kinder. Mann lungenkrank. Die jüdische Für-sorge lehnt Unterstützung ab, da sie in diesem Fall nicht zuständig, weil Familie priv[ilegierte]. Mischehe. Die städtische Fürsorge lehnt Unterstüt-zung ab, da der Mann Rassejude. Familie lebt vom bescheidenen Verdienst des Sohnes.

---

21. Vgl. unten IV 19.

9. Nachweis des Landeskirchenrates an den Landessynodalausschuss über die Verwendung der Mittel zur Unterstützung von Glaubensgenossen in Not. München, 31. Januar 1940

Aus: LAELKB: LKR 2595

Die mit Zustimmung des Landessynodalausschusses vom 29. November 1938 zur Unterstützung von Glaubensgenossen, die in besondere Notlage geraten sind, aus Tit[el]. XII 1 der Allgemeinen Kirchenkasse zur Verfügung gestellten 10000.– RM wurden nach dem Stand Ende Oktober 1939 wie folgt verwendet:

1236.– RM	Beihilfen	)	)
	und Fahrtauslagen	)	)
628.– RM	Tagegelder	) für	) Verein für Innere
3880.– RM	Gehalt ab 1. März 1939	) Pfarrer	
926.– RM	Umzugskosten	) Zwanzger	) Mission in München
			)

623.– RM	Beihilfen und Fahrtauslagen	) Landesverein
1290.– RM	Tagegelder für Pfarrer Jordan	) für
2000.– RM	im Okt[ober]. 1939 ausbezahlt[er]. Vorschuss, auf den noch nicht abgerechnet.)	) Innere Mission) in Nürnberg.
10583.– RM	im ganzen.	

gez[eichnet]. Meiser

10. Aufstellung der Ausgaben der Münchener Hilfsstelle von November 1940 bis Dezember 1941

Aus: LAELKB: Vereine II, XIV, Nr. 2

18. XI. 40	An Frau v. A*	RM 5.–			
28.	Arzt und Arzneien	17.–	16. IV. 41	Für Altersfürsorge	50.–
4. XII.	An Fr. B*	12.–	29.	An St. Matthäus	30.–
11.	Telefon Berlin	2,10	23.	An Herrn Weiß	30.–
11.	Altersfürsorge	5.–	29.	An Jugendhilfe	30.–
16.	An Erlöserkirche	30.–	30.	Für Altersfürsorge	30.–

19.	An St. Markus	25.–	3. V.	An Erlöserkirche	30.–
19.	An Frau F*	50,18	14.	Buchhandlung	1.10
20.	An Jugendhilfe	30.–	19.	Porto	–.65
23.	Telegramm Berlin	4,10	26.	An St. Markus	30.–
23.	Altersfürsorge	30.–	26.	Für Altersfürsorge	10.–
[...]²² I.41	Weihnachtsgaben	24,80	26.	An St. Matthäus	20.–
10.	Brieftelegramm	2,40	4. VI	An Jugendhilfe	100.–
22.	An Rückwanderer	50.–	6.	Bibel	2.15
23.	An Frau F*	30.–	9.	An Auferstehungs- k[irche].	40.–
25.	An W*	20.–	19.	An Frau F*	50.–
25.	Fahrtauslagen	5,60	19.	An St. Markus	30.–
25.	An St. Markus	20.–	23.	An Jugendhilfe	70.–
28.	Eilporto	1,95	28.	Für Altersfürsorge	50.–
29.	Porto	–.85	10. VII.	An St. Markus	30.–
30.	Zeitung	–.55	15.	An Jugendhilfe	30.–
5. II.	An Frau M*	20.–	15.	Unterstützungen	30.–
10.	An Jugendhilfe	40.–	17.	An St. Matthäus	20.–
12.	An St. Matthäus	70.–	18.	An St. Lukas	30.–
[...]²³	An St. Markus	20.–	29.	An Kreuzkirche	20.–
24.	An Jugendhilfe	30.–	29.	An Stephanuskirche	40.–
1. III.	An Erlöserkirche	35.–	14. VIII.	An Erlöserkirche	40.–
7.	An Frau M*	30.–	19.	An Frau F*	50.–
19.	An Herrn B*	30.–	22.	An Jugendhilfe	40.–
19.	An St. Markus	30.–	4. IX.	An Frau B*	25.–
25.	Porto	–.85	20.	An St. Matthäus	30.–
25.	An Herrn B*	30.–	24.	An Jugendhilfe	15.45
25.	An Jugendhilfe	35.–	27.	An St. Matthäus	50.–
27.	Unterstützung	50.–	27.	An Frau K*	20.–
27.	An Jugendhilfe	30.–	30.	Unterstützungen	10.–

22. Unleserlich.
23. Unleserlich.

9.IV.	Stempel	1.50	2.X.	An Jugendhilfe	50.–
9.	An St. Matthäus	20.–	4.	An Erlöserkirche	30.–
9.	Für Altersfürsorge	10.–	4.	An St. Markus	20.–
16.	Unterstützungen	20.–	4.	Für Altersfürsorge	50.–
4.X.41	An Frau F*	60.–			RM 2691.28
10.	Für Altersfürsorge	30.–			
14.	Ariernachweise	3.25			
18.	An St. Markus	20.–			
23.	Für Altersfürsorge	30.–			
4.XI.	An Jugendhilfe	30.–			
4.	An St. Markus	20.–			
10.	An St. Markus	10.–			
18.	Telefon	4.80			
1.XII.	An St. Markus	20.–			
4.	An Jugendhilfe	50.–			
5.	An Christuskirche	60.–			
22.	An St. Matthäus	50.–			
22.	Weihnachtsgabe Frau M*	50.–			
31.	An Frau F*	50.–			
31.	Für Altersfürsorge	50.–			
31.	Für Alterfürsorge	30.–			

Bestand am 15.XII.40   RM   23.70
Zuschuß vom 20.XII.41   3000.–
Rückersätze (St. Markus)   40.–
Einnahmen   RM   3063.70
Ausgaben   RM   2691.28
Bestand am 31.XII.41   RM   372.42

11. *Johannes Zwanzger: Bericht an den Landeskirchenrat* »*Betreff: Betreuung der nichtarischen Christen*«. *München, 25. August 1945*

Aus: LAELKB: Dekanat München I, Nr. 18

Nachdem durch den Zusammenbruch in diesem Jahr ein grundlegender Wechsel in der Lage der Nichtarier eingetreten ist, ist es wohl angebracht, über die Betreuung der nichtarischen Christen einen abschliessenden Bericht zu geben.

Dieser Bericht gliedert sich nach den drei Hauptperioden der Arbeit: 1933–1938, 1939–1941, 1942–1945

1933–1938

Die Einführung des Arierparagraphen bedeutete für die Kirche die Frage, wie weit in ihrer Mitte das Taufsakrament ernst genommen wird oder nicht. Darauf wies mit sehr grossem Nachdruck Herr Pfarrer Hofmann in einem Vortrag auf der Münchner Kapitelskonferenz hin, als er im Jahre 1939 sagte: »Ich bin überzeugt, dass sich für die Kirche an der Frage, wie sie sich ihren nichtarischen Gliedern gegenüber verhält, viel mehr entscheidet, als wir jetzt sehen können. Es geht ja darum, ob das Sakrament der Taufe ernst genommen wird oder nicht.« Darum konnte die Betreuung der christlichen Nichtarier nicht nur Sache der jüdischen Organisationen sein, wie es der damalige Staat zuletzt verlangte, auch nicht des vorübergehend zugelassenen Paulusbundes, sondern musste von der Kirche selbst in Angriff genommen werden.

Zu der grundsätzlichen Frage kam dann noch die rein praktische Frage barmherziger Hilfeleistung angesichts der abgrundtiefen Not und der grenzenlosen Verzweiflung all der Menschen, die buchstäblich unter Räuber und Mörder gefallen waren. Die Einzelheiten darüber sind ja heute so bekannt, dass sie hier nicht alle aufgezählt zu werden brauchen. Angesichts der Einstellung des Staates und der Partei zu diesen Dingen war es ein sehr grosses Wagnis, als Herr Pfarrer Hofmann vom Verein für Innere Mission in München zunächst für München an die Betreuung der nichtarischen Christen ging. Er gab damit den Anstoss zu einer Arbeit, die sich über ganz Bayern ausdehnte. Diese Arbeit konnte bei den damaligen Verhältnissen das ganze Werk der Inneren Mission gefährden. Diese Gefahr bestand die ganzen Jahre über, weil die Hauptbetreuung der Nichtarier in München wie in Nürnberg zum grössten Teil sich in den Räumen der Inneren Mission abspielte.

Der Unterzeichnete möchte daher auch an dieser Stelle Herrn Pfarrer Hofmann sehr herzlich dafür danken, dass er um der Sache der Nichtarier willen niemals gezögert hat, Räume und Werke der Münchner Inneren Mission zur Verfügung zu stellen. Das gleiche gilt auch von Herrn Pfarrer Henninger, durch dessen Mithilfe manche scheinbar ausweglose Sache gemeistert werden konnte. Ebenso dankbar sei erwähnt, dass der damalige Vorsitzende des Vereins für Innere Mission, der Verlagsbuchhändler Herr Dr. Oldenbourg, ohne Zögern mit dieser Arbeit einverstanden war und sie in jeder Beziehung förderte. Persönlichen Dank schuldet der Unterzeichnete Herrn Dekan Kirchenrat D. Langenfass und den Münchner Kollegen, die mit sehr grossem Verständnis und, soweit dies möglich war, mit tatkräftiger Hilfe meine Arbeit unterstützten. Nach den Judenprogromen [sic!] 1938 nahm die Not der Nichtarier einen solchen Umfang an, dass diese Arbeit nicht mehr von Herrn Pfarrer Hofmann neben seiner übrigen grossen Arbeit durchgeführt werden konnte.

So kam es im Dezember 1938 dazu, dass Herr Landesbischof D. Meiser Herrn Pfarrer Jordan nach Nürnberg und den Unterzeichneten nach München in diesen besonderen Dienst berief. Die bayerische Landeskirche übernahm die ganze finanzielle Last dieser Arbeit und ist meines Wissens unter allen Landeskirchen in Deutschland die einzige gewesen, die die Not der Nichtarier zur Sache der ganzen Kirche gemacht hat, während andere Landeskirchen einen gewissen Abstand wahrten und diese Tätigkeit in der Regel privater Initiative überliessen, z. B. Berlin einem Mann wie Pfr. Grüber oder in Heidelberg Pfr. Maas. Bei Zusammenkünften im Büro Grüber (die entsprechende Stelle in Berlin) bekam ich von anderen Mitarbeitern aus dem Reich immer wieder zu hören, wie hoch sie es unserem Herrn Landesbischof D. Meiser anrechneten, dass er das Ansehen der ganzen bayerischen Landeskirche hinter diese Arbeit stellte. Sie betrachteten dies als eine moralische Stärkung für diese Tätigkeit im ganzen Reich.

1939–1941

1. Die Zusammenarbeit mit Amts- und Dienststellen
Die Betreuung der Nichtarier geschah hier nicht in isoliertem Rahmen, sondern in stetiger und reibungsloser Zusammenarbeit mit dem Geschäftsführer des hiesigen Caritasverbandes, Herrn Kett, mit den hiesigen Quäkern, Herrn und Frau Dr. Cohen, und dazu mit Herrn Classen vom Ackermannschen Kunstverlag, weiter mit den vom damaligen Staat aufgestellten jüdischen Stellen. Sehr wichtig und wertvoll war das Büro Grüber in Berlin. Bei den Behörden hatte es d[er]. U[nterzeichnete]. hauptsächlich mit den Be-

auftragten des Gauleiters zu tun, die auf alle meine Vorstellungen hin entweder mit Hohn und Spott oder mit Beschimpfungen und Drohungen reagierten. Eine rühmliche Ausnahme war zum Beispiel der Stadtschuldirektor Grassl im Rathaus, der trotz seines goldenen Parteiabzeichens mit grosser Aufmerksamkeit und Freundlichkeit meine Anliegen entgegennahm.

2. Der Umfang und die Art der Arbeit
Der Kreis der Betreuten ging im Laufe der Jahre in die Hunderte.

Bis zum Ausbruch des 2. Weltkrieges stand natürlich die Auswanderungsfrage im Vordergrund. Von den von mir Betreuten konnten bis Kriegsausbruch 48 Personen auswandern, darnach nur noch 17, die letzten im September 1940. Aufs Ganze gesehen eine kleine Zahl, aber dahinter steht eine Unsumme von Mühen, Schreibereien, Rückschlägen und Enttäuschungen. Aber es sind 65 gerettete Menschenleben. Die meisten von ihnen gingen mit nichts anderem aus dem Land als mit 10.– RM und einem Köfferchen voll Habe, fast so, wie man später viele aus den Luftschutzkellern gehen sah. Alles andere mussten die Auswanderer zurücklassen. Bei den Bemühungen um die Auswanderung wurde ich in sehr freundlicher Weise von dem Leiter der amtlichen Auswanderungsstelle in der Kanalstrasse, dem Herrn Engelmann aus Gräfelfing, unterstützt.

Die Art und Weise, mit der diese Auswanderungen vollzogen wurden, grenzten manchmal an Menschenhandel. So konnte ich im Jahre 1939 einen christlichen Nichtarier, der sich im KZ Buchenwald befand, nur dadurch zur Auswanderung bringen, dass 5000.– RM aufgebracht und bei der Gestapo hinterlegt wurden. Der Ausbruch des 2. Weltkrieges bedeutete einen neuen Abschnitt in der Lage der Nichtarier. Die Juden sollten endgültig liquidiert werden. Hinauswurf aus den Wohnungen, Ghettos, Davidstern, Verbot, bestimmte Plätze, Räume und Geschäfte zu betreten, keine Kleiderkarte, kein Telephon, kein Radio, alle möglichen Beschlagnahmungen, einschneidende Ausgangsbeschränkungen, keine Eisenbahn- und Strassenbahnfahrterlaubnis, Verweigerung des Ehrensoldes an Inhaber von goldenen Tapferkeitsmedaillen, Verbot der Beerdigung christlicher Nichtarier auf städtischen Friedhöfen usw., sind eine kleine Auswahl der Vorgänge, die sich außerhalb der KZ abspielten. Rechtlosigkeit und Schutzlosigkeit in immer steigendem Maße.

Eine gewisse Ausnahme genossen die so genannten privilegierten Mischehen.

Alle diese Maßnahmen trieben die gleichen Menschen immer wieder zu uns um Rat, Hilfe und Fürsprache. Doch wie wenig konnte da allein mit

Geld geholfen werden! Die Selbstmorde häuften sich. Je länger der Krieg dauerte, um so stärker trat die seelsorgerliche Seite der Arbeit in den Vordergrund. Dies geschah durch schriftliche Grüsse des Unterzeichneten an die ihm bekannten Nicht-Arier, durch regelmässige Krankenbesuche der evangelischen Kranken im jüdischen Krankenhaus, zum Teil auch durch Hausbesuche und auch durch Verteilung geeigneten Schrifttums. Daneben aber wurde nicht versäumt, unablässig auf Wege und Mittel zu sinnen, um im einzelnen Falle zu helfen. Und es konnte auch immer wieder Einzelnen geholfen werden, sei es, dass man auch noch in diesem Stadium des Krieges einen in einer Anstalt oder sonst wie unterbrachte, anderen Arbeit verschaffte, bis die Zwangsarbeit kam. Mancher konnte auch den Nachstellungen der Partei entzogen werden. Aber immer wieder hatte man das Gefühl der Hilflosigkeit einer grossen Not gegenüber.

1941–1945

Eine Katastrophe bedeutete es, als im Jahre 1940 das Büro Grüber in Berlin von der Gestapo geschlossen wurde und Pfarrer Grüber mit seinem Mitarbeiter Pfarrer Sylten nach Dachau verbracht wurden. Dort kam auch Herr Pfarrer Sylten ums Leben.

Dies war aber nur der Beginn einer noch grösseren Katastrophe Ende 1941, die mit der so genannten Umsiedlung begann und in den Vernichtungslagern endete.

Im Oktober 1941 wurde der Unterzeichnete zur Wehrmacht einberufen. Herr Pfarrer Hofmann übernahm wieder die Arbeit und konnte zusammen mit Herrn Pfarrer Henninger auch um diese Zeit verschiedenen Menschen helfen bis hin zu dem Kind, das als »Findlingskind« wie einst Moses in Ägypten vor dem Tode bewahrt wurde.

Inzwischen hatten die Deportationen begonnen. Die erste hatte schon nach dem Polenfeldzug 1939 in die Gegend von Lublin stattgefunden. Für die Zurückgebliebenen kam dann die Zwangsarbeit unter sehr entwürdigenden Bedingungen. Es musste dabei weithin »freiwillig« auf jede Entlohnung, Kranken- und Unfallversicherung verzichtet werden. Später wurden dann auch die Halbarier in Zwangsarbeitslager und KZ verschleppt.

Die grösste Deportation begann hier im November 1941. Von da an verschwanden auch Hunderte christliche Nichtarier spurlos. Vergebens erhob Herr Pfarrer Hofmann bei den zuständigen Stellen Einspruch dagegen. Vergeblich waren auch alle Vorstellungen des Herrn Landesbischofs D. Meiser und des Herrn Landesbischofs D. Wurm bei den höchsten staatlichen Stellen.

Wie viele der damals von uns Betreuten heute noch am Leben sind, lässt sich zur Zeit nicht übersehen. Aus Theresienstadt konnten verschiedene christliche Nichtarier zurückkehren.

Welche seelischen Auswirkungen diese ganzen Vorgänge der letzten zwölf Jahre gehabt haben, sieht man ja heute.

Ernste und fromme Naturen unter den Betroffenen haben diese Erlebnisse als Heimsuchung Gottes angesehen und als ein Stück der Verwirklichung seiner Absichten mit dem Volke Israel. Ahnungsvoll schrieb im Jahre 1940 ein Jude:

»Gott ist uns nah, wohin wir immer gehen,
wenn wir uns Seinem Rufe nicht verschliessen.

...

Der grosse Kreislauf unserer Wanderungen
wird sich vollenden, wie uns Gott gelehrt,
dann ist der letzte schwere Weg bezwungen,
den Er uns führte: wir sind heimgekehrt.« (W. I. Blumenthal im jüd[ischen]. Nachr[ichten].-Bl[att]. 1940)

Oder es sei ein Satz aus einem Brief zitiert, den d[er]. U[nterzeichnete]. kürzlich von einem christlichen Nichtarier erhielt: »Viel Arbeit, aber gottlob eine Aufgabe, die Freude macht. Vor allem kann ich manchem Bittenden helfen und das ist Gottes Segen, dass ich dies kann und darf.« Oder es sagte zu mir ein Nichtarier, der einen grösseren Wirkungskreis jetzt gefunden hatte, dass er seine Tätigkeit ohne Rachsucht ausüben wolle. So sind nicht alle Nichtarier dem gegenwärtigen Vergeltungswahn unterlegen. Das ist wohl ein Stück Segen, den Gott auf diese wahrlich nicht leichte Arbeit für und an den Nichtariern gelegt hat.

Abschliessend darf gesagt werden, dass die Einrichtung des kirchlichen Hilfswerkes für die Nichtarier in verschiedenen Fällen wirkliche Hilfe hat bringen und Menschen vor dem sicheren Tode bewahren können. Aber die Zahl der Schwierigkeiten war so gross, dass oft alle Mühe vergeblich war. Das war tief bedrückend für den, der in dieser Arbeit stand. Die meisten Betreuten haben diesen Dienst der Kirche mit grossem Dank hingenommen. Diesen Dank darf der Unterzeichnete von ganzem Herzen weitergeben an den Herrn Landesbischof D. Meiser und an den Landesführer der Inneren Mission, Herrn Oberkirchenrat Greifenstein, von denen der Unterzeichnete viel Hilfe und Förderung in seinem nicht leichten Werk hat erfahren dürfen.

Johannes Zwanzger, Pfr.

C. Reflexion und Kritik der Arbeit

1. Hans Meiser: Notiz über ein Gespräch mit Hans Werner Jordan während des Sprechtages am 28. März 1939 in Nürnberg

Aus: LAELKB: PA Jordan, Hans Werner

Pfarrer Jordan, Nürnberg, berichtet über seine bisherige Tätigkeit. Er stellt fest, dass sie verhältnismässig gering ist, offenbar weil sehr viele nichtarische Christen die Stadt Nürnberg bezw. Franken schon verlassen haben. Noch geringer als die Arbeit selbst sind die Hilfsmöglichkeiten. Er schildert dann die seelische Lage der nichtarischen Christen. Zum Teil sind es Leute, deren Familien seit Jahrhunderten mit Deutschland verwachsen sind und die von den Juden verachtet werden. Der jüdische Hilfsverein, an den die Reichsregierung die nichtarischen Christen verweisen will, will sie nur ausnützen. Die Zusammenarbeit mit ihm ist restlos abzulehnen. Besonders bedrückt es die nichtarischen Christen, dass die übrigen Christen sich nicht zu ihnen zu halten getrauen. So stehen sie zwischen zwei Fronten. In kleineren Orten gibt es Fälle, wo die Pfarrer die Ängstlichen sind, wenn diese Christen zu gemeindlichen Veranstaltungen kommen. Eine besondere Not bietet die Wohnungsfrage dann, wenn die Leute aus der Wohnung geworfen werden. Für sie gibt es nur das jüdische Wohnungsamt. Die Heime der Inneren Mission verschliessen sich in grosser Ängstlichkeit. In erster Linie wären Altersheime nötig.

Dass die Kirche als Gesamtheit sich der nichtarischen Christen nie öffentlich angenommen und sich nie öffentlich zu ihnen bekannt hat, das bedrückt diese Christen besonders schwer. Ein Bekenntnis zu ihnen hat eigentlich nur die Bekennende Kirche in Norddeutschland abgelegt. Es müsste auch bei uns etwas Ähnliches geschehen, um der Brüder willen, die durch die Taufe zu uns gekommen sind, um der Gemeinden willen und um des Staates willen. Letzterer muss wissen, dass die Kirche etwas Anderes ist als die Volksgemeinschaft. Auch im Ausland hat man noch nicht verstanden, dass es eine christliche Not der Nichtarier gibt, die viel schwerer zu tragen ist, als die der Juden, die im Ausland viel grössere Hilfsmöglichkeiten haben. Pfarrer Jordan gibt an, dass er Besuche nur selten gemacht hat. In der Regel bittet er die Pfarrämter, die Besuche selbst zu machen.

Er habe keine Fühlung mit dem jüdischen Hilfsverein aufgenommen, dagegen mit der katholischen Caritas. In seinen Gesprächen weise er immer wieder darauf hin, dass gerade in der Lage dieser nichtarischen Christen klar werde, was die Taufe ist.

Auf seine persönliche Lage eingehend erklärte er: »Die Nürnberger Arbeit befriedigt mich nicht, weil sie mich nicht ausfüllt. Ich habe mir deshalb eine persönliche Arbeit vorgenommen und will eine Auslegung des Markus-Evangeliums schreiben. Am meisten bedrückt mich, dass so furchtbar wenig geholfen werden kann. Ich frage mich oft, ob die beiden von der Landeskirche eingerichteten Stellen für die Betreuung der nichtarischen Christen nicht nur Morphium für das Gewissen der Kirche sind. Ich trage auch schwer daran, dass meine Stelle der Kirche verhältnismässig viel kostet und im Vergleich zu den Kosten wenig geleistet werden kann. Endlich bedrückt es mich, dass ich mich vollkommen hinausgeschoben ansehe. Auch kann ich die für meine bisherige Gemeinde Steinheim gefundene Lösung nicht für ganz glücklich ansehen. Ich weiss nicht, ob ich nicht falsch gehandelt habe, dass ich meine Gemeinde verlassen habe. Die Gemeinde hat treu zu mir gehalten, auch der Lehrer, und würde mich wahrscheinlich auch weiterhin getragen haben.«

Ich nahm die Mitteilungen von Pfr. Jordan zur Kenntnis und versuchte, so gut es möglich war, ihn seelsorgerlich zu stärken und aufzurichten. In das Ref[erat]. G I.
München, den 6. April 1939
Meiser

2. Hans Werner Jordan: Brief an Johannes Zwanzger. Nürnberg, 7. November 1939

Aus: AIMM: Ordner »Nichtarische Christen«

Lieber Zwanzger!
Wie geht es Dir mit Deiner Arbeit? Ich wäre wieder mal um eine Fühlungnahme dankbar. Kannst Du noch irgend etwas für Deine Leute tun? Wie steht es mit Hinausbringen? Wie mit Unterbringung alter Leute? Bekommst Du auch durch Grüber das Nachrichtenblatt und – hältst Du das für nötig? (Ich gestehe, daß es mir ein Dorn im Auge für meine Arbeit ist. Was haben wir damit zu tun? Oder hast Du jetzt doch in dieser Hinsicht Beziehungen aufgenommen? Ich kam ein paar Mal mit solchen Stellen durch Fälle in Berührung, habe aber eine regelrechte Beziehung vermieden.)

Ich wäre Dir um baldige Antwort sehr dankbar. Ich habe einen furchtbar traurigen Fall hinter mir: altes Ehepaar von 64/70 hat Suicid versucht, – ist aber misslungen. Anruf an mich: Da siehe du zu. Ich hoffte, eine offene Tür zu finden, die sich im entscheidenden Moment wieder schloß. Nun kommt es wohl so weit, daß man statt für die alten Menschen einen neuen Weg ins Leben zu finden – sie auseinanderreißt; denn die Schwierigkeiten bestehen in erster Linie für ihn. Sie ist einstweilen untergebracht. Mir oblag das Trennen. Was mit ihm wird, weiß ich noch nicht. Man tut ihn wohl hin, wo er nicht hin gehört.[24]

Mir liegt nun nah, aus der Unmöglichkeit dieser Arbeit die Folgerung zu ziehen. (Das zunächst nur für Dich). Aber ich habe genug, den Helfer zu spielen, wo ich keine Möglichkeiten habe.

Herzlich grüßt Dich Dein

H. W. Jordan.

24. Vgl. unten, S. 336.

M e r k b l a t t .

1.) **Wer kann verschickt werden ?**

a) Offiziell ist die Altersgrenze 17 Jahre am Tage der Verschickung. In der Praxis müssen Kinder über 14 Jahre sehr lange warten, bis es uns gelingt, einen Platz für sie zu finden. Für Mädchen über 16 Jahre ist neuerdings das Domestic-Büro im Büro Pfarrer Grüber, Berlin, An der Stechbahn 3/4, für Katholiken der Raphaelsverein, Hamburg, Grosse Allee 42, zuständig.

b) Die Verschickung ist für solche Kinder gedacht, für die ein Aufenthalt in Deutschland nicht mehr möglich ist. Daher muss die Dringlichkeit der Verschickung ins Ausland nachgewiesen werden. Wir sind den ausländischen Committees hierfür verantwortlich.

2.) **Welche Papiere sind zur Meldung nötig ?**

3 Fragebogen, 4 - 6 gleiche Passfotos (Name auf der Rückseite), ein Attest mit folgendem Wortlaut:
" .... ist heute von mir untersucht worden. Er (sie) ist organisch gesund und frei von ansteckenden Krankheiten und Geisteskrankheiten, auch von Tuberkulose und Trachom."
1 Bogen mit Dringlichkeitsbegründung, wenn möglich vom Vertrauensmann geprüft und bestätigt, eine Beschreibung des Kindes und der Häuslichkeit, 1 Einverständniserklärung, vom gesetzlichen Vertreter unterschrieben. - Unvollständige Meldungen dürfen von uns nicht weitergegeben werden.

3.) **Dauer der Bearbeitung ?**

Diese immer wieder gestellte Frage ist nie zu beantworten. Die ständigen schriftlichen Anfragen bedeuten eine hemmende Belastung. Niemand sollte auf Grund seiner Meldung voreilige Massnahmen treffen. Er sollte unsere Korrespondenz nur durch notwendige Mitteilungen und Fragen beanspruchen und versichert sein, dass alles Notwendige auch von uns ohne Anfrage mitgeteilt wird. Jeder dient sich besser, wenn er uns so viel wie möglich Zeit für die Bearbeitung mit dem Ausland lässt. Eine Erinnerung an uns, die keine Antwort verlangt,ist manchmal erwünscht.

4.) **Wann bekommt der Antragsteller Nachricht ?**

a) wenn die Papiere nicht in Ordnung sind, neue Papiere oder Zusätze nötig sind,
b) wenn wir nach dem Stand des Falles annehmen können, ihm zu Vorbereitungen nichtamtlicher Art raten zu dürfen,
c) wenn das Permit da ist.

5.) **Was hat der Antragsteller zu tun ?**

Er bekommt dann Mitteilung, wo und wann er sich einfinden soll, um für die technische Vorbereitung der Ausreise alles Nähere zu erfahren. Vorher kann hierüber keine Auskunft gegeben werden, weil die Verhältnisse und Gesetze sich kurzfristig ändern.

6.) **Was wird mit den Kindern im Ausland ?**

Christlichen Kindern wird christliche Erziehung verbürgt. Im übrigen erhält das ausländische Committee die erzieliche Autorität, bis die Eltern die Kinder wieder übernehmen oder diese selbst weiterwandern. Das deutsche Büro kann daher keine Versprechungen über die Art der künftigen Ausbildung machen oder entscheiden, ob das Kind in ein Heim oder eine Familie kommt. In der Regel wird nur ein praktischer Beruf (Handwerk, Landwirtschaft oder dergl.) in Frage kommen können. Es kann nach den bisherigen Erfahrungen versichert werden, dass die Committees mit allergrösstem Verständnis im Rahmen der Möglichkeiten arbeiten. Die Kinder erhalten im allgemeinen bis zum 18. Jahr die Möglichkeit, in England zu bleiben; dann müssen sie in der Regel nach Übersee.

**Wir erbitten Unkostenbeitrag
in Freimarken**

Merkblatt für Auswanderungswillige, LAELKB: Vereine II, XIV, Nr. 2

IV. Einzelfälle

1. Dr. D* – Unterstützung bei der Auswanderung

Aus: LAELKB: Vereine II, XIV, Nr. 7

Schreiben von Dr. D* an Rudolf Schlosser. Frankfurt, 1. Januar 1939
Sehr geehrter Herr Dr.! Mir wird von Freunden, die um mich besorgt sind, empfohlen, mich vertrauensvoll in meiner Notlage [an sie] zu wenden und zu fragen, ob Sie oder die Ihnen nahestehenden Organisationen mir helfen koennen. Ich tue dies hiermit und bitte von vornherein herzlichst, diese Belaestigung eines vollstaendig Unbekannten zu entschuldigen:
1) Zur Person: geb. als Sohn des juedischen Arztes Dr. M* D* und seiner Ehefrau B* geb. R* am * * 1887 in Hamburg. – Von jeher auf's staerkste mit der protestantischen Kirche verbunden und in dieser Religion unterrichtet, trat ich im Jahre 1905 vor versammelter Gemeinde in der Kirche in Glueckstadt an der Elbe zur protestantischen Kirche ueber –. Nach Absolvierung des humanistischen Gymnasiums studierte ich zunaechst in Halle Evangelische Theologie, ging dann aber zur klassischen Philologie und Archaeologie ueber. Laengere Auslandsreisen in Italien, Daenemark, England, Frankreich, Belgien, Holland. 1908 mit M* S*, Tochter des verst[orbenen]. Ministers Dr. C* S*, Enkelin des Theologen D* S* Heidelberg verheiratet. (Die Ehe wurde 1934 geschieden, weil Frau D* unbedingt nach Afrika wollte, wohin ich ihr als Kriegsbeschaedigter nicht folgen konnte.) Bis 1914 lebte ich als Privatgelehrter in Muenchen. 1914/19 Kriegsteilnehmer, als Kriegsfreiwilliger eingetreten und als Oberleutnant entlassen, Kriegsauszeichnungen verschiedener Art, darunter E. K. I. Nach dem Krieg Leiter der Propagandaabteilung der Reichswehrwerbezentrale Muenchen, 1920 Generalsekretaer der Deutschdemokratischen Partei in Bayern (unter Prof. Hohmann, der jetzt in Frankfurt ist), 1921/22 Geschaeftsfuehrer der Werbedienst G.m.b.H., die damals Filialen ueber ganz Deutschland unterhielt, dann 1922/23 Leiter der Geschaeftsstelle Muenchen der Orga A.G. Berlin, 1923/30 Prokurist der Im- & Exportfirma Dr. Fritz Belke Muenchen. 1926/32 Mitgruender und Vorstandsmitglied der Bayerischen Investment A.G. Muenchen, 1932/33 Abwickler eines aussergerichtlichen Vergleichs im Auftrag der Bayerischen Treuhand A.G., 1934/35 Geschaeftsfuehrer des Rennvereins Muenchen-

Riem E.V., 1935/31.XII. 38 Leiter der Organisationsstelle der Industrie-
abteilung der Bayerischen Versicherungsbank Muenchen. Wegen meiner Eigenschaft als Nichtarier wurde mir gekuendigt, nachdem mir diese Stellung
im Jahre 1935 mit ausdruecklicher Genehmigung der Reichskanzlei ueb-
ertragen wurde (sowohl der Fuehrer als auch der Adjutant Hauptmann a. D.
Wiedemann waren in meinem Regiment [Listregiment]). Seit 1934 bin ich
mit W* W* Tochter des Landgerichtsdirektors (verst[orbenen].) W* verheiratet, aus der Ehe stammt ein Sohn. Auch meine zweite Frau ist eine gute
Protestantin, unser Kind wird protestantisch erzogen. Welche Einstellung
ich von jeher als Protestant eingenommen habe, darueber wird Dekan Karl
Frobenius Weissenburg in Bayern jeder Zeit Auskunft geben.

2) Waehrend bis zu den Novemberereignissen keine Veranlassung fuer
mich bestand auszuwandern, musste ich nun, um nicht meine Frau und
meinen Sohn zu gefaehrden, alles dransetzen fortzukommen. Bei diesen
Bestrebungen fand ich seitens der Reichskanzlei Adjutantur weitgehendste
Unterstuetzung, aber bisher ohne jeden Erfolg.

3) Fuer U.S.A., wo ich die besten Moeglichkeiten haette, habe ich in
Stuttgart die Nr. 39414 und muss nach einem Brief des Generalkonsuls an
Hauptmann Wiedemann 7/8 Jahre warten, sodass mir selbst ein zur Verfue-
gung stehendes Affidavit[1] nichts nuetzt.

4) Fuer England, wohin ich nun mit Ruecksicht auf mancherlei Beziehungen auszuwandern bestrebt war, ist es mir gelungen, einen Garantie-
fonds von 400 Pfund zusammenzubringen, den ich aber wenn irgendmoeg-
lich in keiner Weise angreifen moechte, weil ich ja nicht weiss, wann ich das
Geld zurueckgeben kann. 3/4 stammen von meinem in Southern Rhodesia
lebenden Sohn B* (aus I. Ehe), der Angestellter auf einer grossen Farm ist,
und das Geld natuerlich spaeter braucht, um sich selbststaendig zu machen.
1/4 haben Freunde in U.S.A. aufgebracht, die aber auch in kleinsten Ver-
haeltnissen leben. Das Geld ist auf Barclays Bank in London ueberwiesen.
Trotzdem hat mir Mr. Foley, der Chef des British Passport Control Office
Berlin, der entscheidenden Stelle fuer den permit, an den seitens der Adjutantur des Fuehrers zu meiner Unterstuetzung geschrieben war und der
mir sehr wohlgesinnt ist, telefonisch gesagt, dass mein application keine
Aussichten haette. Es scheint, dass es fuer die englischen Stellen viel wichtiger waere, eine Person oder Organisation zu benennen, die fuer meinen
Lebensunterhalt for[tan] die Garantie uebernimmt. Eine solche kenne ich
nicht. Ich habe die feste Überzeugung, dass es mir gelingen wird, eine Po-

---

1. Beglaubigte Bürgschaftserklärung

sition in England zu finden, wenn ich drueben bin, aber das glaubt man mir nicht. Besonders erschwerend ist fuer mich, dass natuerlich die rein juedischen Organisationen mir in keiner Weise helfen werden, weil ich nicht nur aeusserlich, sondern auf Grund innerer Überzeugung Christ bin und bleibe.

5) Und nun erhebt sich die Frage, ob Sie mir irgendwie helfen koennen. Dabei versteife ich mich auch nicht auf England, sondern bin bereit in jedes andere Land zu gehen, wo sich mir eine Existenzmoeglichkeit bietet, wobei mir vielleicht meine ausgesprochene Organisationsbegabung helfen koennte. Ich spreche fliessend Englisch, franzoesisch, italienisch. Meine berufliche Spezialitaet seit Beginn meiner praktischen Arbeit ist internationale Finanzierung, Organisation und Propaganda. Meine Frau, die vorerst beabsichtigt, mit dem Buben in Deutschland zu bleiben, ist jahrelang erfolgreich Wirtschaftslehrerin gewesen und ist stark landwirtschaftlich und gartenbaumaessig interessiert und erfahren. Natuerlich wuerden die ober erwaehnten Garantiesummen auch fuer ein anderes Land zur Verfuegung stehen.

Ich glaube, sehr geehrter Herr Dr. Schlosser, dass ich Ihnen damit alles ueber meine Person und meine Wuensche bezw. bisher gescheiterten Plaene mitgeteilt habe. Sie wuerden mich zu groesstem Dank verpflichten, wenn Sie mir zunaechst grundsaetzlich mitteilen koennten, ob Sie mir helfen zu koennen glauben. Ich fuege einen Freiumschlag bei und zeichne unbekannter Weise

mit verehrungsvoller Begruessung

ergebenst

G* D*

Schreiben von Dr. D* an Dr. Heinrich Spiero. 13. Januar 1939

Sehr geehrter Herr Dr. Spiero!

Verzeihen Sie, wenn ich mich als Unbekannter an Sie mit einer großen Bitte wende. Ihre Adresse verdanke ich Dr. Schlosser von der Quäkerorganisation in Frankfurt. Ich schrieb ihm den im Durchschlag anliegenden Brief, auf den ich aber die Antwort erhielt, daß er mir keinen Rat weiß und mir empfiehlt, mich an Sie zu wenden. Ich tue dies hiermit und hoffe zuversichtlich, daß Sie mir ob dieser Bemühung nicht böse sind. Falls Sie noch über meine Person in Berlin Auskunft haben wollen, so wenden Sie sich bitte an meinen treuen Freund Prof. Dr. Walter Andrae, Direktor der Staatl[ichen]. Museen Berlin (Vorderasiatische Abteilung). Auch Hauptmann Wiedemann von der Reichskanzlei wird Ihnen sicher bestätigen, daß Sie sich nicht eines Unwürdigen annehmen würden. Gerade von dieser Seite habe ich in den düsteren Novembertagen Beweise echter frontkameradschaftlicher Treue erhalten.

So hoffe ich denn, daß Sie mir irgend einen Rat geben können. Ich gehe überall hin und habe nur das eine Ziel vor Augen: für meine Frau und meinen Buben zu sorgen. Ist es zweckmässig, geht meine Frau sofort mit, erscheint es richtiger, zuerst allein zu gehen, bleibt sie vorerst hier, zumal ihr als reiner Arierin keine Gefahr droht.

Ihnen im vorherin vielen schönen Dank sagend begrüsse ich Sie ergebenst

G* D*

Schreiben Laura Livingstones an Johannes Zwanzger.
Berlin, 8. Februar 1939

Sehr geehrter Herr Pfarrer Zwanzger,

vor einigen Tagen ging ein Brief von einem gewissen Herrn D* bei uns ein (siehe Anlage) und zwar zu Händen von Herrn Dr. Spiero. Dieser Brief gelangte vor kurzem an mich, da Herr Dr. Spiero krank ist. Ich kenne den Fall nun garnicht und wäre Ihnen sehr dankbar, wenn Sie mit Herrn D* sprechen wollten und uns einen kurzen Bericht über die ganze Angelegenheit gäben. Wie Sie wissen, sind ja leider die Auswanderungsmöglichkeiten derart beschränkt, dass es nahezu unmöglich ist, die Menschen, die nicht mehr ganz jung sind oder die keine günstigen Privatverbindungen mit einem Ausländer aufweisen können, herauszubringen. Im übrigen bemerke ich noch, dass wir augenblicklich die Halb-Arier nicht übernehmen.

Mit bestem Gruss

L. M. Livingstone

Anlage: 1 Brief

Schreiben von Dr. D* an Johannes Zwanzger. 18. Februar 1939

Sehr geehrter Herr Pfarrer!

Heute traf die Nachricht aus Ecuador ein, daß ich das Visum erhalten werde. Ich möchte Ihnen daher die Fragebogen mit meinem herzlichsten Dank für Ihre liebenswürdigen Bemühungen zurücksenden.

Ich wünsche Ihrem mühevollen Werke für viele Betroffene von Herzen vollen Erfolg. Mit freundlichen Empfehlungen, auch von meiner Frau begrüsse ich Sie

als Ihr sehr ergebener

G* D*

Schreiben von Dekan Karl Frobenius an Johannes Zwanzger.
Weißenburg, 18. Februar 1939
Sehr geehrter Herr Amtsbruder!
Der Obengenannte ist mir von der Kriegszeit her bekannt, wo wir zusammen beim Bayer[erischen]. R[eserve]. I[nfanterie]. R[egiment]. 16 (List) waren und als Offiziere uns in vorderster Linie und in den Ruhestellungen regelmäßig trafen. Es wird Herrn D* von Offizieren und Mannschaften das beste Zeugnis ausgestellt. Er hat in jeder Lage und, vor allem in den Kämpfen an der Somme, oft auf Vertrauensposten, seinen Mann gestellt. Ich habe ihn nach dem Krieg von 1919 bis 1929 während meiner Stadtvikarszeit in München immer wieder getroffen und habe ihn ehrlich bewundert, wenn er als einstiger Privatgelehrter und Ägyptologe in dieser bösen Zeit der Arbeitslosigkeit immer wieder einen Posten fand, den er nicht bloß ausfüllte, sondern von dem aus er durch seine sachliche Art, seinen unermüdlichen Fleiß dem betreffenden Unternehmen über seinen Posten hinaus diente. Seine anständige und vornehme Art wurde manchmal mißbraucht und schlecht gelohnt. Ich habe ihn darüber niemals klagen und ein bitteres oder abfälliges Urteil über andere fällen gehört. Es ist mir heute noch unvergessen, wie er den Tod seiner beiden Töchter, die rasch nacheinander starben, und den Wegzug seines einzigen Sohnes nach Afrika, getragen hat. Auch ist es aller Anerkennung wert, wie er trotz seiner durch einen Unfall hervorgerufenen körperlichen Behinderung seinen letzten Posten ausgefüllt hat. Er ist ein Mann reichen Wissens, großen Könnens, beherrscht französisch und englisch und hat noch niemals Arbeit gescheut, es mochte sein, welche es wollte. Für viele Menschen, Nachbarn, Bekannte und Unbekannte hat er sich mit echter Menschenfreundlichkeit oft unter persönlichen Opfern eingesetzt.
Frobenius.

Dr. D wanderte im August 1939 über Ecuador in die USA aus.*

2. Dr. Ernst Aschenheim –
Vergebliche Bemühungen um Auswanderung

Aus: LAELKB: Vereine II, XIV, Nr. 7
Literatur: E. Seidler, Kinderärzte, S. 359 f.; J. Bilstein, Stadtarzt

Schreiben von Pfarrer Karl Helmes an Johannes Zwanzger.
Planegg, 5. Januar 1939
Lieber Herr Kollege!
Die Familie Dr. Aschenheim kenne ich seit ihrem Hiersein sehr gut. Aus
1. Ehe sind 3 Töchter da, die alle versorgt sind und von denen 2 eine zeit-
lang auch in kirchlicher Arbeit standen. Die Tochter Eva aus 2. Ehe ist mei-
ne ehemalige Konfirmandin und Pfarrer Henninger als Mitarbeiterin des
Münchener Jugendkreises gut bekannt. Frau Dr. Aschenheim ist seit 1938
Mitarbeiterin einer Zeitschrift des Burckhardthauses. Er und seine Frau
sind gut kirchlich und sie haben ihr Christentum gerade in diesen schweren
Zeiten wirklich bewähren dürfen. Sie halten sich von Anfang an treu zur
Gemeinde.
Die wirtschaftlichen Verhältnisse sind nicht erhebend. Ausser der Medi-
zinalratspension besitzt er fasst nichts mehr. Das Auto wurde ihm konfis-
ziert, bisher ohne jeden Ersatz. Dr. A. hat sich nicht nur als Frontarzt be-
währt und in sozialhygienischer Arbeit in Remscheid aufbauend gewirkt,
sondern genoss auch hier als praktischer Arzt mit seiner reichen Erfahrung,
selten guten Diagnosen und seiner äusserst gewissenhaften Behandlungs-
weise den besten Ruf. Ich selbst verdanke ihm bei einer lebensgefährlichen
Erkrankung 1934 sehr viel.
Die Familie verdient also in jeder Weise bevorzugte Unterstützung!
Mit herzlichem Gruß
Ihr
K. Helmes

Schreiben Johannes Zwanzgers an Dr. Ernst Aschenheim.
München, 31. Januar 1939
Sehr geehrter Herr Medizinalrat!
Durch Herrn Pfarrer Helmes und Frl. Heims habe ich von Ihrer Lage er-
fahren.
Ich möchte nun versuchen, Ihnen eine Möglichkeit nach Mittelamerika
zu verschaffen und bitte Sie, zu diesem Zweck folgendes mir zu senden:
1) die drei beigelegten Fragebogen in Maschinenschrift auszufertigen.

2) Für jedes in Betracht kommendes Familienmitglied 2 Paßbilder.

3) Kurzgefaßter Lebenslauf in dreifacher Ausfertigung.

4) Pfarramtliches Zeugnis.

5) Zeugnisse, die für Ihre Bewerbung von Wichtigkeit wären. Eine Voraussetzung ist natürlich, daß Sie bereit sind, nach Mittelamerika allein oder mit Familie zu gehen. Geben Sie auch an, daß Ihnen die Einreise nach England verweigert wurde.

Vielleicht läßt sich etwas erreichen.

Mit freundlichem Gruß

Schreiben Johannes Zwanzgers an das Büro Pfarrer Grüber.
München, 3. Februar 1939

Heute war Herr Dr. Aschenheim kurz bei mir, nachdem ich kürzlich Kenntnis von seiner Lage bekommen und ihm die beiliegenden Fragebogen zugesandt hatte.

Ich habe einen sehr günstigen Eindruck von ihm bekommen, der ja auch durch die beiliegenden beruflichen Zeugnisse sowie der beiden zuständigen Geistlichen, die ich als gewissenhafte Pfarrer kenne, durchweg bestätigt wird.

Bei ihm und seiner Familie fallen sowohl berufliche Qualitäten sowie charakterliche in sehr glücklicher Weise zusammen.

Aus den Beilagen geht auch hervor, wie positiv er zur Kirche eingestellt ist und wie aktiv sich seine Familienangehörigen am kirchlichen Leben beteiligen (Mitarbeit an einer Zeitschrift des Burckhardthauses, Mitarbeit in der hiesigen Gemeindejugend).

Weiter ist ja Frau Dr. Aschenheim als geprüfte Säuglingspflegeschwester ebenfalls in der Lage, mit ihrem Mann beruflich zusammenzuarbeiten.

Schreiben Johannes Zwanzgers an Gottlieb Olpp.
München, 8. Februar 1939

Sehr geehrter Herr Professor!

Mir ist z[ur]. Z[ei]t. hier die Betreuung nichtarischer evang. Christen übertragen, die die Absicht haben auszuwandern.

Nun ist unter diesen ein Obermedizinalrat Dr. Ernst Aschenheim, 57 Jahre alt. Er ist nichtarisch und wurde deshalb im Jahre 1934 in den Ruhestand versetzt. Er ließ sich dann in Krailling bei München nieder und übte dort bis zum 30.9.38 noch eine Praxis aus.

Nun sieht er sich genötigt auszuwandern. Er ist mit einer arischen Frau verheiratet (40 Jahre alt), die geprüfte Säuglingsschwester ist. Von seinen

4 Töchtern sind 3 versorgt und nur eine im Alter von 16 Jahren noch im elterlichen Haus.

Auf Grund eingehender Erkundigungen habe ich festgestellt, daß diese Familie nicht nur sehr geachtet ist, sondern auch eine sehr kirchliche Stellung an den Tag gelegt hat.

Der zuständige Pfarrer schrieb mir am 5. I. 39 über diese Familie u. a. »Die Familie Dr. Aschenheim [...][2] Sie halten sich von Anfang an treu zur Gemeinde.«

Über seine berufliche Tätigkeit können Sie sich wohl an Hand seines Lebenslaufs ein Bild machen. Die verschiedenen Zeugnisse, die er mir kürzlich vorlegte, lassen ihn durchweg als einen tüchtigen Arzt erscheinen.

Auf Grund dieser Nachforschungen kam ich dazu, bei Ihnen einmal nachzufragen, ob dieser Mann nicht als Missionsarzt einen neuen Wirkungskreis finden könnte. Ich habe den Eindruck, daß seine ganze innere Haltung sowohl in der Gegenwart als auch in der Vergangenheit ihn dafür geeignet erscheinen läßt. Ich persönlich habe ihm diesen Vorschlag noch nicht gemacht, da ich mich erst bei Ihnen vergewissern wollte, ob er überhaupt nur eine kleine Aussicht auf Verwirklichung hat. Es spricht ja auch weiter der Umstand mit, daß seine Frau geprüfte Säuglingspflegeschwester ist und daher ihrem Mann eine wertvolle Hilfe sein könnte.

Unter den vielen Hilfsbedürftigen, die ich zur Zeit zu betreuen habe, gehört diese Familie zu denjenigen, die wirklich einer Hilfe wert erscheinen.

Ich wäre Ihnen sehr dankbar, wenn ich von Ihnen erfahren könnte: a) Ob irgend eine Aussicht für diesen Mann als Missionsarzt besteht?

b) Ob Sie, sehr verehrter Herr Professor, bereit wären, Ihren Einfluß und Ihre Hilfe in dieser Angelegenheit mit einzusetzen.

Herr Dr Aschenheim ist sicher seiner ganzen inneren Einstellung nach bereit, als Missionsarzt hinauszugehen.

Obwohl ich Neuendettelsauer Missionarssohn bin, habe ich mich jetzt nicht an die Neuendettelsauer Missionsanstalt gewandt, da dort meines Wissens durch Dr. Koller-Stürzenhofecker [sic!] der dringende Bedarf gedeckt ist.

In der Hoffnung bei Ihnen keine Fehlbitte getan zu haben grüßt Sie Ihr sehr ergebener

2. Vgl. oben den Brief von Karl Helmes.

Schreiben Gottlieb Olpps an Johannes Zwanzger.
Rummelsberg, 11. Februar 1939

Sehr geehrter Herr Pfarrer!

Ihre Zeilen vom 8. Febr[uar]. habe ich heute erhalten u. beeile mich, Ihnen folgendes mitzuteilen u. einen Rat zu geben.

Sicher über 70 Ärzte, die in ähnlicher Lage sind, wie Herr Obermedizinalrat A., haben sich an mich gewandt. Aber nur zweien habe ich helfen können. Dieses kolossale Überangebot ist auch bei den Missionsgesellschaften, die natürlich lieber Missionsärzte aussenden, die aus missionarischen Gründen zu ihnen kommen. Das Nichtarisch-Sein ist kein Missionsmotiv, sondern Selbsterhaltungstrieb veranlaßt zu dem Angebot. Nun kommen die ungeheuren Devisenschwierigkeiten, die den Missionen größte Sparsamkeit auferlegen. Dazu ist das Höchstalter der Aussendung für Missionsärzte 40 Jahre. Herr A. ist aber 57 Jahre alt. In diesem Alter akklimatisiert man sich nicht mehr so leicht im tropischen Klima, hat auch nicht mehr die Elastizität, die Eingeborenen-Sprache, Sitten u. Gebräuche zu erlernen, die nötig ist. So halte ich es für aussichtslos, daß Herr A. Missionsarzt werden kann.

Ich rate Ihnen, bei der Rel[igiösen]. Ges[ellschaft]. d[er]. Freunde (Quäker) in Frankfurt/M[ain] Liebigstr. 16 anzufragen, ob sie dem Dr. A. eine Stelle im Ausland vermitteln kann. Pfarrer Rudolf Schlosser hat auf diese Weise schon manchem helfen können, da er Mitglied dieser Gesellschaft ist. Einen anderen Weg weiß ich leider nicht.

Indem ich Ihnen den Lebenslauf und die 3 Lichtbilder wieder zurücksende, bin ich mit freundl[ichem]. Gruß

Ihr

Prof. i. R. Dr. Olpp

Schreiben Johannes Zwanzgers an Rudolf Schlosser, Frankfurt.
München, 15. Februar 1939

Sehr geehrter Herr Amtsbruder!

Wegen Herrn Dr. Aschenheim habe ich mich kürzlich an Herrn Prof. Olpp, Rummelsberg, gewandt, aber er kann nichts für ihn tun und hat mir geraten, mich an Sie in dieser Sache zu wenden, da Sie schon manchem zur Auswanderung verholfen hätten.

Ich lege Ihnen zu diesem Zwecke Lebenslauf und Lichtbilder bei.

Familie Aschenheim macht einen sehr günstigen Eindruck. Auch der zuständige Geistliche spricht sich sehr anerkennend über sie aus.

Um jede Hilfe, Rat wäre ich Ihnen dankbar

Mit amtsbr[üderlichem]. Gruß!

Schreiben Rudolf Schlossers an Johannes Zwanzger.
Frankfurt/M., 17. Februar 1939
Sehr geehrter Herr Pfarrer.
Die Sache Aschenheim möchte ich Ihnen anliegend gleich wieder zurückgeben, um wenigstens keine Zeitverlust zu verursachen. Nach den neuen
Arbeitsabkommen, durch die alle die verschiedenen Organisationen in
dem »Büro Grüber«, Berlin C 2, an der Stechbahn 3–4, zusammengefasst
sind, könnte ich auch weiter nichts tun, als diesen Fall dorthin abzugeben.
Man wünscht aber in Berlin mit Recht, tunlichst mit Stellen zu verkehren,
die mit den Hilfesuchenden persönliche Verbindung haben. Übrigens muss
ich Ihnen gestehen, dass ich auch im Fall meiner Zuständigkeit nicht recht
wüsste, was zu tun. Deutsche Ärzte, besonders ältere Herren, sind heute
schwer anzubringen. Immerhin besteht in der Berliner Zentrale eine gewisse Hoffnung, dass beim Wiederaufbau Chiles gerade auch Ärzte zugelassen
werden, und da würde freilich ein Mann von solchen kommunal-medizin.
Erfahrungen einige Chancen haben. Nur ist im Augenblick noch keinerlei
behördliche Regelung solcher Zulassung bekannt. Vielleicht empfiehlt sich,
wenn Dr. Aschenheim seinem Lebenslauf auch noch ein ausdrückliches Gesuch beifügt, das auf diese Hoffnung auf Chile Bezug nimmt.

Darf ich Ihnen noch sagen, dass Sie in besonderen Fällen in unserem
Freund Rudolf Cohen (er Halbarier, sie arische Ärztin, beide Mitglieder unserer Gesellschaft), München, Kopenikusstrasse 11, gute Berater finden
werden.
Mit freundlichem Gruss
Schlosser
(nicht »Pfarrer«)

Schreiben Johannes Zwanzgers an das Büro Pfarrer Grüber.
München, 25. Februar 1939
Dr. Aschenheim wurde von mir für Mittelamerika gemeldet. Nun hat, wie
er mir heute telefonisch mitteilte, ein Dr. Freudenberg oder sein Bruder aus
London angefragt, wie weit seine Sache gediehen sei und wo die Unterlagen
für seine Auswanderung z[ur]. Z[ei]t. sich befinden. Ich sagte ihm, dass
diese wohl bei Ihnen sich befinden würden. Ich wäre nun dankbar, zu erfahren

1. wie weit die Angelegenheit Aschenheim gediehen ist,
2. ob seine Unterlagen sich noch bei Ihnen befinden oder schon weitergeleitet worden sind.

Vielleicht kann von Ihnen aus Verbindung mit Dr. Freudenberg aufgenommen werden, der sich anscheinend besonders für diesen Fall interessiert.

Mit freundlichem Gruss!

Schreiben des Büros Pfarrer Grüber an Johannes Zwanzger.
Berlin, 28. Februar 1939

Im Besitz Ihres Briefes vom 25. dieses teilen wir Ihnen mit, daß die Unterlagen von Herrn Dr. Erich Aschenheim weitergeleitet worden sind. Näheres über die Aussicht der Bewerbung von Herrn Dr. A. können wir Ihnen zur Zeit noch nicht mitteilen.

Mit freundlichem Gruß

H Grüber

Dr. Erich Aschenheim beging am 4. Mai 1941 Selbstmord.

3. Emil Schnurmann – Vergebliche Bemühungen um Auswanderung

Aus: LAELKB: II, XIV, Nr. 9
Literatur: Gedenkbuch München II, S. 453

Schreiben Wilhelm Casparis an Johannes Zwanzger.
Deisenhofen, 11. Januar 1939

Sehr verehrter Herr Kollege!

In dem Dorfe Unterhaching wohnen zwei Personen der Art, über welche Sie während der Konferenz montags Ausführungen gaben, und zwar eine, wegen Alters ziemlich kontrakte, Mutter und ihr Sohn, welcher im Wesentlichen den Haushalt beider selber versieht. Für einen etwaigen Notfall gab ich ihnen gestern die Anschrift und Sprechstunde Ihrer Fürsorge an. Ich weiß nicht, ob der Sohn einen Besuch zu Ihnen unternehmen wird, habe ihn aber ermächtigt, sich gegebenenfalls vor Ihnen auf mich zu berufen. Sollten Sie alsdann Auskünfte auch von mir benötigen, so stünde ich, unter dem Vorbehalt meiner immerhin nur beschränkten Personalkenntnis, zur Verfügung.

Mit amtsbrüderlichem Gruß Ihr ergebener
Dr. Wilh Caspari

Schreiben Johannes Zwanzgers an Wilhelm Caspari.
München, 12. Januar 1939

Sehr verehrter Herr Professor!

Recht herzlichen Dank für Ihren Brief vom 11.I.39. Der Betreffende war gestern bei mir und hat sich auch auf Sie berufen. Um etwas Unterlagen in die Hand zu bekommen, wäre ich Ihnen um Auskünfte sehr dankbar. Für die Mutter müßte ich Aufnahme in ein Heim versuchen. Vielleicht kann der Betreffende mir gelegentlich seinen Lebenslauf zugehen lassen.

Mit ehrerbietigem Gruß
Ihr ergebener

Schreiben Wilhelm Casparis an Johannes Zwanzger.
Deisenhofen, 15. Januar 1939

Hochverehrter Herr Kollege!

Das Landgut, das ich Ihnen gestern vormittag in Mathildenstr. nannte, wurde 1922 aufgegeben. Das Zeugnis des Sohnes heißt Konfessionszeugnis, ist vom 17. Mai 1913 mit E=Nr 3415, trägt die Unterschrift des früheren Kirchenpräsidenten V[eit]. und ergibt ein damaliges Lebensalter des Inhabers von 21 Jahren. Der, nicht angegebene, Täufer sei REICHENHART gewesen. Demnach Kontrolle im Münchner K[irchen]=G[emeinde]=A[mt] leicht möglich. Dagegen Schein der Mutter »abhanden gekommen«.

Mit Deutschem Gruß Ihr sehr ergebener
Dr Wilh Capari

Schreiben Emil Schnurmanns an Johannes Zwanzger.
Unterhaching, 15. Januar 1939

Sehr geehrter Herr Pfarrer!

Anbei ein kurzer Lebenslauf, der hoffentlich – der Art nach – richtig ist. Ich erlaube mir noch zu sagen, dass ich ausgesprochenem Tropenklima vielleicht nicht gewachsen wäre, u. dass ich am liebsten »als Protestant von Protestanten« aufgenommen u. in Dienst gestellt würde. Ich hoffe, dass Herr Pfarrer Bomhard Ihnen einmal etwas von meiner religiösen Einstellung sagt, u. bitte Sie schon jetzt für Ihre Mühe u. Verständnis meiner Mutter u. meinen Dank entgegen nehmen zu wollen. Gott, der die Herzen kennt, möge Ihre Bemühungen für Alle, die an Ihn glauben, segnen.

Mit ergebenstem Gruss
Ihr
Schnurmann.

Anlage zum Brief vom 15. Januar 1939

Ich bin geboren am 22. XI. 1889 zu Karlsruhe i[n]. B[aden]., habe daselbst die Volksschule bis 1899 besucht, daran anschliessend das Humanistische Gymnasium mit Abiturium 1908 absolviert.

Von 1908 bis Kriegsausbruch 1914 habe ich an den Universitäten Heidelberg u. München, Kunstwissenschaft, Geschichte, Archäologie u. Philosophie studiert.

Unmittelbar vor Abschluss des Studiums habe ich mich als Kriegsfreiwilliger gemeldet, u. wurde 1918 als Leutnant d[er]. Res[erve]. im Inf[anterie]. R[e]g[imen]t. 98, mit E[isernem]. K[reuz]. I., andern Orden u. Verwundeten Abzeichen entlassen.

Nach dem Kriege habe ich mich infolge innerer Wandlungen der Landwirtschaft zugewandt, ein eigenes Bauerngut in Nieder-Bayern bewirtschaftet, u. dann bis jetzt meinen ländlichen Vorortbesitz mit grossen Gärten bearbeitet u. gepflegt.

Die Belege für die wissenschaftliche Ausbildung stehen zu Diensten.

Die in 20 Nachkriegsjahren erworbenen, praktischen Kenntnisse sind alle autodidakt[ischer]. Natur u. könnten nur von Nachbarn bestätigt werden.

Ich kann heute perfekt:

Kochen, Obst verwerten, Konservieren, Wein bereiten; Geflügel aufziehen u. halten, Garten pflegen, Obst, Blumen, Kakteen, Gemüse kultivieren; ausserdem habe ich 20 jährige praktische Erfahrung in Krankenpflege.

Ich bin gesund, robust, gross u. schlank, 49 Jahre alt, gut Französisch, etwas Italienisch u. Englisch sprechend.

Als Anfangsarbeit erbäte ich in einem fremden Land einen Posten als Diener-Koch, Gärtner Hausmeister, Pfleger; oder aber in landwirtschaftl. Lagerbetrieb, Kunst- oder verwandtem Handel, da ich geschäftlich gewandt u. gebräuchlich bin.

Emil Israel[+] Schnurmann

[+] seit 1.I.39.

Schreiben Wilhelm Casparis an Johannes Zwanzger.
Deisenhofen, 25. Januar 1939

Hochgeehrter Herr Kollege!

Vertraulich: Dem Unterhachinger hielt ich auf gut Glück entgegen, die unbelegte Schweizer Taufe seiner M.[utter] sei m[eines]. E[rachtens]. eine Steinersche Weihehandlung gewesen. Sein Widerstand gegen meine Hypothese war nach meinem Gefühl nur unsicher. Danach machte ich erneut die Ansicht geltend, an einer Unmöglichkeit einer Pflege der alten Dame durch die I[nnere]. M[ission]. dürfe seine Auswanderung nicht scheitern. Die Kultusgemeinde sei für diese anzurufen. Hier ist offenbar eine Abneigung beider vorhanden, die nicht in ihrem Interesse gelegen ist. Außerdem darf ich Sie auf die Frage hinweisen, welche er in den Vordergrund stellen wird: in welchen Staat könnte er kommen?

Mit Deutschem Gruß Ihr sehr ergebener

Dr. W. Caspari

Schreiben Johannes Zwanzgers an das Büro Pfarrer Grüber.
München, 10. Februar 1939

Herr Schnurmann steht seit dem kürzlichen Tod seiner Mutter völlig allein. Er hat seine Mutter bis zu ihrem Tod gepflegt. Seinen Fall möchte ich besonders dringend befürworten. Vielleicht könnte er auch eine Stelle als Diener in den Dominions bekommen. Meiner Ansicht nach wäre es sehr dazu geeignet.

Schreiben Emil Schnurmanns an Johannes Zwanzger.
14. Februar 1939

Sehr verehrter Herr Pfarrer!

Ich habe Sie leider am Samstag, gestern, wieder verfehlt, u. kann [die] nächsten Tage nicht kommen, da mich zum Mittwoch eine Verhandlung bedrückt. (Ich habe auf Frage mein Gewehr abgegeben, ohne zu wissen, dass ich es nicht hätte besitzen dürfen) – Bitte, Herr Pfarrer, wie ist es nun mit Brasilien? Soll ich mich an das Konsulat um generelle Auskunft wenden; kann man ohne Landsgeld hinein, u. wieviel Pesos oder Mark muss man dafür freibekommen. Ich habe doch zunächst noch keine Ahnung; wer soll denn das Geld zum »farmern« u. leben geben, wenn man nichts mitnehmen darf.

Ich danke Ihnen auch für die Adresse von Frau Dr. G.-B.; ich habe noch nie eine solch tatkräftig-hilfsbereite Frau kennengelernt.

Wenn Sie etwas Positives wissen, bitte ich Sie h[erz]l[ich]. um Nachricht; es genügen ein paar Zeilen, oder Angabe, wann ich Sie bestimmt treffe. Ich danke Ihnen vorhinein für alle Mühe u. begrüsse Sie

hochachtungsvoll erg[e]b[en]st.

Schnurmann.

Schreiben Wilhelm Casparis an Johannes Zwanzger.
Deisenhofen, 16. Februar 1939

Sehr verehrter Herr Kollege!

Um Sie in der Angelegenheit, für die ich Ihr freundliches Interesse gefunden habe, auf dem Laufenden zu erhalten, teile ich Ihnen das Ableben der alten Frau zu Unterhaching mit. Der Sohn sucht einen Weg nach U.S.A. Ob sich ihm von dort eine Hand entgegenstreckt, weiß ich von ihm bis jetzt nicht. Darf ich mir als Beobachter eine Äußerung erlauben, so hielte ich es für glücklich, wenn die I[nnere]. M[ission]. in nicht zu ferner Zeit ihm einen gangbaren Weg irgendwohin zeigen wollte. Der Mann würde sich dann zu entschließen haben, ob er ihn betreten will, oder nicht. Danach würde die Gelegenheit vielleicht einem Anderen zugute kommen. Niemand streitet ihm wohl seine Urteilfähigkeit und Selbstverantwortung ab. Vielleicht darf ich Ihr Einverständnis mit mir in der Hinsicht voraussetzen, daß ihm so lange, als er noch kein bestimmtes Angebot durch die I[nnere]. M[ission]. vor sich hat, das Aufsuchen auch anderer Wege freisteht, und daß erst dann, wenn er die I. M. ein Mal abgelehnt haben wird, die I. M. andere Personen mit Vorzug versorgen würde. Er würde also diejenige Gelegenheit ergreifen, die ihm in der Stunde der Wahl als die günstigste erscheint. So meine subjektive Auffassung. Falls ich demnächst mit ihm zusammenträfe, würde ich

mich in diesem Sinne äußern, falls Sie nicht an mir einen Irrtum fänden; ich werde für eine etwaige Berichtigung jederzeit dankbar sein, Tel. 474703.
Mit verbindlichem Gruß Ihr ergebener Dr
Wilh. Caspari

Schreiben Johannes Zwanzgers an das Agricultural Sub-Committee. München, 17. Juni 1939

Emil Schnurmann, 49 Jahre alt, evangl. Rasse: jüdisch, ledig, alleinstehend (keine Geschwister) hat sich an mich wegen Auswanderung um Rat gewandt. Seit dem Krieg war er landwirtschaftlich tätig, kann als Gärtner ebensogut arbeiten, beherrscht Haushalt, kann kochen, da er seine 84jährige Mutter bis zu ihrem Tode allein versorgen mußte.

Er gehört hier zu den wenigen Nichtariern, die für Landwirtschaft in Frage kommen. Bitte teilen Sie mir mit, ob Sie ihm dabei behilflich sein können und unter welchen Bedingungen und senden Sie mir zu diesem Zwecke die dafür nötigen Fragebogen. Ich arbeite hier in Verbindung mit Pfarrer Grüber, Berlin.
Mit freundlichem Gruß!

Schreiben des Agricultural Committee an Johannes Zwanzger. London, 13. Juli 1939

Wir bestaetigen den Erhalt Ihres w[erten]. Schreibens und erlauben uns Ihnen folgendes mitzuteilen:

Gegenwaertig koennen fuer landwirtschaftliche Arbeit in England nur Personen im Alter von 16 bis hoechstens 35 Jahren beruecksichtigt werden, fuer welche ein Depot von £ 100.– zur Deckung der Kosten der Weiterwanderung und eine Garantie fuer ev[entuell]. erforderliche Erhaltung im Falle der Stellenlosigkeit, bis zu £ 75.– jaehrlich geleistet wird.

Hiebei haben unter den Bewerbern selbstverstaendlich solche den Vorrang, welche bereits landwirtschaftliche Vorkenntnisse besitzen.

Das Committee ist jedoch bemueht, eine Regelung mit dem Home-Office zu erwirken, dass erfahrene Landwirte, welche auf eine langjaehrige hauptberuflich landwirtschaftliche Taetigkeit hinweisen koennen, nach England zugelassen werden, auch wenn sie das Alter von 35 Jahren bereits ueberschritten haben, oder wenn sie nicht ueber die erforderliche Garantie verfuegen.

Wir nehmen daher Ihr Gesuch in Vormerkung fuer den Fall, dass die Bemuehungen des Committees in Zukunft von Erfolg begleitet sein sollten, bedauern jedoch, dass wir vorlaeufig nicht in der Lage sind, Ihnen zu helfen.
Hochachtungsvoll

Council for German Jewry
Agricultural Committee.

Schreiben Johannes Zwanzgers an das Büro Pfarrer Grüber.
München, 24. August 1939
Herr Schnurmann ist von mir bei Ihnen für Brasilien angemeldet worden.
In Ergänzung der damals übersandten Papiere lasse ich hier noch zwei Fotokopien nachfolgen, die Aufschluß über seine landwirtschaftliche, haushaltliche und krankenpflegerische Tätigkeit geben. Außerdem hat er mir glaubhaft versichert, daß er in Viehzucht bewandert ist, da er in der Nachkriegszeit selbst ein landwirtschaftliches Anwesen bewirtschaftet hat und außerdem alle Zweige der Geflügelzucht betrieben hat. Von den Leuten, die hier für Brasilien in Betracht kommen, ist er derjenige, der mir am ersten dafür geeignet erscheint.

Darf ich bei dieser Gelegenheit auch fragen, wie weit die brasilianische Angelegenheit gediehen ist.
Mit freundlichem Gruß!

Schreiben des Büros Pfarrer Grüber an Emil Schnurmann.
Berlin, 26. August 1939
Sehr geehrter Herr Schnurmann!
Wir erhielten den ausgefüllten Fragebogen zurück, auf dem vermerkt ist, dass in der Anlage Fotokopie von 2 Bestätigungen über langjährige praktische Arbeit, beiliegen. Diese lagen aber nicht bei und wir nehmen an, dass Sie diese Herrn Pfarrer Zwanzger übermittelt haben. *

Betr[effend]. des Brasilienprojektes können wir Ihnen mitteilen, dass zwar beim Papst eine Zusage von 3000 Visen von der brasilianischen Regierung aus eingetroffen ist. Da aber schwer zu erfüllende finanzielle Bedingungen an die Erteilung der Visen geknüpft waren, sind neue Verhandlungen notwendig geworden, um eine Erleichterung der Bedingungen zu erlangen.

Es ist damit zu rechnen, dass vorerst nur Landwirte oder zu mindestens handwerklich gut vorgebildete Kräfte nach Brasilien gelangen. Vor Anfang des nächsten Jahres ist kaum damit zu rechnen.
Mit freundlichem Gruss
gez[eichnet]. Unterschrift.

* heute von Ihnen erhalten.

Schreiben Johannes Zwanzgers an Emil Schnurmann.
München, 18. März 1940
Zufällig habe ich heute erfahren, daß die Gärtnerei Möhl u. Schnitzlein-
Büro: Ismaningerstr. 110. Tel. 480997 sehr nach Arbeitskräften sucht und
berechtigt ist Nichtarier zu beschäftigen.
Vielleicht wenden Sie sich einmal dorthin.
Mit freundlichem Gruß!

Schreiben Emil Schnurmanns an Johannes Zwanzger.
Berg am Laim, o. D.
Hochverehrter Herr Pfarrer!
Ich lebe seit 4 Monaten hier in einem Lager, u. arbeite in Herrsching.
Schweres Dasein, doch war ich zufrieden.

Nun sitze ich startbereit, um, als Dank meines Vaterlandes, nach Polen-
Russland abgeschoben zu werden. Die Sache wird Ihnen samt Drumherum
bekannt sein.

Ich möchte Ihnen sagen, dass ich nach jahrelangem Ringen katholisch u.
tief glücklich geworden bin. Es ist wie eine Heimkehr in der Mutter Schoss.

Aus ihren Werken sollt Ihr sie erkennen, u. so ist die hl. katholische Religion die einzig wahre Form der Nachfolge Christi, es gibt keine andere.

Ja, Sie denken anders, aber ich denke, es ist Ihnen kein solcher Verlust,
eine Seele zu verlieren, als es den Unsern ein Gewinn ist, sie zu gewinnen.

Ich bitte h[erz]l[ich]., zu veranlassen, dass meine dortigen Papiere zur
Caritas gehen, u. danke Ihnen hiemit nochmals für Ihre Bemühungen für
mich.
Ergebenste Grüsse
Emil Israel Schnurmann

*Emil Schnurmann wurde am 20. November 1941 nach Kaunas deportiert und
dort am 25. November ermordet.*

4. Frau E* – Unterstützung bei der Ausreise und bei der Vermittlung einer Arbeitsstelle

Aus: LAELKB: Vereine II, XIV, Nr. 7

Schreiben des Büros Pfarrer Grüber an Johannes Zwanzger.
Berlin, 14. Januar 1939
Wir möchten Ihnen raten, dass sich Frau E* an Pfarrer Gelpke, Bonstetten bei Zürich, wendet, ihm kurz die genauen Tatsachen mitteilt, und ihm unter Bezugnahme auf uns bittet, ihr nach Möglichkeit den Weg zu bahnen.

Dieses Schreiben teilte Johannes Zwanzger Frau E am 17. Januar 1939 annähernd wörtlich mit.*

Schreiben von Frau E* an Johannes Zwanzger.
München, 5. August 1939
Sehr geehrter Herr Pfarrer!
Sie werden sich meiner gewiß noch erinnern können, leider sind all meine Hoffnungen nach Belgien oder zu meiner Tochter in die Schweiz zu kommen gescheitert. Ich hätte Sie gern persönlich gesprochen, vielleicht können Sie mir doch noch helfen in meiner unglücklichen Lage. Ich kann leider nicht in Ihre Sprechstunde kommen, ich bin vorübergehend bei einer 82 jähr. Dame zur Betreuung, die hochgradig nervös ist und ich bin sehr gebunden, mein Zimmer mußte ich aufgeben, weil die Dame, bei der ich jahrelang gewohnt habe, ausgewandert ist. Vielleicht Herr Pfarrer teilen Sie mir mit, ob ich am nächsten Freitag ev[en]t[uel]l. nachmittags von 4–[…]³ Sie sprechen könnte und wo?
Im voraus meinen allerherzlichsten Dank und freundliche Grüße
Hochachtungsvoll M. E*

Schreiben Johannes Zwanzgers an Frau E*.
München, 6. August 1939
Sehr geehrte Frau E*
Voraussichtlich ist es mir am Freitagnachmittag nicht möglich, daß Sie mich sprechen können.
Am einfachsten wäre es doch in meinem Büro Himmelreichstr. 3, Montag, Freitag 10–12 oder auch bis 1 Uhr, da ich dort auch alle notwendigen

---

3. Wort unleserlich.

Unterlagen bei der Hand habe. Dort bin ich um die angegebene Zeit auch telefonisch zu erreichen 52002 Nebenstelle 43.

Vielleicht können wir im Notfall einen Zeitpunkt telefonisch vereinbaren.

Mit freundlichem Gruß!

Schreiben Johannes Zwanzgers an das Büro Pfarrer Grüber. München, 14. August 1939

Personalien: M* E* geb. 22.11.1882 in Prag.

Religion: evang., Rasse: jüdisch.

Beruf: früher: 18 Jahre Abteilungsleiterin in einem hiesigen Konfektionsgeschäft.

              jetzt: Krankenpflege bei einer alten Dame, die in München im Regina Palasthotel wohnt. Im Haushalt bewandert, hat in diesem Jahr 10 Wochen im Haushalt ausgeholfen.

Frau E* möchte permit für England. Sie hat ein Affidavit[4] für USA und als Quote: Stuttgart/tschechische Quote Nr. 152.

Aus USA hat sie einen Arbeitsvertrag ausgestellt erhalten und es ist ihr darin ein monatliches Einkommen von 45 Dollar zugesichert.

Die Tochter ist in der Schweiz verheiratet, hat es aber nicht erreichen können, daß sie ihre Mutter bei sich aufnehmen darf. Die Schwester von Frau E* ist an einen Franzosen in Brüssel verheiratet, der Generalinspekteur der Nugget-Polish von London ist. Auch die Schwester hat in Belgien nicht erreichen können, daß Frau E* zu ihr kann.

Nun möchte Frau E* einen Zwischenaufenthalt in England. Eine gewisse Garantie könnten die Verwandten in Belgien für den Aufenthalt in England leisten.

Ich möchte nun fragen: 1. Ist ein Zwischenaufenthalt in England notwendig. Mir kommt die Nummer der Quote (tschech. Quote Nr. 152, Stuttgart, ausgestellt Aug. 1938) so niedrig vor, daß diese doch bald daran kommen müßte. Können Sie den Zeitpunkt angeben, zu dem diese Nr. etwa aufgerufen wird.

2. Sollte die Nummer erst nach längerer Zeit aufgerufen werden, was könnten dann die Angehörigen in der Schweiz u. in Belgien tun, um Frau E* einen Zwischenaufenthalt in England oder Frankreich oder Holland zu ermöglichen?

Mit freundlichem Gruß!

---

4.   Beglaubigte Bürgschaftserklärung.

Schreiben des Büros Pfarrer Grüber an Johannes Zwanzger.
Berlin, 16. August 1939
Lieber Herr Amtsbruder!
Auf Ihr Schreiben vom 14. d[ieses]. M[ona]ts. bezüglich Frau M* E* können wir Ihnen folgendes mitteilen:

1.) Bezüglich der tschechischen Quotennummer: Uns liegt ein Rundschreiben vor, aus dem hervorgeht, dass im Juni 1939 diejenigen Registrierungen, die bis zum 31. Juli 1938 stattgefunden haben, innerhalb 8 Monaten Quotennummern erwarten können. Die im Juni 1939 erreichte Wartenummer für Berlin ist 130. Sie entspricht einem Registrierungsdatum vom 3.2.38. Diese Daten gelten für Berlin. Für Stuttgart können wir nichts Genaues sagen, es wird am Besten sein, Sie fragen einmal in Stuttgart selbst unter Bezugnahme auf das Berlin Rundschreiben nach.

2.) Es erscheint uns erfahrungsgemäss gegenüber dem Amerikanischen Konsulat sehr riskant, wenn Frau E* angibt, dass sie in U.S.A. einen Arbeitsvertrag bereits hat; im Gegensatz zu England legt Amerika sehr grossen Wert darauf, dass eine Arbeit erst gesucht wird, wenn man drüben ist und nicht schon vorher. Das kann im letzten Moment zu Schwierigkeiten führen.

3.) Wenn ein Zwischenaufenthalt in England erforderlich ist, so kann wohl höchstens eine Dauergarantie in Frage kommen. (Garant muss selbst gesucht werden; Garant kann auch ausserhalb Englands wohnen.)

Irgend eine Stellung wird Frau E* bei ihrem nicht mehr ganz jungen Alter in England kaum finden können.

Mit brüderlichen Grüssen
H Grüber

Schreiben von Frau E* an Johannes Zwanzger.
München, 11. November 1939
Sehr geehrter Herr Pfarrer!
Da ich in der Zeit, wo Sie Sprechstunde haben, schlecht abkommen kann, so greife ich zur Feder um Ihnen einige Zeilen zu schreiben und Sie herzlich zu bitten, durch Ihre freundliche Fühlungnahme mich vielleicht in eine evangelische Familie oder Pension zu protegieren.

Ich bin in allen Zweigen der Hauswirtschaft vollkommen selbständig u. zuverlässige Arbeitskraft, gute Köchin, besitze organisatorische Fähigkeiten, in Krankenpflege erfahren, ebenso könnte ich mich auch als Sekretärin für schriftliche Arbeiten, Correspondenz, Statistik und Kartei betätigen, eventuell beides zusammen.

An verantwortungsvolles Arbeiten gewöhnt, möchte ich mir gerne eine befriedigende Tätigkeit schaffen, dies es mir ermöglicht, bei bescheidensten Ansprüchen mein Auskommen zu finden.

Dass ich alles daran setzen werde, durch Fleiss u. Tüchtigkeit zufrieden zu stellen, dessen brauche ich Sie wohl nicht zu versichern.

Als Referenzen, die über meine Fähigkeiten in häuslichen Arbeiten, Küche Aufschluss geben können, nenne ich:

Frau Dr. Annemarie C* und

Fräulein Elisabeth H*.

Für kaufmännische Arbeiten die Firma Hirmer & Co ehemals Bamberger & Hertz, wo ich 18 Jahre mit Erfolg tätig war.

Die augenblicklichen Verhältnisse machen eine Ausreise zu meinen Angehörigen vollständig unmöglich, ebenso ist meine Quote für Amerika noch in weiter Ferne.

Ich sage Ihnen im Voraus schon herzlichen Dank Herr Pfarrer und begrüsse Sie

Ihre ergebene

M* E*

Schreiben Johannes Zwanzgers an Frau E*.
München, 16. November 1939

Sehr geehrte Frau E*!

Bezugnehmend auf Ihr Schreiben vom 11.XI.39 schlage ich Ihnen vor, sich an einen Dr. Robert S*, *strasse 59/II zu wenden. Vielleicht ist bei diesem Herrn eine Ihnen entsprechende Stelle.

Mit freundlichem Gruß!

Schreiben von Frau E* an Johannes Zwanzger.
Augsburg, 22. Dezember 1940

Sehr geehrter Herr Pfarrer!

Ein recht gesegnetes Weihnachtsfest wünsche ich Ihnen und ein gutes Neues Jahr.

Ich bin seit Februar hier, es geht mir ordentlich, ich bin zufrieden. Meine Amerikasache ist nun soweit gediehen, dass der Consul von meinen Bürgen ein Akkreditif verlangt, die Bürgschaft würde genügen. Ich habe meinen amerikanischen Freunden geschrieben und sie darum gebeten. Ich lasse alles ruhig an mich heran kommen und werde mich im gegebenen Falle dann entscheiden. Vorläufig habe ich ein Arbeitsfeld, welches mich befriedigt und

kann einem alten, hilflosen Menschen eine Stütze sein. Die Aussicht nach der Schweiz und Belgien ist vorerst unmöglich gemacht.
Ein recht gutes Wohlergehen und beste Grüsse von
Ihrer ergebenen
M* E*

Frau E überlebte die Haft im KZ Theresienstadt.*[5]

5. Auskunft des Stadtarchivs Augsburg vom 8. September 2009.

5. M* S* – Hilfe für eine Halbwaise
zur Ausreise nach England

Aus: LAELKB: Vereine II, XIV, Nr. 2

Mit einem undatierten Schreiben hatte das British Movement for the Care of Children from Germany auf einen Antrag des Büros Pfarrer Grüber (?) vom 4. Dezember 1938 mitgeteilt, dass man derzeit keine Anträge für den Transport von Kindern nach England annehme. Für die Annahme der Kinder seien nur die in Deutschland ansässigen Stellen zuständig. Man solle sich bitte an die Auswanderungsstelle für Kinder in Berlin wenden.

Schreiben Johannes Zwanzgers an die Auswanderungsstelle für Kinder. München, 17. Januar 1939
Anbei folgt das ausgefüllte Formblatt für M* S* zur Verschickung nach England, das ich dringend befürworten möchte, da die Mutter des Kindes tot ist und der Vater schon einmal nach Polen abgeschoben werden sollte.

Schreiben des Belfast Committee for German Refugees an S* S* (Vater von M* S*). Belfast, 13. April 1939
Sehr geehrter Herr S*,
Nach den augenblicklichen Bestimmungen ist es fast unmöglich, Kinder aus Deutschland her zu bringen. Die Regierung verlangt nicht nur die Garantie für Erhaltung und Erziehung bis zum 18. Jahr, sondern seit einiger Zeit außerdem die Hinterlegung von 50 Pfund, um die Kosten der Wiederauswanderung zu sichern. Da diese Summe immer gezahlt werden muß, bevor das Kind herkommt, so hindert sie unsere Arbeit sehr.

Wir hoffen, daß diese Maßnahme wieder geändert wird. Wenn Sie keine andere Möglichkeit haben, Ihre Tochter unterzubringen, so füllen Sie bitte beiliegenden Fragebogen aus und fügen Gesundheitsattest und Empfehlung bei. Wir werden dann unser Möglichstes versuchen, um Ihnen zu helfen.
Mit besten Grüßen
Lotte Rosenberg

Diesen Brief sandte Johannes Zwanzger am 26. April 1939 an das Büro Pfarrer Grüber und bat um Auskunft über dieses ihm unbekannte Komitee und noch notwendige Schritte. Daraufhin antwortete Heinrich Grüber am 9. Mai 1938, er werde sich selbst mit Frau Rosenberg, mit der er schon zusammenarbeite, in Verbindung setzen. Johannes Zwanzger fragte am 19. Mai bei Schwester Marie

Merz an, wer der Religionslehrer von M S* sei, damit er sich mit diesem wegen einer Beurteilung des Mädchens in Verbindung setzen könne.*

Schreiben Johannes Zwanzgers an das Belfast Committee for German Refugees. München, 19. Mai 1939

Herr S* war heute bei mir und zeigte mir Ihr Schreiben vom 12. Mai 1939[6].

Ich möchte zur Befürwortung seiner Angelegenheit folgendes mitteilen: Herr S* wird infolge der Entscheidung der poln[ischen]. Regierung staatenlos werden. Sein Paß gilt nur noch bis 3. September.

Am 16. August geht von Genua der Dampfer ab, der ihn nach Schanghai bringen wird. Dann bleibt das Kind elternlos hier zurück. Es ist wohl verständlich, wenn nun das Kind auch möglichst bald untergebracht werden kann.

Eine Beurteilung des Kindes folgt nach.

Mit freundlichem Gruß!

Schreiben Johannes Zwanzgers an das Belfast Committee for German Refugees. München, 1. Juni 1939

Herr S* war heute bei mir und teilte mir mit, dass er voraussichtlich schon am 30. Juni Deutschland verläßt und dann das elterlose Kind zurücklassen muß. Da deren ältere Schwester den ganzen Tag im Beruf tätig ist, ist niemand da, der sich um sie kümmert.

Bezüglich der Beurteilung des Kindes habe ich mit dem Religionslehrer selbst gesprochen, der mir sagte, es wäre gut, wenn das Kind wieder ein geregeltes Familienleben kennen lernen würde. Das Kind ist lenksam und beeinflußbar. Eine Familie, zu deren Kindern sie zum Spielen kommt, hat einen recht guten Eindruck von ihr bekommen.

Schreiben des Belfast Committee for German Refugees an Johannes Zwanzger. Belfast, 5. Juni 1939

Sehr geehrter Herr Pfarrer,

Ich danke Ihnen für Ihr Schreiben. Sie werden verstehen, dass die gesetzlichen Erschwerungen unsere Hilfsarbeit sehr verzögern. Aus solchen technischen Gründen wird es uns erst im Laufe der kommenden Woche gelingen, die Garantien und den Antrag für M* S* fertig zu haben. Wenn dann der Fall dringlich ist, ist erfahrungsgemäß damit zu rechnen, dass das Kind im Laufe dieses Monats auf die Transportliste komme. Ich hoffe sehr, dass es

---

6.   Der Brief ist nicht erhalten.

den helfenden Kräften dort gelingt, dem Kinde über die Wartezeit hinweg zu helfen. Das Committee ist daran interessiert, diesem Fall so bald als irgend möglich zu helfen und Sie können versichert sein, dass wir alles uns mögliche tun, um ihn zu beschleunigen.
Mit besten Grüssen
Lotte Rosenberg

Schreiben des Belfast Committee for German Refugees an Johannes Zwanzger. Belfast, 7. Juni 1939

Sehr geehrter Herr Pfarrer,
Der Antrag für M* S* geht heute nach London an die »Movement for the Care of Children from Germany«, Bloomsbury House. Das Committee zeichnet die Garantie zur Unterhaltung des Kindes. Wie Sie vielleicht wissen, ist in den meisten Fällen die Summe von £ 50 zur Wiederauswanderung erforderlich. In sehr dringenden Fällen kann das Kind als sogen[anntes]. reported child ins Land kommen. Die Movement for the Care of Children wird dann von der zuständigen Organisation in Deutschland einen Bericht verlangen bezüglich der Dringlichkeit des Falles. Da wir Schwierigkeiten haben, £ 50 in bar zu erhalten, haben wir den letzteren Weg gewählt und wir hoffen, daß der Fall als »reported Case« durch geht.
Mit besten Grüßen
Lotte Rosenberg

Schreiben Johannes Zwanzgers an das Movement for the Care of Children from Germany. München, 14. Juni 1939

M* S* 12 Jahre alt, ist gemeldet beim Belfast Committee für German Refugees, Grosvenor Hall, Glensgall Street, Belfast. Am 7. Juni 1939 teilte Frl. Lotte Rosenberg mit, daß der Antrag für M* S* nach London an ihre Stelle als »reported Case« gemeldet worden ist und daß das Committee in Belfast die Garantie zur Unterhaltung des Kindes gezeichnet habe.

Nun war heute der Vater des Kindes bei mir und legte mir eine Verfügung des Polizeipräsidenten von München vom 10. Juni 1939 vor, daß ihm mit Wirkung vom 1. Juli 1939 der Aufenthalt im deutschen Reichsgebiet für dauernd verboten ist. Es ist also höchste Eile geboten, das Kind anderswo unterzubringen. Ich habe auch Erkundigungen über das Kind eingezogen. Die Auskünfte lauten so, daß ich das Kind empfehlen kann. Ich schreibe dies alles schon jetzt, da mir Frl. Rosenberg aus Belfast mitteilte, daß Sie einen Bericht wegen der Dringlichkeit verlangen würden.

Da der Fall sehr dringlich ist, warte ich gar nicht erst Ihr Schreiben ab, sondern wende mich schon jetzt an Sie.
Mit freundlichem Gruß!

Schreiben des Movement for the Care of Children from Germany an Johannes Zwanzger. Belfast, 16. Juni 1939
Wir freuen uns Ihnen mitteilen zu koennen, dass M*s Namen auf unsere naechste, in Vorbereitung befindliche Transportliste III gesetzt wurde.

Leider ist inzwischen ihr Gesundheitszeugnis veraltet. Wir bitten Sie, uns umgehend ein neues Attest einzusenden, sowie eine Einverstaendniserklaerung des Vaters, dass er nichts dagegen hat, dass das Kind nach England in Pflege kommt. Sowie wir diese Unterlagen haben wie auch noch eine zweite Photographie, koennen wir die Passkarte für dieses Kind ausstellen.
Hochachtungsvoll
[Name unleserlich]

Die erforderlichen Unterlagen sandte Johannes Zwanzger am 23. Juni 1939 nach England. Das Mädchen konnte am 5. Juli 1939 ausreisen, sein Vater am 15. August 1939 nach Schanghai.

6. Edith und Rolf Spielmann – Unterstützung bei den Ausreisebemühungen

Aus: LAELKB: Vereine II, XIV, Nr. 2, die letzten drei Briefe aus Nr. 9
Literatur: Gedenkbuch München II, S. 544

Schreiben Johannes Zwanzgers an das Büro Pfarrer Grüber.
München, 28. Januar 1939
Betreff: Kinderverschickung
hier: Rolf Günter William Israel Spielmann
Die Mutter des Rolf Spielmann war heute in ziemlicher Verzweiflung bei mir und bat mich dringend, ihrem Sohn zur Ausreise zu verhelfen. Der Vater ist bereits in Argentinien und will den Sohn dorthin nachkommen lassen. Die Mutter betreibt auch die Auswanderung. Aber da sich dieselbe bei ihr auch verzögert, möchte sie wenigstens den Sohn vorher hinaus bringen. Die Gründe, die ich hier nicht alle anführen kann, waren so zwingend, daß ich die Verschickung sehr befürworte, zumal mir der Fall auch von den hiesigen Quäkern sehr ans Herz gelegt worden ist.

Frau Spielmann war evangelisch, konfirmiert von Pfarrer Bitthorn-Berlin St. Andreas, ist nichtarisch. Ihre Mutter hier in München 1938 gestorben u. kirchlich beerdigt. Frau Spielmann war während des Weltkrieges ehrenamtlich in der Gefangenen-Fürsorge tätig. Ihr Mann war Kriegsfreiwilliger und Frontkämpfer.

In der Hoffnung auf baldigen günstigen Bescheid grüßt Sie
Ihr

Schreiben Edith Spielmanns an Roger J. Carter.
München, 15. März 1939
Hierdurch ersuche ich ergebenst um vorübergehende Unterbringung in einem engl[ischen]. Haushalt zwecks Erleichterung meiner Ausreise aus Deutschland.

Ich gestatte mir Fragebogen Nr. 7 a mit 4 Passbildern beizulegen und ergänzend zu bemerken, dass ich seit 22.III.1921 mit Herrn Arch[itekt]. Dipl. Ing. und Kaufmann Hermann Spielmann, der aus einem alten Münchner Geschäftshaus entstammt, verheiratet bin.

Mein Mann ist am 10.X.1938 unter Einholung aller hiefür erforderlichen Genehmigungen, also vollständig legal aus Deutschland nach Buenos-Aires ausgewandert, wo er unter der Adresse Echeverria Nr. 3730 Wohnung genommen hat. Er bemüht sich nunmehr die Einreiseerlaubnis für mich und unseren minderjährigen Sohn Rolf zu erreichen. Wie er mir mitteilt, ist jedoch leider nicht vor Mitte Mai mit der Erteilung dieser Llamada[7] zu rechnen, doch besteht zuversichtlich Aussicht, dass diese in unserem Falle erteilt wird, weil sich, abgesehen von anderen Argumenten, die argentinische Behörde der Tatsache der Trennung der Familie nicht verschliesst.

Ich habe hier meine gesamte Auswanderung und alle Arbeiten, die damit zusammenhängen, abgeschlossen und kann aus Deutschland täglich auswandern, soferne ich in ein fremdes Land die Einreiseerlaubnis erhalte.

Ich bin im Besitze eines gültigen deutschen Reisepasses. Da dies der Fall ist, werde ich von den deutschen Behörden gedrängt, Deutschland zu verlassen, zu welchem Zwecke in Abständen von 8–14 Tagen Polizeibeamte bei mir nachfragen, warum meine Ausreise noch nicht vollzogen sei. Überdies werde ich auch insoferne zur Ausreise gedrängt, als mir mitgeteilt wurde, dass ich mit keiner Dev[isen]. Genehmigung mehr zu rechnen habe zur Freigabe von Lebensunterhaltskosten aus meinem Vermögen, die nach dem 1. Mai 1939 anfallen, sodass ich also auch aus diesem Grunde meine Ausreise beschleunigen muss.

Ich bin die Schwester des Herrn A* L*, der in Berlin ein angesehener Kaufmann war.

Da ich nach Eintreffen der argentinischen Llamada unverzüglich zu meinem Mann nach Buenos-Aires fahre, was verständlich ist, wäre mit keinem dauernden Aufenthalt in England zu rechnen; es würde sich vielmehr lediglich um eine Station auf 1–2 Monate handeln, bis ich die Überfahrt nach Süd-Amerika antreten kann.

Ich bitte daher lediglich um eine dringende und beschleunigte Behandlung und zeichne
Hochachtungsvoll
Edith Spielmann

Schreiben Edith Spielmanns an das Büro Pfarrer Grüber. München, 15. März 1939

Ich nehme höflich Bezug auf mein vor einiger Zeit eingereichtes Gesuch, in welchem ich ergebenst gebeten habe, eine vorübergehende Unterkunftsmöglichkeit für meinen Sohn Rolf Spielmann, der minderjährig ist, in England zu verschaffen, bis ich für mich und meinen Sohn von meinem Manne, der in Buenos-Aires wohnt, die Erlaubnis zur Einwanderung nach Argenti-

---

7. Spanisch: Ruf, Abruf.

nien erhalten habe und alsdann die Reise nach Süd-Amerika unverzüglich antreten kann.

Mein Sohn und ich sind im Besitze gültiger Pässe und haben unsere Auswanderung so abgeschlossen, dass wir jede Stunde aus Deutschland weggehen können, soferne wir Einreiseerlaubnis in ein anderes Land erhalten.

Ich gestatte mir Bezug zu nehmen auf die Rücksprache, welche Herr Pfarrer Zwanzger kürzlich mit Frau Draeger wegen meines Sohnes in Berlin gehalten hat und lege auf dessen Veranlassung hin nochmals 3 Passbilder meines Sohnes bei, mit dem höflichen Bemerken, dass sich zwei Bilder bereits in Ihrem Akt befinden.

Ich bitte ergebenst um möglichst beschleunigte Behandlung und Erledigung und zeichne mit vielem Dank im voraus
Hochachtungsvoll!
Edith Spielmann

Schreiben Johannes Zwanzgers an die Gesellschaft der Freunde (Quäker). München, 22. April 1939

Frau Spielmann war heute bei mir und hat mir Ihr Schreiben vom 31.3.39[8] vorgelegt. Darf ich Sie vielleicht noch auf einige schwerwiegende Punkte aufmerksam machen, die zeigen, dass Frau Spielmann doch möglichst bald fort muss:

1. Frau Spielmann hat seit 2 Monaten ihren Pass. Verzögert sich die Ausreise, so rechnet sie damit, dass ihr ihr Pass wieder abgenommen wird und alle ihre bisherigen Bemühungen umsonst sind. Es wird dann wohl sehr schwer möglich sein, wieder einen neuen Pass zu bekommen.

2. Allmählich gehen ihre finanziellen Mittel zu Ende. Was dann aus ihr werden soll?

3. Die Polizei war bei ihr im Haus und drängt sehr darauf, dass sie möglichst schnell das Land verlässt.

4. Soviel mir bekannt ist, ist in England ein Lager in Kent, das auch Frauen aufnimmt. Könnte Frau Spielmann nicht dort bis auf weiteres untergebracht werden?

Um gef[ä]l[lige]. Antwort wäre ich dankbar, wenn möglich bis 26./27.4., da ich nachher für 10 Tage verreise.
Mit freundlichem Gruss!

---

8. Der Brief ist nicht erhalten.

Schreiben der Religiösen Gesellschaft der Freunde (Quäker),
Sekretariat Berlin, an Frau Spielmann. Berlin, 26. April 1939
Sehr geehrte Frau Spielmann,
Wir bedauern so sehr, dass Ihre Ausreise nach Argentinien sich zu verzögern
scheint, nur dass wir leider keine Möglichkeit haben, Ihnen einen Transit-
Aufenthalt im Auslande zu vermitteln. Eine Haushaltsstelle in England
konnte ja schon deshalb nicht in Frage kommen, weil Sie in Ihrem Brief
vom 15.3.39 betonten, dass Sie »nach dem Eintreffen der argentinischen
Llamada unverzüglich« dorthin reisen würden, und man sich bei jeder Stelle selbstverständlich für eine gewisse Zeit binden muss. Wiederholte polizeiliche Anfragen kommen in allen Fällen, wo der Pass schon abgeholt war, ehe
der Reisetag wirklich festgesetzt war. Nach unseren Erfahrungen genügte
aber eine Bescheinigung, wie wir Sie Ihnen am 23.3.39 ausstellten, um die
Polizei davon zu überzeugen, dass der Auswanderer alles tut, was er kann,
um seine Ausreise zu beschleunigen, und damit auch zur weiteren Freigabe
der Unterhaltskosten aus dem Sperrkonto.
    Wir wünschen Ihnen von Herzen, dass Sie nicht mehr zu lange warten
müssen.
Mit freundlichem Gruss

Schreiben der Religiösen Gesellschaft der Freunde (Quäker),
Sekretariat Berlin, an Johannes Zwanzger. Berlin, 26. April 1939
Sehr geehrter Herr Pfarrer,
Beiliegend unsere Antwort an Frau Spielmann. Es tut uns herzlich leid, dass
wir nichts weiter tun können. Das Richborough-Lager ist nur für Männer.
Für Gastfreundschaft in England ist die Dringlichkeit nicht gegeben, da
nach Frau Spielmanns Angabe ihr Konto im März noch RM 7.000,– betrug.
Wir wissen von keinem Fall, wo die Unterhaltskosten nicht vom Sperrkonto
freigegeben wären bei unverschuldeter Verzögerung der Auswanderung.
Sollten da wirklich Schwierigkeiten kommen, so könnte man sich nur in
München bei der Polizei für Frau Spielmann bemühen.
Mit freundlichem Gruss
Grete Sumpf

Jnum. 28.I.39.

AUSWANDERUNGSSTELLE FÜR KINDER   *Rolf Spielmann*

Kinderverschickung ins Ausland.

Es wird gebeten DEUTLICH und wenn möglich mit Schreibmaschine zu schreiben.

K I N D

Name *Spielmann*	Geschlecht *männlich*
Vorname *Rolf Werner William*	Religion *kathol. ev.luth.*
Wohnung *Mehn, Freiecker. 18*	Paß bzw. ~~Ausweis~~
bei Lassberg , Reg. Nr. 5.	gültig bis *Jnum. 1941*
Telefon	Berufsvorbereitung *Fachlehrgang für Architekt.*
Geburtstag *17. 2. 25*	oder Umbildung
und Ort *Mehn.*	Weitere Auswanderungs-
Staatsangehörigkeit *deutsch Rel.*	möglichkeiten *zum Vater nach Argentinien*
Schulausbildung *9 Klassen Volksch.*	Besondere
	Bemerkungen

V A T E R

Name *Hermann Spielmann*	Religion *jüdisch*
Geburtstag *28. 6. 93 Mehn.*	Beruf *Dipl. Ing. Architekt.*
und Ort	Paß gültig bis *Okt. 1941*
Staatsangehörigkeit *deutsch Rel.*	Gesundheitszustand *gut.*
Wie viele nicht-	Auswanderungs- *ist bereits seit Nov 1938 in*
arische Großeltern? *4*	möglichkeiten *Buenos Aires*

M U T T E R

Name *Edith Spielmann*	Religion *kathol. ev.*
Geburtstag *19. 2. 97*	Beruf *ohne*
und Ort *Berlin*	Paß gültig bis
Staatsangehörigkeit *deutsch.*	Gesundheitszustand *gut*
Wie viele nicht-	Auswanderungs- *zum Hermann nach*
arische Großeltern? *4*	möglichkeiten *Argentinien*

Falls ein Vormund vorhanden, ist anzugeben: *nein*
Name   Telefon
Wohnung

Jetziger Aufenthalt des Vaters *Buenos Aires, Argentinien*
Slovenia 3730

Jetzige Verdienstmöglichkeiten *keine.*

Leben Verwandte im Ausland, die das Kind aufnehmen könnten? *nein*
Genaue Adresse angeben

Dringlichkeitszustand *sehr dringlich.*

Empfehlung *Mr. Vreese Lehmann, London NW , Belsize Park Gardens 09.*
Mr. J. C. L. Lau, London NW 3, Lyndhurst Gardens 22

Unteruscht von *Dr. Frigga Gröben*

Für Verschickung nach *England, an irgendjemand bei Argentinien Permethla*
Revensmead, Ribblesdale   6500
Mr. Clitheroe, Lancashire   kommt am 18/19.6.39 nach England.
by Dr. kerl Gröben.

Personalbogen Rolf Spielmanns, LAELKB: Vereine II, XIV, Nr. 2

Schreiben Edith Spielmanns an Johannes Zwanzger.
München, 19. Juni 1939
Sehr geehrter Herr Pfarrer.

Nunmehr kann ich Ihnen die erfreuliche Mitteilung machen, dass es gelungen ist, Rolf mit Transport durch Herrn Grüber nach Nord-England zu geben. Er kommt in ein Methodistenheim. Ich möchte Ihnen besonders für Ihre liebenswürdige Mithilfe danken, und hoffe zuversichtlich, dass es mir auch bald glücken wird nach England zu kommen. Auch sind meine Aussichten für Argentinien seit einigen Tagen Bessere.

Mit nochmaligem Dank begrüsst Sie
Edith Spielmann

Schreiben Edith Spielmanns an Johannes Zwanzger,
München, 18. Dezember 1939
Hierdurch bitte ich ergebenst, an der in Frage kommenden Stelle in Berlin meine Eintragung in die Anwärterliste für Devisen-Passagen nach Chile zu befürworten.

Ich bitte hierbei folgendes zu berücksichtigen:

1.) Ich bin seit 14 Monaten allein in Deutschland, von meinem Mann getrennt.

Mein Vermögen ist aufgebraucht.

Ich besitze noch M 700.–, von denen ich meinen Lebensunterhalt bis höchstens Ende Februar 1940 fristen kann.

2.) Ich unterhalte in Deutschland keinen Haushalt mehr. Mein Umzugsgut ist bereits expediert. Auch meine gesamte Kleidung und Wäsche ist im Auslande.

Ich habe nurmehr das Notwendigste an Kleidung und keine Möglichkeit Ersatz zu beschaffen, sodass ich unter der kalten Jahreszeit, auf die ich nicht eingerichtet bin, sehr zu leiden habe.

3.) Mein Mann würde sich bereit erklären, die bezahlte Passage innerhalb der nächsten 2 Jahre zurückzuzahlen.

Dies ist ihm jedoch nicht möglich, so lange er allein ist, da er keinen Haushalt führen kann, nachdem er mich dazu benötigt und das Umzugsgut, das in Buenos-Aires liegt, jedoch nur von mir ausgelöst werden kann.

Nach Gründung eines Haushalts würden wir gemeinsam am Aufbau einer Existenz mit der grösstmöglichen Energie arbeiten und es wäre uns sicher möglich, Woche für Woche kleine Raten auf die Passage zurückzuzahlen.

Ich bin am Ende meiner Kräfte.

Ich bitte zu bedenken, dass ich über 14 Monate von meinem Mann getrennt bin und nur durch die Hoffnung aufrecht erhalten werde, die Einreise nach Argentinien wäre möglich.

Nun kann ich jedoch die Passage-Kosten nicht aufbringen und meine Zuversicht hat sich, durch die eingetretenen Ereignisse, in Verzweiflung gewandelt.

Ich darf daher ergebenst ersuchen, meine Bitte wohlwollend zu berücksichtigen und danke Ihnen im Voraus auf das allerherzlichste.

Hochachtungsvoll!

Schreiben Johannes Zwanzgers an das Büro Pfarrer Grüber.
München, 22. Dezember 1939

Das beiliegende Gesuch von Frau Spielmann möchte ich aus folgenden Gründen befürworten:

Die ganze Familie ist durch die derzeitigen Verhältnisse auseinandergerissen worden. Der Mann ist in Argentinien, der 14jährige Sohn seit Juli 1939 in England (Riversmead, Ribblesdale, Nr. Clitheroe, Lancashire)[9]. Nun sitzt Frau Spielmann allein in Deutschland und ihr Barvermögen schmilzt immer mehr zusammen.

Frau Spielmann ist schon seit längerer Zeit bei dem Büro Grüber gemeldet und hat auch schon persönlich dort vorgesprochen.

Mit fr[eun]dl[ichem]. Gruss und mit herzl[ichen]. Wünschen zum Christfest!

Schreiben des Büros Pfarrer Grüber an Johannes Zwanzger.
Berlin, 28. Dezember 1939

Lieber Bruder Zwanzger!

Die Angelegenheit der Frau Spielmann in München, Copernicus-Str. 5, ist mir schon seit Mitte November bekannt. Frau Sp. hat mir damals ein Telegramm vorgelegt, dessen Inhalt sie selbst als nicht ganz verständlich bezeichnet hat. Ich habe ihr unter dem 17.[10] geschrieben, dass auch ich das Telegramm nicht verstehe und dass ich bereit bin, sie in die Anwärterliste für Devisenpassagen aufzunehmen, sobald ihre Papiere für die Einreise in Chile in Ordnung sind. Das war im November offensichtlich nicht der Fall

---

9.   Es handelte sich um ein Kinderheim der methodistischen Kirche.
10.   Der Brief ist nicht erhalten.

und scheint auch jetzt nicht der Fall zu sein. Wenigstens enthält ihr Schreiben vom 18. Dezember nichts darüber.

Wenn übrigens Frau Spielmann schreibt, mit 700.– RM höchstens 2⅓ Monate in Deutschland leben zu können, so wird sie sich, wenn sie auszuwandern beabsichtigt, wohl doch noch an sehr veränderte Bedingungen gewöhnen müssen.

Mit freundlichem Gruss und herzlichen Wünschen für ein gesegnetes neues Jahr
H Grüber

Edith Spielmann wurde am 20. November 1941 nach Kaunas deportiert und dort am 25. November 1941 ermordet.

7. Ehepaar Gorter – Beratung wegen der mit kirchlicher Hilfe nach England ausgereisten Söhne

Aus: LAELKB: Vereine II, XIV, Nr. 7, die beiden letzten Brief in Nr. 2
Literatur: Gedenkbuch München I, S. 451; F. Blum, Wir wußten

Schreiben Valerie von Küstenfelds an Johannes Zwanzger.
Bad Tölz, 9. Februar 1939

Sehr verehrter Herr Pfarrer,
Bezugnehmend auf die freundliche Unterredung, die Sie mir gütigst gewährt hatten, will ich nur mitteilen, wie sich die Lage des Ehepaares Gorter
in Kochel inzwischen gestaltet hat. Frau Gorter bekam von der Gemeinde u.
der Kreisleitung die Erlaubnis, weiter Pension zu geben u. Herr Gorter darf
sogar in Kochel bleiben. Sie dürfen aber keine nicht ar[ischen]. Gäste nehmen u. kommen nicht in die Wohnungsliste. Also ist der Betrieb sehr erschwert. Denn eine Gästewerbung auf privatem Wege ist ohne Geldmittel
ziemlich aussichtslos. Gäbe es irgend eine Stelle, an die sie sich wenden
könnten?

Sie würden nach wie vor lieber heute als morgen auswandern, da man ja
nicht voraussehen kann, welche neuen Verfügungen u. Gesetze zu erwarten
sind. Frau Gorter wagt aber nicht, allein nach England zu gehen u. ihren
Mann hier zu lassen, da sie praktisch sein einziger Schutz ist. Sie fürchtet,
die Möglichkeit, ihn nachkommen zu lassen, könnte sehr gering sein u. er
säße dann hier, ohne versorgt zu sein. Deshalb wird die Frage akut, ob sie
zusammen ausreisen u. in England einreisen dürfen, wenn sie dort eine
Hausangestellten Tätigkeit bekäme. Gibt es eine Institution, die sich des
Mannes annähme? Sollten Sie, sehr verehrter Herr Pfarrer, orientiert sein,
wäre ich für freundliche Auskunft sehr dankbar.
Mit den besten Empfehlungen
bin ich Ihre sehr ergebene
Fr. v. Küstenfeld

Schreiben Laura Livingstones [?] an Johannes Zwanzger.
Berlin, 21. Februar 1939

Sehr geehrter Herr Pfarrer Zwanzger,
Ich möchte gern Ihnen einen Bericht geben über einer Familie mit wem wir
stehen in Verbindung seit einen Jahr – Herr Richard Gorter und seine Frau
Friedl,
        Kochel am See Landhaus Gorter.

Er ist voll nicht arisch sie arisch beide evangelisch. Sie haben zwei Jungen die jetzt in England sind durch Inter-Aid Committee.[11]

Früher war Herr Gorter Regisseur und hat sehr günstigen Stelle gehabt. Seit 33 wohnen sie in Kochel wo die Frau eine schöne kleine Landhaus besitzt, sie vermieten und sie leben davon.

Sie haben immer aber Schwierigkeit, und weil es ziemlich entfernt von die Stadt liegt Herr Gorter muss alles am Rade holen. Sein genaue Alte[r] ist nicht in mein Kopf (ich schreibe zu hause, und die Akten sind nicht zuhand) aber er muss beinah 50 alt sein und sieht ein wenig zart aus. Er hat mich dringend gebeten, ob es wäre nicht möglich ihm und seine Frau heraus zu bringen, aber leider ich kann gar keine Möglichkeit dazu sehen, und muss immer in diesen Sinn alle Briefen antworten.

Ich melde den Fall an Ihnen sehr geehrter Herr Pfarrer erst sodass Sie wissen wie es liegt und kann vielleicht die Möglichkeit finden die Ehepaar mit Seelische Fürsorge etwas zu trösten.

Zweitens mit die Idee, dass vielleicht Sie könnten ein wenig Reklame machen für die Frau im Sommer. Bis jetzt hat sie immer ziemlich gut vermietet, aber es kann sein es will nicht so gut gehen in der Zukunft.

Schreiben Friederike Gorters an Johannes Zwanzger.
Kochel, 20. Oktober 1939
Sehr geehrter Herr Pfarrer!
Wir versuchten vorige Woche in München Sie zu sprechen, leider waren Sie verreist. Vielleicht erinnern Sie sich unseres Namens – Frau von Küstenfeld war schon einmal in unserer Sache bei Ihnen. Unsere beiden Jungens Helmut und Werner kamen durch Vermittlung von Miss Livingstone nach Worcester in ein Internat. Wir haben nun seit Kriegsbeginn einmal Nachricht von unseren Kindern bekommen und zwar über Bekannte in Holland. Wir wissen aber nicht, ob diese Verbindung aufrecht zu erhalten ist. Wir wären Ihnen, sehr geehrter Herr Pfarrer, sehr dankbar für einen Rat. Gibt es durch die Quäker oder das Rote Kreuz eine Verbindung und wie? Kann man ev[entuell]. kleine Mischsendungen senden? Da unser Helmut Anfang November Geburtstag hat und wir ihm, wenn möglich, eine kleine Freude bereiten wollen, wären wir Ihnen für möglichst umgehende Antwort sehr dankbar. Ist Miss Livingstone in Deutschland? Wir haben lange nichts von ihr gehört.

11. Hierzu finden sich Dokumente in LAELKB: Vereine II, XIV, Nr. 2.

Mt bestem Dank für Ihre Bemühungen und vielen Empfehlungen bin ich
Ihre ergebene
Friede Gorter

*Dieses Schreiben leitete Johannes Zwanzger mit der Bitte um Beantwortung an
das Büro Pfarrer Grüber weiter.*

Schreiben des Büros Pfarrer Grüber an Johannes Zwanzger.
Berlin, 25. Oktober 1939

Sehr geehrter Herr Pfarrer Zwanzger!
Den Brief der Frau Friede Gorter reichen wir Ihnen anbei zurück.

Wir bemühen uns bereits seit Anfang des Krieges darum, eine Korres-
pondenzvermittlungsstelle zu schaffen, über die hiesigen Eltern mit ihren
im jetzt feindlichen Ausland befindlichen Kindern korrespondieren können. Es war indessen nicht möglich, behördlicherseits die Erlaubnis zu erhalten.

Es kommen ja viele ähnliche Fälle zu uns, und der einzige Rat, den wir
den Eltern geben können, ist, sich eigener privater Verbindungen im Ausland zu bedienen. Da es möglich ist, dass die Kinder drüben kein Porto
bekommen, ist der beste Weg, die Bekannten oder Verwandten im neutralen
Ausland zu bitten, von sich aus an die Kinder zu schreiben und zwar entweder eine Rückantwortkarte oder einen Brief mit einliegendem Rückpor-
toschein. In diesem Fall ist es auch vorteilhaft, gleich einen Briefbogen und
einen Umschlag für die Antwort beizulegen.

Das genannte Verfahren ist jedenfalls dem Vorgehen vorzuziehen, bei
dem ein hier geschriebener Brief an eine Adresse im neutralen Ausland zur
Weiterbeförderung eingesandt wird. Dieses könnte als ein direkter Verkehr
mit dem feindlichen Ausland aufgefasst werden, ist also nicht ratsam. Das
gleiche gilt Päckchen; sicher werden die Bekannten in Holland Frau Gorter
den Gefallen tun, dem Jungen zu seinem Geburtstag eine Kleinigkeit zu
schicken, wir hören allerdings (unverbindlich), dass die Versendung von
Lebensmitteln aus Holland verboten sein soll. Vielleicht wäre es das beste,
wenn die Bekannten in Holland dem Jungen ein paar Shillinge schicken
würden, er kann sich dann kaufen, was er gerne haben möchte

Der Schreiber dieser Zeilen hat selbst einen 14jährigen [sic!] Sohn in
England und es geht ihm genau wie Frau Gorter, er verfährt in Sachen der
Korrespondenz etc. wie oben beschrieben.
Mit freundlichen Grüssen!
I. A. Kobrak

Nachdem Richard Gorter in München zur Zwangsarbeit herangezogen worden war, beging er im Januar 1943 in Kochel Selbstmord, da er in ein Sammellager eingewiesen werden sollte.

8. Bruno Kaufmann – Langwierige erfolglose Suche nach einer Auswanderungsmöglichkeit

Aus: LAELKB: Vereine II, XIV, Nr. 8
Literatur: Gedenkbuch München I, S. 681; S. Golde, Kaufmann

Schreiben Johannes Zwanzgers an das Büro Pfarrer Grüber.
München, 10. Februar 1939
Herr Bruno Kaufmann, Voll-Nichtarier, hat sich bei mir zur Auswanderung gemeldet. Aus seinen Zeugnissen geht hervor, dass er vielseitig tätig war. Ich bitte daher, ihn vorzumerken für etwaige für ihn geeignete Möglichkeiten, bezw. mir mitzuteilen, was sich noch für ihn tun lässt. Käme für ihn Mittelamerika in Betracht? Umschulung?

Schreiben des Büros Pfarrer Grüber an Johannes Zwanzger.
Berlin, 14. Februar 1939
Im Besitz Ihres Briefes teilen wir Ihnen mit, dass wir Herrn Bruno Kaufmann auf die Liste für Südamerika gesetzt haben und merken ihn dort als Elektriker vor. Als Bauingenieur können wir ihn deswegen nicht nennen, weil er erstens mehr auf dem Gebiet der Maschinentechnik gearbeitet hat und zweitens eine sehr grosse Anzahl von Bewerbern für die geringe geforderte Zahl an Ingenieuren vorgemerkt ist. An Unterlagen brauchen wir noch folgende:
je 2 Passfotos
1 kurz gefasster Lebenslauf
1 pfarramtliches Zeugnis (Bestätigung, dass Herr K. der ev. Kirche angehört, genügt nicht)
Wir bitten sie, Herrn Kaufmann zur baldigsten Ausfüllung der Formulare zu veranlassen und verbleiben
in christlicher Verbundenheit
H. Grüber

Schreiben Johannes Zwanzgers an Bruno Kaufmann.
München, 15. Februar 1939
Sehr geehrter Herr Kaufmann!
Unterm 14. 2. 39 hat mir Herr Pfarrer Grüber mitgeteilt, daß er Sie als Elektriker auf der Liste für Mittelamerika vorgemerkt hat. Er bittet Sie, ihm umgehend noch folgende Unterlagen zukommen zu lassen:
2 Passfotos, 1 kurzgefasster Lebenslauf und

1 pfarramtliches Zeugnis (Bestätigung, dass Sie der evang. Kirche angehören, genügt nicht.)

Da ich ev[en]t[uel]l. die nächsten Tage verreist bin, bitte ich zwei von den beigelegten Formularen mit den geforderten Unterlagen direkt an Pfarrer Grüber, Berlin C 2, An der Stechbahn 3–4 zu senden und sich dabei auf mich zu berufen. Das dritte der beigelegten Formulare bitte ich, gelegentlich mir mit den üblichen Angaben versehen zu bringen.

Mit fr[eun]dl[ichem]. Gruß!

Schreiben Bruno Kaufmanns an das Büro Pfarrer Grüber.
München, 18. Februar 1939
Sehr geehrter Herr Pfarrer!
Auf Veranlassung des Herrn Pfarrers Zwanzger, der für einige Tage verreist ist, erlaube ich mir, die gewünschten Unterlagen direkt zuzusenden.

Und zwar:

1.) 2 Formulare ausgefüllt. (Das 3. ist wunschgemäß für Herrn Pfarrer Zwanzger.)
2.) Ein Lebenslauf.
3.) Ein pfarramtliches Zeugnis.
4.) Passfotos.

Referenzen, Vorbereitung und Pläne für die Zukunft stehen im Lebenslauf.

Ich beabsichtige zunächst allein auszuwandern, zumal meine Frau Arierin ist.

Da nach den deutschen Devisen-Gesetzen nur RM 10.– mitgenommen werden dürfen, und mir von verwandtschaftlicher oder befreundeter Seite im Ausland keine Mittel zur Verfügung stehen werden, bin ich nach der Auswanderung mittellos und nur auf einen Verdienst angewiesen. – Die Überfahrt, falls sie in Deutschland bezahlt werden kann, was wohl der Fall sein dürfte, kann ich aus eigenen Mitteln bestreiten.

Für Ihre Bemühungen um meine Person sage ich Ihnen, hochverehrter Herr Pfarrer, meinen allerherzlichsten Dank.

Mit ergebenstem Gruss!

Hochachtungsvoll!

Schreiben Johannes Zwanzgers an Pandit Agnihotri, Wien.
München, 13. Mai 1939
Sehr geehrter Herr Doktor!
An mich wenden sich z[ur]. Z[ei]t. eine ganze Anzahl von Leuten, die im Ausland eine Stelle suchen, da sie hier ihren Beruf nicht mehr ausüben kön-

nen. Darunter sind auch verschiedene technisch geschulte u. erfahrene Leute in verschiedenen Berufen.

Ich würde nun gerne die Betreffenden mit Ihnen in Verbindung setzen, wenn Sie die Freundlichkeit hätten, mir mitzuteilen, ob Sie eine solche Stelle in Indien vermitteln können und unter welchen finanziellen Bedingungen Sie eine solche Vermittlung übernehmen.

Um gef[ä]l[lige]. Antwort wäre ich Ihnen sehr dankbar.

Mit freundlicher Begrüßung.

Schreiben Johannes Zwanzgers an Dr. Johannes Stosch, Ranchi (Britisch Indien). München, 19. Mai 1939

Sehr geehrter Herr Präses!

Sie werden sich wundern, wenn ich mich heute an Sie wende. Aber zu mir kommen täglich nichtarische Christen, die für sich eine neue Existenz suchen und ich bin genötigt, alle Wege zu versuchen, diesen Leuten hinauszuhelfen.

Ich lege Ihnen daher einen Lebenslauf und Zeugnisabschriften des Herrn Kaufmann bei mit der Bitte, ob diese nicht auf Grund eines Stellenangebots in einer indischen Zeitung zur Bewerbung weitergeleitet werden könnte.

Ich möchte nur in diesem Falle diesen Versuch machen, da ich bei dem Herrn Kaufmann den Eindruck habe, dass er etwas versteht und etwas leisten kann.

Meine Tätigkeit geschieht in Verbindung mit dem Büro Pfarrer Grüber, Berlin, der Ihnen vielleicht bekannt ist. Vielleicht lässt sich in diesem einen Fall doch etwas machen.

Mit glaubensbrüderlichem Gruß u. herzl[ichem]. Dank im Voraus.

Ihr sehr ergebener

Schreiben Bruno Kaufmanns an Johannes Zwanzger. München, 11. Juli 1939

Sehr geehrter Herr Pfarrer!

Unter Bezugnahme auf unsere gestrige Unterredung übersende ich Ihnen anbei den für Holland fertiggemachten Brief und bin ich Ihnen außerordentlich dankbar, daß Sie einige empfehlende Zeilen mitsenden wollen.

Von dem Brief an Holland habe ich noch zwei Kopien angefertigt, die ich bitte, zu Ihren Akten zu nehmen resp[ektive]. eine Kopie an das Büro des Herrn Pfarrer Grüber senden zu wollen.

Mit bestem Dank verbleibe ich

Ihr stets sehr ergebener

Bruno Kaufmann

Schreiben Bruno Kaufmanns an das Protestantsch Hulpcomité voor Uitgewekenen om Ras of Geloof. München, 11. Juli 1939

Seit vielen Monaten bemühe ich mich vergebens, in irgend ein Land auswandern zu können. Da ich Ihre Adresse erfahren habe und hörte, daß Sie sich protestantischer Nicht-Arier annehmen, so wende ich mich an Sie und bitte Sie von Herzen, mir behilflich zu sein. Ich möchte vorweg bemerken, daß ich in jedes Land ziehen, dessen Klima ertragbar ist und daß ich jede Arbeit annehmen würde, die ich leisten kann.

Damit Sie sich über meine Person ein Bild machen können, übersende ich Ihnen anliegend

einen Lebenslauf,

Abschrift meiner Zeugnisse

ein ärztliches und

ein pfarramtliches Zeugnis.

Sie wollen daraus ersehen, daß ich seit meiner Kindheit Protestant bin und auch meine Eltern derselben Religion angehören.

Ich beabsichtige allein auszuwandern. Wenn die Möglichkeit bestünde, bis zum Auswanderungs-Termin in ein holländisches Lager zu kommen, so würde ich selbstredend diese gerne annehmen, Freunde von mir in Holland und in England werden sicher bereit sein, die hierdurch entstehenden Kosten zu garantieren resp[ektive]. Vorauszahlung zu leisten. Wenn die Überfahrt in deutschem Geld beglichen werden kann, so bin ich hierzu imstande.

Ich möchte noch bemerken, daß ich mich manuell vielfach betätigt habe und daß ich fähig bin, alle Reparaturen, die im Hause vorkommen, selbst zu machen.

Meinen Beruf als Sachverständiger kann ich nicht mehr ausüben und betätige ich mich nun praktisch in einer Auto-Reparaturwerkstätte. Ich könnte selbstredend auch den Posten eines Chauffeurs übernehmen, nachdem ich mit den Reparaturen an Automobilen vollkommen vertraut bin, bereits seit 1903 fahre und viele Hunderttausende Kilometer am Steuer zurücklegte ohne jeden Unfall. Meine Fähigkeiten, Sprachkenntnisse usw. bitte ich, meinem Lebenslauf entnehmen zu wollen.

Ich bin seit Monaten in dem Büro des Herrn Pfarrer Grueber vorgemerkt. Ich nehme an, daß Ihnen dieser Name bekannt ist, jedenfalls hat der Pfarrer Grueber die Zentralstelle für die protestantischen Nicht-Arier, die auswandern wollen. Herr Pfarrer Zwanzger, der hier in München für das Büro Grueber zuständig ist, kennt mich ebenfalls persönlich sehr gut. Ich nahm mit ihm Rücksprache und er ist einverstanden, daß dieses Schreiben über ihn geht, damit er Ihnen bestätigen kann, daß Sie in keinem Falle irgendwelche Enttäuschung an mir erleben würden.

Als Referenz in Amsterdam gebe ich ihnen Mi[j]nh[eer]. F. C. M*, Amsterdam *, privat * an.

Ich hoffe zuversichtlich, daß Sie mir eine günstige Antwort zukommen lassen können und sehe dieser gerne entgegen.

Mit vorzüglicher Hochachtung!

Bruno Kaufmann

Schreiben Johannes Zwanzgers an das Protestantsch Hulpcomité voor Uitgewekenen om Ras of Geloof. München, 12. Juli 1939

Seit Beginn meiner hiesigen Tätigkeit kenne ich Herrn Kaufmann und habe von ihm den Eindruck eines zuverlässigen und gewissenhaften Mannes, den man empfehlen kann.

Er ist von Kindheit an evangelisch.

Infolge der Verhältnisse hat er sich auf Handarbeit umgestellt und nützt die ihm zur Verfügung stehende freie Zeit dazu aus, sich darin immer mehr zu vervollkommnen.

Ich glaube, dass man mit ihm keine Enttäuschung erleben wird.

Mit freundlichem Gruss!

Schreiben Johannes Zwanzgers an das Büro Pfarrer Grüber. München, 19. Januar 1940

Herr Bruno Kaufmann, dessen Papiere bereits seit einem Jahr bei Ihnen liegen, möchte als Ing. nach den Philippinen oder nach Chile. Durch Freunde könnte er die Passagekosten für die Reise voraussichtlich bekommen. Auf dem hiesigen amerikanischen Konsulat wurde ihm gesagt, daß er nach den Philippinen könnte, wenn ihn jemand von dort anfordern würde. Nun kennt er niemand dort.

Besteht irgend eine Möglichkeit, von hier aus zu erreichen, daß Herr Kaufmann von dort angefordert wird?

Weiter möchte ich anfragen, ob für Ingenieur Kaufmann in dem Erdbebengebiet der Türkei etwas zu machen ist.

Mit freundlichem Gruß!

Schreiben Bruno Kaufmanns an das Büro Pfarrer Grüber.
München, 10. Februar 1940
Sehr geehrter Herr Doktor!
Unter Bezugnahme auf die fernmündliche Unterredung, die mein Münchener Bekannter, Herr Dr. L* vor einigen Tagen in Berlin mit Ihnen hatte, gestatte ich mir, diese Zeilen an Sie zu richten.

Der Rafael-Verein hat für die von ihm betreuten Katholiken eine grössere Anzahl Visen für Brasilien erhalten und [es] werden in nächster Zeit mehrere Transporte katholischer Nichtarier nach dort gehen.

In Anbetracht der engen Zusammenarbeit des Büro Grüber mit dem Rafael-Verein erlaube ich mir die Anfrage, ob Sie nicht so gütig wären, bei der genannten Stelle anzufragen, ob nicht ausnahmsweise eins dieser Visen an Sie für mich abgetreten werden könnte?

Ich bitte diese meine Anfrage nicht als Unbescheidenheit aufzufassen, sondern in Betracht zu ziehen, dass ich mich fast 1 ½ Jahre erfolglos um ein Visum bemühe.

Genaue Unterlagen über meine Person liegen seit Februar 39 im Büro Grüber, wo ich in der Kartei für Fachleute – ich bin Ingenieur – eingetragen wurde.

Herrn Pfarrer Zwanzger habe ich vor Absendung dieses Briefes aufgesucht, um seine Genehmigung zu erhalten – auch geht Kopie dieses zu seinen Händen.

Bei diesem Besuch gab mir Herr Pfarrer Zwanzger den Inhalt Ihres Briefes vom 23.I.40. Zeichen WHK betr[effend]. Bruno Kaufmann[12] benannt und ich war sehr erfreut, dass Sie sich in meinem Interesse direkt mit der Regierung der Philippinen in Verbindung gesetzt haben, nachdem ja dort nach wie vor Ingenieure gesucht werden und meine Bemühungen dortselbst keinen Erfolg hatten.

Bereits Febr[uar]. 39. wandte ich mich per Flugpost an die Regierung in Manila, die aber – obwohl ich betonte, ich sei Protestant – meine Angelegenheit dem dortigen jüdischen Hilfsverein zur weiteren Bearbeitung übergab. Letzterer ließ mich nach Wochen wissen, dass das Gesuch nur begutachtet würde, wenn es durch den Hilfsverein der Juden in Berlin ginge. Als ich dorthin neue Unterlagen sandte, musste ich hören, dass der jüdische Hilfsverein in München zuständig sei. Monate gingen verloren bis ich endlich im November 39. von dem Hilfsverein in Manila die Nachricht erhielt, ich sei zu alt, um einen Klimawechsel zu vertragen. Dabei lag meinen Pa-

12. Der Brief ist nicht erhalten.

pieren ein ärztliches Zeugnis bei, aus dem einwandfrei hervorging, dass ich in jeder Beziehung gesund sei. – Wenige Wochen später erhielt ein Jugendbekannter von mir – ebenfalls Ingenieur – noch dazu 2 Jahre älter mit Hilfe desselben Hilfsvereins in Manila sein Visum und weitgehendste Unterstützung und befindet sich jetzt bereits dort. Allerdings war der genannte Herr Glaubensjude.

Ich möchte noch erwähnen, dass ich überall hinginge, wo das Klima für einen Nordeuropäer ertragbar und eine Existenzmöglichkeit zu erwarten ist. Ich würde auch jede Stellung annehmen, die mir einen – wenn auch bescheidenen – Lebensunterhalt gewährt. Ausser meinen fachlichen Kenntnissen bin ich kaufmännisch durch und durch gebildet und spreche französisch, englisch und ein wenig spanisch. Ich habe die Absicht allein auszuwandern. Die Passagekosten würden mir durch einen Freund in Holland zur Verfügung gestellt werden.

Ohne unbescheiden zu sein, darf ich Ihnen versichern, dass – falls Sie mir zur Auswanderung verhelfen – ich Ihnen unbedingt Ehre einlegen würde, denn ich kann und will arbeiten und ich möchte dieserhalben Herrn Pfarrer Zwanzger, der mich ja lange kennt, als Referenz aufgeben. Als weitere Empfehlung nenne ich Frau Geheimrat B*, Berlin-*, *str. 18. Sie ist eine Verwandte von mir und sei vielen Jahren mit Herrn Pfarrer Grüber sehr gut bekannt, dem sie mich vor einigen Monaten bereits empfahl. Ihr einer Sohn ist durch die Bemühungen Ihres Büros nach Holland gekommen und zwar kurz vor Ausbruch des Krieges.

Leider hörte ich von Herrn Pfarrer Zwanzger, dass die von ihm geplante Reise nach Berlin verschoben werden muss, sonst hätte er persönlich meine Sache bei Ihnen vertreten.

Wenn Sie der Ansicht sind, dass durch einen persönlichen Besuch in Berlin meine Angelegenheit gefördert werden könnte, bin ich selbstredend gern bereit nach dort zu kommen. Ich bitte in diesem Fall, mich wissen zu lassen, wann mein Besuch genehm wäre. Herr Pfarrer Zwanzger meint, ob im bejahenden Falle, erst noch die Antwort der Regierung in Manila abgewartet werden sollte?

Für Ihre Bemühungen bestens dankend, sehe ich Ihren Nachrichten gern entgegen
mit vorzüglicher Hochachtung
Bruno Kaufmann

Anbei Rückporto

Schreiben Bruno Kaufmanns an das Büro Pfarrer Grüber.
München, 14. Februar 1940
In postwendender Beantwortung Ihrer werten Zeilen vom 12. c[ou]r[an]t.
sage ich Ihnen im Voraus meinen besten Dank für Ihre Bemühungen.

Auf Ihre Anfrage teile ich Ihnen mit, dass mein Freund in Holland mir
einen Betrag von insgesamt $ 350 amer[ikanische]. zur Verfügung stellen
würde. Ich bitte daher um freundliche Meldung bei dem Comité in Buenos-
Aires.

Nochmals mit bestem Dank verbleibe ich mit
vorzüglicher Hochachtung

Rückporto

Schreiben Bruno Kaufmanns an Johannes Zwanzger.
München, 10. Oktober 1940
Sehr geehrter Herr Pfarrer!
Ich hatte die Absicht, heute morgen in Ihre Sprechstunde zu kommen,
musste aber in der Mathildenstr.[13] erfahren, dass diese heute nicht stattfin-
det, und Sie auch nicht in der nächsten Woche zu sprechen seien, da Sie
verreisen müssten.

Unter diesen Umständen erlaube ich mir, Ihnen meine Bitte schriftlich
vorzutragen.

Ich bekam gestern einen Brief aus Amerika von meiner Verwandten Frau
Geheimrat H* B* aus Berlin-*. Diese ist seit vielen Jahren mit Herrn Pfarrer
Grüber befreundet und hatte seiner Zeit mich auch Herrn Pfarrer Grüber
empfohlen. Frau B*, die protestantisch und Mischling ist, hat einige Monate
vor Kriegsausbruch eine Reise nach USA. zu ihrem nach dort ausgewanderten ältesten Sohn unternommen, sie wurde vom Krieg überrascht und
konnte bisher noch nicht wieder heimkehren. Ihr zweiter Sohn wurde
durch Herrn Pfarrer Grüber s[einer]. Z[ei]t. nach Holland verbracht und
dann nach San Domingo, wo er mit seiner Frau bleibt, bis er nach USA.
einreisen kann.

Nun schreibt mir meine Verwandte, dass es jetzt nicht schwer sei, als
Siedler nach San Domingo zu kommen, es würden nur noch 50 Dollar verlangt. Herr Pfarrer Grüber hätte mehrere Leute nach dort verbringen können und ich solle mich doch unter Nennung Ihres Namens dieserhalb an
ihn wenden. Wenn ich auch kein Siedler wäre, so könnte ich doch als Ma-

---

13. Gemeint ist der Sitz des Vereins für Innere Mission in München.

schinen- und Elektroingenieur dort sehr nützlich sein, auch wenn ich nur Traktoren fahren, resp[ektive]. wieder in Gang bringen würde. Dürfte ich Sie nun bitten, dieserhalb sich mit Herrn Pfarrer Grüber unter Nennung meiner Verwandten in Verbindung zu setzen? Wenn es Ihnen lieber ist, will ich natürlich auch direkt hinschreiben, wenn ich auch glaube, dass Ihre Bemühungen mehr Erfolg haben werden und ich auf jeden Fall bevor ich dort hingeschrieben hätte, Ihnen den Fall vortragen wollte.

Ich möchte bemerken, dass ich im Mai 40. mich in einem spanischen Brief an die Regierung von San Domingo wandte[14], mich um die Einreise bewarb und bat mir mitzuteilen, was ich für Schritte zu unternehmen hätte. Ich erhielt allerdings bisher noch keinerlei Antwort.

Indem ich Ihnen für Ihre freundlichen Bemühungen, die Sie mir ja immer angedeihen lassen, im Voraus herzlichen Dank sage, verbleibe ich mit den besten Grüßen
Ihr Ihnen stets dankbar ergebener
Bruno Kaufmann

Schreiben Johannes Zwanzgers an das Büro Pfarrer Grüber.
München, 23. Oktober 1940
Herr Bruno Kaufmann, dessentwegen ich schon öfters mit Ihnen korrespondiert habe, wendet sich mit folgender Sache an mich.

Er bekam kürzlich einen Brief aus Amerika von seiner Verwandten, Frau Geheimrat aus Berlin-Dahlem. Diese ist nach seinen Angaben gut bekannt mit Herrn Pfarrer Grüber. Frau B*, evangelisch, Mischling, war auf einer Reise zu ihrem ältesten Sohn in USA, wurde dort vom Krieg überrascht und konnte nicht zurück. Ihr zweiter Sohn wurde durch Pf[arrer]. Grüber nach Holland und von dort nach San Domingo verbracht.

Nun schreibt Frau B* dem Herrn Kaufmann, daß es nicht schwer sei, als Siedler nach San Domingo zu kommen. 50 Dollar würden verlangt. Wenn Herr Kaufmann auch kein Siedler wäre, so könnte er doch dort als Maschinen- u. Elektroingenieur nützlich sein, z.B. Traktoren fahren, ausbessern etc.

Wie weit entsprechen diese Angaben den Tatsachen und läßt sich für Herrn Kaufmann etwas unternehmen? Die Unterlagen für seine beruflichen Fähigkeiten sind sehr gut.
Mit freundlichem Gruß!

---

14. Der Brief ist nicht erhalten.

Schreiben Johannes Zwanzgers an das Büro Pfarrer Grüber.
München, 7. November 1940
Zu Ihrem Schreiben vom 26. 10. bez[üglich]. Herrn Kaufmann[15] teile ich
Ihnen mit, daß Herr Kaufmann zusammen mit seinen Eltern am 31. 10. 40.
freiwillig aus dem Leben geschieden ist. Es erübrigen sich also weitere Be-
mühungen Ihrerseits um dessen Auswanderung.
Mit freundlichem Gruß!

Gemeinsamer Tod. In der Küche ihrer Wohnung in der Jakob Klar-Straße wurden
am Donnerstag vormittag die Wohnungs-
inhaber, ein 87 Jahre alter Mann, seine
82 Jahre alte Frau und deren 56 Jahre alter
Sohn, ein Diplomingenieur, mit Gas vergiftet
tot aufgefunden. Nach hinterlassenen Aufzeich-
nungen hatten die drei ihrem Leben selbst ein
Ende bereitet. Der Beweggrund ist nicht bekannt. Um in ihrem Vorhaben nicht gestört zu
werden, hatten sie, damit der Gasgeruch sie nicht
verrate, die Fugen an der Küchentüre abgedich-
tet. Als am Vormittag Untermieter die abge-
sperrte Küche nicht betreten konnten und leichten Gasgeruch wahrnahmen, benachrichtigten sie
die Polizei, die in die Küche eindrang.

Meldung der Münchner Neuesten Nachrichten, Nr. 306, 1. November 1940, S. 9

Schreiben Johannes Zwanzgers an den das Evangelische Kirchen-
gemeindeamt München. München, 7. November 1940
Ich wäre dankbar zu erfahren, welcher Geistliche in der vergangenen Woche
das Gemeindeglied Herrn Kaufmann beigesetzt hat und wo er beigesetzt
worden ist.
Heil Hitler
Pfarrer Zwanzger

Auf diese Anfrage teilte das Kirchengemeindeamt am 19. November 1940 mit,
dass Bruno Kaufmann nicht kirchlich beerdigt wurde.

15. Der Brief ist nicht erhalten.

**Schreiben Johannes Zwanzgers an den Vorstand der jüdischen Kultus-
gemeinde München. München, 4. Dezember 1940**
Ich habe nachträglich erfahren, daß Herr Kaufmann zusammen mit seinen
Eltern aus dem Leben geschieden ist.

Da alle drei evangelischer Konfession waren, bitte ich um gefällige Mitteilung, welchen Geistlichen Sie von dem Todesfall und von der Beerdigung
verständigt haben. Falls dies unterblieben ist, ersuche ich um Aufklärung
darüber, aus welchem Grunde eine Benachrichtigung unterlassen wurde.

**Schreiben des Vorstands der jüdischen Kultusgemeinde München an
Johannes Zwanzger. München, 10. Dezember 1940.**
Sehr geehrter Herr Pfarrer!
In der obigen Angelegenheit teilen wir Ihnen mit, dass unserem Beerdi-
gungsbeamten seinerzeit von einer Frau M*, die sich als frühere Hausangestellte und Vertraute der Familie bezeichnet hat, folgende Angaben gemacht
wurden: »Die Familie Kaufmann hat vom Judentum nichts wissen wollen
und mir immer erklärt, daß die Beerdigung in aller Stille stattfinden solle.«
Auf seine nochmalige Anfrage, ob ein Geistlicher bei der Beerdigung mit-
wirken würde, wurde erklärt, dies würde nicht der Fall sein, es wirke kein
Geistlicher mit, die Beerdigung soll in aller Stille stattfinden: Da auch sonst
keine Angehörigen der Familie sich bei uns gemeldet haben, hatten wir keine Veranlassung, Ihnen von diesem Todesfall Mitteilung zu machen.
Mit vorzüglicher Hochachtung
Karl Israel Stahl.

*Dieses Schreiben teilte Johannes Zwanzger am 16. Dezember 1940 dem Pfarr-
amt der Kreuzkirche mit.*

9. Dr. Arthur Josef Hirsch – Unterstützung bei den Auswanderungsbemühungen

Aus: LAELKB: Vereine II, XIV, Nr. 8
Literatur: Gedenkbuch München I, S. 590

Schreiben Dr. Arthur Hirschs an Johannes Zwanzger.
München, 15. Februar 1939
Sehr geehrter Herr Pfarrer!
Von Herrn Pfarrer Grüber Berlin (kirchliche Hilfsstelle für evangelische Nichtarier) wurde ich an Sie als hiesiger Vertrauensstelle verwiesen.

Ich möchte mir nun die Anfrage erlauben, wann ich einmal ab Mittwoch nächster Woche bei Ihnen zu einer Besprechung kommen darf.
Mit vorzüglicher Hochachtung!
ergebenster
A. J. Hirsch

Bestätigung des Pfarramtes der Kreuz-Kirche. München, 3. März 1939
Unterzeichnetes Pfarramt bestätigt, dass:
Herr Dr. Artur, Josef Hirsch, geboren am 6.9.79 zu Hanau am M[ain].
Wohnung: München, Kapuzinerstr. 37/I. r. Beruf Arzt i.R. verheiratet, der Evang.-Luth. Kirche angehört und wohl zu empfehlen ist.

Schreiben Johannes Zwanzgers an Pfarrer Julius Rieger, London.
München, 18. März 1939
Sehr geehrter Herr Pfarrer!
Heute wandte sich an mich ein Herr Dr.
Arthur Josef Israel Hirsch, evang. Konf[ession], Arzt i.R. mit der Bitte, ihm zu seiner Auswanderung behilflich zu sein. Ihre Adresse verdankt der Betreffende dem Büro Grüber in Berlin. Herr Hirsch teilt mir mit, daß sein Sohn, auch ein Mediziner, nach deutschem Gesetz, Mischling I. Grades, bereits nach England ausgewandert sei. Name und Anschrift des Sohnes lauten: Dr. Emil Arthur Hirsch C/O West End Hospital for Nervous Diseases, Regent Park, Gloucester Gate, London NW 1.

Könnten Sie sich mit diesem Sohn in Verbindung setzten und ihm bei seinen Bemühungen beratend und helfend zur Seite stehen? Der Vater ist meines Wissens über 60 Jahre alt, verheiratet mit einer Arierin.
Mit freundlichem Gruß!

Schreiben Dr. Arthur Hirschs an Johannes Zwanzger.
München, 27. September 1939

Sehr geehrter Herr Pfarrer!

Ich erlaube mir, Ihnen den übersandten Fragebogen mit bestem Dank zurückzusenden, da ich am 6. September 1879 geboren, also über 60 Jahre
bin.

Ich lebe in Mischehe, meine Frau ist katholische Arierin, Kinder sind
bezw. waren (1 †) evangelische Christen. Ich bin kein Mitglied der Reichsvereinigung, da für mich der Zwang dazu nicht besteht & ich freiwillig nicht
beitrete.

Mein Sohn Emil, der in London an einem Hospital angestellt war, hat
mir bis jetzt nach Beginn des Krieges noch keine Mitteilung zukommen
lassen. – Ich würde mich freuen, Sie gelegentlich wieder einmal persönlich
zu sprechen.

NB. Sind Sie über die Bestattungsfrage für uns unterrichtet?

Neulich behauptete Jemand, ich würde nicht feuerbestattet und käme
nicht in das Grab meines Sohnes im Ostfriedhof. Ich bin nämlich seit über
10 Jahre Mitglied des Vereins für Feuerbestattung und seiner Bestattungs-
kasse. Ich bin evangelischer Christ mit 4 jüdischen Grosseltern.

Mit freundlichen Grüssen auch von meiner Frau
verbleibe Ihr sehr ergebener
A. J. Hirsch

Schreiben des Büros Pfarrer Grüber an Johannes Zwanzger.
Berlin, 26. März 1940

Der Unterzeichnete nimmt eine Notiz über diesen Fall auf seine Schweizer
Reise mit und wird dort mit Bruder Freudenberg besprechen, in welcher
Weise dem Obigen geholfen werden kann.

Wir kommen dann auf die Angelegenheit zurück.

Mit freundlichen Grüssen!
H. Grüber

Schreiben Johannes Zwanzgers an das Büro Pfarrer Grüber.
München, 20. März 1940

Herr Dr. Hirsch, halbarisch, war seit einiger Zeit als Medizinalpraktikant in
England. Nach Mitteilung seiner hier lebenden Eltern ist er seit Kriegsausbruch aus seiner Stelle entlassen worden, weil er in den Augen der Engländer ein Deutscher ist. Er scheint sich in wirtschaftlicher Not zu befinden.
Kann man in diesem Falle an das Rote Kreuz, oder an die Quäker sich um

Hilfe wenden oder gibt es sonst einen Weg, sich um diesen Mann anzunehmen?
Mit freundlichem Gruß!

Schreiben Johannes Zwanzgers an Dr. Arthur Hirsch.
München, 6. April 1940
Sehr geehrter Herr Doktor!
Von Pfarrer Grüber erhielt ich bezüglich Ihres Sohnes den Bescheid, daß Pfarrer Grüber eine Notiz über diesen Fall auf seine Schweizer Reise mit nimmt, dort besprechen wird, in welcher Weise Ihrem Sohn geholfen werden kann.
Mit freundlichem Gruß!

Schreiben L* R*s an Johannes Zwanzger. München, 1. Februar 1941
Sehr geehrter Herr Pfarrer!
Im Auftrage von Frau Doktor Hirsch schicke ich Ihnen die gewünschten Angaben.

Geburtstag:	6. Sept[ember]. 1879
Geburtsort:	Hanau a[m]. Main
Tauftag:	Ist Frau Dr. leider nicht bekannt.
Sterbetag:	11. Januar 1941.
Sterbestunde:	20^{45h}

Die Taufe fand statt in der Lukaskirche durch Herrn Dekan Lembert. Da Frau Doktor sich nicht wohl fühlt ist es ihr leider nicht möglich selbst zu schreiben.
Mit ergebensten Grüßen auch von Frau Doktor

10. Franz Fried – Hilfe für den nach der Reichspogromnacht Inhaftierten

Aus: LAELKB: Vereine II, XIV, Nr. 7, der letzte Brief in Nr. 1
Literatur: A. Fried, Schuhhaus Pallas

Schreiben Johannes Zwanzgers an das Büro Pfarrer Grüber.
München, 25. Februar 1939

Betreff: Franz Friedrich Israel Fried aus Ulm z[ur]. Z[ei]t. im Polizeigefängnis Welzheim.

In diesen Tagen war der Bruder des Obengenannten bei mir und fragte an, ob dem Betreffenden nicht zur Auswanderung verholfen werden könnte.

Angeblich ist der Betreffende deswegen in Haft, weil er sich geweigert habe, den Vornamen Israel anzunehmen.

In einem Brief an seinen hiesigen Bruder vom 20.2.1939, der mir im Original vorliegt, schreibt er wörtlich: »Nunmehr bitte ich dich ebenfalls nach Möglichkeit von München aus alles zu versuchen, um mir eine Auswanderung zu ermöglichen. Da die Dauer meiner Haft hievon abhängt, bitte ich dich daher, alle Hebel in Bewegung zu setzen um ein Resultat zu erzielen …«

Franz Friedrich Israel Fried ist seit 35 Jahren evangelisch. Wohnung: Ulm, Syrlinstrasse 3.

Beruf: Kaufmann. Seit 1933 das Geschäft unter der Leitung der Frau.

Frau arisch, evangelisch.

Ein Sohn Kurt muss z[ur]. Z[ei]t. eine dreimonatliche militärische Übung machen.

Welche Schritte können nun in diesem Fall unternommen werden? Ist in diesem Fall bei der Berliner Stelle der Gestapo etwas zu ermöglichen?
Mit freundlichem Gruss!

Schreiben des Büros Pfarrer Grüber an Johannes Zwanzger.
Berlin, 28. Februar 1939

Sehr geehrter Herr Pfarrer!

Um uns ein klares Bild über den Fall Fried zu machen, benötigen wir noch einige Angaben und bitten, uns den beiliegenden Fragebogen ausgefüllt zurückzusenden. Vor allem müssen wir wissen: 1) Wann wurde Herr F. verhaftet? Durch wen? Wurde er zu einer Gefängnisstrafe verurteilt oder ist er in Schutzhaft? Durch wen wurde er gegebenenfalls verurteilt? Hat er schon

irgendetwas zur Auswanderung eingeleitet? Eine Auswanderung käme ja wohl nur für Herrn F. in Frage. Sind eigene Mittel vorhanden?
Mit freundlichen Grüssen
H Grüber

Schreiben Johannes Zwanzgers an das Germany Emergency Committee. München, 25. April 1939
Herr Fried war 3 Monate in Haft und wurde unter der Bedingung entlassen, daß er innerhalb 2 Monate auswandere.

Zu diesem Zwecke läßt er sich z[ur]. Z[ei]t. umschulen u. macht hier einen Kochkurs (kalte und warme Küche) mit und hofft dadurch leichter eine Stelle im Ausland zu finden.

Herr Fried ist 61 Jahre alt, evangelisch, lebt getrennt von Frau und Kindern, die hier in Deutschland bleiben würden. Er hat sich von seiner Frau, die arisch ist, getrennt, damit ihr die Existenz hier erhalten bleibt.

Herr Fried fürchtet nun jeden Tag wieder in Haft genommen zu werden, wenn er nicht bald einen Nachweis bringt, daß er irgendwohin auswandern kann.

Ich möchte Sie daher dringend bitten, dem Herrn Fried doch irgendwie behilflich zu sein nach England zu kommen.

Schreiben des Germany Emergency Committee an Johannes Zwanzger. London, 2. Mai 1939
Sehr geehrter Herr Pfarrer Zwanzger!
Auf Ihr Schreiben vom 25. 4. muessen wir Ihnen mitteilen, dass die Umschulung, die Herr Fried mitmacht, leider zwecklos sein wird, denn bei seinem Alter kommt eine Anstellung hier ueberhaupt nicht in Frage. Es gibt nur die eine Moeglichkeit, da er die Altersgrenze (bis ueb[er]. 60 Jahre) ueberschritten hat, dass er einen Daueraufenthalt hier bekommen kann, wenn er einen Garanten nachweisen kann, der sich verpflichtet, ihn lebenslaenglich zu unterhalten und fuer ihn zu sorgen. Ueberdies ist die Errichtung eines Altersheims geplant. Allerdings moechten wir nicht, dass er allzugrosse Hoffnungen daran knuepft, da die Schaffung ja vorlaufig erst geplant ist. Wir werden ihn aber auf jeden Fall dafuer in Vormerkung nehmen.
Mit freundlichem Gruss
Audrey Turner.

Bitte lassen Sie uns wissen, ob er uns Freunde oder Bekannte nennen kann, an die wir uns bez[ü]gl[ich]. einer solchen Garantie wenden koennten.

Schreiben Johannes Zwanzgers an das Büro Pfarrer Grüber.
München, 8. Mai 1940
Herr Fried, 62 Jahre alt, evang., früher Ulm/Syrlinstr. 3, war im Jahr 1939 von Jan[uar]–März in Schutzhaft und wurde daraus unter der Bedingung entlassen, dass er auswandere. Bei seinem Alter und infolge fehlender Verbindungen ins Ausland war ihm dieses nicht möglich.

Nun wurde er hier bei der Gestapo vorgeladen, die ihm mitteilte, Berliner Stellen der Gestapo fragten nach seiner Auswanderung und ob diese nicht bald vonstatten ginge.

Nun gab Herr Fried bei seiner Vorladung hier zu Protokoll, dass es ihm bisher nicht gelungen sei, auszuwandern. Weiter gab er an, dass sein 35-jähriger Sohn (Mischling I. Grades) seit Kriegsausbruch im Felde stünde, inzwischen zum Gefreiten befördert worden sei. Trotzdem ist Herr Fried zur Auswanderung bereit, wenn ihm eine Existenzmöglichkeit im Ausland sich bietet.

Ich wäre dankbar, wenn Sie Herrn Fried davon verständigen könnten, ob für ihn eine Möglichkeit besteht oder nicht.

Weiter möchte ich anfragen, ob bei den Berliner Stellen nicht versucht werden könnte, diese Angelegenheit zu sistieren mit Rücksicht auf den im Felde stehenden Sohn und auch mit Rücksicht darauf, dass Herr Fried im Weltkrieg von 1915–18 Frontkämpfer und nach dem Krieg aktiv bei der Einwohnerwehr in Ulm gewesen ist.
Mit freundlichem Gruss

Schreiben Johannes Zwanzgers an Franz Fried. München, 9. Mai 1940
Sehr geehrter Herr Fried!
Bezugnehmend auf den mir von Ihnen vorgetragenen Wunsch, Ihnen zu einer Auswanderung behilflich zu sein, teile ich Ihnen mit, daß ich mich an das Büro Pfarrer Grüber Berlin, an der Stechbahn 3–4, gewandt habe, das sich nach Kräften bemüht, die Auswanderung nichtarischer Christen zu ermöglichen. Der Einfachheit halber habe ich das Büro gebeten, Ihnen die Antwort direkt zukommen zu lassen.
Mit freundlichem Gruß!

Schreiben des Büros Pfarrer Grüber an Johannes Zwanzger.
Berlin, 15. Mai 1940
Lieber Bruder Zwanzger,
von behördlicher Seite wurde uns mitgeteilt, daß vor ca. 14 Tagen neue Richtlinien herausgegeben worden sind, wonach ein Druck auf Mischehen hinsichtlich der Auswanderung nicht mehr ausgeübt werden soll.[16]

Leider haben wir selbst z[ur]. Z[ei]t. keine Möglichkeit, Herrn Fried zu einer Auswanderung zu verhelfen. Wie die Dinge bei ihm liegen, ist die Durchführung nur mit Hilfe von event[uel]l. im Ausland vorhandenen Freunden oder Verwandten möglich, die ihm in finanzieller Hinsicht den Weg ebnen.

Wir haben an Herrn Fried nicht direkt geschrieben und bitten Sie, ihn von sich aus zu informieren.
Mit brüderlichem Gruß
H Grüber

Dieses Schreiben teilte Johannes Zwanzger Franz Fried am 15. Mai 1940 nur teilweise mit. Den ersten Absatz ließ er weg.

Anfang 1940 konnte Franz Fried noch bei einem Uniformschneider in München arbeiten. Seit März 1940 musste er beim Bau des Barackenlagers Milbertshofen Zwangsarbeit leisten. Er blieb jedoch von der Deportation verschont, da er trotz der Scheidung in der sog. Judenkartei der Stadt München als verheiratet eingetragen war.

16. Ein entsprechender Text konnte nicht ermittelt werden.

11. Herr M* – Hilfe für den nach der Reichspogromnacht zur Auswanderung Gezwungenen

Aus: LAELKB: Vereine II, XIV, Nr. 8

Schreiben Johannes Zwanzgers an Frau M*. München, 27. Februar 1939
Sehr geehrte Frau M*!
Bezüglich Ihrer Angelegenheit möchte ich einen neuen Versuch machen, der allerdings nur dann gemacht werden kann, wenn Ihr Mann nicht älter als 35 Jahre, im äussersten Notfall nicht älter als 45 Jahre ist. Voraussetzung ist weiter, dass Aussicht auf eine eventuelle Weiterwanderung besteht.

2 Passbilder und kurze, klare Darstellung Ihrer Lage in doppelter Ausfertigung wären notwendig.

Um gefällige Antwort wäre ich Ihnen dankbar.

Zu sprechen bin ich von ½ 11 Uhr bis 12 Uhr in Himmelreichstr. 3
Mit freundlichem Gruss!

Schreiben Johannes Zwanzgers an das Büro Pfarrer Grüber.
München, 3. März 1939
Betreff: E* Israel M*, München, *
Zu den dringlichen Fällen, die ich dieser Tage zu behandeln hatte, gehört auch der Obengenannte.

1. Er ist aus der Haft entlassen worden unter der Bedingung, daß er bis 1. Februar ausgewandert sei. Da ihm dies bis jetzt noch nicht geglückt ist, wurde er schon zweimal vorgeladen.

2. Der Betreffende hat Aussicht nach Honduras auszuwandern.

3. Er hat einen Onkel in der Schweiz, der ihm finanziell unter die Arme greifen kann.

4. Bis spätestens 1. April muß er seine Wohnung geräumt haben.

5. Falls seine Bemühungen umsonst sind, fürchtet er wieder in Haft genommen zu werden.
Mit freundlichem Gruß!

Einen annähernd gleich lautenden Brief sandte Johannes Zwanzger am gleichen Tag an Richard J. Carter von der Quäkerhilfe in Berlin.

Büro Pfarrer Grüber.   B e r l i n C 2.

beigel 18.3.39.   Am der Stechbahn 3/4.

Betr. : Durchgangslager in England.

Personalien : *E   M*   *geb. 19 Juli 1901*   *Schlesien, verheiratet.*
   ev., 1 Kind, ac   *München 9.*   *Für bis 1. April!*

Staatsangehörigkeit : *Deutsches Reich,*

Pass : *Heute, 17. 3.39, erhalten.*

Ausbildung : *Photochemiker.*   *Führerschein Klasse 3.*

Sprachkenntnisse : *Französisch,   Englisch im Lernen begriffen.*

Bisheriger Beruf : *Betriebs assistent.* Umschichtung : ———

Wirtschaftliche Verhältnisse : *Keinerlei Vermögen und keinerlei*
                                      Verdienstmöglichkeiten.

Verwandte : *Onkel. Herr Jules Reinhold, Lausanne/Schweiz, Av. de la Gare 2.*
       Vetter: Herr Jacques Zücker, Zürich, Tödistrasse 9.

Weiterwanderung gesichert : *Visums Bescheinigung nach Honduras.*

Auswanderung so dringlich : *durch die Gestapo gezwungen in kürzester*
                                Frist ausser Landes zu sein.

Gerichtliche Vorstrafen : *Keine!*

Personalbogen E* Ms*, LAELKB: Vereine II, XIV, Nr. 8

Schreiben des Büros Pfarrer Grüber an Johannes Zwanzger.
Berlin, 7. März 1939
Uns interessiert, was der Hinderungsgrund für eine sofortige Einreise nach Honduras ist, da Sie die Visumszusage Ihrem Brief[17] beigelegt haben. Hiernach muss doch die Ausreise nach Honduras möglich sein.
Mit freundlichem Gruss
H. Grüber

Schreiben von Herrn M* an das Büro Pfarrer Grüber.
München, 16. März 1939
Durch Vermittlung des Herrn Pfarrers Zwanzger bin ich in der Lage mich um Hilfe zur Auswanderung an Sie zu wenden.

Ich bin am * * 1901 in L*/Schlesien geboren und habe am * * 1928 geheiratet und bin seit meinem 3. Lebensjahr evangelisch. Meine Frau ist arisch und evang. Ich habe einen Sohn von sieben Jahren, evangelisch.

Ich bin Phototechniker und von 1917 bis 1938 immer in Stellung tätig gewesen, zuletzt bei der Firma *

Am 10. November musste ich infolge der jüdischen Aktion meine Stellung verlassen und wurde am 11. November in Schutzhaft genommen.

Ich war vom 11. November bis 30. Dezember in Dachau inhaftiert und habe seit diesem Tage keinerlei Verdienst.

Mir wurde bei meiner Entlassung eine Frist von 4 Wochen gestellt, die bereits am 30. Januar ablief und muss ich auf schnellmöglichstem Wege Deutschland verlassen.

Am 25. Februar bekam ich wieder eine Vorladung zur Gestapo, dort wurde gefragt, warum ich immer noch hier sei, da ich am 30. Dezember doch nur wegen meiner Auswanderung entlassen worden bin!

Ich habe die Bescheinigung der Einreiseerlaubnis für Honduras, die im Konsulat von Honduras in Bern ausgestellt ist und wurde mir diese durch Vermittlung meines Onkels, Herrn J* R*, Lausanne, *, zugestellt.

Mein Onkel ist sehr vermögend und übernimmt jederzeit die Bürgschaft für mich und stellt geforderte Kaution. Er hat mir auch die Versicherung gegeben, mir im Auslande eine Summe bis zu 1000 £. St[erling]. zur Verfügung zu stellen.

Ein Visum für die Schweiz, um dort meine Auswanderung weiter zu betreiben, konnte ich bis jetzt noch nicht erlangen.

Mein Onkel bemüht sich, weitere Visas für mich zu erhalten ev[en]-

---

17. Gemeint ist der Brief Johannes Zwanzgers vom 3. März 1939.

t[uel]l. für Australien oder St. Domingo, wo für mich bessere Verdienstmöglichkeiten bestehen würden, ausserdem die klimatischen Verhältnisse besser wären.

Es wäre für mich eine grosse Hilfe, wenn mir in einem Lager die Zeit gegeben würde, diese Bemühungen meines Onkels abwarten zu können.

Meine Familie bleibt vorerst in Deutschland.

Ab 1. April kann ich nicht mehr mit meiner Familie zusammen wohnen, da wir bis dahin die Wohnung geräumt haben müssen!

Ich habe auch keinerlei Geldmittel mehr.

Meine Frau wird von ihrer Schwester unterstützt.

Ich bitte Sie doch, wenn es irgend möglich, mein Gesuch berücksichtigen zu wollen, da ich bei noch viel längerem Verweilen hier befürchten muss, wieder inhaftiert zu werden.

Hochachtungsvoll

E* M*.

Anbei:

2 Photokopien vom Konsulat Honduras in Bern.

2 Photokopien des kirchlichen Zeugnisses.

5 Passbilder.

Aus einem Personalbogen des Büro Pfarrer Grüber für ein englisches Durchgangslager geht hervor, dass Herr M am 17. März 1939 einen Reisepass erhielt. Ende Juni 1939 wanderte er nach England aus.*

SOCIETY OF FRIENDS (QUAKERS)

Germany Emergency Committee

(Appointed by Friends Service Council and Meeting for Sufferings)

BLOOMSBURY HOUSE, BLOOMSBURY STREET,
LONDON, W.C.1.

Chairman:
GEORGE B. JEFFERY

Vice-Chairmen:
EDITH M. PYE
HERBERT ROWNTREE

PLEASE QUOTE
1 8646

Hon. Secretary:
HILDA CLARK

General Secretary:
BERTHA L. BRACEY

Datum **21. 7. 39.**

In Beantwortung Ihrer Anfrage vom *13 Juli*
wird der Gesuchsteller gebeten, sich in Verbindung zu
setzen mit *Büro Pastor Grüber.*
Berlin C.2.:
An der Stechbahn 3-4/II

Bitte geben Sie die folgende Londoner Referenznummer an:
F . *18646*

Bitte beachten Sie, dass das obige Committee nur
fuer nichtarische deutsche und oesterreichische Christen
arbeitet.

Ist der Gesuchsteller religionsmaessig Jude, muss
der Antrag bei der zustaendigen Juedischen Kultusgemeinde
gestellt werden.

Schreiben des Germany Emergency Committee an Johannes Zwanzger, LAELKB: Vereine II,
XIV, Nr. 8

12. Herr S* – Hilfe bei der Auswanderung des im KZ Buchenwald Inhaftierten

Aus: LAELKB: Vereine II, XIV, Nr. 9
Literatur: J. Zwanzger, Jahre, S. 16

Schreiben Hans Blochs an Johannes Zwanzger.
München, 22. März 1939
Sehr geehrter Herr Pfarrer Zwanzger!
Vom Verein für Innere Mission, Mathildenstrasse 6 wurde ich mit folgender Angelegenheit an Sie verwiesen:

Als Vertrauensmann der israelitischen Kultusgemeine habe ich mich um den am * * 1911 in München geborenen kaufmännischen Angestellten E* S* angenommen, der jüdischer Abstammung, jedoch evangelischer Konfession ist und sich seit 3/4 Jahren im Konzentrationslager befindet.

Alle Freunde, Bekannte und Lagerkameraden stellen S* das allerbeste Zeugnis aus und bezeichnen ihn als einen ausgezeichnet veranlagten jungen Mann, der jeder Hilfe und Unterstützung würdig ist. Aus welchem Grunde er in Schutzhaft gekommen ist, ist mir nicht bekannt. Vielleicht hatte er irgend eine tätliche Auseinandersetzung, was bei seinen sportlichen Fähigkeiten (er war Deutscher Meister im Jiu Jitsu) nicht zu verwundern wäre.

Die Entlassung des S* aus Schutzhaft ist bisher daran gescheitert, dass die Geheime Staatspolizei einerseits die Auswanderung verlangte, andererseits jedoch vor Auswanderung die Aufbringung eines Kapitals von etwa RM 5000.– zur Sicherstellung des Unterhalts eines unehelichen Kindes forderte.

Die Beibringung des Kapitals habe ich übernommen und werde diese Aufgabe mit Sicherheit erfüllen. Es handelt sich infolgedessen noch darum, S* schnellstens eine Auswanderungsmöglichkeit zu schaffen. Hiezu gestatte ich mir Ihre Hilfe in Anspruch zu nehmen.

Ich bitte Sie um freundliche Mitteilung, ob Sie S* in kürzester Zeit ein Visum für irgend ein geeignetes Land verschaffen können.

S* ist, wie ich bereits erwähnt habe, evangelisch. Er hat die städtische Handelsschule in München absolviert und war im Strumpfgrosshandel sowie im Schreibwarengrosshandel tätig. Er hat Talent zum Kochen und zur Gärtnerei und ist durch seine sportliche Schulung jeder körperlichen Arbeit gewachsen.

Er war ein Sportsmann erster Klasse, galt als glänzender Skiläufer und hat sich als Deutscher Meister im Jiu-Jitsu einen Namen gemacht. Er eignet sich infolgedessen auch als Sportlehrer.

Ich wäre Ihnen dankbar, wenn Sie mir baldigst weitere Mitteilungen zukommen lassen könnten.
Mit besten Empfehlungen
Ihr sehr ergebener
Dr. Hans Israel Bloch
Konsulent.

Am 23. März 1939 teilte Johannes Zwanzger dem Büro Pfarrer Grüber den Brief Blochs mit und bat darum, E* S* »in das Kitchenerlager zu bringen«.

Schreiben Pfarrer Johannes an das Büro Pfarrer Grüber.
München, 27. März 1939
In Ergänzung meines Schreibens vom 23.3.1939 kann ich nun die genaue Anschrift des E* S* mitteilen:

E* S*, Schutzhäftling Nr. 8831, Block 23
Konzentrationslager Buchenwald
Post Weimar, Thüringen.

Ich glaube, dass diese Angelegenheit sehr dringend ist und ich wäre um jede Beschleunigung sehr dankbar. Die Aufbringung der 5000.– ist soviel wie gesichert. Es handelt sich jetzt nur darum, diesem Mann möglichst schnell eine Ausreiseerlaubnis zu verschaffen.
Mit freundlichem Gruss!

Am 19. Mai 1939 mahnte Johannes Zwanzger gegenüber dem Büro Pfarrer Grüber den Fall an, von dem er längere Zeit nichts mehr gehört habe.

Schreiben Hans Blochs an Johannes Zwanzger.
München, 22. Mai 1939
Sehr geehrter Herr Pfarrer!
In Sachen [E*] Israel S* (evangelischer Nichtarier), in der Sie sich Ende März 1939 freundlicherweise bemüht haben, gestatte ich mir, Ihnen mitzuteilen,

1.) daß Herr S* am 19. Mai 1939 entlassen worden ist,

2.) daß er die englische Bestätigung über Aufnahme in das Transit-Lager in Richborough erhalten hat.

Ich habe in Sachen S* außerordentlich hohe Beträge zur Ermöglichung seiner Entlassung aufbringen müssen und zwar RM 3800.– zur Sicherstellung der Alimente seines unehelichen Kindes, wozu von der Familie dann noch weitere RM 800.– hinzugegeben worden sind.

Auf die Schiffskarte nach Shanghai (Sicherstellung der Weiterwanderung) können RM 800.– anbezahlt werden. Es bleibt dann für Bezahlung von Fahrkarte, Schiffskarte und notwendigste Ausrüstung noch ein ungedeckter Bedarf von RM 8 bis 900.–.

Sollte Ihre Organisation über Mittel verfügen, so wäre ich Ihnen zu großem Dank verpflichtet, wenn Sie mir für den vorliegenden Fall einige hundert Reichsmark zur Verfügung stellen würden.

Außerdem wäre ich Ihnen außerordentlich dankbar, wenn Sie Herrn S*, der sich in den nächsten Tagen bei Ihnen vorstellen wird, mit Empfehlungen für England und für die in Frage kommenden Weiterwanderungsländer versehen würden.

Mit Dank und Gruß
Ihr sehr ergebener
Dr. Hans Israel Bloch
Konsulent

Diese Schreiben leitete Johannes Zwanzger am 25. Mai 1939 abschriftlich an das Büro Pfarrer Grüber weiter und fragte: »*Können aus den von nicht-ar[ischen]. Auswanderern Ihnen zur Verfügung stehenden Mitteln etwas dafür aufgebracht werden und in welcher Höhe?*« *Zugleich notierte er:* »*bis 15. Juni muß er D[eu]tschl[an]d verlassen haben.*«

Schreiben des Büros Pfarrer Grüber an Johannes Zwanzger.
Berlin, 6. Juni 1939

Sehr geehrter Herr Pfarrer!

In der Sache S* (vgl. Schreiben des Herrn Dr. Bloch aus München vom 22. 5. an Sie) bitte ich, beiliegenden Fragebogen ausfüllen zu lassen.

Z[ur]. Z[ei]t. vermag ich nicht recht zu übersehen, ob es denn wirklich notwendig ist, dass für diesen Fall unsere ausserordentlich knappen Mittel in Anspruch genommen werden.

Wenn ich den Brief des Herrn Dr. Bloch recht verstehe, ist die Unterbringung des Herrn S* in England bereits sichergestellt. Die Fahrkarte von München nach England kann doch höchstens 60 oder 70 Mark kosten. Sollte es für Herrn Bloch oder Herrn S* wirklich unmöglich sein, diesen verhältnismässig kleinen Betrag noch aufzubringen? Notfalls dürfte es zweckvoller sein, zuerst die Ausreise nach England sicherzustellen und lieber die Anzahlung für die Weiterreise nach Shanghai entsprechend geringer zu bemessen. Z[ur]. Z[ei]t. sind meine Fonds so ausserordentlich in Anspruch genommen, dass ich nur in den allerdringendsten Fällen helfend eingreifen kann. Ein solcher Fall von besonders grosser Dringlichkeit scheint mir, soweit ich die Sachlage aus den mir vorliegenden Unterlagen beurteilen kann, nicht vorzuliegen.

Mit freundlichem Gruss
Kobrak

Schreiben Johannes Zwanzgers an Barbara Murray.
München, 17. Juni 1939

In den nächsten Tagen wird von hier ein Herr E* S* in das Rigborough-Lager [sic!] nach England kommen.

Er möchte nun wegen eines Kameraden, der in ähnlicher Lage wie er ist, sich an Sie wenden und ich bitte Sie, ihm bei seinen Bemühungen behilflich zu sein.

Mit freundlichem Gruß!

Postkarte von E* S* an Johannes Zwanzger, ohne Datum

Sehr geehrter Herr Pfarrer, bitte zu entschuldigen, daß erst heute schreibe, leider hatte vorher kein Geld für Porto. C* & B*[18] befinden sich im Camp. An Barbara Murray habe in den ersten Tagen geschrieben, aber keine Antwort erhalten. Die Aussichten für die Zukunft sind leider ziemlich schlecht, da man sich vom Camp aus in England nicht um Arbeit umsehen darf. Sonst ist das Leben im Camp ganz nett, nur ist leider das Eßen sehr vitaminarm. Sehr geehrter Herr Pfarrer, empfangen Sie für heute recht herzliche Grüße

von Ihrem
E* S*
Kitchener Camp 29/1 Richborough/Kent

---

18. Vgl. unten VI2, Position 1 und 2.

13. Familie Weiss – Hilfe bei der Unterbringung der Töchter in Ungarn

Aus: LAELKB: Vereine II, XIV, Nr. 9
Literatur: Gedenkbuch München II, S. 747

Schreiben Johannes Zwanzgers an die Wohlfahrtsstelle der israelitischen Gemeinde München. München, 13. Mai 1939
Herr Weiss hat sich heute an mich auch um Rat u. Hilfe in Auswanderungs-angelegenheiten gewandt. Da nun auch die christl[ichen]. Nichtarier an die israelit[ischen]. Kultusgemeinde bei ihrer Auswanderung eine Abgabe zu leisten haben, habe ich Herrn Weiss darauf aufmerksam gemacht, daß die Wohlfahrtsstelle der hiesigen Kultusgemeinde auch seine Angehörigen zu unterstützen hat. Ich wäre nun dankbar, wenn die Angehörigen von Herrn Weiss doch unterstützt werden könnten.

Schreiben Johannes Zwanzgers an das Pfarramt St. Matthäus, München. München, 13. Mai 1939
Die halbarischen Mädchen Edith und Inge Weiss, 14 und 13 Jahre alt, be-suchen die Klenzeschule.
   Ich wäre nun dankbar, von dem Religionslehrer der zwei Mädchen eine Beurteilung der zwei Kinder zu bekommen, da ich diese als Unterlage für eine ev[en]t[uel]l[e]. Auswanderung benötige.
Mit herzlichem Dank im voraus!
J. Zwanzger

Schreiben Johannes Zwanzgers an Pfarrer George Knight, Budapest. München, 13. Mai 1939
Sehr geehrter Herr Pfarrer!
Herr Moritz Weiss, ung[arischer]. Staatsangehöriger, ist beim Auswan-derungsamt Budapest Bethleuthere 2 bei Dr. Weiss, Gruppe Rosti, für eine Zelluloidfabrik in San Domingo gemeldet. Er hat eine arische Frau, und drei Kinder (2 Töchter 14 u. 13 Jahre alt, 1 Sohn 7 Jahre alt.) Frau und Sohn könnte er in Ungarn ev[en]t[uel]l. versorgen, aber auch noch für zwei Töchter, das geht über seine Kraft. Nun wende ich mich an Sie mit der gro-ßen Bitte, mir doch behilflich zu sein, die zwei Töchter in einem ungari-schen evangelischen Heim solange unterzubringen, bis der Vater die Kinder wieder zu sich nehmen kann. Vielleicht ist es auch möglich, die Kinder in Familien für die Zwischenzeit unterzubringen. Nachdem der Vater auch

noch Ungar ist, sind wir praktisch hier nicht in der Lage, die Kinder für längere Zeit bei uns in einem Heim aufzunehmen.

Könnten Sie mir Adressen kirchlicher Stellen in Ungarn angeben, an die ich mich in dieser Sache ev[en]t[uel]l. wenden könnte.

Mit herzlichem Dank im voraus und freundlichem Gruß!

Schreiben George Knights an Johannes Zwanzger. Budapest, 17. Mai 1939

Sehr geehrter Herr Pfarrer!

Es wäre besser, wenn Sie sich in dieser Angelegenheit an die schwedische Mission, Wien Seegasse 16 wenden würden, vielleicht sie können etwas tun. Wir hatten mehrere ähnliche Fälle gehabt und die ungarische Regierung wollte den Aufenthalt nicht bewilligen, so die Betreffenden mussten das Land verlassen.

Falls die schwedische Mission nichts tun könnte, bitte wenden Sie sich an die ungarische evangelische Kirche, Budapest, IV. Deák tér 4.

Mit freundlichem Gruss

Georg Knight

Pfarrer

Schreiben der Wohlfahrtsstelle der israelitischen Gemeinde München an Johannes Zwanzger. München, 19. Mai 1939

Wir bestätigen den Eingang Ihres Schreibens vom 15. d[ie]s[en] [Monats].[19] Wir sind aber nicht in der Lage, die Angehörigen des Herrn Weiss zu unterstützen, da Frau Weiss Arierin ist und die Kinder Mischlinge I. Grades. Wir dürfen nur Juden im Sinne des § 5 der 1. Verordnung zum Reichsbürgergesetz unterstützen.

Mit vorzüglicher Hochachtung!

I. A.

Schreiben Johannes Zwanzgers an George Knight, Budapest. München, 20. Mai 1939

Sehr geehrter Herr Pfarrer!

Ihr Schreiben vom 17. Mai habe ich erhalten und danke Ihnen vielmals dafür. Aber es scheint ein kleines Mißverständnis vorzuliegen. Es handelt sich bei Frau und Kindern von Herrn Weiss nicht um die Aufenthaltsbewil-

---

19. Der Brief ist nicht erhalten.

ligung der ungar. Regierung, da die ganze Familie die ungar. Staatsangehörigkeit besitzt und ohne weiteres einreisen kann. Es handelt sich nur um Unterbringung von zwei seiner Kinder, sobald die Familie Ungarn betreten hat, da Herr Weiss nach seinen Angaben nicht in der Lage ist, die ganze Familie längere Zeit zu unterhalten. Herr Weiss ist Nichtarier, ungar[ischer]. Staatsangehöriger, Frau ist arisch, evang., Kinder sind Halbarier und evang.

Darf ich Sie nochmals bitten, sich in dieser Sache doch in Budapest um eine Hilfe zu bemühen.

Mit freundlichem Gruß!

Schreiben Johannes Zwanzgers an die ungarische evangelische Kirche. München, 20. Mai 1939

Dieser Tage meldete sich bei mir ein Herr Moritz Weiss ungar[ischer]. Staatsangehöriger. Er ist beim Auswanderungsamt Budapest Bethleutere 2, bei Dr. Weiß, Gruppe Roßi [sic!], für eine Zelluloidfabrik in San Domingo gemeldet. Er hat eine arische Frau und drei Kinder (2 Töchter 14 und 13 Jahre, 1 Sohn 7 Jahre alt), die alle ebenfalls die ungarische Staatsangehörigkeit besitzen. Frau und Kinder sind evang. Nun könnte Herr Weiss für Frau und Sohn sorgen bis zu seiner Ausreise, aber auch für die zwei Töchter, das geht über seine Kraft. Nun wende ich mich an Sie mit der höflichen Bitte, dem Mann doch behilflich zu sein, die zwei Mädchen solange in einem evangelischen Heim oder in Familien unterzubringen, bis der Vater die Kinder zu sich wieder nehmen kann. Der Einreise nach Ungarn stehen von keiner Seite Hindernisse im Weg, da alle ungarische Pässe haben. Da nun die ganze Familie ungarisch ist, sind wir hier nicht in der Lage, die Kinder bei uns in einem Heim aufzunehmen.

Mit herzlichem Dank für alle Hilfe und mit ehrerbietigstem Gruß!

Zeugnis der Klenzeschule München

Edith und Inge Weiss besuchen seit Jahren den evangelischen Religionsunterricht an der Klenzeschule und haben sich mit Eifer am Unterricht beteiligt. Über ihren Charakter ist mir nichts Nachteiliges aufgefallen. Sie waren nur in den letzten Jahren stiller und gedrückter, was wohl mit den Verhältnissen zusammenhängt.

Gez[eichnet]. Selma Seiler, Katechetin

Schreiben Pfarrer George Knights an Johannes Zwanzger.
Budapest, 25. Mai 1939
Ihr Schreiben vom 20. Mai haben wir erhalten und teilen Ihnen mit, dass wir versuchten, die Kinder bei Anstalten unterzubringen, aber es ist uns nicht gelungen. Jetzt probieren wir bei den Familien, und hoffen, dass wir in einigen Tagen Ihnen günstige Antwort geben können.
Mit freundlichem Gruss!
Georg Knight

Schreiben Pfarrer George Knights an Johannes Zwanzger.
Budapest, 31. Mai 1939
Wir hatten Ihnen vor Kurzem mitgeteilt, dass wir versuchen, die Weiss Mädchen bei einer Familie vorläufig unterzubringen. Wir haben eine Familie gefunden, namens Herr Kutas, Gyula, Budapest VII., Wesselényi u. 60., die Adresse der Sommerwohnung Erdöáros, Bocskai u. Pest m.

Bitte, mit dieser Familie in Verbindung zu treten betreffs der Ankunft der Kinder. Es wäre gut sein, wenn Sie an die beiden Adressen schreiben würden und auch uns benachrichtigen, wann die Kinder ankommen.
Mit freundlichen Gruss
George Knight
schottischer Pfarrer

Schreiben Johannes Zwanzgers an Pfarrer George Knight.
München, 2. Juni 1939
Sehr geehrter Herr Pfarrer!
Haben Sie recht herzlichen Dank für Ihre freundlichen Bemühungen und Ihre große Hilfsbereitschaft. Ich werde nun sofort die Familie Weiss verständigen.

Herr Weiss kommt in den nächsten Tagen zunächst allein nach Budapest und wird bei Ihnen persönlich dann vorsprechen.
Mit freundlichen Gruß!
Ihr

Schreiben Johannes Zwanzgers an Christina Weiss.
München, 2. Juni 1939
Sehr geehrte Frau Weiss!
Eben erhalte ich die gute Nachricht, daß für Ihre zwei Kinder durch Herrn Pfarrer Knight eine Familie ausfindig gemacht worden ist, namens Kutas, Gyula, Budapest VII. Wesslényi u. 60. Die Adresse der Sommerwohnung:

Erövaros Bocskai u. Pest m. – Pfarrer Knight bittet Sie, sich mit der Familie nun bald in Verbindung zu setzen u. am besten an beide Adressen zu schreiben u. mitzuteilen, wann die Kinder kommen. Ev[en]t[uel]l. kann Ihr Mann persönlich dort vorsprechen.
Mit freundlichem Gruß!

Schreiben von Moritz Weiss an Johannes Zwanzger.
München, 5. Juni 1939
Sehr geehrter Herr Pfarrer Zwanzger.
Ihren Brief habe ich mit bestem Dank erhalten und bin herzlich froh über diese gute Nachricht. Ich werde am kommenden Freitag die Familie selbst besuchen, ebenfalls Herrn Pfarrer Knight. Dass ich heute noch da bin, hat erstens seinen Grund darin, daß meine Frau dieser Tage wieder sehr zu leiden hat an Fieber und Herzgeschichten, zweitens muß ich noch für etwas Haushaltsgeld sorgen! Denn wenn ich fort bin, hat meine Frau buchstäblich nichts mehr. Meine Frau wird Sie, Herr Pfarrer, im Laufe der nächsten Woche besuchen, um weiteres mit Ihnen besprechen zu können.

Nochmals möchte ich Ihnen meinen innigsten Dank sagen, für all die Liebe und Mühe, die Sie sich für meine Familie und mich machten und noch tun!
Vergelt's Gott!
Mit den besten Grüßen
Ihr
Moritz Weiss und Frau Christina

Moritz Weiss wurde 1940 oder 1941 in Ungarn verhaftet und in ein Arbeitslager eingewiesen. Dort verliert sich seine Spur.

14. Zilla Meier – Vergebliche Bemühungen um Auswanderung

Aus: LAELKB: Vereine II, XIV, Nr. 8
Literatur: Gedenkbuch München II, S. 92

Schreiben Johannes Zwanzgers an das amerikanische Konsulat, Stuttgart. München, 16. Juni 1939

An unsere kirchliche Stelle hier haben sich schon mehrfach Nichtarier gewandt, damit wir ihnen zur Auswanderung verhelfen.

Nun war Frau Meier bei mir und teilte mir mit, daß sie nach England reisen und dort einen Zwischenaufenthalt nehmen will, bis sie auf Grund ihrer Quote zu ihrem Sohn nach USA reisen kann. Um den Nachweis der Weiterwanderung in absehbarer Zeit zu haben, benötige ich eine Bestätigung von Ihnen, daß die Frau die Quote 751 (polnisch) hat und eine Mitteilung, in welchem Jahr voraussichtlich diese Nummer daran kommt.

Um baldige Antwort wäre ich Ihnen dankbar. Rückporto liegt bei.

Schreiben des Hospitality Committee of the Co-Ordinating Committee for Refugees an Johannes Zwanzger. London, 7. Juli 1939

Sehr geehrter Herr Professor Zwanzger!
Ich danke Ihnen für Ihren Brief des 5. d[ieses]. M[onats].

Ich kann leider nichts für Frau Zilla Meier machen, denn ich muss immer Autorität von einem der anderen Komités haben, eher ich etwas für einen Fall machen kann. Ich kann Ihnen nur raten, an das Germany Emergency Committee zu schreiben, da Frau Meier evangelisch ist.

Hoffentlich wird es Frau Meier gelingen, bald nach England zu kommen.
Mit freundlichen Grüssen,
EM Black-Hawkins
Hospitality Secretary

Schreiben Johannes Zwanzgers an das Büro Pfarrer Grüber. München, 11. Juli 1939

Hier liegt folgender Fall vor: Frau Zilla Elfr. Meier, Religion: evang., Rasse: jüdisch, geschieden.

Der Mann war arisch, evang., ist inzwischen gestorben. Die Frau hat halbarischen Sohn, evang. in USA.

Muß diese Frau der Reichsvereinigung der Juden angehören oder nicht? Um gef[ä]l[lige]. Auskunft wäre ich dankbar.

Entwurf eines Schreibens von Johannes Zwanzger an das Germany Emergency Commitee, London. München, 13. Juli 1939
Ich bitte es zu ermöglichen, Frau Zilla Meier, München Georgenstr. 83/3, in einer Familie Aufnahme zu verschaffen. Sie ist geboren 7.2.81 in Kattowitz/ Oberschlesien, evangelisch, schuldlos geschieden. Ihr früherer Mann, Arier, Deutsch-Amerikaner, starb vor einigen Monaten als Universitätsprofessor in Madison, N[ew]. J[ersey]. U.S.A.

Der Sohn wurde in evangelischen Internaten erzogen. Er ist jetzt 27 Jahre alt, hat seine medizinischen Examina in U.S.A. beendigt. Mit den Ersparnissen aus zweijähriger Assistentenzeit hat er jetzt auf dem Land eine Praxis eröffnet. Durch das Geld, das ihm mit dem Tod seines Vaters zugefallen ist, kann für einen monatlichen Zuschuß garantiert werden.

Das Affidavit[20] für Frau Z. M. ist bereits ausgestellt. Da ihr Geburtsort jetzt zu Polen gehört, zählt sie, wenn auch deutsche Staatsangehörige zu polnischer Quote mit Nr. 751, die voraussichtlich Ende nächsten Jahres in Stuttgart aufgerufen wird.

Schreiben Johanes Zwanzgers an das Germany Emergency Committee. München, 13. Juli 1939
Ich bitte es zu ermöglichen, Frau Zilla Meier in einer Familie Aufnahme zu verschaffen.

Sie ist geboren 7.2.81 in Kattowitz, Portraitmalerin, evangelisch, geschieden. Ihr früherer Mann, Deutsch-Amerikaner, starb als Universitäts-Professor in Madison, N[ew]. J[ersey]. U.S.A.

Ihr 27jähriger Sohn Dr. Francis X. Meier hat seine medizinischen Examina soeben in U.S.A. beendet und beginnt soeben in Illinois als Landarzt seine Praxis. Er will für einen kleinen monatlichen Zuschuss garantieren.

Frau Zilla Meier übte seit ihrer Jugend die englische Sprache, ist bewandert im Haushalt, kann nähen und versteht es gut mit kleinen und grösseren Kindern.

Sie ist bereit, auch ausserhalb von London zu leben, verträgt jedes Klima, da sehr gesund und kräftig.

Sie wird voraussichtlich spätestens in 1 ½ Jahren nach U.S.A. einwandern können.

---

20. Beglaubigte Bürgschaftserklärung.

Schreiben des Büros Pfarrer Grüber an Johannes Zwanzger.
Berlin, 14. Juli 1939
Lieber Bruder Zwanzger!
Nach dem Wortlaut der 10. V[er]. O[rdnung]. zum Reichsbürgergesetz
vom 4. Juli 39 gehört Frau Meier der Reichsvereinigung der Juden deshalb
nicht an, weil sie ein Kind hat, das nicht als Jude im Sinne der Nürnberger
Gesetze gilt.

Ob im Wege einer ausdehnenden Auslegung das Gegenteil daraus gefordert werden könnte, dass das Kind z[ut]. Z[ei]t. im Ausland lebt, mag frag-
lich sein. Es dürfte aber u. E. abgewartet werden können, ob an Frau Meier
seitens der neuen Reichsvereinigung mit Anforderungen, insbesondere
geldlicher Art, herangetreten wird. Es ist dann immer noch Zeit, dagegen
unsere eingangs erwähnte Auffassung geltend zu machen.
Mit brüderlichem Gruss
H Grüber

**Schreiben des Germany Emergency Committee der Quäker an Johannes
Zwanzger. London, 21. Juli 1939**
In Beantwortung Ihrer Anfrage vom 13. Juli wird der Gesuchsteller gebeten,
sich in Verbindung zu setzen mit Buero Pfarrer Grueber, Berlin C 2, An der
Stechbahn 3–4/II.

Bitte geben Sie die folgende Londoner Referenznummer an: F 18646

Bitte beachten Sie, dass das obige Committee nur fuer deutsche und oesterreichische nichtarische Christen arbeitet.

Ist der Gesuchsteller religionsmaessig Jude, muss der Antrag bei der zustaendigen Juedischen Kultusgemeine gestellt werden.

Schreiben des Büros Pfarrer Grüber an Zilla Meier.
Berlin, 31. Juli 1939
Sehr geehrte Frau Meier,
Wir erhielten Ihr Schreiben vom 25. Juli. Sie können nichts besseres tun, als
sich mit Herrn Pfarrer Zwanzger in Verbindung zu setzen, der gern ihre
Angelegenheit weiter bearbeiten wird.

Ich sehe mit Freude, daß Sie schon ein Affidavit haben, und hoffe, daß es
nicht mehr zu lange dauern wird, bis Sie nach U.S.A. fahren können.
Mit besten Empfehlungen

Schreiben des Büros Pfarrer Grüber an Johannes Zwanzger.
Berlin, 11. August 1939
Sehr geehrter Herr Pfarrer Zwanzger,
Wir hatten Frau Zilla Meier unsern Fragebogen geschickt und ihn ausgefüllt
mit Photos und Lebenslauf zurückerhalten. Sie schreibt uns, daß sie hofft,
spätestens Ende 1940 nach U.S.A. zu fahren, bittet um den Zwischenaufenthalt in England und gibt an, daß ihre Auswanderung »eilt«. Leider gibt sie
uns dafür keinen Grund an, sodaß wir nicht recht verstehen, warum sie
nicht bis zur endgültigen Auswanderung nach U.S.A. hier warten kann.
Weiter schreibt sie uns, daß ihr Sohn ihr 500 $ nach England überweisen
können. Leider ist dies für eine Garantie zu wenig, verlangt werden ungefähr 10–12 £ monatlich, also bis 144 £ im Jahr und 300 $ sind ja nur 100 £
ungefähr. Auch müssen vorher die Kosten der Weiterreise sicher gestellt
sein.
    Dürfen wir Sie, sehr geehrter Herr Pfarrer, also noch einmal mit dem Fall
Zilla Meier belästigen, wir wüßten auch gern, was Sie für einen Eindruck
von ihr haben. Die Photos, die sie uns schickt, sind leider nicht sehr günstig.
Mit herzlichem Dank für Ihre Mühe und freundlichen Grüßen
i. V. Luise Wolff (für Miss Livingstone)

Diesen Brief teilte Johannes Zwanzger Zilla Meier am 15. August 1939 mit.

Schreiben Johannes Zwanzgers an das Büro Pfarrer Grüber.
München, 18. August 1939
Frau Meier wird selbst in einem ausführlichen Schreiben die Gründe ihrer
Auswanderung angeben. Ich bitte deren Brief auch Herr Pfarrer Grüber persönlich vorzulegen, da er schon länger gerne einen Aufschluß über die hiesige Wohnungsfrage gehabt hätte. Die Photos von Frau Meier sind nicht
günstig. Aber Sie brauchen bestimmt nicht nach den Photos zu gehen. Frau
Meier gehört hier zu unseren bescheidenen, ruhigen Klienten von höflichen
und gewandten Umgangsformen und ist eine der Klienten, die man ohne
weiteres empfehlen kann.
Mit herzlichem Gruß!

Schreiben Zilla Meiers an das Büro Pfarrer Grüber.
München, 18. August 1939
Durch Herrn Pfarrer Zwanzger über Ihre Fragen bez[ü]gl[ich]. meiner Auswanderung unterrichtet, diene Ihnen folgendes zur gef[ä]l[ligen]. Kenntnisnahme:

Der Grund, dass mein Sohn nicht den Betrag in geforderter Höhe auf-bringen kann, hat mich s[einer]z[ei]t. veranlasst, mich an die Mission zu wenden.

Durch Ihre Hilfe hoffte ich ein derartiges Unterkommen zu finden, das mir trotz der geringen Garantiesumme das Permit bewilligt wird.

Mein Auswanderung eilt aus verschiedenen Gründen:

1.) Als eine durch viele Ausstellungen und Kritiken bekannte Malerin hänge ich leidenschaftlich an meiner Kunst, welche auszuüben mir seit 3 Jahren untersagt ist! Ich mache mich strafbar, wenn ich Arier male, und es ist selbstverständlich, dass jetzt kein Jude in der Stimmung ist, sich malen zu lassen.

Wahrscheinlich werde ich auch in England mit Malerei kein Geld verdie-nen dürfen, doch werde ich wenigstens in der Ausübung meiner Kunst nicht gehindert werden!

2.) (Für diese Angelegenheit dürfte sich Herr Pfarrer Grüber persönlich interessieren!) Zufällig löst mein bisheriger arischer Hausherr die Wohnung bis 1. Oktober auf und ich sehe keine Möglichkeit, ein eignes Zimmer zu erhalten.

Durch die besonders in München herrschende furchtbare Wohnungsnot sind bis zum 1. Oktober fast alle Wohnungen der Juden gekündigt worden. Viele werden auch ohne vorherige Kündigung (oder auch trotz dieser) ge-zwungen, innerhalb 8–10 Tagen auszuziehen.

Durch die jüdische Gemeinde werden ihnen in den wenigen, sich noch in jüdischem Besitze befindlichen Häusern Einzelzimmer zugewiesen, in wel-chen oft 2–3 Personen zusammen wohnen müssen.

Als Christin dürfte meine Unterbringung in diesen Räumen schwierig sein, anderseits wird es mir wohl verboten werden, bei Ariern ein neues Untermietsverhältnis einzugehen, trotzdem ich als Mutter eines nichtjüdi-schen Kindes mein Zimmer nicht hätte aufgeben müssen.

3.) Gehen meine Ersparnisse bald zu Ende, sodass mir später vielleicht die Möglichkeit zum Auswandern genommen wird.

Die dritte Frau meines früheren Mannes leiht meinem Sohne die 500 Dol-lar nur für die Garantie in England, würde vielleicht noch etwas mehr dazu geben – mir aber nichts nach Deutschland zu meinem Unterhalt schicken.

Jetzt könnte ich auch noch von meinen Ersparnissen das Passagegeld nach U.S.A. bei Ihnen hinterlegen.

Dass meine Nerven immer mehr herunter kommen, je mehr ich hier all das Schwere erlebe, ist wohl verständlich. Darum wäre ich Ihnen für baldige Hilfe sehr dankbar!

Wie ich schon im vorigen Briefe betonte, bin ich Grund meiner vielseitigen, auch häuslichen Verwendbarkeit gerne bereit, mich bei der in Betracht kommenden englischen Familie durch Hilfsbereitschaft erkenntlich zu zeigen.

Mit bestem Dank im voraus für Ihre Mühe

Ihre

ergebene

Zilla Meier

Zilla Meier wurde im April 1942 nach Piaski deportiert.

15. Herr F* – Seelsorgerliche Betreuung

Aus: LAELKB: Vereine II, XIV, Nr. 7

Schreiben Johannes Zwanzgers an das Pfarramt Starnberg.
München, 21. Juni 1939

Sehr verehrter Herr Amtsbruder!

Heute war die Mutter eines Herrn F*, Th*, der in Feldafing *, in der Nähe des * wohnt, bei mir, um mit mir über verschiedene Angelegenheiten ihres Sohnes zu besprechen.

Herr F* hat vor einigen Jahren seine Stelle am Rundfunk verloren. Er ist evangl. verh[eiratet]. seine Frau confessionslos, 1 Kind nicht getauft.

Nach Angaben der Mutter hat nun Herr F* einen Nervenzusammenbruch erlitten. Vielleicht ist es Ihnen möglich, sich dieses Mannes anzunehmen. Bei dieser Gelegenheit werden Sie auch Näheres über die Ursachen seines Nervenzusammenbruches erfahren.

Mit amtsbrüderlichem Gruß!

Ihr sehr ergebener

Schreiben Pfarrer Walther Künneths an Johannes Zwanzger.
Starnberg, 1. August 1939

Sehr geehrter Herr Amtsbruder!

Für Ihren freundlichen Hinweis, Herrn F*, Feldafing, betreffend, sage ich Ihnen nachträglich noch meinen verbindlichsten Dank! Inzwischen habe ich Herrn F* besucht und das, was Sie in Ihrem Schreiben mir mitgeteilt haben, bestätigt gefunden. Es scheint ein besonders schwieriger und verworrener Fall zu sein. Natürlich werde ich versuchen, mich weiterhin um Herrn F* anzunehmen. Ob und wie ihm geholfen werden kann, ist jetzt noch nicht zu übersehen.

Mit amtsbrüderlichem Gruss!

Ihr ergebener

W. Künneth

16. Dr. Erwin Hoffa – Intensive Suche nach einem Arbeitsplatz

Aus: LAELKB: Vereine II, XIV, Nr. 8
Literatur: S. H. Lindner, Höchst, S. 164–169; P. Löhnert/M. Gill, Relationship

Schreiben Johannes Zwanzgers an Prof. Paul Duden.
München, 12. Juni 1939
Sehr geehrter Herr Professor!
Unter meiner Leitung steht die kirchliche Hilfsstelle, die sich mit Auswanderungsfragen befaßt. In dieser Sache nun hat sich auch ein Herr Dr. Hoffa an mich gewandt, der bis Juni 1935 beim Werk Höchst als Chemiker der I.[nteressen] G.[emeinschaft] Farbenindustrie tätig war.

In meiner Aussprache mit Herrn Dr. Hoffa habe ich ihn nach Persönlichkeiten befragt, bei denen ich Auskunft bezw. Referenzen über ihn erholen [sic!] kann. Er hat mir Ihren Namen genannt und erklärt, daß Sie über seine frühere Tätigkeit gut unterrichtet wären.

Herr Dr. Hoffa hat mir ausdrücklich erklärt, daß seine Bemühungen eine neue Stellung zu finden sich in dem Rahmen bewegen werden, die ihm durch seine Verpflichtungen der I.[nteressen] G.[emeinschaft] gegenüber gegeben sind [sic!].

Wäre es Ihnen möglich, mir die erbetene Auskunft zu geben bezw. die Stellen zu nennen, die dazu berechtigt sind oder die mir in meinen Bemühungen, für den betreffenden Herrn eine neue Stellung zu finden, behilflich sein können.

Schreiben Dr. Erwin Hoffas an Johannes Zwanzger.
München, 23. Juni 1939
Sehr geehrter Herr Pfarrer!
Die Adresse des Committees, an das ich mich vor längerer Zeit wandte, ist (oder war damals): American Committee for Christian German Refugees 287 Fourth Avenue, New York City.

Die Antwort meines Freundes auf die an ihn ergangene Anfrage war gerichtet an:

American Committee for Christian German Refugees, 165 West 46th. Street, New York City (Attention Mrs. Litiana (?) Schaufuss)
Seien Sie bestens gegrüsst von
Ihrem aufrichtig ergebensten
Erwin Hoffa

Schreiben Paul Dudens an Johannes Zwanzger.
Neuhaus, 10. Juli 1939

Sehr geehrter Herr Pfarrer,

auf Ihre Anfrage über Dr. Hoffa teile ich Ihnen gerne mit, dass ich Herrn H. jederzeit als zuverlässigen und anständigen Menschen kennengelernt habe. Auch als Chemiker hat er durch tüchtige Leistungen durchaus unsere Anerkennung gefunden. Ich sehe aber z[ur]. Z[ei]t keinen Weg, wie man ihm zu einer nützlichen Tätigkeit verhelfen soll, sonst hätte ich ihm selbst schon einen entsprechenden Rat gegeben. Vielleicht ermitteln Sie irgend eine brauchbare Auslandsbeziehung, – das schiene mir die einzige Möglichkeit für eine neue Existenzgrundlage.

Mit deutschem Gruss

Ihr

Prof. P. Duden.

Schreiben Dr. Erwin Hoffas an Johannes Zwanzger.
München, 27. September 1939

Sehr verehrter lieber Herr Pfarrer!

Sie hatten die Güte, mir nebst Erläuterungen beiliegenden Fragebogen zu übersenden; er ist, da ich über 55 Jahre alt bin, für mich wohl nicht einschlägig, doch habe ich ihn ausgefüllt und möchte ihn Ihnen zur Verfügung stellen. In meiner Angelegenheit ist bisher keinerlei günstige Wendung eingetreten.

Hoffend, dass es Ihnen gut geht, mit besten Grüssen

Ihr aufrichtig ergebenster

Erwin Hoffa

Schreiben Dr. Erwin Hoffas an Johannes Zwanzger.
München, 26. Oktober 1939

Sehr geehrter Herr Pfarrer!

Unter Bezugnahme auf unsere Unterredung vom 25. 10. übersende ich hiermit die ausgefüllten Fragebogen und füge einige weitere Angaben über meine Person und meine Bestrebungen bei.

Ich bin am 3. Juni 1875 zu Frankfurt a[m]. Main geboren; ich bin evangelisch, meiner Herkunft nach nichtarisch. Meine Frau ist aus arischer Familie, sie und meine Tochter sind katholisch.

Meine Fachausbildung erhielt ich als Studierender der Chemie an den Universitäten München und Berlin. Es liegen aus jener Zeit folgende Veröffentlichungen vor: Dissertation Berlin 1897; Traube und Hoffa, Berichte der D[eutschen]. Chem[ischen]. Ges[ellschaft]. 29, S. 2729 und 31, S. 162. Nach meiner Promotion, die ich magna cum laude bestand, arbeitete ich unter Leitung von Emil Fischer, der wohl als der bedeutendste Chemiker seiner Zeit galt, ein Jahr in dessen Privatlaboratorium. Die Arbeit führte zu einer Veröffentlichung: »Über einige aromatische Acetale und Aldehyde«, Berichte d[er]. D[eutschen]. Chem[ischen]. Ges[ellschaft]. 31, S. 1989.

In den Jahren 1899–1903 arbeitete ich als Assistent von Dr. A. Liebrecht auf dem Gebiet der Arzneimittelchemie. Die Arbeiten führten zu Arzneimitteln, die noch heute im Gebrauch sind.

In den Jahren 1903–06 lebte ich in England und gehörte einem der Werke an, aus denen später die I[mperial] C[hemical]. I[ndustries]. hervorging; ich arbeitete auf dem Gebiet der Azofarbenchemie, mehrere meiner Arbeiten führten zu Fabrikationen. Mein Aufenthalt in England hat mich zum Gebrauch der englischen Sprache im gesellschaftlichen und wissenschaftlichen Verkehr befähigt.

Nach meiner Rückkehr nach Deutschland gehörte ich 29 Jahre lang Werken der I.[nteressen] G.[emeinschaft]. Farbenindustrie an, seit 1908 dem Werk Höchst Farbwerke vorm[als]. Meister Lucius und Brüning. Auch hier war ich im wesentlichen auf dem Gebiet der Farbenchemie tätig. Eine grosse Zahl meiner Arbeiten führten zu Fabrikationen. Ich lege ein Verzeichnis der Deutschen Reichspatente bei, in denen ich als Erfinder genannt bin. Naturgemäss ist daraus nur ein Ausschnitt meiner Tätigkeit ersichtlich, doch wird es für den Fachmann leicht sein festzustellen, welcher Wert diesen Patenten zukommt und ganz besonders, dass in ihnen Farbstoffe beschrieben sind, die in der modernen Farbstoffindustrie sowohl in wissenschaftlicher wie merkantiler Beziehung eine sehr grosse Rolle spielen. Die Anerkennung, die meine Tätigkeit fand, geht wohl daraus hervor, dass man mir die Leitung eines Kreises wissenschaftlicher Chemiker anvertraute und einen sogenannten Prominentenvertrag mit mir abschloss. Ich möchte in diesem Zusammenhang darauf aufmerksam machen, dass auf meiner Seite gewisse Verpflichtungen meiner alten Firma gegenüber bestehen, die meiner Tätigkeit auf einigen Gebieten eine Grenze setzen, sofern nicht, was ich gegebenenfalls beantragen würde, auf die Einhaltung dieser Verpflichtungen verzichtet werde sollte.

Meine beruflichen Arbeiten wurden durch den Krieg unterbrochen, an dem ich als Hauptmann teilnahm, anfangs als Kompagnieführer, später als Stabsoffizier vom Gasdienst einer Heeresgruppe. An Kriegsauszeichnungen besitze ich das Eiserne Kreuz I. und II. Klasse, den bayer[ischen]. Militär-

Verdienst-Orden IV. Kl[asse]. m[it]. Schwertern und das Verwundeten-
abzeichen.

Meine bisherigen Versuche eine Anstellung im Ausland und damit eine
Auswanderungsmöglichkeit zu finden, waren zahlreich aber erfolglos. Meine im Ausland befindlichen Freunde waren bemüht, sich in meinem Interesse mit den dortigen Committees oder auch direkt mit geschäftlichen
Unternehmungen in Verbindung zu setzen. – Für USA besitze ich zwei Affidavits[21], das eine von einem Vetter in Pittsburgh ausgestellt, das andere
von einem alten Freund und Fachgenossen in New York. Da indessen meine
Wartenummer sehr hoch ist (36985), würde eine Reihe von Jahren vergehen, ehe ich von diesen Bürgschaften Gebrauch machen könnte. Eine frühere Einreise wäre nur möglich, wenn ich an einer amerikanischen Hochschule einen Lehrauftrag erhielte. Das American Committee for Christian
German Refugees, 287 Fourth Avenue, New York City, hat sich dieser Sache
angenommen und – allerdings schon vor einigen Monaten – meine Freunde
um Auskunft über mich ersucht. Eine dieser Auskünfte (von einem früheren Vorgesetzen, der meinen ganzen Entwicklungsgang kennt) füge ich in
Abschrift bei.

Ich war ferner bemüht, einen Aufenthalt in einem andern Land, der als
Zwischenaufenthalt, gegebenen Falls auch als Daueraufenthalt, gedacht war,
zu finden. Freunde in England haben sich sehr für mich bemüht; ich erwäh-
ne, dass die International Hebrew Christian Alliance, 19 Draycott Place,
London SW 2, meiner Angelegenheit Interesse entgegengebracht hat, dass
aber die Bemühungen daran scheiterten, dass die für England erforderliche
Geldbürgschaft nicht geleistet werden konnte. Ganz der gleiche Fall lag bei
dem Germany Emergency Committee, Bloomsbury House, vor. – Unter
den sonst sehr zahlreichen Schritten, die unternommen wurden, führe ich
an, dass eine Verbindung mit einem Vetter meiner Frau in Sidney einige
Zeit Aussicht auf Erfolg bot, dieser scheiterte indessen gleichfalls daran, dass
keine Mittel zur Verfügung gestellt werden konnten.

Für meine spätere Tätigkeit ist es für mich naheliegend, diese auf dem
Gebiet der Farbenchemie zu suchen, da ich, wie oben erwähnt, gerade hier
Erfolge aufweisen kann, die nicht nur mir, sondern auch meiner Firma be-
friedigenden Nutzen brachten, und ich bin sicher, das auch in Zukunft
nicht nur für mich, sondern auch wieder für einen grösseren Kreis erreichen
zu können, selbst auf einem anderen als meinem Specialgebiet. Die Besonderheit namentlich meiner späteren Arbeiten brachte mich mit den ver-

---

21. Beglaubigte Bürgschaftserklärungen.

schiedensten Gebieten der organischen Chemie in Berührung, dies um so mehr, als ich in der Wahl meiner Themen – innerhalb eines gewissen Rahmens – selbständig war, und auch schon die Heranbildung jüngerer Mitarbeiter die Beschäftigung mit dem gesamten Gebiet der organischen Chemie bedingte. Ich darf bei dieser Gelegenheit erwähnen, dass einer meiner Mitarbeiter auf Grund eines von mir gestellten Themas zum Doctor promoviert wurde. –

Gegenwärtig bin ich bemüht, meine Einwanderung in Chile zu ermöglichen. Ein Teil meiner Familie ist vor einigen Monaten dorthin ausgewandert, aber naturgemäss noch nicht in der Lage, mich materiell zu unterstützen. Wie ich höre, sollen in Chile (beim Hochschild-Konzern[22]) gewisse Anstellungsmöglichkeiten vorliegen. Allerdings wäre es für diesen Zweck erforderlich, dass ich mich in einem Zweig der Chemie ausbilde, der mir bisher sehr fern lag, der Erzanalyse; ich hoffe, dazu Gelegenheit zu finden.

Es ist nur selbstverständlich, wenn ich bemüht bin mit Frau und Kind gleichzeitig auszuwandern, aber es lässt sich auch manches dagegen anführen; die Entscheidung darüber kann erst getroffen werden, wenn eine bestimmte Auswanderungsmöglichkeit vorliegt. Ich kann Sie, sehr geehrter Herr Pfarrer, nur bitten, mir Ihren Rat und Ihre Hilfe in meinen Bestrebungen angedeihen zu lassen.
Mit vorzüglicher Hochachtung
Ihr sehr ergebener
Dr. Erwin Hoffa

Handschriftlich ist von Johannes Zwanzger für das Büro Pfarrer Grüber mit Datum 27. Oktober 1939 vermerkt: »1. Läßt sich durch den Hochschildkonzern für Dr. Hoffa etwas machen? 2. besteht in der gegenwärtigen Zeit eine Möglichkeit, einem solchen Fachmann in Deutschland eine Beschäftigung zu verschaffen? Mit fr[eun]dl[ichem]. Gruß Zwanzger.«

Schreiben des Büros Pfarrer Grüber an Dr. Erwin Hoffa.
Berlin, 30. Oktober 1939
Sehr geehrter Herr Dr. Hoffa,
Herr Pfarrer Zwanzger aus München leitete uns Ihr Schreiben vom 26. Oktober zu. Es ist selbstverständlich außerordentlich bedauerlich, daß ein so hoch qualifizierter Arbeiter, wie Sie es sind, so nutz- und tatenlos seine Tage

---

22. Der Hochschildkonzern ist eine 1911 in den USA gegründete Bergwerksgesellschaft, die seit 1918 in Mittel- und Südamerika tätig ist.

hier verbringen muß. Es besteht aber tatsächlich im Augenblick keinerlei
Möglichkeit, in irgendein anderes Land hineinzukommen, es sei denn nach
U.S.A. mit einem Affidavit, das Sie ja haben, oder nach einen Südame-
rikanischen Staat, etwa Chile, oder Venezuela, sofern Ihnen drüben Leute
das Einreisevisum besorgen können. (Für Chile z.B. kostet dieses im Augenblick etwa 160.– $.) Dann bleibt immer noch die Frage der Devisen-
beschaffung für die Passage. Das neutrale europäische Ausland fällt vollkommen weg wegen absoluter Einreisesperre. Wir haben selbst leider
keinerlei Möglichkeiten der Einflußnahme auf irgendeine ausländische Einwanderungsbehörde, die Ihnen eine Ausnahmebehandlung oder eine regu-
läre Einreise ermöglichen könnte.

Wie Sie zum Schluß ganz richtig schreiben, kann im Augenblick noch
nichts darüber gesagt werden, ob es besser ist, mit der ganzen Familie oder
zunächst allein auszuwandern. Dazu müßte ja erst eine ernsthafte Auswanderungsmöglichkeit vorhanden sein.

Ob es Ihnen möglich sein wird, in Deutschland z[ur]. Z[ei]t. ein Arbeitsfeld zu finden, können wir nicht beurteilen. Die Arbeitslenkung behält sich
vollkommen die Behörde vor (Arbeitsamt). Auch darauf dürfen wir keinerlei Einfluß nehmen. Wir glauben auch, daß, wenn es Ihnen bei Ihrer früheren Position und Ihren guten Beziehungen nicht gelingt, hier ins Geschäft
zu kommen, wir erst recht nichts erreichen können.

Wir senden die uns übersandten Schriftstücke zur Wiederrückgabe an
Herrn Pfarrer Zwanzger mit.
Mit freundlichen Grüßen
H. Grüber

Schreiben Johannes Zwanzgers an das Büro Pfarrer Grüber.
München, 7. November 1939
Anbei noch einmal den ganzen Akt zurück. Es ist anscheinend übersehen
worden, meine Frage nach dem Hochschildkonzern zu beantworten. Ich
nehme an, dass die Tätigkeit dieses Konzerns für Chile sicherlich bekannt
ist, zumal meines Wissens durch diesen Konzern auch Nichtarier hinaus-
kommen. Da die Wartenummer des Herrn Dr. Hoffa sehr hoch ist, hat er
von den Affidavits zur Zeit ja auch keinen Nutzen.

Darf ich Sie bitten, mir über den Hochschildkonzern Auskunft zu geben
und mir mitzuteilen, ob Sie irgendwelche Verbindung mit ihm haben.
Mit freundlichem Gruss!

Schreiben des Büros Pfarrer Grüber an Johannes Zwanzger.
Berlin, 13. Februar 1940
Wir erhielten im Oktober vor[igen]. J[a]hr[e]s. die Papiere von Herrn Dr.
Hoffa und sandten diese wieder zurück, da wir damals keine Ausreisemög-
lichkeit für ihn hatten. Es ist uns im Augenblick nicht ganz erinnerlich, ob
es sich um den Farbenchemiker handelt. Sollte dies zutreffen, so teilen Sie
bitte Dr. H. mit, dass einer unserer Betreuten, Herr Dr. Martin Biltz, Foto-
chemiker von Beruf, kürzlich nach Japan ausgewandert ist und sich bereit
erklärte, sich für einen wirklich sehr gut qualifizierten Chemiker drüben zu
verwenden. Die Adresse von Herrn Dr. Biltz ist: c/o. Fujishashin, near Odawara, Japan. An Unterlagen sind vorläufig zu senden: Lebenslauf und Zeugnisabschriften, ev[en]t[uel]l. auch 2 Fotos.
    Dr. B. fand in Japan eine Stellung.
Mit freundlichen Grüßen

Schreiben des Büros Pfarrer Grüber an Johannes Zwanzger.
Berlin, 14. November 1939
Bezüglich des Hochschildkonzerns können wir nur soviel mitteilen, dass es
diesem Konzern zwar in den vergangenen Jahren möglich gewesen ist, einige Ingenieure in Chile unterzubringen, jedoch hat er nie eine grössere Rolle
bei der Auswanderung von Nichtariern gespielt. Vor allen Dingen ist uns in
der letzten Zeit kein Fall bekannt geworden, in dem es dem Konzern gelungen ist, jemandem zur Auswanderung zu verhelfen. Wir bedauern daher,
auch in dieser Richtung nichts für Herrn Dr. H. tun zu können, und senden
Ihnen die Vorgänge einliegend wieder zurück.
Mit freundlichem Gruss
H. Grüber

Schreiben Johannes Zwanzgers an Dr. Erwin Hoffa.
München, 19. Februar 1940
Sehr geehrter Herr Doktor!
Anbei folgt in Abschrift eine Mitteilung des Büros Grüber für Sie, die ich
Ihnen zukommen lasse. Vielleicht lässt sich da etwas machen.
    Sollten Sie mich in dieser Angelegenheit zu sprechen wünschen, dann bin
ich Montag, Mittwoch und Freitag vormittag 10–12 Uhr in der Mathilden-
strasse erreichbar.
    Mit dem Wunsche, dass dieser neue Versuch zum Ziele führen möge,
grüsst Sie herzlich
Ihr

Brieftelegramm Dr. Erwin Hoffas an Dr. Martin Biltz
Doktor Biltz c/o Fujishashin near Odawara Japan
  Durch Büro Grüber veranlasst bittet Fachgenosse sich für ihn zu verwenden. Brief folgt.
  Doktor Hoffa Reitmorstr. 26 München.

Schreiben Johannes Zwanzgers an das Büro Pfarrer Grüber.
München, 23. Februar 1940
Bezugnehmend auf Ihr Schreiben vom 13. 2. 40 Diktatzeichen H II komme ich mit folgender Bitte. Herr Dr. Hoffa möchte sich nun auf schnellstem Wege mit Dr. Biltz in Japan in Verbindung setzen und bittet Sie auf seine Rechnung von Ihrem Büro aus ein Brieftelegramm an Dr. Biltz zu senden etwa des Inhalts:
  »Wir empfehlen Ihnen Fachgenossen Doktor Hoffa, Reitmorstr. 26, München. Bitte verwenden Sie sich für ihn. Brief folgt.«
  Die Aufgabe eines solchen Telegramms stößt hier auf verschiedene Hindernisse. Ich nehme an, daß Sie durch Ihre Bekanntschaft mit den zuständigen Behörden dies leichter bewerkstelligen können als ich hier.
  Da Dr. Hoffa ein erstklassiger Chemiker ist u. bei der I[nteressen]. G[emeinschaft]. einen Prominentenvertrag hatte, so können Sie ihn mit gutem Gewissen empfehlen.
Mit freundlichem Gruß!

Schreiben des Büros Pfarrer Grüber an Johannes Zwanzger.
Berlin, 27. Februar 1940
Wir bestätigen den Eingang Ihres Briefes v[om]. 23. d[iese]s. [Monats] und wollen im Augenblick davon absehen, an Herrn Dr. Biltz zu telegraphieren, da dieser erst Anfang März in Japan eintrifft. Wir sind aber gern bereit, in der ersten Hälfte des März das Telegramm abzusenden, und nehmen an, dass Herr Dr. Hoffa bereits an Dr. Biltz geschrieben hat. Sollte dies noch nicht der Fall sein, so bitten wir um schnellste Absendung des Briefes mit den erforderlichen Unterlagen, Lebenslauf und einiger massgeblichen Zeugnisabschriften.
Mit freundlichen Grüßen
H. Grüber

Schreiben Johannes Zwanzgers an das Büro Pfarrer Grüber.
München, 8. März 1940
Herr Dr. Hoffa hat umgehend an Dr. Biltz nach Japan geschrieben. Aber er hatte Bedenken, die Unterlagen, die ich Ihnen heute zusende, mitzuschicken. Nach mündlicher Rücksprache mit Dr. Hoffa habe ich den Eindruck, daß es besser ist, wenn die Unterlagen durch das Büro Grüber dem Herrn Dr. Biltz zugesandt werden. Die Kosten für Luftpost, ev[en]t[uel]l. Einschreiben wird Ihnen Dr. Hoffa ersetzen.

Zugleich darf ich Sie nochmals darum bitten das Brieftelegramm für Dr. Hoffa zur gegebenen Zeit auf Rechnung von Dr. Hoffa aufzugeben.
Mit herzlichem Dank und freundl. Gruß!

Schreiben des Büros Pfarrer Grüber an Dr. Hoffa.
Berlin, 13. März 1940
Sehr geehrter Herr Dr. Hoffa,
Wir haben Ihrem Herrn Pfarrer Zwanzger gegenüber geäußerten Wunsch, ein Telegramm an Herrn Dr. Biltz nach Japan zu senden, gestern entsprochen und haben wie folgt telegraphiert:
»Wir empfehlen Ihnen Fachgenossen Dr. Hoffa. Erbitten Auswanderung für ihn. Brief folgt.«

Wir verauslagten für dieses Telegramm RM 24,20. Der Brief an Herrn Dr. Biltz, der leider nicht per Luftpost gehen kann, mit Ihrem Lebenslauf und Angaben Ihrer Arbeiten, wird RM –,55 kosten.

Wir entnahmen dem Brief von Herrn Pfarrer Zwanzger vom 23. Februar, daß Sie selbst inzwischen schon an Herrn Dr. Biltz geschrieben haben. Wir werden aber auch von uns aus nochmals eine Empfehlung per Brief an Herrn Dr. Biltz senden.
Mit freundlichen Grüßen

Am 26. Juli 1940 bestätigte Johannes Zwanzger 18 persönliche Dokumente Dr. Erwin Hoffas, die dieser zur Ausreise nach Japan benötigte.

Schreiben Johannes Zwanzgers an das Evangelisch-Lutherische Pfarramt Burghausen. München, 5. Mai 1941
Lieber Kelber!
Soviel ich weiß, kennst Du maßgebende Herren der Wackerwerke. Da möchte ich nun fragen, ob Du Dich nicht für einen meiner Klienten dort verwenden könntest. Der Betreffende ist Chemiker, evangelisch, aber aus Dir bekannten Gründen schon seit Jahren nicht mehr beruflich tätig. Wäre

es nicht möglich ihm eine Tätigkeit zu geben, auch wenn sie nicht so groß ist, wie er nach seinem hohen fachlichen Können in der Lage ist. Vielleicht kannst Du erreichen, daß er sich persönlich bei der Direktion in München vorstellen und Auskunft über sein Können geben. Die Sache eilt und ich wäre Dir sehr dankbar, wenn Du etwas erreichen könntest. Vom Arbeitsamt würden dem Betreffenden sowohl wie der Firma keinerlei Schwierigkeiten in den Weg gelegt werden, wenn ein Betrieb den Betreffenden anfordert.

Ich bitte Dich sehr herzlich u. dringend, wenn möglich, alles zu tun, weil z[ur]. Z[ei]t. damit einem Menschen wirklich geholfen werden kann.

Herzlichen Gruß!

Schreiben Pfarrer Karl Kelbers an Johannes Zwanzger.
Burghausen, 8. Mai 1941

Lieber Zwanzger!

In Beantwortung Deines Briefes teile ich Dir nach Rücksprache mit recht massgebender Stelle folgendes mit:

Wenn es sich um jemand handelt, der nach dem Gesetz als 100 %ig angesehen werden muss, wird es wohl kaum möglich sein, den ausgesprochenen Wunsch zu erfüllen. Wenn es sich um 50 % oder weniger handelt, besteht durchaus Aussicht. Ehe in München Vorstellung sein sollte, bitte ich um Angabe des Alters, ob verheiratet, und um Angabe darüber, welches Gebiet, ev[entuell]. Spezialgebiet bisher bearbeitet wurde und in welcher Firma oder Stellung. Diese Angaben bitte ich auf alle Fälle zu senden, auch wenn 100 %igkeit vorliegt. U[nter]. U[mständen]. könnte ich, wenn nicht hier, so doch anderswo einen Weg erschliessen, bezw. dazu behilflich sein, wenn auch die Möglichkeit bei 100 %igkeit eine sehr geringe zu sein scheint. Die Angelegenheit soll hier beschleunigt behandelt werden.

Mit den besten Grüssen von hier nach dort
bin ich Dein
K. Kelber.

Schreiben Johannes Zwanzgers an das Evangelisch-Lutherische Pfarramt
Burghausen. München, 12. Mai 1941

Lieber Kelber!

Recht herzlichen Dank für Deine Zeilen vom 8. 5. 41 und Deine bisherigen Bemühungen. Die Sache verhält sich also folgendermaßen:

Es handelt sich um einen Chemiker, der evangelisch ist, der Abstammung nach aber Volljude. Er ist verheiratet mit einer Arierin und hat eine Tochter, lebt also in einer sog. privilegierten Mischehe. Das bedeutet, daß er seine

Wohnung behalten kann und auch noch Kleiderkarte und Lebensmittelmarken ohne den Aufdruck J[ude]. bekommt.

Ich kenne ihn so ziemlich von Anfang meiner hiesigen Tätigkeit hier. Der Betreffende macht bestimmt einen vertrauenswürdigen Eindruck. Er hätte jetzt in einer japanischen Firma eine Stelle bekommen können, aber es wurde ihm hier der Paß nicht gegeben, so daß er nicht ausreisen kann.

Über seine beruflichen Qualitäten geben die Beiblätter Auskunft, die Lebenslauf, Studiengang und praktische Leistungen enthalten, aus denen ein Fachmann ein ziemlich vollständiges Bild sich machen kann.

Ich bitte aber um Rücksendung der Beiblätter, da ich diese nur in dem einen Exemplar habe.

Ich glaube bestimmt, daß Deine Firma Verwendung für ihn hätte. Vom Arbeitsamt kommen keine Schwierigkeiten, wenn er regelrecht beschäftigt wird. Einzige Bedingung ist ein gesonderter Arbeitsraum und diese läßt sich bei gutem Willen erfüllen. Der Betreffende muß ja nicht in seinem Spezialgebiet beschäftigt werden, sondern ist ja als Chemiker vielseitig.

Mit herzlichem Dank für Deine Bemühungen und viele Grüße von Haus zu Haus

Dein

Schreiben Wolfgang Grubers an Johannes Zwanzger.
Burghausen, 18. Mai 1941

Sehr geehrter Herr Pfarrer!

Beiliegend gebe ich Ihnen die Unterlagen für Herrn Dr. Hoffa wieder zurück.

Leider sehe ich den Fall völlig hoffnungslos an. Erstens ist er Volljude, es liegt also der gleiche Fall wie bei Dr. G* vor, 2.) ist er bereits 66 Jahre alt, 3.) ist er Farbstoffchemiker, hat also auf einem völlig anderen Gebiet gearbeitet.

Da er ja Pension bezieht, besteht ja keine unmittelbare Notlage. Es würde sich demnach bei ihm mehr um eine Betätigungsmöglichkeit handeln.

Es tut mir leid Ihnen keine bessere Auskunft geben zu können.

Mit besten Grüßen Ihr

W. Gruber.

Schreiben Pfarrer Karl Kelbers an Johannes Zwanzger.
Burghausen, 19. Mai 1941

Lieber Zwanzger!

Mit grossem Bedauern sende ich Dir anliegend die übersandten Papiere wieder zurück, dazu den umstehenden Brief eines der führendsten Chemiker (Dr. Gruber, Kirchenvorstand) unseres Werkes.

Dr. Gruber war so freundlich, bei einem in der Nähe neu aufgehenden grossen chemischen Industriewerk, zu dem er Beziehungen hat, anzufragen (Gendorf), aber leider auch ohne Erfolg. So kann ich Dir die Papiere nur zurückschicken mit dem Wunsche, dass doch anderwärts möglich wird, was hier unmöglich war.

Mit den besten Wünschen und Grüssen
bin ich Dein
K. Kelber.

Schreiben Johannes Zwanzgers an Pfarrer Karl Kelber.
München, 4. Juni 1941

Lieber Kelber!

Recht herzlichen Dank für Deine Bemühungen, so leid es mir auch tut, dass sie vergeblich waren. Nun komme ich aber doch noch einmal darauf zurück.

1.) Es handelt sich bei dem Betreffenden nicht um eine Arbeit gegen Entlohnung, sondern um eine Beschäftigung in seinem oder einem ähnlich gelagerten Arbeitsgebiet. Bei der derzeitigen angespannten Lage des Arbeitsmarktes muss der Betreffende täglich damit rechnen, zu reinen Erdarbeiten mit Schaufel und Hacke herangezogen zu werden, wie es bei einer Reihe seiner Bekannten bereits der Fall ist. Befreiung davon wird gewährt, wenn er eine andere Tätigkeit nachweisen kann.

2.) Eine Beschäftigung ausserhalb Münchens kommt nicht in Frage, weil dazu kaum die Genehmigung der für diesen Herrn zuständigen Stellen zu erlangen wäre.

3.) Ich würde mir eine Beschäftigung so denken: Der Betreffende übernimmt Laborarbeiten in dem Münchener Laboratorium der Wackerwerke.

4.) Wäre es möglich, dass der Betreffende einen der Herren der Wackerwerke in München persönlich sprechen könnte und würdest Du dies vermitteln? Es lässt sich doch über diese Dinge mündlich leichter sprechen als lange schriftlich hin und her zu verhandeln.

Nimm es bitte nicht übel, wenn ich Dich noch einmal damit plage! Denn

Du würdest es an meiner Stelle auch nicht anders machen und ich habe in meiner Arbeit lernen müssen, nicht so schnell das Rennen aufzugeben.
Herzlichen Gruss
Dein

Schreiben Johannes Zwanzgers an Pfarrer Karl Kelber.
München, 11. August 1941
Lieber Kelber!
Unterm 4. 6. 41 hatte ich Dir nochmals wegen des einen Herrn geschrieben, aber keine Antwort von Dir mehr bekommen.

Ich wäre nun dankbar zu erfahren, ob Du die Möglichkeit gehabt hast, noch einmal einen Versuch zu machen oder nicht, damit ich dem betreffenden Herrn Bescheid geben kann.

Sollte ja die kleinste Möglichkeit jetzt oder auch später sich bieten, so würde ich Dich herzlich bitten, sie im Auge zu behalten und es mich wissen zu lassen.
Herzlichen Gruß!

Schreiben Pfarrer Karl Kelbers an Johannes Zwanzger.
Burghausen, 13. August 1941
Lieber Zwanzger!
Deinen Brief habe ich alsbald weitergeleitet, und da sich aus besagtem Brief die Verhältnisse etwas anders ergaben, als wir zuerst annahmen, wäre es viell[eicht]. nicht ganz ausgeschlossen, dass Erfolg eintritt. Es muss erst mit einem bestimmten Herrn von M[ü]nch[e]n gesprochen werden; die Urlaubszeit der betr[effend]. Herrn, auch von mir, brachte leider eine Verzögerung. Ich will hinter der Sache her sein, kann nichts versprechen, werde Dir aber baldmöglich Bescheid geben. Es wäre mir selber die grösste Freude, wenn es ein günstiger Bescheid sein könnte.
Mit besten Grüssen!
Dein
K. Kelber.

Schreiben Pfarrer Karl Kelbers an Johannes Zwanzger.
Burghausen, 12. September 1941
Lieber Zwanzger!
Es tut mir sehr leid, dass ich Dich in unserer Sache solange habe warten lassen müssen; noch mehr leid tut es mir, Dir sagen zu müssen, dass keine Möglichkeit da ist. Ich liess die Angelegenheit einem der massgebenden

Leute oben mit warmer Befürwortung vortragen; der Betr[effende]. »Obe-
re«, den ich gut kenne, hätte es sicher gerne getan, wenn eine Möglichkeit
bestanden hätte. Ob Du anderwärts viell[eicht]. mehr Glück haben wirst?
Fast möchte ich es bezweifeln, sehr aber möchte ich es Dir wünschen.
Mit den besten Grüssen
bin ich Dein
Karl Kelber.

*Auf Intervention der Firma Hoechst wurde die Ausreise Dr. Erwin Hoffas we-
gen seiner umfangreichen Kenntnis von Betriebsgeheimnissen verhindert. Er
überlebte den Krieg als Zwangsarbeiter in München.*

17. Familie Neumeyer – Finanzielle Unterstützung der Auswanderung

Aus: LAELKB: Vereine II, XIV, Nr. 8
Literatur: W. Selig, »Arisierung«, S. 121

Schreiben Johannes Zwanzgers an das Büro Pfarrer Grüber.
München, 3. Juli 1939
Betreff: Frau Doris Neumeyer, München, Kaiser Ludwigplatz 5
In nächster Zeit wird Obengenannte auf meine Veranlassung Ihr Büro aufsuchen.

Zur Orientierung einige Angaben: Doris Neumeyer, Konf[ession] evang.
Rasse: arisch-verh[eiratet]. mit einem Glaubensjuden. Affidavit[23] für USA.
Quote 7380 (Stuttgart).

Frau N* möchte einige Auskünfte.
Mit freundlichem Gruß

Schreiben Johannes Zwanzgers an das American Friends Service Committee. München, 25. Juli 1939
Familie Neumeyer hat in Stuttgart die Quote 7380 und hofft noch in diesem Jahre nach USA ausreisen zu können, da sie ein Affidavit hat.

Herr Neumeyer ist Kaufmann, Glaubensjude.

J* Neumeyer ist arisch evang. der Stiefsohn des Herrn Neumeyer.

Frau Neumeyer ist arisch evang. Frau Neumeyer kann Krawatten und Wäsche nähen, ist gelernte Krankenschwester und war während des Krieges Säuglingspflegerin in einem Säuglingsheim.

Wären Sie nun in der Lage und bereit, bei der Ankunft der Familie in USA durch Rat und Tat ihr behilflich zu sein, möglichst rasch zur Arbeit zu kommen, damit sie nicht unnötig lange Zeit ihre Bürgen in Anspruch nehmen müssen.

Um gef[ä]l[lige]. Antwort wäre ich dankbar.
Mit freundlichem Gruß!

Schreiben der Refugee Section des American Friends Service Committee an Johannes Zwanzger. Philadelphia, 8. August 1939
Sehr geehrter Pfarrer Zwanzger:
Wir geben Ihnen tieferstehend die Adresse unseres New Yorker Bueros und

23. Beglaubigte Bürgschaftserklärung.

schlagen vor, dass die Familie Neumeyer sich mit diesem bei ihrer Ankunft in diesem Lande in Verbindung setzt. Wir koennen natuerlich keineswegs sagen, ob wir in der Lage sind, zu helfen, aber es ist vielleicht gut, wenn unsere Adresse der Familie bekannt ist. Es waere auch gut, wenn sich die Familie Neumeyer mit unserem Freund Rudolf Schlosser, Frankfurt a[m]. M[ain]., Hochstrasse 8, in Verbindung setzen wuerde, da eine Empfehlung von ihm stets von Nutzen ist.

Mit freundlichen Gruessen,

Gaby Derenberg.

(Social Work Secretary)

Schreiben des American Friends Service Committee an Johannes Zwanzger. Philadelphia, 3. November 1939

Sehr geehrter Herr Pfarrer Zwanzger:

Am 25. Juli schrieben Sie uns, dass Familie Neumeyer noch in diesem Jahre hierher kommen wuerde. Wir waeren Ihnen dankbar, wenn Sie uns mitteilen koennten, ob und wann wir Neumeyers hier erwarten koennen.

Mit freundlichen Gruessen

Mary M Rogers

Schreiben Doris Neumeyers an das Büro Pfarrer Grüber. München, 6. November 1939

Sehr geehrter Herr Pfarrer!

Mein Mann und ich beabsichtigen nach U.S.A. auszuwandern und haben beim Stuttgarter Amerik. Konsulat die Vormerkungsnummer 7380 welche bereits am 17. August 1939 überholt wurde. Unsere Rückstellung erfolgte deshalb, weil von dem Zusatz-Bürgen U* eine Erklärung noch beigebracht werden sollte, über die Vorkehrungen, welche er für die Sicherung unseres Lebensunterhaltes in U.S.A. getroffen hätte.

Unsere Bürgen sind:

Frau J* B* in New York, Tante

W* F* in New York, Vetter

M* U* in New York, Freund.

Letztere Bürgschaft musste noch herbei geschafft werden, weil die Verwandtschafts-Bürgschaften nicht ausreichend waren. Bisher ist aber die von Herrn U* vom Konsulat verlangte Erklärung noch nicht abgegeben worden, doch hoffen wir dieselbe in allernächster Zeit zu erhalten.

Nun haben wir bei der United States Line, Büro München unsere Schiffskarten schon im November 1938 gebucht, und zwar Touristenklasse für 3 Personen.

Auf Grund der veränderten Verhältnisse können jetzt diese Schiffskarten nicht mehr benützt werden und um die Überfahrt zu bewerkstelligen, habe ich mich an meine einzigen für Hilfe in Frage kommenden Verwandten M* und F* N*, *, Holland gewandt, doch leider ergebnislos.

Nun würde ich mir gestatten, Ihnen meine erg[ebenste]. Bitte vorzutragen, mir zu 2 Schiffskarten nach New York über ein neutrales Land (Holland oder Italien) verhelfen zu wollen. Meine bereits bezahlte Buchung über 3 Schiffskarten würde ich Ihnen gerne dafür zur entsprechenden Verfügung überlassen. Quittierter Wert 435.– Dollar, bezahlt in Mark.

Wir brauchen jetzt nur mehr 2 Karten, weil unser 18 jähriger Sohn, der uns ursprünglich begleiten sollte, infolge der neuen Lage nicht mehr mitkommen kann.

Drüben beabsichtige ich meine Kenntnisse in der Kravatten-Fabrikation zu verwenden, auch bin ich in Damenwäsche-Herstellung bewandert. Sollte sich jedoch in den genannten Branchen weniger Aussicht zeigen, so könnte ich jederzeit eine Stellung als Säuglings-Schwester annehmen. Ferner war ich 3 Jahre lang vor meiner Verheiratung in einem Gutshof tätig und hatte dort sowohl im Haushalt, als in der Geflügelzucht gearbeitet.

Mein Mann ist von Beruf Textil-Kaufmann und spricht, da er in seiner Jugend schon 1 Jahr in England war, fließend englisch.

Abschließend möchte ich noch bemerken, dass ich auf Anraten des Herrn Pfarrer Zwanzger wegen eines Zwischenaufenthaltes in Holland gegen Ende Juni in Ihrem Büro in Berlin war, doch wurde mein Anliegen von Herrn Dr. Jäger[24] auf Grund meiner niedrigen Warte-Nummer als nicht vordringlich betrachtet.

Ich wäre Ihnen äußerst dankbar, wenn Sie mein Anliegen wohlwollend behandeln würden und wenn sich unsere Ausreise durch Ihre gütige Hilfe baldigst erreichen ließe.

Ergebenst!

Doris Neumeyer

Schreiben Johannes Zwanzgers an das Büro Pfarrer Grüber.
München, 7. November 1939

In Anlage übersende ich einen Brief von Frau Neumeyer. Es ist als sicher anzunehmen, dass die restliche Bürgschaft von Herrn U* geleistet wird

---

24. Nicht als Mitarbeiter des Büro Pfarrer Grüber ermittelbar.

und damit ein Visum gewährt wird. Nun handelt es sich um das Fahrgeld. Die Reise ist schon längst bezahlt und nun verlangt man eine nochmalige Bezahlung in Dollars.

Besteht irgend eine Möglichkeit zu erreichen, dass die bereits bezahlte Schiffskarte auch benutzt werden kann oder lässt sich auf anderem Wege jetzt das Fahrgeld in Dollar beschaffen? Vielleicht ist es möglich, Frau Neumeyer direkt die Antwort zukommen zu lassen.

Mit freundlichem Gruss!

Schreiben des Büros Pfarrer Grüber an Doris Neumeyer.
Berlin, 18. November 1939

Sehr geehrte Frau Neumeyer,
Herr Pfarrer Zwanzger hat mir Ihr Schreiben vom 6. 11. übersandt.

Um die Devisen für die Passage Ihres Ehemanns kann ich mich nicht kümmern, da Ihr Ehemann der jüdischen Religionsgemeinschaft angehört. Er muß sich an den jüdischen Hilfsverein wenden.

Dagegen bin ich bereit, Sie in meine Anwärter-Liste für Devisenpassagen aufzunehmen, sobald Sie die endgültige Visumszusage des Amerikanischen Konsuls haben.

Allerdings kann ich Ihnen keine allzu großen Hoffnungen machen. Meine Anwärter-Liste ist schon sehr lang. Die für solche Zwecke zur Verfügung gestellten Devisen sind aber außerordentlich knapp.

Bitte halten Sie mich über den Stand der Angelegenheit auf dem Laufenden.

Mit freundlichem Gruß
Pfarrer Grüber.

Schreiben Johannes Zwanzgers an das Büro Pfarrer Grüber.
München, 19. Januar 1940

Bezugnehmend auf Ihr Schreiben v. 18. 11. 39 an Frau Neumeyer arisch, evang. in Mischehe mit Glaubensjuden, erlaube ich mir folgende Anfrage:

Frau Neumeyer, die in Stuttgart f[ür]. USA unter Nr. 7380 registriert ist und Schwierigkeit wegen der Bürgschaft hatte, hofft nun in allernächster Zeit nach Stuttgart vorgeladen zu werden. Die Bürgschaft ist Ende Nov[ember]. von USA nach Stuttgart gesandt worden, aber bis dato noch nicht dort eingetroffen.

Ich frage an: 1) ob Frau Neumeyer in die Anwärterliste für Passagen aufgenommen ist. (für den Mann hat der Hilfsverein bereits zugesagt.) 2. ob Frau N. die Aussicht hat, die Passage zu bekommen, sobald der Mann die

Schiffskarte hat. 3) welche Unterlagen muß Frau N. zu diesem Zweck Ihnen beibringen.
Mit freundlichem Gruß!

Schreiben des Büros Pfarrer Grüber an Johannes Zwanzger.
München, 23. Januar 1940
Sehr geehrter Herr Pfarrer,
Frau Neumeyer hat bisher auf mein Schreiben vom 18. XI. 39, von dem ich Ihnen einen Durchschlag übersandt habe, nicht geantwortet. Sie kann, wie sie ihr geschrieben habe, in die Anwärterliste aufgenommen werden, sobald sie die Visumszusage des Konsulates hat, oder wenn sie mindesten den Bescheid des Konsulats in Händen hat, dass ihre Papiere als ausreichend befunden sind.
Mit freundlichem Gruss
H. Grüber

Schreiben Johannes Zwanzgers an das Büro Pfarrer Grüber.
München, 12. April 1940
Sehr geehrter Herr Dr. Kobrak!
Bezugnehmend auf unsern Schriftwechsel in dieser Angelegenheit Ende des vorigen und anfangs dieses Jahres übersende ich nun die notwendigen Unterlagen, nachdem Frau Neumeyer mit Ihrem Mann für 3. Mai nach Stuttgart vorgeladen ist.
Die Dringlichkeit für Frau Neumeyer eine Passage zu bekommen, läßt sich auch dadurch nachweisen, daß Herr Neumeyer Kriegsbeschädigter ist und die Frau ihn betreuen und in USA in erster Linie den Lebensunterhalt verdienen muß.
Mit freundlichem Gruß!

Schreiben Doris Neumeyers an das Büro Pfarrer Grüber.
München, 13. April 1940
Hochgeehrter Herr Pfarrer!
Unter höfl[icher]. Bezugnahme auf die mit Ihnen zwecks unserer Auswanderung geführten Korrespondenz gestatte ich mir Ihnen mitzuteilen, daß nunmehr mein Mann und ich am 3. Mai beim Amerikanischen Konsulat in Stuttgart vorgeladen sind und rechnen wir bestimmt unser Visum nach U.S.A. zu erhalten, da Alles bei uns in Ordnung ist.
Nun würde ich Sie herzlichst bitten, mir meine Schiffskarte verschaffen zu wollen, nachdem ich keinerlei Aussicht habe, solche von anderer Seite zu

bekommen. Unsere diesbezügl[ichen]. Bemühungen bei den ausländischen Verwandten und Freunden hatten leider keinen Erfolg, wie Sie sich aus einigen beiliegenden Foto-Kopien von Original-Briefen überzeugen können. Da wir bei der hiesigen Behörde mit allem fertig sind, könnte unsere Ausreise wenige Tage nach der Visums[-]Erteilung erfolgen.

Ich wäre Ihnen außerordentlich dankbar, wenn Sie mir die Abreise gleich nach dem genannten Termin ermöglichen könnten. Wir müßten es natürlich so einrichten, daß ich mit meinem Mann das gleiche Schiff ab Genua benütze, weil wir von der Devisen[-]Stelle eine gemeinsame Liste unseres Gepäcks haben.

Mit vielem Dank im Voraus für Ihre wohlwollenden Bemühungen, begrüßt Sie

mit vorzügl. Hochachtung

Doris Neumeyer.

Schreiben des Büro Pfarrer Grüber an Doris Neumeyer.
Berlin, 17. April 1940

Sehr geehrte Frau Neumeyer

Herr Pfarrer Zwanzger übersandte mir Ihr Schreiben vom 13. April nebst Unterlagen, aus dem ich ersehe, dass Sie voraussichtlich bis Anfang Mai Ihre Visen nach USA bekommen werden. Wie ich Ihnen schon am 18. Nov[ember]. mitteilte, sind die Aussichten dafür, dass ich Ihnen eine Passage beschaffen kann, sehr gering. Ich kann Ihnen nur dringend anraten, Ihre Bemühungen bei Ihren ausländischen Bekannten fortzusetzen. Vielleicht ist bei Ihren Angehörigen in den seit dem November und Dezember vergangenen Monaten die Einsicht doch gestiegen, dass Ihnen selbst unter grossen Opfern geholfen werden muss. Und wenn auch vielleicht keiner der Verwandten gleich 200 $ aufzubringen vermag, so werden sie doch vielleicht im Stande sein, jeder einen Teilbetrag zur Verfügung zu stellen. Es liegt auf der Hand, dass ich viel eher im Stande bin, Ihnen einen Restbetrag zu verschaffen, als die ganze Summe. Selbstverständliche Voraussetzung für meine Mitwirkung ist, dass der Hilfsverein die volle Passage für ihren Gatten übernimmt, und dass alle von Verwandten und Bekannten aufgebrachten Beträge ausschliesslich Ihnen zugute kommen. Schliesslich bitte ich Sie noch um eine Erklärung, ob und welches Vermögen Ihre Gatte und Sie noch besitzen. Mit freundlichem Gruss

Das Ehepaar Neumeyer starb während eines Bombenangriffs auf München im Juli 1944.

18. Thekla Golwer – Unterbringung und Unterstützung einer 69-jährigen kranken Frau

Aus: LAELKB: Vereine II, XIV, Nr. 7
Literatur: Gedenkbuch München I, S. 449

Schreiben Johannes Zwanzgers an das Church of England Committee for non aryan Christians. München, 11. Juli 1939
Sehr geehrte Mrs. Murray!
Heute wende ich mich wegen einer Frau Thea Golwer, geb. Wolff an Sie.
Sie wohnt München-13, Ainmillerstr. 10/I. verwitwet, geb. 30.6.1870
(70. Jahre alt) evang., nichtarisch (vier nichtarische Großeltern). Sie steht
nun ganz allein und weiß nicht, wo aus noch ein. Lebt von Unterstützungen.
Ihr Vater, Julius Wolff, war vor etwa einem Menschenalter in London
(Upper Berkeleystr. 19 Portman-Square) Spezialist für Heilung des Schreibkrampfes. Frau Golwer ist ebenfalls Spezialistin in diesem Fach, beherrscht
die englische Sprache fließend.
Das Britisch Medicial Journal vom 14.2.1885 bemerkt über ihren Vater
einen Artikel »The Cure of Writers Cramp«, ebenso The Lancet, 2.5.1885.
Wäre es möglich, jener Frau trotz ihres Alters in ihrem Fach in England
Beschäftigung zu verschaffen oder sie in ein Altersheim unterzubringen
oder ihr sonstwie für ihren Lebensabend in England einen Platz zu geben?
Mit freundlichem Gruß!

*In einem Brief vom 21. Juli 1939, der einen anderen Vorgang betraf, erklärte
Barbara Murray gegenüber Johannes Zwanzger: »The other case of Frau Golwer, I am not sure what I can do about her. She is so old, and I wonder really
whether it would be wise to move her to a strange country at that age. It is very
unlikely also that I shall have place for her in the Rest Home«.*

**Schreiben Thekla Golwers an Johannes Zwanzger.
München, 13. Februar 1940**
Hochverehrter l[ie]b[er]. Herr Pfarrer!
[...]²⁵ gestern mußte ich alle Lebensmittelkarten abliefern, erhalten dafür
schöne²⁶ J[uden]. Karten. Ob ich die wohl im Diakonissenhaus anwenden

25. Wort wegen Lochung unleserlich.
26. Von der Verfasserin doppelt unterstrichen.

darf? Ich hätte sonst keinerlei Essen. Wäre es Ihnen möglich mit Herrn Pfarrer Steinlein darüber zu sprechen. Herr Pf[arrer]. K. konnte und kann meinen Namen nicht hören.

Ich speise bereits 9–10 Jahre dort. Aber die Schwestern sind sehr gütig & werden das Herrn Pfarrer bestätigen, dienen wird das auch vielleicht? […][27] Fühle mich viel wohler, verliere nur noch viel Blut durch den Husten, Grüßen Sie Herrn Pfarrer Steinlein.

Fieber ist nur noch 38, sonst bin ich gesund. Herzlich Ihre dankbarste Thea Golwer.

Bettklaue, verzeihen Sie
Thea Golwer.

Grüße an Pf[arrer]. Steinlein

Schreiben Thekla Golwers an Johannes Zwanzger.
München, 20. Februar 1940
Hochverehrtester, lieber lieber Herr Pfarrer.

Wieviel denke ich an Ihn, bin so verlassen, so voller Sorgen, kaum zu sagen. Mein Arzt ist rührend zu mir, nur drücken mich die Sorgen so entsetzlich. Denken Sie, meine Wirtin erklärt mir, ich bekäme nicht eher Kohlen, bis ich die Summe von 13,17 bezahlt hätte. Ich besitze noch 8 Pf., lieh mir den Rest der Postkarten. Vom Winterhilfswerk erhielt ich vor der Krankheit 3.50. Die Miete von 25.– auch. Für einmal Butter, Zwieback etc habe ich kein Geld. Wenn Herr Pfarrer Steinlein ein gnädiges Wörtlein, […][28] Grüßen Sie ihn lieb von mir.

Schreiben Thekla Golwers. O. D.
Einliegend die Belege von den Kohlen. Schwester […][29] Döderlein hat diesen Monat gewiß nicht helfen können. Sprechen müßte ich Sie, deßwegen, weil meine arischen Lebensmittelkarten genommen wurden, habe wenn ich gesund werde, nur solche mit J[ude]. Das kommt davon, weil ich hier liege. Vielleicht bekomme ich Hilfe durch Sie. Fieber von 40/2 auf 37/6 gefallen, ist doch schön.

Mein Herz ist schlecht. Ihr Buch machte mich so so glücklich. Verzeihen Sie diese Klaue, ich kann nicht besser. Aber um so herzinniger Sie & Herrn

27. Wort wegen Lochung unleserlich.
28. Mehrere Worte unleserlich.
29. Wort wegen Lochung unleserlich.

Pf[arrer]. Steinlein [...][30] grüßend. Ob ich auf die Karten im Diakonissenhaus wieder essen darf?

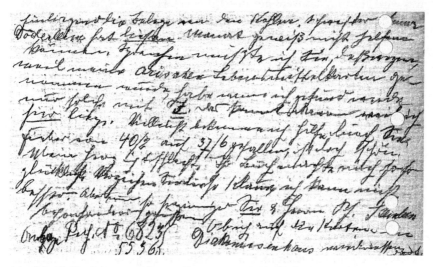

Schreiben Thekla Golwers an Johannes Zwanzger, LAELKB: Vereine II,. XIV, Nr. 8

Schreiben Johannes Zwanzgers an das Wohnungsreferat der Reichsvereinigung der Juden in Deutschland.
München, 26. September 1940.
Frau Golwer war heute wegen ihrer Wohnungsangelegenheit bei mir. Nun ist es mir leider nicht möglich, ihr eine Wohnung zu vermitteln, da mir das ausdrücklich untersagt worden ist. Ich bitte Sie daher sehr, ihr doch zu einem Zimmerchen behilflich zu sein, da ich in dieser Angelegenheit nichts tun kann. Vielleicht könnte sie ab 15. Oktober untergebracht werden, wenn möglich in der Nähe der Leopoldstrasse, weil sie dort meines Wissens einen billigen Mittagstisch hat und infolge ihrer sehr gebrechlichen Gesundheit keine weiten Wege zurücklegen kann.
Mit fr[eun]dl[ichem]. Gruss!

Schreiben Thekla Golwers an Johannes Zwanzger.
München, 6. Oktober 1940
Hochverehrter, lieber Herr Pfarrer!
In meiner grenzenlosesten Sorge betreffend eines bescheidenen Zimmer-

30. Wort unleserlich.

chens belästige ich Sie wieder mit meiner Angelegenheit. Schwester Julie
war so sehr lieb, mich aufzunehmen für 14 Tage, eine Woche ist schon um,
was wird aus mir, das weiß nur unser l[ieber]. Herrgott! Meine Nerven versagen, ich kann nicht mehr denken, ich bin gänzlich erledigt. Nur erhält
mich mein Gebet & das Vertrauen auf Gott! Von der l[ieben]. Julie habe
ich auch die Verpflegung für ganz billiges Geld. Dies ist doch auch göttlich,
ich zahlte RM 20.– jedoch wurden mir die 18.– v. W[ohnungs].Amt abge-
zogen. Verzeihen Sie mein konfuses Schreiben, ich bin am Ende.
Dankbar stets grüßt Ihre
Thea Golwer

Schreiben Johannes Zwanzgers an Thekla Golwer.
München, 8. Oktober 1940
Sehr geehrte Frau Golwer!
Ihren Brief vom 6. 10. 1940 habe ich heute erhalten. Ich habe mich nun vor
ganz kurzer Zeit sehr für Sie bei der Wohnungsabteilung der Reichsvereinigung Lindwurmstrasse 125 R[ück]g[ebäude]. verwendet und dringend gebeten, Ihnen ein Einzelzimmer in der Nähe der Leopoldstrasse zu verschaffen. Ich hoffe bestimmt, dass sich eine Lösung finden wird. Meistens
geschieht das erst im allerletzten Augenblick und ich kann es daher sehr
gut verstehen, wenn Sie beunruhigt sind. Aber ich glaube, dass sich auch
für Sie Wege und Mittel finden lassen. Verlieren Sie daher nicht den Mut!
Mit freundlichem Gruss!

Schreiben Johannes Zwanzgers an das Wohnungsreferat der Reichs-
vereinigung der Juden in Deutschland. München, 8. Oktober 1940
Bezugnehmend auf mein Schreiben vom 26. September 1940 in der Wohnungsangelegenheit von Frau Golwer teile ich Ihnen zu Ihrer Orientierung
ergänzend mit, dass Frau Golwer nur bis 14. Oktober in der Leopoldstrasse
45 bleiben kann. Es wurde ihr dort ein Zimmer zur Verfügung gestellt, das
von Schülerinnen bewohnt wird, die zur Zeit in Ferien sind. Wie Sie wissen,
gehen am 14. die Schulen wieder an und es ist dann das Zimmer wieder
besetzt. Ich bitte daher dringend, Frau Golwer zu einem Zimmer behilflich
zu sein, zumal sie in ihrer sehr grossen Gebrechlichkeit, nicht die Kraft hat
persönlich auf die Suche zu gehen.
Mit fr[eun]dl[ichem]. Gruss!

Schreiben Thekla Golwers an Johannes Zwanzger.
München, 10. November 1940
Hochverehrter lieber Herr Pfarrer!
Längst schon möchte ich einige Zeilen an Sie richten, jedoch ich war stets
nicht so daß ich überhaupt denken konnte. Vor allem danke ich Ihnen und
den Herrn Steinlein & Krafft daß ich hier Unterkunft finde.

Es ist nicht einfach, ein Zimmerchen oder Kammer zu bekommen. Außerdem kann ich auch garnicht die Treppen steigen & herumlaufen. Ich bin
die Glücklichste, hier im Hause sein zu dürfen. Wie ist doch Schwester Julie
so liebevoll zu mir & wie werde ich verpflegt für sehr! wenig Geld. Habe ich
doch ein Jahr lang kein richtiges Essen gehabt. Die Lindwurmstr.[31] scheint
[…][32] langer Zeit, für mich nichts zu finden.

Meines furchtbaren Husten wegen, muß ich einen Raum für mich allein
haben, denn ich kann niemand zumuten, mit mir die Nächte hindurch zu
wachen. Der Arzt kommt nicht immer & scheinen seine Mittel zu versagen.
Und nun mein liebster, lieber Herr Pfarrer wollte ich fragen, ob mir wieder
etwas geholfen werden könnte. Ich bin ganz und gar ohne, denn die Lindwurmstr. sandte nur M 20.– die ich für je 14 Tage mit Verpflegung der gütigen Schwester Julie abgebe. Sonst erhalte ich absolut nichts. Ich habe meine
Wäsche & sonstige Kleinigkeiten zu bezahlen. […][33] herzlich dankbar wäre
bin ich Ihnen l[ieber]. Herr Pfarrer. Mit besonderem Dank grüßt stets Ihre
Thea Golwer

Schreiben Johannes Zwanzgers an die Reichsvereinigung der Juden in
Deutschland. München, 11. November 1940
Frau Golwer, früher wohnhaft Ainmillerstr. 9, teilte mir unterm 10. November mit, daß sie von Ihrer Wohlfahrtsstelle monatl. nur RM 20.– bekomme. Nach Ihren Angaben bekommt sie sonst von keiner anderen Seite
etwas. Nun soll sie von diesen RM 20.– Wohnung, Heizung, Lebensunterhalt bestreiten. Meines Wissens ist auch der Betrag von RM 20.– weit unter
dem gesetzlichen Richtsatz, der Frau Golwer zusteht. Ich bitte daher, die
Angelegenheit einmal nachzuprüfen und ev[entuell]. eine Nachzahlung in
die Wege zu leiten.
Mit freundlichem Gruß!

31. Hier war der Sitz des Wohnungsreferats der Reichsvereinigung der Juden in
    Deutschland.
32. Ein Wort unleserlich.
33. Ein Wort unleserlich.

Schreiben der Israelitischen Kultusgemeinde München an Johannes Zwanzger, 15. November 1940

Sehr geehrter Herr Pfarrer!

Auf Ihr Schreiben vom 11. November d[ieses]s. J[ahre]s. gestatten wir uns mitzuteilen, dass die Ihnen von Frau Golwer gemachten Angaben nicht den Tatsachen entsprechen. Frau G* wird von uns nicht mit RM 20.– monatlich, sondern mit RM 40.– monatlich unterstützt. Sie erhält das Geld in 2 Raten ausgezahlt. Nach ihrer eigenen Angabe benötigt sie diesen Betrag für ihre derzeitige Wohnung im Diakonissenheim, Leopoldstr. 45, wo sie für RM 40.– wohnt und verpflegt wird. Daneben erhält Frau Golwer etwa wöchentlich eine Beihilfe von RM 3.50 und in etwa ¼ jährlichen Abständen das Geld für eine Schuhreparatur bis zum Betrage von RM 4.–. Im übrigen wird Frau Golwer jetzt in die Winterhilfe genommen werden.

Die Beschwerde der Frau Golwer geht also von unrichtigen Angaben aus. Mit vorzüglicher Hochachtung

i. A.

Fritz Konrad Abraham

Schreiben Thekla Golwers an Johannes Zwanzger. München, 21. Januar 1941

Gott ist mein Hort meine Hilfe & mein Schutz, daß ich fallen werde. Psalm 62,7.

Verehrter lieber Herr Pfarrer

Am Montag, den 20. d[ieses]. Monats kam Oberschwester Julie zu meiner Überraschung & nachherigen großen Bestürzung mit dem Vorwurf zu mir, daß ich das von der Kultusgemeinde am 14. d[ieses]s. [Monats] erhaltene Geld wissentlich hinterzogen hätte & beschimpfte mich darüber in sehr ausfallender Weise. Wie Sie lieber Herr Pfarrer von mir bereits wissen, hielt ich das mir von der K[ultus].[-]Gemeinde überwiesene Geld für eine extra Beihilfe & bedankte mich sogar schriftlich dafür. Durch meine langwierige Krankheit & die vielfachen Medikamente, die ich noch immer zur Linderung & Betäubung zu nehmen gezwungen bin, hat mein Gedächtnis einfach [...][34] gelitten, daß es mir vollständig entfallen war, daß ich den Aufenthalt hier im Hause halbmonatlich zu bezahlen habe. Natürlich gab ich dann, als ich von meinem Irrtum überzeugt wurde, sofort die betreffenden 20.– an die Oberschwester ab. Ich bin also jetzt noch immer im Besitz von Mk 14.–, so daß von einer augenblicklichen Not bei mir nicht gesprochen

---

34. Mehrere Worte unleserlich.

werden kann. Ich hoffe, l[ieber]. Herr Pfarrer, dass Sie mich genügend kennen, um zu wissen, daß ich bewußt keine Unwahrheit ausspreche und auf keinen Fall eine Unterschlagung begehen würde, wie nach ihren Äußerungen Schw. Julie anzunehmen schien. Es ist mir dies ein absolut nicht zu beschreibender Schmerz, denn Sie wissen ja wie besonders hoch ich stets die Oberschwester schätze. So komme ich denn wieder in meiner großen Herzensnot zu Ihnen l[ieber]. Herr Pfarrer & bitte inständig um Ihren Trost. In ihrer mir verständlichen Aufregung sagte Oberschwester Julie dann noch, daß Herr Pfarrer Krafft nicht sehr erbaut wäre von meinem Aufenthalt hier im Hause.

Es ist bereits 20 Minuten nach 2 Uhr nachts & finde ich trotz Medikament keinen Schlaf.

Stets aufrichtig & wahr
grüßt Sie
Thea Golwer.

P.S. Ich habe Lungenerweiterung durch den grausamen Husten & nehme 7 verschiedene Medikamente nach ärztl. Vorschriften sowie Einspritzungen. Seit 3 Nächten huste ich nicht. Aber meine Bronchitis muß behoben werden. Daß da die Nerven versagen ist verständlich. T[hekla] G[olwer]

Ich bemerke noch, daß ich nie bei Oberschwester Julie klage.

Thekla Golwer ist am 21. Mai 1941 in München gestorben.

19. Familie S* – Hilfe bei der Auswanderung und Fürsorge für den zurückbleibenden Säugling

Aus: LAELKB: Vereine II, XIV, Nr. 9
Literatur: D. Schönlebe, Netzwerk, S. 82

Schreiben Johannes Zwanzgers an das Büro Pfarrer Grüber.
München, 27. November 1939
Frau S.*, arisch, evang. ist mit dem Glaubensjuden A* Israel S* verheiratet.

Für beide ist ein Affidavit[35] in USA ausgestellt und sie sind jetzt nach Stuttgart vorgeladen, da ihre Quote (Nr. 9402) jetzt fällig geworden ist. Die Papiere sind alle geordnet.

Der jüdische Hilfsverein hat bereits die Aufbringung der Fahrtkosten für Herrn S* fest zugesagt.

Nun möchte ich anfragen, bitten, ob für Frau S* von unserer Seite die Reisekosten bestritten werden können. Frau S* erwartet in einigen Monaten ein Kind und möchte bis dahin außer Landes sein.

Nun ist von der hiesigen kirchlichen Hilfsstelle das Büro Grüber praktisch überhaupt nicht finanziell in Anspruch genommen worden und ich wäre dankbar, wenn darum in diesem Fall eine besondere Hilfe gewährt würde.

Mit freundlichem Gruß!

Schreiben von Herrn S* an Johannes Zwanzger. 3. Dezember 1939
Sehr geehrter Herr Pfarrer Zwanzger!
Anliegend überreiche ich Ihnen die erhaltenen zwei Bescheinigungen sowie einen Privatbrief von Herrn Pastor Felmy[36] zur gef[ä]l[lige]. Benützung in der mit Ihnen besprochenen Angelegenheit. Ich will gerne hoffen, dass Ihnen die Unterlagen genügen und wäre Ihnen für Rückgabe des Privatbriefes, wenn Sie ihn nicht mehr benötigen, sehr dankbar.
Ihr ergebener
A* S*

---

35. Beglaubigte Bürgschaftserklärung.
36. Der Brief ist nicht überliefert.

Schreiben des Büros Pfarrer Grüber an Frau S*.
Berlin, 2. Dezember 1939
Sehr geehrte Frau S*
Herr Pfarrer Zwanzger hat mir Ihren Wunsch betr[effend]. eine Devisenpassage nach USA mitgeteilt. Ich bitte Sie, den beiliegenden Fragebogen
für Ihre ganze Familie (Ihren Mann) auszufüllen. Ferner bitte ich Sie, mir
beglaubigte Abschriften der Urkunden einzusenden, aus denen sich ergibt,
dass der Konsul Ihnen demnächst das Visum erteilen wird. Weiter wollen
Sie mir angeben, ob und welche Verwandte oder Bekannte Sie im Ausland
haben, und welche Schritte Sie bei diesen, insbesondere auch bei Ihrem Af-
fidavitgeber unternommen haben, um die erforderlichen Devisen zu bekommen.

Nach Einsendung dieser Unterlagen bin ich bereit, Sie in die Anwärter-
liste für Devisenpassagen aufzunehmen, muss aber bemerken, dass diese
Liste sehr lang, die zur Verfügung stehenden Mittel aber sehr knapp sind.

Die Zusage des Hilfsvereins für die Devisenpassage Ihres Gatten bitte ich
mir auch zuzuschicken.

Mit freundlichem Gruss

Schreiben von Frau S* an das Vormundschaftsgericht München.
München, 20. März 1940
Hiermit stelle ich den Antrag, dass meine Tochter E* R* S*, geb. 6. März
1940 evangelischer Konfession, Herrn Pfarrer Henninger, München, Mathildenstr. 6 zum Vormund erhält. Zur Begründung gebe ich Folgendes an:

Ich bin seit 11. Mai 1935 mit Herrn A* Israel S* verheiratet, der Jude ist
und aus diesem Grunde seit 20. Januar d[ieses]. J[a]hr[e]s. nach den Ver-
einigten Staaten von Nordamerika ausgewandert ist. Ich konnte zu dieser
Zeit nicht mit auswandern, weil die Geburt meines Kindes sehr nahe bevor-
stand. Noch vor meiner Entbindung habe ich bei dem amerikanischen Konsulat in Stuttgart den Antrag auf Visumsverlängerung gestellt, um selbst für
mein Kind sorgen zu können, da ich ja arisch und evangelisch bin. Dieser
mein Antrag wurde abgelehnt, sodass ich genötigt bin, am 6. April nach
U.S.A. auszuwandern. Ich muss daher für mein Kind einen Vormund be-
stellen und bitte, Herrn Pfarrer Henninger, der sich auch dazu bereit erklärt
hat, als Vormund zu genehmigen.
gez[eichnet].
I* J* S*
geb. S*
zur Zeit bei Herrn M* R*, München, *

Schreiben von Frau E* R* an Johannes Zwanzger.
München, 10. August 1941
Sehr geehrter Herr Pfarrer Zwanzger!
Übersende Ihnen anbei die gewünschte Adresse meines Bruders und will
Ihnen nochmals meinen und unserer Allen herzlichsten Dank sagen, daß
grade Sie die Beerdigung unserer lieben kleinen E* vornahmen. Es wird
meinem armen Bruder und meiner Schwägerin in ihrem großen Leid ein
starker Trost sein.
Mit nochmals vielen innigen Dank
Ihre
Frau E* R*

Schreiben Johannes Zwanzgers an Familie S*.
München, 12. August 1941
Sehr geehrte Familie S*!
Wie Sie wohl inzwischen erfahren haben werden, ist Ihr Töchterchen E* an
Scharlach verstorben. Ich spreche Ihnen meine herzliche Teilnahme aus. Da
ich das Kind getauft hatte, habe ich auch die Beerdigung des Kindes übernommen. Am Samstag, den 9. August, haben wir es auf dem Nordfriedhof
zur letzten Ruhe geleitet. Ich sprach über das Psalmwort: »Mein Vater und
meine Mutter verlassen mich, aber der Herr nimmt mich auf«. (Psalm 27,
10). Ich erinnerte in der Grabrede an den Tauftext des Kindes: »Alle eure
Sorge werfet auf ihn, denn er sorget für euch.« (1. Petr. 5, 7), weiter erinnerte ich daran, daß der Vater sein Kind nie gesehen habe – wie schwer der
Mutter der Abschied vom Kind gefallen sei und wie hier das Bibelwort wahr
geworden sei: »mein Vater und meine Mutter verlassen mich«. Und nun sei
die Hoffnung nahe gewesen, das Kind zu den Eltern nachkommen zu lassen,
da hat Gott der Herr, sein Aber gesprochen; »aber der Herr nimmt mich
auf«. Aus Gottes Hand wollen wir auch dieses Schwere nehmen. Gott macht
nie einen Fehler, dessen dürfen wir gewiß sein. Und das Kind wollen wir in
die Hände des guten Hirten legen, der gesagt hat: »Ich bin der gute Hirte.
Ich gebe ihnen das ewige Leben. Niemand wird sie mir aus meiner Hand
reißen«. (Evang. Joh. 10).
Nun ist Ihr Kindlein heimgekehrt zu dem Schöpfer und Herrn des Lebens. Dort wartet es Ihrer und sei Ihnen eine Ursache, mehr und mehr Halt
an Jesus Christus zu suchen und in ihm auch Trost für dieses schwere Leid
zu finden.

In herzlicher Anteilnahme
grüßt Sie
Ihr Pfarrer

Am 12. August 1941 wandte sich Johannes Zwanzger an das Kirchengemeinde-amt München mit der Bitte, das Kind in den Kirchenbüchern unter dem neuen Namen zu führen, den seine Eltern in den USA angenommen hatten.

20. Frau B* – Abgelehntes Auswanderungsgesuch

Aus: LAELKB: Vereine II, XIV, Nr. 7

Schreiben Johannes Zwanzgers an das Protestantische Hilfskomitee Amsterdam. München, 22. Dezember 1939

Frau B*, evangelisch, geschieden, nichtarisch möchte auswandern.

Frau B* ist der Rasse nach halbarisch, den deutschen Gesetzen nach Jüdin, da sie erst nach dem Inkrafttreten der Nürnberger Gesetze zur Evangelischen Kirche übergetreten ist. Sie sieht sich daher genötigt, auszuwandern und ich möchte anfragen, ob Sie es ermöglichen können, dass Frau B* in Holland

1. Einreisebewilligung
2. Arbeitsbewilligung

bekommt.

Weiter wäre ich um Auskunft dankbar, ob bei Einreise solcher Frauen irgend eine finanzielle Bürgschaft gefordert wird.

Als Referenz gibt Frau B* an:

Herr M*, Amsterdam, der die Familie der Frau B* gut kennt.

Mit herzlichem Dank für alle Auskunft!

Schreiben des Protestantisch Hulpcomité voor Uitgewekenen om Ras of Geloof an Johannes Zwanzger. Amsterdam, 4. Januar 1940

Bezugnehmend auf Ihre werten Zeilen vom 22. p[assa]to. müssen wir Ihnen zu unserem lebhaften Bedauern mitteilen, dass wir in der Auswanderungsangelegenheit von Frau B*, dort, unter dem Druck der obwaltenden Verhältnisse leider nicht zu vermitteln in der Lage sind.

Mit vorzüglicher Hochachtung

Über das weitere Schicksal von Frau B ist nichts bekannt.*

21. Frau G* – Finanzielle Unterstützung zur Ausreise mit ihrem jüdischen Ehemann

Aus: LAELKB: Vereine II, XIV, Nr. 7
Literatur: D. Linn, Schicksal, S. 60–62

Schreiben von Frau G* an Johannes Zwanzger.
Memmingen, 5. Januar 1940
Sehr geehrter Herr Pfarrer!
Aus einem Rundschreiben der Reichsvereinigung der Juden in Deutschland, welches ich durch Zufall erhielt, habe ich erfahren dass ich dieselbe für irgend eine Betreuung nicht in Anspruch nehmen kann. Ich bin Protestantin, mein Mann ist Jude.

Die herrschenden Verhältnisse zwingen uns auszuwandern, wir haben nun eine gültige und amtlich bestätigte Bürgschaft nach Brasilien, unsere zur Auswanderung notwendigen Papiere sind fertig in unseren Händen.

Da mein Mann seit 1 ½ Jahren nichts mehr verdienen darf und wir auch sonst völlig vermögenslos sind, ist es uns selbst leider ganz unmöglich die Passage zu bezahlen, umsomehr als dieselben jetzt nur in Devisen zahlbar sind.

Ich erlaube mir nun, Sie geehrter Herr Pfarrer höflichst zu bitten, Ihre gütige Hilfe und Fürsprache bei den Büros des Herrn Pfarrer Grüber und der Reichsvereinigung einzusetzen, damit es uns durch die Unterstützung der beiden Vereinigungen ermöglicht wird, recht bald den Weg in unsere neue Heimat antreten zu können.

Nochmals herzlich um Ihren gütigen Beistand bittend, danke ich im voraus für alle Mühe und Güte aufs allerbeste.
Hochachtungsvoll grüssend
Frau
H* G*

Schreiben von Pfarrer Friedrich Emmert an Johannes Zwanzger.
Memmingen, 8. Januar 1940
Sehr geehrter Herr Amtsbruder!
Da ich gegenwärtig in Urlaub hier bin und in der Gemeinde arbeite, suchte mich Frau H* G* auf, die ein Glied unserer evang. Gemeinde ist. Sie legte mir ihre Lage dar, die sie als Gattin eines Juden zur Auswanderung zwingt.

Da ich nun weder amtlich noch persönlich in der Lage bin, in ihre Angelegenheiten anders als seelsorgerlich oder mit gutem Rat einzugreifen, so möchte ich Sie als bestellten Obmann herzlich bitten, nach Ihrem Vermögen der Frau G* alle mögliche Hilfe und Unterstützung angedeihen zu lassen. Ich kann hier aus naheliegenden Gründen keine menschliche und seelsorgerliche Beurteilung der Bittstellerin geben; es mag Ihnen genügen, dass ich ihr gerne versprochen habe, mich in ihrer Sache fürsprechend und empfehlend an Sie zu wenden.

Ich danke Ihnen im voraus für alle freundliche Bemühung und grüße Sie herzlich.

Ihr erg[ebener].

Pf[arrer]. Emmert

Schreiben Johannes Zwanzgers an Frau G*. München, 10. Januar 1940

Sehr geehrte Frau G*

Bezugnehmend auf Ihr Schreiben vom 5. 1. 40. teile ich Ihnen mit, daß ich versuchen will, Ihnen die Passagekosten zu vermitteln. Nur möchte ich darauf hinweisen, daß für die Aufbringung der Passagekosten Ihres Mannes der jüdische Hilfsverein zuständig ist.

Ich werde dementsprechend mich für Sie bei dem Büro Grüber in Berlin verwenden. Ich rate Ihnen sehr, eine Photokopie Ihrer brasilianischen Bürgschaft an das Büro Grüber, Berlin-C2, an der Stechbahn 3–4 zu senden. Ich bitte mich dann von der Antwort Grübers in Kenntnis zu setzen.

Mit freundlichem Gruß!

Am 10. Januar 1940 leitete Johannes Zwanzger die Anfrage von Frau G vom 5. Januar 1940 an das Büro Pfarrer Grüber weiter und erklärte: »Ich habe nun Frau G* geraten, Ihnen eine Photokopie der Bürgschaft zuzusenden. Auf Grund der Beurteilung des zuständigen Gemeindepfarrers möchte ich die Angelegenheit befürworten.«*

Schreiben von Frau G* an Johannes Zwanzger. Memmingen, 12. Januar 1940

Sehr geehrter Herr Pfarrer!

Für Ihre freundlichen Zeilen und Ihre gütige Bemühung. danke ich Ihnen heute recht herzlich.

Zur Sache selbst erlaube ich mir, einen Auszug aus dem Rundschreiben des Hilfsvereins beizulegen, woraus sich ergibt, dass für beide Teile einer Mischehe nur immer eine Stelle zur Betreuung angerufen werden kann. Darum erlaube ich mir, Sie geehrter Herr Pfarrer, auch für meinen Mann um Ihre gütige Vermittlung zu bitten.

Sollte sich aber in diesen Anordnungen inzwischen etwas geändert haben, wäre ich sehr dankbar, wenn Sie mir dies mitteilen wollten, dann müsste sich mein Mann eben an den Hilfsverein wenden, was er aber bisher unterliess, da wie in dem Rundschreiben ausgeführt, immer nur eine der berufenen Stellen in Anspruch genommen werden soll.

Anbei erlaube ich mir eine Fotokopie beizulegen, um deren Weiterleitung an das Büro Grüber ich höflichst bitte.

Sollte ich von dem Büro des Herrn Pfarrer Grüber irgend eine Nachricht erhalten, werde ich Sie von deren Inhalt sofort in Kenntnis setzen.

Nochmals für all Ihre Mühe vielmals bestens dankend

grüsst hochachtungsvoll

Frau

H* G *

Auszug aus dem Rundschreiben der Reichsvereinigung, Nr. 320

a) Es kann zwischen denjenigen Organisationen gewählt werden, die konfessionell für eines der Familienmitglieder zuständig sind mit der Massgabe, dass die Bearbeitung dann ausschliesslich durch die einmal gewählte Organisation vorgenommen wird.

c) Wenn ein Ehegatte katholisch oder evangelisch ist, erfolgt die Bearbeitung durch den St. Raphaelsverein, das Büro Grüber oder den Hilfsverein, nach Wahl des Antragstellers, wobei die Organisation, die die Bearbeitung übernimmt, bei den anderen Organisationen durch Rückfrage festzustellen hat, ob bereits eine anderweitige Betreuung erfolgt ist.

Aufbringung der Auswanderungskosten.

Zuschussanträge werden durch die Reichsvereinigung aus der Auswandererabgabe gedeckt.

3) Die Nichtjüdischen Hilfsstellen übernehmen die Kostendeckung für

a) arische Ehegatten bei Mischehen in vollem Umfang.

Berlin den 3. Oktober 39.

Nachdem Herr G* bereits 1938 im KZ Buchenwald inhaftiert worden war, wurde der Zwangsarbeiter im Januar 1945 in das KZ Theresienstadt verbracht, von wo er im Juni 1945 nach Memmingen zurückkehrte.[37]

37. Auskunft des Stadtarchivs Memmingen vom 15. September 2009.

22. Frau R* – Beratung bei einer geplanten Eheschließung

Aus: LAELKB: Vereine II, XIV, Nr. 1

Schreiben Johannes Zwanzgers an Herrn R*. München, 6. April 1940
Sehr geehrter Herr R*!
Durch Herrn Dekan Käßler wurde mir Ihr Anliegen bezüglich der Heirat Ihrer Tochter mitgeteilt.
Ich kann Ihnen über diesen Punkt folgende Auskunft geben.
Nach den Mitteilungen des Herrn Dekan ist Ihre Tochter Mischling I. Grades (Halbarierin) und möchte einen Arier heiraten.
Nach § 3 Abs[atz]. 1 der 1. Verordnung zur Ausführung des Gesetzes zum Schutze des deutschen Blutes vom 14. 11. 1935 (RGBl. I S. 1334) bedarf eine solche Eheschließung der Genehmigung des Reichsministers des Innern und des Stellvertreters des Führers.
Abs[atz]. 2 von § 3 lautet wörtlich: »Bei der Entscheidung sind insbesondere zu berücksichtigen die körperlichen, seelischen und charakterlichen Eigenschaften des Antragstellers, die Dauer der Ansäßigkeit seiner Familie in Deutschland, seine oder seines Vaters Teilnahme am Weltkrieg und seine sonstige Familiengeschichte.«
Der Antrag auf Genehmigung ist schriftlich bei dem zuständigen Regierungspräsidenten zu stellen. Die Ermittlungen, die dabei gemacht werden, sind ziemlich umfangreich und näher beschrieben im Runderlaß v. RuPMdI. vom 23. 12. 1935/I 94 allg./1000 (RMBl. S. 881, RMBliV. 1936/ S. 11).
Der Kommentar des Staatssekretärs Stuckart zu diesem Gesetz betont zu diesem Punkt: »Es ist den Mischlingen I. Grades, sofern sie sich nicht mit einem blutsgleichen Mischling verbinden wollen, grundsätzlich die Wahl gelassen, ob sie sich durch ihre Eheschließung zum jüdischen oder deutschen Volk bekennen wollen. Dabei ist nur der Vorbehalt gemacht, daß die Wahl eines deutschen Ehegatten von einer Genehmigung abhängig gemacht wird, die eine Nachprüfung ermöglicht, ob nicht allgemeine Interessen der Eheschliessung entgegenstehen.« (Stuckart/Globke, Kom. zur deutschen Rassegesetzgebung Bd. 1/1936 S. 128).[38]
Ich würde Ihnen sehr raten, Ihre Angelegenheit dem Büro Pfarrer Grüber

---

38. Wilhelm Stuckart/Hans Globke: Reichsbürgergesetz vom 15. September 1935, Gesetz zum Schutze des deutschen Blutes und der deutschen Ehre vom 15. September 1935, Gesetz zum Schutze der Erbgesundheit des deutschen Volkes (Ehegesund-

in Berlin C 2, an der Stechbahn 3–4 vorzutragen, da dieser Herr schon mehrfach in ähnlichen Fragen bei den Reichsstellen vorgesprochen hat.

Sollte der Schwiegersohn z[ur]. Z[ei]t. beim Heer sein, so ist es sehr wichtig, sich die Unterstützung seiner vorgesetzten militärischen Stellen zu sichern.

Dies ist zunächst alles, was ich Ihnen in dieser Sache schreiben kann. Darf ich Sie bitten, mir von Ihrem Brief an Pfarrer Grüber abschriftlich Kenntnis zu geben, da ich mit Herrn Pfarrer Grüber in diesen Fragen zusammenarbeite. Sie können sich in Ihrem Brief an ihn ohne weiteres auf mich berufen. Mit fr[eund]dl[ichem]. Gruss!

Schreiben von Frau R* an Johannes Zwanzger. Selb, 10. April 1940
Sehr geehrter Herr Pfarrer Zwanzger!
Ich danke Ihnen auch im Namen meiner l[ie]b[en]. Eltern vielmals für Ihr Schreiben vom 6. 4. 40.

Bevor ich nach Berlin schreibe, wende ich mich wohl noch mit einigen Fragen vertrauensvoll an Sie.

Wurden in letzter Zeit, d. h. im Kriege, solche Ehen geschlossen? Wie lange etwa läuft so ein Gesuch um Heiratserlaubnis?

Soll ich, wenn ich nach Berlin schreibe, außer dem Lebenslauf + Familienschilderung auch amtliche Zeugnisse wie z. B. politisches + polizeiliches Führungszeugnis mitsenden?

Ich wäre Ihnen sehr dankbar für einen Rat.

Unsere Familie ist politisch + polizeilich makellos + einwandfrei. Mein Vater ist Frontkämpfer (Weltkrieg) + Besitzer des E[isernen]. K[reuzes]. II., des Verdienstkreuzes u. v. a. m. Jetzt noch Leutnant der Landwehr a. D. + wird zu den stattfindenden Offiziersversammlungen gebeten.

Wir sind 5 Geschwister, alle gesund + unbescholten. 3 haben deutschblütige Ehegatten, 1 ist Diakonisse + ich bin die jüngste, 25 Jahre alt. Mit erst 21 Jahren legte ich erfolgreich die Meisterprüfung im Damenschneiderhandwerk ab + bin selbständig. Mein Verlobter war 2 Jahre Soldat + ist infolge Reklamation wieder im Beruf, er ist Diplomkaufmann in einem Privatunternehmen.

Für Ihre Unterstützung bin ich Ihnen sehr, sehr dankbar.

Mit den besten Grüßen
M* R*

heitsgesetz) vom 18. Oktober 1935. Nebst allen Ausführungsvorschriften und den einschlägigen Gesetzen und Verordnungen, München 1936.

Schreiben Johannes Zwanzgers an Frau R*. München, 13. April 1940
Sehr geehrtes Fräulein R*!
Ihren Brief vom 10.4.1940 habe ich erhalten. So gut es geht, will ich Ihre
Fragen beantworten.

Aus einem Gespräch weiß ich, daß im Krieg eine solche Ehe geschlossen
wurde und daß da die Befürwortung der vorgesetzten militärischen Behörde eine sehr wesentliche Rolle dabei gespielt hat.

Die Gesuche um solche Heiratserlaubnis laufen in der Regel ziemlich lange Zeit. Eine genaue Zeit läßt sich nicht angeben.

Wenn Sie nach Berlin schreiben, empfiehlt es sich sehr, außer Lebenslauf
und Familienschilderung auch amtliche Zeugnisse, z. B. pol[itisches]. Zeugnis, pol[izeiliches]. Führungszeugnis mitzusenden.

Nun wünsche ich Ihnen besten Erfolg für Ihre Bemühungen.
Mit freundlichen Grüßen.

Schreiben von Frau R* an Johannes Zwanzger. Selb, 24. April 1940
Sehr geehrter Herr Pfarrer Zwanzger!
Ich danke für Ihre Zeilen vom 13. d[ieses]s. M[ona]ts. Wunschgemäß über-
sende ich Ihnen beiliegend die Schreiben, die ich an Herrn Pfarrer Grüber,
Berlin, sende.

Ich bin nun in Erwartung einer Antwort, um an Pfingsten mit meinem
Verlobten alles eingehend besprechen zu können.

Amtliche Zeugnisse lege ich vorerst noch nicht bei. Unsere Familie ist
politisch + polizeilich makellos.

Im Vertrauen auf Gott ist nun der Anfang zu einem großen Ziel getan +
wir, mein Verlobter + ich, hoffen + glauben fest an ein gutes Ende.
Mit freundlichen Grüßen
M* R*

Schreiben des Büros Pfarrer Grüber an Frau R*.
Berlin, 26. April 1940
Sehr geehrtes Frl. R.
Wir empfingen Ihr gef[ä]l[liges]. Schreiben vom 24. April nebst Anlagen u.
müssen Ihnen zu unserem lebhaften Bedauern mitteilen, daß die Ihnen von
H. Pfr. Zwanzger zugegangene Information nicht ganz zutreffend ist. Durch
polizeiliche Anordnung, die uns in letzter Zeit sogar besonders in Erinne-
rung gebracht wurde, ist unser Arbeitsgebiet beschränkt auf Fragen der
Schule, der Wohlfahrt und der Auswanderung. Wir können Sie daher bei
dem von Ihnen vorgesehenen Gesuch nicht vertreten, es ist auch nicht zu-

treffend, daß wir in anderen Fällen bereits bei den in Frage kommenden Reichsstellen vorgesprochen haben.

Immerhin können wir Ihnen sagen, daß nach der von Ihnen gegebenen Schilderung der in Aussicht genommene Antrag, welcher an den Herrn Reichsminister des Innern zu richten ist, als hoffnungsvoll bezeichnet werden kann. Der Antrag müsste gestellt werden von Ihnen u. Ihrem Verlobten gemeinsam. Außer den Angaben, die Sie uns gemacht haben, werden Sie von sich noch 2 Lichtbilder (Vorder- und Seitenansicht), sowie eine genaue Personalbeschreibung beifügen müssen, damit erkennbar wird, ob ein starker Einfluss der jüdischen Rasse vorhanden ist. Am besten ist es, wenn Sie das Gutachten eines Facharztes für Rassenkunde beifügen.

Wir bedauern sehr, daß wir nicht in der Lage sind, Ihnen die gewünschte Hilfe zu gewähren. Wir hoffen jedoch, daß sie nach vorstehenden Hinweisen den rechten Weg finden werden. Zu etwa erforderlichen weiteren Auskünften stehen wir gern zur Verfügung.

Wir bitten Sie, uns über den Erfolg Ihrer Schritte zu unterrichten.
Mit freundlichem Gruß
gez[eichnet]. Sylten.

Schreiben von Frau R* an Johannes Zwanzger. Selb, 6. Mai 1940

Sehr geehrter Herr Pfarrer Zwanzger!
Beiliegendes Schreiben[39] erhielt ich aus Berlin.

Wäre es Ihnen nun möglich, irgend etwas näheres zu erfahren, wo so ein Fall war + die Genehmigung erteilt wurde?

Mein Verlobter befaßt sich auch schon immer mit dieser Angelegenheit + hoffen wir bei endgiltiger Inangriffnahme auf ein gutes Ende.

Vielleicht können Sie uns irgend welche Hinweise geben. Im voraus vielen Dank.
Mit bestem Gruß!
M* R*, Selb

Schreiben Johannes Zwanzgers an Frau R*. München, 8. Mai 1940

Sehr geehrtes Fräulein R*!
Es tut mir leid, dass – entgegen meiner Meinung – das Büro Pfarrer Grüber nicht befugt ist, in Ihrer Angelegenheit sich aktiv zu betätigen. Aber auf jeden Fall ist es bereit und fähig, Ihnen erforderliche Auskünfte zu geben.

Nun habe ich erst kürzlich von einem ähnlichen Versuch gehört. Ein

---

39. Gemeint ist der vorstehende Brief vom 26. April 1940.

Mischling I. Grades, der z[ur]. Z[eit]. am Westwall steht, hat Heiratsantrag mit einer Arierin gestellt. Diese Sache läuft nun bereits 5 Monate und ist noch nicht zu einer endgiltigen Erledigung gekommen. Die Familie des Bräutigams bedient sich dabei eines Rechtsanwalts, um schneller vorwärts zu kommen.

Ich halte mich auf alle Fälle bei der betreffenden Familie auf dem Laufenden und werde Ihnen Nachricht zukommen lassen, wenn sich ein Ergebnis zeigt.

Mit freundlichem Gruss

Frau R* heiratete erst mehrere Jahre nach Kriegsende.[40]

---

40. Freundliche Auskunft des Einwohnermeldeamtes Selb vom 21. Januar 2010.

23. Anfrage nach dem Recht auf Beflaggung

Aus: LAELKB: Vereine II, XIV, Nr. 1

Schreiben Johannes Zwanzgers an das Büro Pfarrer Grüber.
München, 11. Juni 1940
Eine Familie, die in privil[egierter]. Mischehe lebt und ein Einfamilienhaus
bewohnt, hat mich gebeten, zu versuchen, daß solchen Familien die Erlaubnis gegeben wird, bei Anlässen wie jetzt[41], ihr Haus zu beflaggen.

Glauben Sie, daß ein solcher Aussicht auf Erfolg hat und wären Sie bereit,
dementsprechende Vorstellungen bei zuständigen Reichsbehörden zu erheben.
Mit freundlichem Gruß!

Schreiben des Büros Pfarrer Grüber an Johannes Zwanzger.
Berlin, 17. Juni 1940
Wir können uns keinerlei Erfolg versprechen von einer Eingabe oder ähn-
lichem. Wir selbst dürften Vorstellungen nach dieser Richtung nicht er-
heben.
Mit freundlichem Gruss
Sylten

---

41. Am 10. Juni 1940 hatte Norwegen kapituliert, der Frankreichfeldzug stand kurz vor
dem Abschluss.

24. Frau N* – Bitte um Unterstützung der Ausreise der Tochter

Aus: LAELKB: Vereine II, XIV, Nr. 8

Schreiben von Frau N* an Johannes Zwanzger.
Augsburg, 13. Juni 1940
Sehr geehrter Herr Pfarrer!
Hierdurch gestatte ich mir, Ihre werktätige Hilfe für meine Tochter M* in Anspruch zu nehmen. Mein Mann und ich sind der Abstammung nach Juden, gehören aber seit bald 44 Jahren der jüd[ischen]. Gemeinde nicht mehr an; unsere Kinder sind seit Ihrer Geburt evangelisch getauft u. in diesem Glauben erzogen. Unser Sohn, Chemiker von Beruf, ist vor einem Jahr mit Hilfe des Herrn Pfarrer Maas in Heidelberg u. durch die Unterstützung der Quäker nach Neu-Seeland ausgewandert, hat dort in erstaunlich schneller Zeit eine Stellung als Chemiker gefunden, hat schon einen Vertrag auf 3 Jahre u. wollte seine Schwester nachkommen lassen, wenn nicht der Krieg vorderhand einen Strich durch die Rechnung gemacht hätte. Unsere Tochter hat aber vorsorglich auch eine Nummer für Amerika, allerdings die Nummer 34794 u. wann die aufgerufen wird, wissen wir nicht. Aber die Hauptsache ist die, sie hat ein permit für Neu-Seeland und ein Affidavit[42] für Amerika. Und aus diesem Grund möchte ich Ihre Hilfe in Anspruch nehmen. Unsere Tochter ist im 45. Lebensjahr, war 15 Jahre am hiesigen Konservatorium als Lehrerin für Klavier u. Gesang angestellt, nachdem sie 3 Examen an der Münchener Akademie der Künste mit Erfolg abgelegt hatte. Im Jahre 33 wurde sie aus den bekannten Gründen entlassen. Sie hat inzwischen fleißig weiter unterrichtet u. sich weitergebildet, so daß ein Fortkommen im Ausland ein leichtes für sie sein wird. Ich weiß ja, daß jetzt während des Krieges ein Auswandern fast unmöglich sein wird, glaube aber, daß es nicht schaden kann, wenn Sie, sehr geehrter Herr Pfarrer, den Fall kennen u. wenn die Zeit kommt, sich unserer Sache annehmen. Das Leben hier ist für sie immer schwieriger u. unerträglicher geworden u. so schwer es uns alten Eltern auch wurde, unsere beiden Kinder fern zu wissen, so glücklich wären wir darum in ihrem Interesse. Für eine gelegentliche Antwort wäre ich ihnen von Herzen dankbar.
Hochachtungsvollst!
L. N*

---

42. Beglaubigte Bürgschaftserklärung.

Schreiben Johannes Zwanzgers an Herrn N*.
München, 26. Juni 1940
Sehr geehrter Herr Doktor!
Ihren Brief vom 13.6.40 habe ich erhalten und ich habe Ihre Tochter für eine Auswanderung vorgemerkt. Soweit von hier etwas gemacht werden kann, wird es zu dem gegebenen Zeitpunkt versucht werden.
Mit freundlichem Gruß!

Die Eltern von Frau N* wurden 1942 von Augsburg nach Theresienstadt deportiert, beide sind dort gestorben. Frau M* N* wurde am 9. März 1943 deportiert.

25. Dr. Hans Berolzheimer – Auswanderungshilfe für den seit der Reichspogromnacht in Stadelheim Inhaftierten

Aus: LAELKB: Vereine II, XIV, Nr. 7
Literatur: Gedenkbuch I, S. 141

Schreiben des Büro Pfarrer Grüber an Johannes Zwanzger.
Berlin, 10. September 1940

Lieber Bruder Zwanzger,

Wir erhielten heute ein Schreiben von der Reichsvereinigung der Juden in Deutschland, Abt[eilung]. Wanderung, Berlin N 4, Artilleriestr. 31, folgenden Inhalts:

»Herr Berolzheimer hat sich durch einen Herrn Siegmund Israel Einstein, München, Schwanthalerstr. 20, Pension Nebel an uns mit der Bitte um Auswanderungshilfe gewandt. Nachdem wir festgestellt hatten, daß Berolzheimer nicht Glaubensjude, sondern evangelisch ist, hatten wir Herrn Einstein veranlaßt, sich mit Ihrem Vertrauensmann, Herrn Pfarrer Zwanzger in München, Mathildenstr. 6, in Verbindung zu setzen. Nunmehr wendet sich Herr Berolzheimer persönlich an uns, mit der Bitte, um Nachricht, was wir für ihn in der Zwischenzeit unternommen hätten.

Wir wären Ihnen daher dankbar, wenn Sie feststellen könnten, ob inzwischen eine Rücksprache mit Ihrer Münchener Stelle stattgefunden hat«.

Wir bitten Sie, sich zu der Angelegenheit zu äußern.

Mit brüderlichen Grüßen

H. Grüber

Am 19. September 1940 teilte Johannes Zwanzger dem Büro Pfarrer Grüber mit, noch keine Nachricht in der Sache erhalten zu haben.

Schreiben Pfarrer Karl Alts an Johannes Zwanzger.
Münchern, 20. September 1940

Lieber Konphilister!

Heute habe ich Dr. Berolzheimer gesprochen und folgendes von ihm mitgeteilt erhalten: Berolzheimer ist 58 Jahre alt, war bis 1925 Regierungsrat beim Finanzamt in Speyer und von da an Rechtsanwalt in München. Seit seinem 11. Lebensjahr ist er evangelisch, hat angeblich noch nie eine Synagoge besucht und im Gymnasium den vollen evangelischen Religionsunterricht genossen. Im Jahre 1934 trat er aus der evangelischen Kirche aus in

Erbitterung über die angebliche antisemitische Einstellung unserer Kirche! Er bedauert jetzt diesen Austritt ungemein und möchte wissen, ob er ihn wieder rückgängig machen könnte?

Seit 2 Jahren befindet es sich in Untersuchungshaft und ist mit 4 Volljuden in einer Zelle. Wegen Rassenschande hatte er 8 Monate zu verbüßen und erwartet nun seine Aburteilung wegen Devisenvergehens. Er möchte gerne auswandern und hat zu diesem Zwecke 100000.– RM verschwiegen, die seine Mutter vor Jahren in die Schweiz überwiesen hatte. Seine jetzt bereits 70-jährige Schwester ist die Senatspräsidentenwitwe Betty Sarah Harburger, München, Franz Josefstrasse 10/I r, die Jüdin ist, während ihre Tochter Lotte Harburger gut evangelisch sein und sich auch in der Gemeinde tatkräftig betätigen soll. Von ihr könnte man alles Nähere über Berolzheimer erfahren. Er ist nun völlig mittellos, da sein ganzes Vermögen beschlagnahmt bezw. von ihm dem Staate zur Verfügung gestellt wurde.
Mit amtsbrüderlichem Gruß
Dein K. Alt.

Dieses Schreiben teilte Johannes Zwanzger am 25. September 1940 fast wörtlich dem Büro Pfarrer Grüber mit. Der Brief endete mit dem Satz »Ich bin mir nicht klar, wie da überhaupt eine Auswanderungshilfe möglich ist.« Er trägt zudem den handschriftlichen Vermerk: »Solange ein Verfahren schwebt, Auswanderung unmöglich.«

Am 4. April 1942 wurde Dr. Hans Berolzheimer nach Piaski deportiert, Sterbeort und -datum sind nicht bekannt.

26. Gertrud Hammann – Freilassung der im Lager Gurs Internierten

Aus: LAELKB: Vereine II, XIV, Nr. 8
Literatur: J. Thierfelder, Gertrud Hammann; E. Marggraf, Landeskirche, S. 419–425; »Das Wichtigste«

Schreiben Martha Neus an Johannes Zwanzger.
Augsburg, 18. November 1940
Hammann Gertrud, geb. 28. 2. 10 in Karlsruhe/Baden, seit 12. 7. 40 interniert im Camp de Gurs, Frankreich, Ilot M, Baraque 19.
Sehr geehrter Herr Pfarrer Zwanzger!
Vom Verein für Innere Mission, Augsburg, erhielt ich Ihre Anschrift. Erlauben Sie mir, mich an Sie zu wenden mit der Bitte um Rat und Hilfe für die frühere Kinderschwester Gertrud Hammann und Ihnen im folgenden einige Angaben über deren Persönlichkeit zu übermitteln:

Vor etwa 3 Wochen erhielt ich, dank Vermittlung meiner Schweizer Bekannten, Nachricht von Gertrud Hammann aus dem Interniertenlager Camp de Gurs. Ich erlaube mir, Ihnen diesen Brief in Abschrift beizufügen (ich hoffe, G. H. dadurch nicht zu verletzen, Ihnen aber, sehr geehrter Herr Pfarrer, dadurch Einblick in ihre grosse innere und äussere Not zu geben).

Gertrud Hammann ist am 28. 2. 10 in Karlsruhe/Baden als uneheliches Kind der Philippine Gertrud Hammann, geb. 20. 11. 83 in Ludwigshafen am Rhein, und des Juden Hugo Friedmann, geb. 2. 1. 80 in Mannheim, geboren. Philippine G. Hammann ist arisch, sodass Gertrud Hammann Halbjüdin ist. G. H. war von ihrer Geburt bis zum 15. Lebensjahre in einer Pflegefamilie evangelischer Konfession. Nach ihrer Konfirmation war sie zwei Jahre bei ihrer Mutter, welche damals in Bremen lebte; dann kam sie als Haustochter in ein evangelisches Pfarrhaus. Mit 18 Jahren trat sie in das »Mutterhaus für evangelische Kinderschwestern« in Mannheim ein zur Ausbildung und war dort bis Oktober 1937 tätig. Die Leitung dieses Hauses liegt in Händen von Herrn Pfarrer Rudolf Emlein, Mannheim, Windeckstr. 1.

Da G. H. als Halbjüdin kein staatliches Examen ablegen konnte, war es ihr auch nicht möglich, die Krankenpflege weiter auszuüben, die sie im Anschluss an ihre Tätigkeit als Kinderschwester erlernte. Durch Vermittlung von privater Seite bekam G. H. an Ostern 1938 eine Stelle als Pflegerin zu Frau M. Lafargue, rue Pitot, 42, in Montpellier/Hérault, Frankreich, vermittelt. Neben ihrer Tätigkeit als Pflegerin der kranken Frau Lafargue und Führung des Haushalts studierte sie am Konservatorium in Montpellier Gesang. Am 12. Juli 40 wurde G. H. interniert; sie befindet sich seit dieser Zeit im Interniertenlager: Ilot M, Baraque 19, Camp de Gurs, France.

Nachdem die kranke Frau Lafargue im August d[ieses]. J[ahres]. gestorben ist, bemühen sich deren Angehörigen um die Freilassung von Gertrud Hammann. G. H. ist Reichsdeutsche; wenn auch Halbjüdin, so ist doch ihr Wunsch, wenn irgendeine Möglichkeit für sie besteht, in Deutschland einen Beruf auszuüben, wieder nach Deutschland zurückzukehren. Ihre Mutter hat sich nie um sie gekümmert; sie nimmt auch jetzt an dem schweren Schicksal ihrer Tochter nur geringen Anteil. Die Mutter Philippine G. Hammann, Damenschneiderin, lebte s[einer]. Z[ei]t. in Bremen, später in Pforzheim, Stuttgart und ist jetzt wohnhaft in Mannheim, Richard Wagnerstr. 21, II. bei * *. Der Vater, Hugo Friedmann, ist l[au]t. Angabe des Einwohnermeldeamts Mannheim am 18. 10. 38 von Mannheim, F 7, 23, nach Südamerika ausgewandert.

Die für dieses Schreiben erforderlichen Daten und Angaben habe ich leider jetzt erst zusammenbekommen können.

Ich möchte Sie, sehr geehrter Herr Pfarrer Zwanzger, um Prüfung dieser Angelegenheit bitten und, falls es Ihnen möglich ist, Gertrud Hammann Ihre Hilfe und Ihren Rat angedeihen lassen zu wollen.

Mit deutschem Gruss

Martha Neu.

Anlage: Abschrift des Briefes von Gertrud Hammann.
Camp de Gurs, 12. Oktober 1940

Meine Lieben überall!

Wenn ich nun solange stille schwieg, so bitte ich Euch, seid nicht böse; aber ich wollte Euch so gerne Besseres mitteilen als ich es kann. Ich glaubte immer, meine Lage verbessert sich, aber weil ich nun so gar keine Aussicht habe, wieder nach M.[ontpellier] zurückzukehren, so kann ich Euch ja auch nur die Tatsache mitteilen, dass ich zunächst abwarten muss, was kommen wird. Zwar versuchten und versuchen meine Freunde dort alles für mich, aber es schaut alles sehr schwierig aus. Man will mir, wie natürlich sovielen anderen auch, keine Aufenthaltsbewilligung mehr geben. Ich weiss nun nur eines, abwarten und den Blick offenhalten; es wird hoffentlich ja auch mal wieder anders werden. M. le Bou. hat sich aufopfernd bemüht für mich, aber bis jetzt ebenfalls erfolglos. Dass Mme. Lafargue inzwischen (August) gestorben ist, habe ich doch wohl mitgeteilt? Habt Ihr den letzten Brief erhalten? Ich glaube, Ende August habe ich geschrieben. Heute bin ich 4 Monate hier. Es gibt viele trübe Stunden, aber es sind andererseits auch fruchtbringende Zeiten; die man so erlebt. Mein Schicksal ist wirklich nicht leicht und es gibt Momente, wo ich fragend der Zeit entgegensehe. Wo liegt der Fehler? Und kann man überhaupt von Fehler reden? Einmal wird ja auch dieser unselige Krieg zu Ende sein und alle Qual aufhören. Ich fürchte den Winter in jeder Hinsicht, denn es ist hier kalt und die Ernährungsfrage ist ein zweites Problem. Meine Freundinnen aus M[ontpellier]. sind sehr, sehr lieb. Um mir manches zu erleichtern, schickten sie mir ein Paket. Es war mir ein Zeichen von ihrer Treue zu mir, auch in solcher Epoche. Obwohl ich ja nun, wie vielleicht noch nie in meinem Leben, gar keinen Ausblick für die Zukunft habe, so schaue ich dennoch vertrauend vorwärts. Für jeden Tag, der vorüber ist, bin ich zwar dankbar, aber leise hat man dennoch Hoffnung auf das – einmal kommt auch für dich die Befreiung. Es ist ja so beruhigend, zu wissen, es ist ja nicht deine Schuld, dass du hier festsitzest. Viele Menschen sind schon wieder frei; aber die alle hatten Verwandte oder ihre Männer unter der französischen Fahne. Für Alleinstehende ist es schwer. Obwohl ich ja Studentin bin, hat es im Augenblick gar keine Aussicht. Es gab Gelegenheit, sich für Amerika zu melden, was ich notgedrungen getan habe, bin aber davon überzeugt, dass dies guter Wille ist, aber wohl kaum wahr werden wir.

Wie es Euch Allen geht, macht mir ebenfalls sehr viele Sorgen. Ob ich von Euch bald einmal hören werde, das wäre mir eine grosse Beruhigung. Schreibt ruhig an meine Adresse. Vor einiger Zeit erhielt ich über Montpellier einen liegengebliebenen Brief aus der Schweiz, weil man dauernd meine Rückkehr erwartete, die aber nicht erfolgen konnte, weil ich alleinstehend bin. Das Leben ist grausam. Heute ist ein Regentag; ich friere wie alle anderen auch. Man müsste Geld haben, um zu stricken; aber man hat uns ja warme Kleidung versprochen. Nun etwas muss ja geschehen. Gottlob bin ich gesund und so hoffe ich, durchhalten zu können. Ehrlich muss ich sagen – ich habe mir schon gewünscht, Soldat auf dem Kampffeld zu sein, um sterben zu dürfen; aber ich glaube, es ist sehr feig, solche Gedanken zu pflegen. – An Euch, liebe Schweizer Freunde, habe ich nun noch eine besondere Bitte: Wäre es Ihnen möglich, mir irgendein Buch zur geistigen Arbeit leihweise zu schicken oder irgendwelche Vorträge, die mir über diese schwierigen Stunden hinweghelfen? Ich arbeite jeden Tag, soweit ich kann, ein bisschen la langue française und auch meine Musikgeschichte und ich lese auch, aber ich möchte eben auch und vor allem die Zeit zur innersten Arbeit anwenden. Ich habe das VATERUNSER von Rittelmeyer[43] hier und meine Ge-

---

43. Friedrich Rittelmeyer: Das Vaterunser. Zehn Kanzelreden, München 1918, ³1928.

danken sind auf höhere Wege gerichtet, die diese Zeit hier leichter ertragen lassen. Wenn das Schicksal solche Ruhezeit in das Leben stellt, dann, glaube ich, sollte man die Zeit zur innersten Erneuerung anwenden. Wollt Ihr mir helfen, liebe Freunde? Die innere Einsamkeit ist wohl einer der schlimmsten Zustände neben der äusseren Not. Das Leben hier im Camp hat auch seine schönen Seiten. Wir hatten mehrere Male Ausgang und das war wunderschön. Wir, d. h. eine Barackengenossin und ich, gingen in ein Dorf hier in der Nähe. Es war unglaublich schön, diesen herrlichen Wald zu durchschreiten und dort tranken wir ein Glas Milch; wir fühlten uns wie Fürsten, als uns die gute Frau sogar ein Stück Brot dazu schenkte. Ja, liebe Freunde, ich lerne in Wirklichkeit um das tägliche Brot bitten. Und wie mag es Euch ergehen? Ich frage mich täglich, war es richtig, von dort wegzugehen? Gibt es in der Heimat eine Möglichkeit für mich? In der Hoffnung, bald ein Wort von Euch zu hören, grüsse ich Euch in Herzlichkeit.

Eure (gez[eichnet].) Trudel.

Bitte, liebe Schweizer Freunde, teilt mir mit, ob ich die richtige Adresse angebe; ich bin nicht sicher mit dem Namen. Haben Sie auch besonderen Dank für den Vermittlungsdienst. Wollte Gott, ich dürfte bei Euch sein; es sind hier schlimme Zustände.

Herzlichst

Ihre Trudel Hammann.

Bitte, wenn Ihr mir schreibt, schickt einen Antwortschein mit, sonst kann ich Euch nicht mehr schreiben.

Trudel.

Dass ich mit Blei schreibe, entschuldigt bitte. Mein Füller ist kaputt u. ich kann keine Feder kaufen, mit der ich schreiben kann, das ist unangenehm. Entschuldigt bitte.

Schreiben Johannes Zwanzgers an das Büro Pfarrer Grüber.
München, 20. November 1940

Eine Freundin der Obengenannten hat sich an uns mit der Frage gewandt, was getan werden kann, daß Frl. Hammann aus dem Internierungslager herausgeholt werden kann.

Der Sachverhalt ist folgender:

Gertrud Hammann ist am 28. 2. 10 in Karlsruhe geboren als uneheliches Kind der Philippine Gertrud Hammann, Damenschneiderin, z[ur]. Z[ei]t. wohnhaft in Mannheim, Richard-Wagnerstr. 21/II * * * und des Juden Hugo Friedmann, der am 18. 10. 38 nach Südamerika ausgewandert ist. Die

Mutter ist also arisch, evangelisch, Frl. Hammann ist auch evangelisch und nach den N[ürn]b[er]g[er]. Gesetzen Halbarierin (Mischl. I. Grades) und hat die Deutsche Reichsangehörigkeit. Frl. Hammann war bis Oktober 1937 im Mutterhaus für evangelische Kinderschwestern in Mannheim zur Ausbildung und seit Ostern 1938 Pflegerin der kranken Frau M. Lafargue, rue, 42 in Montpellier, Frankreich.

Am 12. 7. 40 wurde G. H. interniert. Inzwischen ist Frau Lafargue gestorben. Zwar bemühen sich deren Angehörigen um die Freilassung von G. H. Aber bis jetzt vergeblich. Die Mutter von G. H. kümmert sich überhaupt nicht um das Kind.

Könnten Sie durch das Auswärtige Amt veranlassen, daß Frl. Hammann aus dem Lager entlassen und nach Deutschland zurückkehren könnte.

Mit freundlichem Gruß!

Schreiben Johannes Zwanzgers an Martha Neu.
München, 20. November 1940

Sehr geehrte Frau Neu!

Ihr Schreiben betr[effend]. Frl. Hammann habe ich erhalten. Ich will versuchen, durch eine Berliner Stelle die Hilfe des Auswärtigen Amtes in dieser Sache zu erreichen. Sobald ich Bescheid habe, lasse ich es Ihnen wissen. Sollte aber in der Lage von Frl. Hammann eine Veränderung eintreten, bitte ich Sie, es mir mitzuteilen.

Mit deutschem Gruß!

Schreiben Johannes Zwanzgers an Pfarrer Hermann Maas.
München, 20. November 1940

Lieber Bruder Maas!

1. Anbei den Durchschlag eines Briefes, den ich an Pfarrer Grüber richtete. Wäre es nicht möglich die Mutter von Frl. Hammann zu veranlassen, ihr Kind zurückzufordern? Denn durch die Mutter würde wohl am ersten etwas zu erreichen sein.

2. Kürzlich besuchte ich Frau Dr. Asch[en]heim[44], die sich im Krankenhaus befindet. Wenn ich recht gehört habe, macht ihr der Arzt Hoffnung auf Genesung, wenn sie sich von ihrem Mann trennt. Das ist natürlich für die kranke Frau eine große Versuchung. Ich habe ihr gesagt, daß die erwartete Genesung wohl kaum einsetzen würde, da sie über einen solchen Schritt vor Gott und vor sich innerlich nicht zur Ruhe kommen würde und damit der

44. Vgl. oben IV2.

erhoffte Erfolg ausbleiben würde. Ich bringe Ihnen dies vertraulich zur Kenntnis und glaube, daß Sie die gleiche Antwort gegeben hätten.

Im anteilnehmendem Gedenken grüßt Sie recht herzlich

Ihr

Schreiben von Pfarrer Hermann Maas an Johannes Zwanzger.
Heidelberg, 22. November 1940

Lieber Bruder Zwanzger!

Herzlichen Dank für Ihren Brief.

Zu 1) G. Hammann betr[effend]. rede ich mit Grüber entweder telefonisch oder persönlich-mündlich. Ich werde ihm wohl am Mittwoch in Frankfurt begegnen. Wir haben wegen der hiesigen Aktion so vieles miteinander zu besprechen, darunter auch dies. Ich gehe dann gleich zur Mutter Hammann, glaube aber, daß ich bei ihr nicht viel erreichen werde. G. H. gilt wohl als Emigrantin und für sie hat man ja keine Gnade. Doch ich will sehen.

Der Brief von G. H. ist für mich darum so erschütternd, weil ja im gleichen Lager, (ja im gleichen Ilôt) unsre 7000 Weggeführten sind. Der Klagechor der Verdammten wird immer stärker und verzweifelter. Könnten wir nur helfen!

Zu 2). Ich stimme Ihnen ganz zu. Dies Urteil des Arztes ist so sinnlos und gedankenlos. Ich las aus einem Brief von Frau Aschenheim[45] zwischen den Zeilen, daß sie krank geworden sei um der körperlichen und seelischen Abneigung gegen ihren Mann willen. Ich schrieb ihr, wenn es solches gebe, so könne die Liebe, die sich überwindet, auf den Weg zur Genesung führen. Ist die Sünde mächtig, so ist die Gnade doch viel mächtiger.

Arme Frau, die immer mit solchen Gedanken spielt. Sollte sie dem Arzt diese Diagnose suggeriert haben?

Herzlichste Grüße

Ihr

H. Maas.

Schreiben Pfarrer Heinrich Grübers an Adolf Freudenberg.
München, 26. November 1940

Lieber Bruder Freudenberg,

Wir sind von Bruder Zwanzger, München, sowie von dritter Seite gebeten worden, uns für folgenden Fall zu interessieren.

---

45. Der Brief ist nicht überliefert.

Es handelt sich um die frühere Kinderschwester Gertrud Hammann, seit dem 12. 7. 40 interniert in Camp de Gurs, Ilot M, Baraque 19.

Gertrud Hammann ist am 28. 2. 1910 als uneheliche Tochter der Philippine Gertrud Hammann (arisch) geboren. Ihr Vater, ein gewisser Hugo Friedmann (Jude), ist im Jahr 1938 von Mannheim nach Südamerika ausgewandert. G. H. war von ihrer Geburt bis zum 15. Lebensjahr in einer evangelischen Pflegefamilie. Nach ihrer Konfirmation lebte sie 2 Jahre bei ihrer Mutter in Bremen; dann kam sie als Haustochter in ein evangelisches Pfarrhaus. Mit 18 Jahren trat sie in das »Mutterhaus für evangelische Kinderschwestern« in Mannheim zur Ausbildung ein und war dort bis Oktober 1937 tätig. Die Leitung dieses Hauses liegt in Händen von Herrn Pfarrer Rudolf Emlein. Da G. H. als Mischling kein Staatsexamen ablegen konnte, war es ihr auch nicht möglich, Krankenpflege weiter auszuüben, die sie im Anschluß an ihre Tätigkeit als Kinderschwester erlernte. Durch Vermittlung von privater Seite bekam sie Ostern 38 eine Stelle als Pflegerin einer gelähmten Frau M. Lafargue, rue Pitot 42, Montpellier/Hérault, Frankreich. Daneben studierte sie am Konservatorium in Montpellier Gesang, bis sie am 12. 7. 40 interniert und nach dem Camp de Gurs gebracht wurde. Nachdem die kranke Frau Lafargue im August d[ieses]. J[ahres]. gestorben ist, bemühen sich deren Angehörige um die Freilassung von Gertrud Hammann. Deren Wunsch ist es, insofern eine Möglichkeit bestände, in Deutschland einen Beruf auszuüben, wieder nach Deutschland zurückzukehren. Ihre Mutter hat sich nie um die Tochter gekümmert. G. H. scheint selbst Freunde in der Schweiz zu haben, und es wäre für die Weiterbearbeitung der Sache vielleicht von Wert festzustellen, wer diese Freunde sind. Sie leidet selbst offenbar sehr unter Einsamkeit und unter Mangel an geistiger Arbeit.

Vielleicht wäre es hier in erster Linie möglich von der Schweiz aus durch Übersendung guter Lektüre einzugreifen.

Was den Wunsch von G. H. betrifft, nach Deutschland zurückzukehren, so ist dieser allerdings kaum erfüllbar, da nach den uns gewordenen Mitteilungen auch für Mischlinge, die sich in Frankreich befinden, keine Aussicht besteht, nach Deutschland zurückzukehren. Vielleicht ist dies auch deshalb gar nicht empfehlenswert, weil G. H. hier kaum die Möglichkeit einer Existenz hätte und sich auf ihrem beruflichen Gebiet nicht wieder betätigen könnte.

Wir können von hier aus nicht übersehen, ob sonst Möglichkeiten bestehen, daß G. H. als Mischling aus dem Lager entlassen werden kann. Im allgemeinen sollen, soweit wir gehört haben, Entlassungen ja nur möglich sein, wenn ein Visum nach Übersee, sowie eine Passage dorthin vorhanden sind. Denkbar wäre aber, daß diese Bestimmung nur für Volljuden gilt und nicht für Mischlinge. Vielleicht bestände für G. H. die Möglichkeit, in Spanien bei einer deutschen oder schweizer Familie eine Stellung als Kinderpflegerin anzunehmen.

Wir bitten Sie jedenfalls, sich dieses Falles anzunehmen und alle Schritte zu ergreifen, die Ihnen zweckmäßig erscheinen um G. H. in ihrer gegenwärtigen Situation Erleichterung zu bringen. Vielleicht kann ihr auch gerade Bruder Toureille behilflich sein, da G. H. vor ihrer Internierung offenbar in seinem Bezirk ansässig war.

Mit brüderlichen Grüßen

Heinrich Grüber unterrichtete am selben Tag Johannes Zwanzger über diesen Brief. Grüber teilte auch mit, dass Frau Neu sich kurz vor Johannes Zwanzger um Hilfe für Gertrud Hammann bemüht habe. Johannes Zwanzger wiederum informierte am 4. Dezember Frau Neu über das Schreiben Grübers nach Genf.

Im Dezember 1940 wurde Gertrud Hammann aus Gurs entlassen. Bis zu ihrer Rückkehr nach Deutschland im Januar 1947 arbeitete sie als Haushaltshilfe bzw. als Erzieherin. Zudem studierte sie Französisch, Musik und Pädagogik.

27. Charlotte (Lotte) Carney – Vergebliche Bemühungen um Auswanderung

Aus: LAELKB: Vereine II, XIV, Nr. 7
Literatur: C. Kuller/M. Schreiber, Hildebrandhaus, S. 62 f., 114; Gedenkbuch München II, S. 232 f.

Schreiben Charlotte Carneys an Johannes Zwanzger. 6. Mai 1941
Sehr geehrter Herr Pfarrer
ich möchte Ihnen nur kurz mitteilen, daß ich morgen bereits eine neue Stelle antrete, für die ich die erforderliche Zuweisung (als Stenotypistin) erhalten habe. Zugleich sage ich Ihnen für Ihre liebenswürdige Beratung + Anteilnahme meinen aufrichtigsten Dank.
Mit ergebenem Gruß
Frau L. Carney

Schreiben Charlotte Carneys an Johannes Zwanzger.
München, 12. Juni 1941
Sehr geehrter Herr Pfarrer,
ich habe am 21.5.41 bei dem hiesigen Hilfsverein den Antrag gestellt, mir RM 132.– für Übersetzungs- und Beglaubigungskosten meiner Papiere beim brasilianischen Konsulat in Berlin zu bezahlen. Dieser Antrag wird nicht hier entschieden, sondern durch den Hilfsverein Berlin. Da die Entscheidung bisher noch nicht eingegangen ist und der hiesige Hilfsverein glaubt, in Berlin nicht reklamieren zu dürfen, wende ich mich an Sie, sehr verehrter Herr Pfarrer, mit der höflichen Bitte, ob Sie durch den Vertrauensmann aus dem Büro des Herrn Pf[arrer]. Grüber, von dem Sie sprachen, erreichen könnten, dass der Antrag beschleunigt erledigt wird.

Das bras[ilianische]. Konsulat Berlin sagte mir, dass mein Bruder lange genug in Rio sei, um mich nunmehr anfordern zu können und dass ich heute noch hinkönnte. Die fragl[ichen]. Papiere müssen ihm übersetzt und beglaubigt hingesandt werden und mir wurde dort nahegelegt, dies möglichst schnell zu tun.

Ich danke Ihnen bereits im voraus verbindlich für Ihre Bemühungen und zeichne
mit vorzüglicher Hochachtung
Frau Lotte Sara Carney

Schreiben Johannes Zwanzgers an die Reichsvereinigung der Juden in Deutschland, Abteilung Wanderung. München, 16. Juni 1941

Sehr verehrter Herr Heinitz!

Eine Frau Carney, evang. Konf[ession], jüd[ischer]. Abst[ammung]., hatte am 21.5.41 bei dem hiesigen Hilfsverein den Antrag gestellt, ihr RM 132,– für Übersetzungs- u. Beglaubigungskosten ihrer Papiere beim brasil[ianischen]. Konsulat zu bezahlen. Dieser Antrag wird nun nicht hier, sondern beim Hilfsverein in Berlin entschieden. Da die Entscheidung bisher noch nicht eingegangen ist und der hiesige Hilfsverein glaubt, in Berlin nicht reklamieren zu dürfen, bitte ich Sie, sich der Sache anzunehmen, daß der Antrag beschleunigt erledigt wird. Das brasil[ianische]. Konsulat sagte der Frau Carney, daß ihr in Rio befindlicher Bruder sie anfordern könne und legt ihr nahe, die benötigten Unterlagen möglichst schnell beizubringen. Mit freundlichen Gruß!

Ihr

Schreiben der Reichsvereinigung der Juden in Deutschland, Abteilung Wanderung, an Johannes Zwanzger. Berlin, 20. Juni 1941

Auf das dortige Schreiben vom 27.5. (Dr. Sch./W.) teilen wir Ihnen mit, daß, da Frau Carney evangelisch ist und die Zuständigkeit der Gemeinde München nicht in Frage kommt, die Erstattungsfähigkeit des in dem Schreiben spezialisierten Betrages von RM 132.– durch uns grundsätzlich anerkannt wird.

In der Sache selber haben wir uns mit dem Brasilianischen Konsulat in Verbindung gesetzt, wo uns erklärt wurde, daß das hiesige Konsulat an sich für München nicht zuständig sei. Der Sekretär des Konsulats erklärte jedoch, er habe Frau Carney lediglich den Rat gegeben, wenn sie überzeugt sei, dass der Bruder sie anfordern könne, möge sie die Urkunden legalisieren lassen und dem Bruder zusenden. Über die Aussichten der Anforderung, die er selbst nur für gering halte, habe er sich nicht geäußert.

Wir glauben unsererseits nicht, dass es gegenwärtig dem Bruder gelingen wird, die Schwester anzufordern. Dies war schon nach den früheren gesetzlichen Bestimmungen nicht möglich, ist allerdings trotzdem in einigen Fällen gelungen. Das neue brasil[ianische]. Einwanderungsgesetz lässt Anforderungen auch dann nicht zu, wenn die früher zu Anforderungen berechtigenden Voraussetzungen vorliegen. Die Aussicht, dass Frau C. von ihrem Bruder angefordert werden kann, ist also durch das neue Gesetz noch wesentlich verringert worden.

Aus diesem Grunde glauben wir nicht, eine Erstattung des genannten Betrages in Aussicht stellen zu können

Das Schreiben des brasilianischen Konsulats teilte Charlotte Carney am 26. Juni 1941 Johannes Zwanzger mit, zuvor war er bereits am 20. Juni durch die Reichsvereinigung darüber informiert worden.

Schreiben Johannes Zwanzgers an die Reichsvereinigung der Juden in Deutschland, Abteilung Wanderung. München, 30. Juni 1941

Sehr geehrter Herr Heinitz!

Ihr Schreiben vom 20.6.41 habe ich erhalten. Daraus entnehme ich, daß der Hilfsverein offenbar nur dann Auslagen für Auswanderungspapiere ersetzt, wenn die Auswanderung endgültig gesichert ist. Damit fallen alle anderen unter den Tisch, die bei ihren Auswanderungsversuchen nicht sofort Erfolg haben und zu dem Mißerfolg auch noch finanziellen Schaden haben, weil sie alle Auslagen dann selbst ersetzen müssen. Wie soll aber jemand seine Bemühungen fortsetzen können, wenn er infolge des mangelnden Entgegenkommens des Hilfsvereins dabei nicht einmal finanziell unterstützt wird. Ich bitte Sie daher, die Auffassung des Hilfsvereins noch einmal zu überprüfen, ob nicht doch der Frau Carney ihre Auslagen ersetzt werden können.

Mit freundlichem Gruß!

Schreiben Johannes Zwanzgers an Charlotte Carney. München, 30. Juni 1941

Zu ihrer Anfrage vom 26.6.41 teile ich mit, daß ich von Berlin die gleiche Antwort erhalten habe. Ich habe nun in einem neuen Schreiben u.a. angefragt, ob nur solchen, die Erfolg bei ihren Bemühungen haben, die Auslagen ersetzt werden, während die anderen zu dem Mißerfolg auch noch den finanziellen Schaden tragen müssen. Ich habe daher den Hilfsverein ersucht, seine Auffassung noch einmal zu überprüfen und Ihnen Kostenersatz zu kommen zu lassen!

Mit freundlichen Gruß

Schreiben der Reichsvereinigung der Juden in Deutschland, Abteilung Wanderung, an Johannes Zwanzger. Berlin, 4. Juli 1941

Sehr geehrter Herr Pfarrer Zwanzger,

Wir erhielten Ihr Schreiben vom 30.6.41 und teilen Ihnen dazu folgendes mit:

Es liegt kein »mangelndes Entgegenkommen des Hilfsvereins« vor, vielmehr sind wir in unserer Finanzgebarung so gebunden, daß wir in der Tat Reichsmarkbeträge nur bewilligen können, wenn das Auswanderungsvorhaben eine Aussicht auf Erfolg bietet.

Da aber im Fall der Frau Carney nach den Bestimmungen des neuen brasilianischen Einwanderungsgesetzes nicht damit zu rechnen ist, daß es ihrem Bruder gelingt, sie anzufordern, können wir unmöglich, so leid es uns tut, hier finanzielle Hilfe gewähren. Wir würden damit unsere Mittel für eine von vornherein aussichtslose Sache hergeben.

Wir bedauern deshalb, an der Ihnen und unserer Beratungsstelle München am 20. 6. 1941 mitgeteilten Entscheidung nichts ändern zu können.

Mit freundlichen Grüßen

Paul Israel Heinitz

Diese Schreiben teilte Johannes Zwanzger Charlotte Carney am 9. Juli 1941 abschriftlich mit.

   Charlotte Carney wurde am 13. März 1943 aus München nach Auschwitz deportiert, dort ist sie am 30. April 1943 gestorben.

28. Herr F* – Seelsorgerliche Betreuung eines Inhaftierten

Aus: LAELKB: Vereine II, XIV, Nr. 7

Schreiben des Büros Pfarrer Grüber an Johannes Zwanzger.
Berlin, 5. Dezember 1940

Lieber Bruder Zwanzger,

der am * * 1918 in R* geborene K* F* hat bisher in Berlin-Kaulsdorf bei seiner Mutter gelebt. Er ist aber seit einiger Zeit aus der bisherigen Wohnung verschwunden und hat ein Fahrrad und ein Akkordeon mitgenommen. Das Akkordeon hat er für 130 RM. in Rosenheim verkauft. Die Geringfügigkeit des Preises ist aufgefallen, und man hat ihn deshalb in Rosenheim festgesetzt. Es wurde wohl zunächst angenommen, dass er das Instrument gestohlen habe.

Inzwischen hat die Polizei aufgeklärt, dass ein Diebstahl nicht vorliegt, und die Mutter von K* F* erwartet täglich Nachricht von ihrem Sohn. Eine solche Nachricht ist aber inzwischen nicht eingetroffen. Wir bitten Sie daher, in Rosenheim bei der dortigen Schutzpolizei nachfragen zu wollen, was eigentlich mit K. F. los ist.

Zu Ihrer Information bemerken wir noch, dass der Genannte zwar eine jüdische Kennkarte hat, trotzdem aber höchstwahrscheinlich Mischling 1. Grades ist. Mehr als 2 jüdische Grosseltern sind nicht nachweisbar, und ausserdem ist er seit seiner Kindheit evangelisch.

Mit brüderlichem Gruß!

Sylten

Schreiben Johannes Zwanzgers an das Pfarramt Rosenheim.
München, 11. Dezember 1940

Sehr verehrter Herr Kirchenrat!

Ich wurde gebeten, nach einem K* F* nachzuforschen, der angeblich in Rosenheim in Haft ist. K* F* ist vermutlich Halbarier, evang., hat aber eine jüdische Kennkarte, trotzdem nur 2 jüdische Grosselternteile nachweisbar sind. Die Mutter, in Berlin-Kaulsdorf wohnhaft, hat längere Zeit keine Nachricht von ihrem Sohn und ist in Sorge um ihn.

Darf ich herzlich bitten, baldmöglichst einmal bei der zuständigen Stelle der Polizei nachzufragen und mir mitzuteilen, was eigentlich mit K. F. los ist.

Mit ehrerbietigen Grüssen

Schreiben des Büros Pfarrer Grüber an Johannes Zwanzger.
Berlin, 16. Dezember 1940
Lieber Bruder Zwanzger,
Auf unser Schreiben vom 5. Dezember wegen K* F* sind wir bisher ohne
Antwort. Anscheinend liegt eine Anklage vor wegen Landstreicherei. Aus-
serdem soll noch ein Verfahren wegen angeblicher Rassenschande bevorste-
hen. Wir bitten Sie, alles zu tun, um zu verhindern, dass K. F. nach Dachau
kommt.
Mit brüderlichem Gruß!
Sylten

Schreiben von Frau E* F* [Mutter von K* F*] an Johannes Zwanzger.
14. April 1941
Sehr geehrter Herr Pfarrer!
Heute muß ich mich wieder einmal an Sie wenden mit der großen Bitte, ob
es nicht möglich ist, daß Sie nach meinem Sohn K* F* sehen, der nach
München Stadelheim ins Strafgefängnis gebracht wurde. Ich war doch im
Dezember bei Ihnen und Sie hatten die Güte, mich an Herrn Dekan Schmid
in Rosenheim zu überweisen. Es war leider alles umsonst und mein Junge
bekam wegen Vertragsbruch mit seiner Arbeit 8 Monate Gefängnis. Seit
zwei Monaten erhielt ich von dem Jungen kein Lebenszeichen mehr. Ich
bitte Sie vielmals, doch Erkundigung einziehen zu wollen, warum ich nichts
höre, ob K* gesund ist oder ob er nicht schreiben darf. Ich bin sehr unruhig
und ist es mir leider aus finanziellen Gründen nicht mehr möglich selbst
nachzusehen. Es ist bestimmt eine Kleinigkeit für Sie, telefonisch dort anzufragen, wie es K* geht. Ich bitte Sie aber vielmals, doch die Sache nicht
aufzuschieben, da ich sehr beunruhigt bin und Angst um K* habe. Einstweilen danke ich Ihnen vielmals für Ihre Mühe.
Hochachtungsvoll
E* F*

Schreiben Johannes Zwanzgers an Pfarrer Alt.
München, 19. April 1941
Lieber Konphilister Alt!
Anbei ein Brief, um dessen Rückgabe ich Dich bitte. Würdest Du so gut
sein, und Dich nach dem Betreffenden umsehen. Er ist evangelisch, Halba-
rier.
Herzl. Gruß!

Auf diesem Schreiben notierte Alt:

»V[on]. H[erzen]. G[ern]. Zurück mit dem Bemerken:

1.) K* F* ist täglich von 7–18 Uhr außerhalb des Gefängnisses beschäftigt u. deshalb für mich unerreichbar

2) er besucht auch nicht die Sonntagsgottesdienste, so daß ich ihn auch da nicht treffen kann.

3) ich ließ ihm sagen, daß er seiner Mutter schreiben solle,

4.) am 15. Juli soll er entlassen werden.

Herzl[iche]. Grüße

Dein Alt.«

   Diese Antwort teilte Johannes Zwanzger Frau E* F* am 5. Mai 1941 fast wörtlich mit.

29. An anderer Stelle publizierte Fälle

Mehrere Fälle von kirchlicher Hilfe für nichtarische Christen in Bayern sind bereits andernorts publiziert worden. Auf sie sei im Folgenden kurz hingewiesen.

1.) Ausreise der beiden »halbarischen« Jungen Hans-Paul und Peter Willer nach England[46]
Die »volljüdische« Mutter der beiden sechs und zehn Jahre alten Jungen hatte sich im Dezember 1938 Hilfe suchend an den Würzburger Dekan Friedrich Lindner gewandt. Dieser verwies sie an die Innere Mission in Nürnberg, wo der Fall zuerst von Elisabeth Nägelsbach, dann von Pfarrer Jordan bearbeitet wurde. Ende Januar 1939 war die Ausreise der Kinder wohl sichergestellt. Auf eine Nachfrage des Büros Pfarrer Grüber vom August 1939 konnte mitgeteilt werden, dass die Jungen zusammen mit ihrer Mutter ausgereist seien.

2.) Der langwierige Versuch von Frau Z., zu ihrer nach Schweden ausgereisten 13jährigen Tochter zu gelangen[47]
Seit Anfang 1939 versuchte Frau J* Z* zu ihrer am Jahresanfang nach Schweden ausgereisten Tochter (»Mischling I. Grades«) zu gelangen. Zahlreiche bürokratische Hindernisse in Schweden verhinderten trotz des Einsatzes dortiger höchster kirchlicher Stellen bis Kriegsende, dass Frau Z* zu ihrer Tochter reisen bzw. nach Kriegsbeginn mit dieser auf abenteuerlichem Weg – von Moskau aus über Japan! – nach Südamerika auswandern konnte. Erst nach dem Krieg und nachdem sie das KZ Theresienstadt überlebt hatte, konnte Frau Z* ihre Tochter in Schweden wiedersehen.

3.) Ausreise von Frau S* nach Schottland[48]
Auf Vermittlung von Pfarrer Jordan konnte das Büro Pfarrer Grüber Ende August 1939 einer jungen Frau zur Ausreise nach Schottland per Flugzeug verhelfen. Ihr gesamtes Gepäck musste sie – überrascht vom Kriegsbeginn – in Hamburg zurücklassen.

---

46. E. Röhm/J. Thierfelder, Juden 3, I, S. 108–120; »… wo ist Dein Bruder Abel?«, S. 169–172; LAELKB: DW 1552.
47. D. Schönlebe, Netzwerk, S. 79–81.
48. »… wo ist Dein Bruder Abel?«, S. 172.

4.) Seelsorgerliche Betreuung eines Ehepaares, das im Alter getrennt werden soll[49]

Im November 1939 kam Pfarrer Jordan mit dem Ehepaar Maria und Georg Lindenstedt in Nürnberg in Kontakt. Nach einem gemeinsamen Selbstmordversuch des in sog. Mischehe lebenden Paares berichtete er dem Büro Grüber von der wirtschaftlichen Not der Eheleute und von den Problemen der Unterbringung zuerst in einem Krankenhaus, dann in einem Heim, da Georg Lindenstedt evangelischer »Volljude«, seine Frau »Arierin« war. Während Maria Lindenstedt in Fürth eine Bleibe fand, musste ihr Mann nach Berlin umsiedeln. Zu Weihnachten 1939 bedankte sich Georg Lindenstedt für die schriftlichen Grüße Hans Werner Jordans und schilderte seine Lage in Berlin. Von hier aus wurde Georg Lindenstedt in das Konzentrationslager Sachsenhausen gebracht, wo er am 12. Oktober 1942 verstorben ist.

5.) Seelsorgerliche Begleitung eines Ehepaares während der KZ-Haft des Mannes[50]

Pfarrer Friedrich Hofmann verschaffte 1941 der Frau eines zur Zwangsarbeit herangezogenen, in privilegierter Mischehe lebenden Mannes eine Anstellung bei der Inneren Mission in München zur Sicherung des Lebensunterhaltes. Als der Mann noch im Februar 1945 nach Theresienstadt deportiert wurde, stand ihm Hofmann seelsorgerlich bei. Seiner Frau ermöglichte er, München zu verlassen.

49. E. Röhm/J. Thierfelder, Juden 3, I, S. 212–215; »... wo ist Dein Bruder Abel?«, S. 173–175; vgl. auch IIIC2.
50. H. Baier, Liebestätigkeit, S. 168.

V. Anfragen und Unterstützung außerhalb der Hilfsstellen

1. Anfrage Pfarrer Limperts an das Dekanat Augsburg wegen der Taufe eines Kindes. 19. Mai 1939

Aus: LAELKB: LKR 2595

Das Hilfsarbeiterskind M* B*, geboren am * * 1931 zu *, lebt bei seiner israelitischen Großmutter R* B*, * **, und ist von ihr von Anfang an der evangelischen Schule zugewiesen worden und hat bisher dort den Religionsunterricht besucht. Die Großmutter war der Meinung, es sei seinerzeit mit seinen jüngeren Geschwistern katholisch getauft worden; nun aber stellt sich heraus, daß es ungetauft ist und daher als israelitisch geführt wird, während die zwei nächsten Geschwister seinerzeit katholisch und die beiden jüngeren evangelisch getauft wurden. Als israelitisch müßte es nun den Zunamen Sarah annehmen und in eine jüdische Schule geschickt, damit aber aus seiner bisherigen evangelischen Unterweisung herausgenommen werden. Um das zu vermeiden, wünscht die Großmutter seine evangelische Taufe.

Nun stammt das Kind von einem arischen Vater J* B*, kathol. Konfession, und einer israelitischen Mutter, die aber ihrerseits auch schon aus einer Mischehe zwischen einem arischen, evangelischen Vater und einer jüdischen Frau stammt. Ist also diese Mutter nur zu 50 % jüdisch, so das Kind nur zu 25 %. Auch werden bei seinen von klein auf getauften Geschwistern keinerlei Schwierigkeiten gemacht.

Leider kümmern sich die eigentlichen Eltern gar nicht um ihre Kinder; sie haben sich 1935 scheiden lassen, und weil sie sich nicht um ihre Kinder angenommen haben, ist es zu diesem Durcheinander gekommen. Sie sind ganz auf ihre jüdische Großmutter angewiesen, die nun auch diesen Wunsch auf die nachträgliche Taufe der M* stellt.

Ich kenne nun die Bestimmungen zu wenig, um diese Frage entscheiden zu können, und erlaube mir daher die Anfrage, wie wir uns in diesem Falle verhalten sollen. Um des Kindes willen wäre es zweifellos sehr zu bedauern, wenn es jetzt als »jüdisch«, was es doch nur zu 25 % ist, aus seiner bisherigen evangelischen Erziehung herausgenommen würde. In der männlichen

Linie sind ihre Vorfahren alle arisch; nur hat sowohl der Großvater B* wie dann auch der Vater B* eine jüdische Frau gehabt und die Bestimmung der Religion der Mutter überlassen. Darf hier eine Taufe vorgenommen werden und etwa in welcher besonderen Weise?
Limpert
Pfarrer.

Nach dem Konzept eines Schreibens der Landeskirche an das Dekanat Augsburg vom 2. Juni 1939 sollte die Taufe des Kindes unter der Voraussetzung genehmigen werden: »1. daß der nach dem Gesetz Erziehungsberechtigte die Taufe schriftlich beantragt bzw. einen dahingehenden Antrag zu Protokoll gibt, 2. daß ein zweifelsfrei zuverlässiger, aktiv kirchlicher Taufpate bzw. Patin gewonnen wird, der die Gewähr dafür gibt, daß er die religiöse Erziehung des Kindes fortlaufend fördert und beaufsichtigt.«

Am 3. März 1940 wurde M B* in Augsburg von Pfarrer Limpert getauft.*

2. Anfrage von Herrn A* L* an den Landeskirchenrat betr. Pflicht zum Tragen des »Judensterns«. München, 21. September 1941

Aus: LAELKB: LKR 1608a

Hochgeehrte Herren!

Für die folgenden, wahrheitsgetreuen Darlegungen erbitte ich Ihre freundliche Aufmerksamkeit:

Ich bin am * * 1874 zu Frankfurt a[n]. d[er]. Oder geboren und lebe seit April 1895 in München. Am 9. März 1902 bin ich hier in die evangelische Kirche aufgenommen worden und habe ihr immer die Treue gehalten. Ich war vorher Israelit. Ich bin mit einer Arierin katholischen Glaubens glücklich verheiratet. (Eine kirchliche Trauung hat nicht stattgefunden.) Nur weil aus unserer Mischehe keine Kinder leben, trifft uns beide das herbe Geschick, daß ich jetzt den Judenstern tragen muß. Darf ich fragen: Gibt es keine Möglichkeit, das zu vermeiden? Es ist für mich, auch schon meiner guten Frau wegen besonders bitter, daß ich das Merkmal öffentlich zeigen soll, nachdem ich zu der hiesigen israelitischen Kultusgemeinde niemals Beziehungen unterhalten habe, bis zu der amtlichen Zwangsverfügung der jüngsten Jahre. Meine Verbundenheit mit der evangelischen Kirche konnte auch darunter freilich nicht leiden. Aber heute frage ich mich bang: Kann ich, mit dem Kennzeichen behaftet, überhaupt noch in die Kirche gehen?

Es seien mir noch einige Angaben erlaubt. Für ihre Richtigkeit in jedem Punkt stehe ich ein. Es wäre mir eine Genugtuung und Ehre, sie aufs genaueste zu beweisen:

Mit meinen 67 Jahren blicke ich auf ein durchaus makelloses und sauberes Leben zurück. Ich war nahezu 28 Jahre lang Schriftleiter im Münchner Zeitungsverlag. In dieser Stellung habe ich mich so verhalten, daß auch die heutigen strengen Vorschriften für den Schriftleiterberuf lückenlos erfüllt sind, selbstverständlich mit Ausnahme der Abstammung. Meine Wirksamkeit braucht auch die schärfste Kritik nicht zu fürchten. Ich bin für die Schwächeren eingetreten, habe im besonderen in dem von mir verantwortlich geleiteten Wirtschafts- und Handelsteil Raffgier, Spekulationssucht und Wuchertum schonungslos bekämpft. Meine Liebe zum deutschen Vaterland spiegelt sich in ungezählten Aufsätzen und Äußerungen wider, die ich vorlegen kann. Ich bin wegen meiner Haltung von Nurkapitalisten arg angefeindet, von Kommunisten und Spartakisten, auch in meiner Eigenschaft als Betriebsrat für die Redaktion, verfolgt und festgenommen worden. Aber auch an Anerkennungen meines unentwegten Eintretens für das, was der deutschen Allgemeinheit dienen konnte, hat es mir nicht gefehlt. Proben davon kann ich jederzeit vorlegen.

Sie, meine hochverehrten Herren, werden nun die Tiefe des Schmerzes und Grames begreifen, der in einem Manne wühlt, der sich stets als guter Deutscher gefühlt hat und der bis zu seinem letzten Hauch an seiner teuren Heimat hängen wird.

Gönnen Sie mir und meiner treuen Lebensgefährtin, die mit mir unsagbar leidet, eine gütige Antwort, die uns vor Verzweiflung bewahrt.

Herzlichen Dank für Ihre Bemühung im voraus!

In Ehrerbietung

Dr. A* Israel L*

Falls Sie über mich Auskunft wünschen sollten, so darf ich anführen: Die Herren

Geheimrat Dr. Fr[ei]h[err]. Wilhelm von Pechmann München 27 Friedrich-Herschelstr. 16

Hauptschriftleiter Dr. Dr. Konrad Krieger München Blutenburgstr. 42/I

Schriftleiter i. R. Richard Braunbeck München 38 Bürgerheim

Hauptschriftleiter i. R. Max Scharre Mü 2 No Bruderstr. 2/III

Die genannten Herren, zu denen ich vor Jahren Beziehungen hatte, sind von diesem Schreiben in keiner Weise in Kenntnis gesetzt worden.

Der Landeskirchenrat antwortete Herrn L* am 8. Oktober 1941 und bat ihn, persönlich im Landeskirchenamt wegen dieser Angelegenheit vorsprechen.

3. Gesuch um Wiederaufnahme in die Kirche

Schreiben Pfarrer Karl Alts an das Dekanat München. München, 26. Dezember 1938

Aus: LAELKB: Dekanat München I, Nr. 18
Literatur: Gedenkbuch München I, S. 838; K. Wieninger, In München, S. 60–75

Der evangelisch getaufte Volljude Alexander Liebmann ehemaliger Kunstmaler und Hausverwalter, wohnhaft Voßstraße 4 ist vor vielen Jahren aus unserer Kirche ausgetreten. Am 5. Oktober 1933 erklärte auch seine damals im 60. Lebensjahr stehende ebenfalls volljüdische Gattin Johanna Liebmann ihren Kirchenaustritt. Als Grund gab sie an »die politische Einstellung der Kirche gegenüber der nichtarischen Rasse«. Als unser Diakon – ich selbst war damals noch nicht hier – sie darauf hinwies, daß kurz vorher gerade durch die bayerischen Mitglieder auf der Reichssynode der Arierparagraph in der Kirche abgelehnt wurde und unsere Kirche überhaupt keine »politische Einstellung« dieser Art habe, erwiderte sie schroff, daß sie überhaupt mit der Kirche nichts mehr zu tun haben wolle. –

Kürzlich kam nun Herr Liebmann und erkundigte sich über die Hilfsaktionen der ausländischen evangelischen Kirchen gegenüber den nichtarischen Christen. Er erhielt durch unseren auf diesem Gebiete besonders gut orientierten Stadtvikar Maser die nötige Aufklärung, auch wurde er in dieser Sache an Herrn Dekan verwiesen und wird deshalb demnächst dort vorsprechen. Herr Liebmann fragte auch, ob er mit Gattin wieder in unserer Kirche Aufnahme fände und stellte den Austritt der letzteren so hin, als wäre er infolge der Nürnberger Gesetze geschehen, um die Kirche zu entlasten (!). Daß dies der Wahrheit nicht entspricht, beweist die oben angeführte seinerzeitige Begründung der Frau Liebmann, auch wurden die Nürnberger Gesetze unseres Wissens erst später erlassen.

Ich erklärte Herrn Liebmann, daß wir zwar gerne alles tun, um ihn finanziell zu unterstützen, auch ihm eine Auswanderungsmöglichkeit zu vermitteln, daß aber ein Wiedereintritt für ihn wie für die Kirche nicht von Nutzen, eher schädlich sei, sobald davon die Öffentlichkeit erfahre (vgl. letzte Nummer des »Simplizissimus«[1]). Auch Herr Kreisdekan Oberkirchenrat Daumiller, den ich anläßlich seiner Weihnachtspredigt in der Lutherkirche dieserhalb um Rat fragte, war der Meinung, daß eine Familie, die in früherer Zeit unserer Kirche den Rücken gekehrt hat, jetzt auch keinen Platz in

---

1. Simplicissimus 48 (1938), Nr. 49, 11. Dezember, S. 584.

ihr zu beanspruchen habe und daß Liebmann, wenn er sich an ausländische Hilfsorganisationen wende, als Nichtchrist mehr Aussicht habe denn als Christ. Wenn Frau Liebmann jetzt in die Waagschale wirft, daß ihr Vater einst Kirchenältester war und ihre Schwester mit dem deutschen Gesandtschaftsprediger in Oslo verheiratet ist (der übrigens deswegen gekündigt bekam), so ist ihr seinerzeitiger unbegründeter Kirchenaustritt und der noch frühere ihres Gatten noch schwerwiegender und unverständlicher.

Ich erlaube mir diesen Bericht dem Dekanat zuzustellen, ehe Herr Liebmann dort vorspricht.

Alt

Schreiben des Dekanats München an das Pfarramt der Lutherkirche. München, 27. Dezember 1938

Ich stimme der Stellungnahme des Pfarramts der Lutherkirche, die ja auch vom Herrn Kreisdekan gebilligt wird, völlig zu. Ich stehe auf dem Standpunkt, daß jemand, der unter solchen Umständen wie den geschilderten seinerzeit seinen Kirchenaustritt vollzogen hat – einerlei, ob er Arier oder Nichtarier ist – jetzt nicht den geringsten Anspruch darauf hat, ohne weiteres wieder in die Kirche aufgenommen zu werden. Es müßte eine längere (mindestens einjährige) Probezeit gefordert werden. Erst dann könnte darüber entschieden werden, ob der betreffende Bewerber wieder in unserer Kirche aufgenommen werden kann. Ich ersuche deshalb das Pfarramt, Herrn Liebmann mitzuteilen, er möge seinen Besuch bei mir unterlassen, zumal ich in dieser Woche nur an einem einzigen Vormittag Sprechstunde halten kann. Da er nicht zur Kirche gehört, kann ich ihm auch weiter keinen Weg in Bezug auf Auswanderung weisen. Er soll sich mit den jüdischen Organisationen in Verbindung setzen.

Nachdem das Ehepaar Liebmann am 27. März 1942 seinen Deportationsbefehl erhalten hatte, beging es einen Tag vor dem Deportationstermin, am 2. April 1942, gemeinsam Selbstmord. Die Eheleute wurden von Pfarrer Walther Hennighaußen, der sie auch zuvor seelsorgerlich betreut hatte, auf dem jüdischen Friedhof an der Ungererstraße beigesetzt.

VI. Zeitgenössische Listen der Hilfe Suchenden

1. Undatierte Auflistung Hans Werner Jordans über von ihm betreute Christen

Aus: LAELKB: KKE Nr. 71

Name	Wohnort	verh[eiratet]. led[ig].	Mann 1. Rasse 2. Glaube	Frau 1. Rasse 2. Glaube	Kinder	Zahl	Wunsch
A*, C*	Würzburg	verh[eiratet].	Jude mosaisch	Christ evang	?	2	Auswandern (66 alt)
A*, K* A*	Nürnberg	verh[eiratet].	Arier evang	Jüdin evang	1 Junge (18)	3	Unterkunft
A*, A*	Dietfurt	verh[eiratet].	Jude evang.	Arisch evang.	–	2	Unterstütz[un]g.
B*, M*	Würzburg	verh[eiratet].	Arier evang	Jüdin getauft	Sohn (21) Tocht. (28)	4	Auswandern (mit Sohn)
B*, K*	Nürnberg-Fürth	verh[eiratet]. (getr[ennt].)	Jude evang	Jüdin evang	4 Töchter	6	Heim (für ihn)
B*, H* und I*	Bayreuth	led[ig].	–	Jüdinnen evang	–	2	Anfrage Pf[arrer].
H*, A*	Bayreuth	verh[eiratet].	?	Jüdin evang	–	1	?
B*, P*	Nürnberg	verh[eiratet].	Christ evang.	Jüdin getauft	–	2	
B*, G*	Nürnberg	led[ig].	–	Mischling I evang	–	1	Unterbring[un]g.
D*	Österreich	led[ig].	–	Jüdin evangl.	–	1	Nägelsb[ach].
E*, H*	Hof B.	verh[eiratet].	Jude religionslos	Arisch evangel.	4 Kinder (2–11) evang	6	Auswand[ern].
F*, P*	Nürnberg	verh[eiratet].	Arier evang.	Jüdin mosaisch	keine	2	Auswandern
F*, E*	Fürth	verh[eiratet].	Jude mosaisch	Arier evang	2 Töchter	4	Auswandern

Name	Wohnort	verh[eiratet]. led[ig].	Mann 1. Rasse 2. Glaube	Frau 1. Rasse 2. Glaube	Kinder	Zahl	Wunsch
M*, A*	Würzburg	gesch[ieden].	(Arier)	Jüdin evang	2 Töchter	3	Auswandern + Kindertransp[ort].
F*, C*	Altdorf	–	–	Mischling I		1	Kindertransp[ort].
F*, M*	Nürnberg	W[it]we.	–	Jüdin evang	1 Tochter	2	Ausgewand[ert].
G*, G*	Neustadt/ Coburg	verh[eiratet].	Jude evang.	Arier evang	4 Kinder	6	Auswandern des Mannes
G*, F*	Nürnberg	verh[eiratet].	Jude evang	Arier evang	1 Tochter	3	Auswandern des Mannes
H*, W*	Nürnberg	verh[eiratet].	Arier evang.	Jüdin mosaisch	2 Kinder mosaisch	4	Auswandern des Mannes
H*, E*	Nürnberg	led[ig].	Jude evang.	–	–	1	Auswandern oder HEIM
H*, K*	Nürnberg	verh[eiratet].	Jude mosaisch	Arier evang	1 Junge (12)	3	Auswandern
K*, K*	Nürnberg	–	–	–	Mischling I (16)	1	Kindertransp[ort].
K*, E*	[…]¹/Amberg	W[it]we.	Arier? evang	Jüdin evang	1 Sohn (26)	2	für […]²
K*, K*	Erlangen	led[ig].	–	Mischling II	–	1	Nägelsbach
L*, I*	Würzburg	?	?	Jüdin katholisch	–	1	vertraulich
P*, ?*	Nürnberg	verh[eiratet].	Arier evang	Jüdin mosaisch	1 Junge (14)	3	Auswandern
S*	Nürnberg	verh[eiratet].	Jude evang	Arier evang	ja	2	Auswandern des Mannes
S*, R*	Nürnberg	W[it]we.	Arier? evang	Jüdin evang	–	1	Auswandern
S*, E*	Nürnberg	led[ig].	–	Jüdin evang	–	1	Auswandern
S*	Würzburg	verh[eiratet].	Arier evang	Jüdin evang	2 Buben	4	Auswandern

1. Wort unleserlich.
2. Wort unleserlich.

Name	Wohnort	verh[eiratet]. led[ig].	Mann 1. Rasse 2. Glaube	Frau 1. Rasse 2. Glaube	Kinder	Zahl	Wunsch
S*, A*	Nürnberg	W[it]we.	Arier gest evang	Jüdin, evang-[...]³	–	1	–
S*, J*	Nürnberg	led[ig].	–	Mischling I evang		1	Hausang[estellte]. Posten
S*, M*	Nürnberg	W[it]we.	Jude evang	Arier evang	(1 Tochter)	1	Auswand[erung].
T*, E*	Schwabach	?	Jude evang	–		1	
T*, R*	Forchheim	W[it]we.	Arier † evang	Jüdin evang		1	Heim
W*, E*	Nürnberg	verh[eiratet].				1	seel[ische]. Not

3.   Wort unleserlich.

2. Übersicht Johannes Zwanzgers über seit März 1939 vollzogene Auswanderungen

Aus: LAELKB: Vereine II, XIV, Nr. 2

Fortl. Nr.	a) Name b) Wohnung c) Beruf d) Familienstand	Gesamtzahl	davon evang.	Juden m	Juden w	davon evang m	davon evang w	½ Arier m	½ Arier w	¾ Arier m	¾ Arier w	Arier m	Arier w	a) Datum der Ausreise b) Zwischenland c) Zielland
1)	a) B* E* b) * c) Kunstgewerbler d) geschieden	1	1	1		1								a) Juli 1939 b) Camp in England c) ?
2)	a) C* H* b) * c) Kaufmann d) verheiratet	2	2	1		1						1		a) Juli 1939 b) Camp in England c) ?
3)	a) D* G* b) * c) Kaufmann d) verh[eiratet].	3	3	1		1				1		1		a) August 1939 b) Ecuador c) USA
4)	a) Gorter b) Tölz c) – d) verh[eiratet].	4	4	1		1		2				1		a) Sommer 1939 b) England c) ?
5)	a) K* W* b) * c) Kaufmann d) verheiratet	2	1		1							1		a) Mai 1939 b) England c) ?
6)	a) K* L* b) * c) Dipl. Ing. u. Chem. d) verh[eiratet].	3	2	1		1				1		1		a) Januar 1940 b) – c) Mexiko
7)	a) M* E* b) * c) photochem. Ang. d) verh[eiratet].	3	3	1		1						1		a) Ende Juni 1939 b) Camp in England c) ?
8)	a) M* A* b) * c) Photochemiker d) verh[eiratet]	2	2	1	1							1		a) 30.4.39 b) ? c) ?
9)	a) N* G* b) * c) Musiklehrer d) verh[eiratet].	4	4	2	1	1	1	1						a) Sommer 1939 b) England c) "

Zahl ausgew[andert]. m	w	Juden m	w	Nichtjuden m	w	Zahl der Zurückgebl[iebenen]. m	w	Jude m	w	Nichtjuden m	w	davon beabs[ichtigen]. ausz[u]w[andern]. m	w	Juden m	w	Nichtjuden m	w	Bemerkungen
1		1																ausgew[andert]. d[ur]ch. Büro Grüber
1		1					1			1			1?				1	d[ur]ch. Büro Grüber
1		1					2			2			2?				2?	
2				2 (Halbar)		1	1	1		1		1	1	1		1		d[ur]ch. Dr. Spiro
		1	1			1				1		1					1	
1		1					2			2								d[ur]ch. Rafaelsverein
1		1				1	1	1	1	1?			1			1	1	d[ur]ch. Grüber
1		1					1			1			1?					
2	2	2	1		1 Halbarier													d[ur]ch. Spiero/Grüber

Fortl. Nr.	a) Name b) Wohnung c) Beruf d) Familienstand	Gesamtzahl	davon evang.	Juden m	Juden w	davon evang m	davon evang w	½ Arier m	½ Arier w	¾ Arier m	¾ Arier w	Arier m	Arier w	a) Datum der Ausreise b) Zwischenland c) Zielland
10)	a) P* b) * c) Dr. med. et dent. d) verh[eiratet].	2	2	1	1	1	1							a) Sommer 1939 b) Holland c) ?
11)	a) S* b) * c) Kfm. d) verst[orben].	3	2	1		1								a) 9.12.39 b) Schweden c) ?
12)	a) Spielmann, Edith b) Cop[ernicus]. Str. 5 c) – d) verh[eiratet].	2	2	1	1									a) Juli 1939 b) England c) Argentinien
		31	28	12	4	10	3	2	5			1	7	

Fortl. Nr.	a) Name b) Wohnung c) Beruf d) Familienstand	Gesamtzahl	davon evang.	Juden m	Juden w	davon evang m	davon evang w	½ Arier m	½ Arier w	¾ Arier m	¾ Arier w	Arier m	Arier w	a) Datum der Ausreise b) Zwischenland c) Zielland	Gesamtzahl d. Ausgew[anderten]. m	w
13)	a) S* b) * c) Schneider d) geschieden	3	2	1				2						Tochter Vater a) 5.7.39. Aug. 1939 b) England Schanghai c) ? Schanghai	1	1
14)	a) S* b) München c) Kunstmaler d) verh[eiratet].	3	2	1		1						1		a) Mai 1939 b) England c) USA.	2	1
15)	a) S* b) München c) Kaufmann d) ledig	1	1	1		1								a) Juli 1939 b) England c) ?	1	
16)	a) S* b) München c) – d) ledig	1	1	1		1								a) Mai 1939 b) Jugoslawien c) ?	1	

Zahl ausgew[andert]. (m w)	Juden (m w)	Nicht-juden (m w)	Zahl der Zurückgebl[iebenen]. (m w)	Jude (m w)	Nicht-juden (m w)	davon beabs[ichtigen]. ausz[u]w[andern]. (m w)	Juden (m w)	Nicht-juden (m w)	Bemerkungen
1	1	1 1							
1		1 Halb-arier	1 1	1	1	1 1	1	1	d[ur]ch. Quäker in Berlin
1	1		1	1		1	1		d[ur]ch. Grüber Vater bereits 1938 nach Argentinien ausgew[andert].
13 4	10 3	3 1	4 10	2 1	2 9				

davon Juden (m w)	½ u. ¾ Arier (m w)	Arier (m w)	Zahl d. Zurückgebl[iebenen]. (m w)	davon Juden (m w)	½ u. ¾ Arier (m w)	Arier (m w)	davon wollen noch ausw[andern]. (m w)	Juden (m w)	½ u. ¾ Arier (m w)	Arier (m w)	Bemerkungen.
1		1	1		1						Vater d[ur]ch. Hilfs-verein ausgew[an-dert]. Tochter d[ur]ch. Grüber
	1 1	1									d[ur]ch. Grüber
1											d[ur]ch. Grüber. War verlobt mit Arierin. D[ur]ch. N[ürn]-b[er]g[er]. Gesetze Heirat nicht mehr möglich. 1 uneh[e]l[iches]. Kind
1											hat noch jüd[ische]. Mutter in M[ün]ch[e]n.

Fortl. Nr.	a) Name b) Wohnung c) Beruf d) Familienstand	Gesamtzahl	davon evang.	Juden m	Juden w	davon evang m	davon evang w	½ Arier m	½ Arier w	¾ Arier m	¾ Arier w	Arier m	Arier w	a) Datum der Ausreise b) Zwischenland c) Zielland	Gesamtzahl d. Ausgew[anderten] m	w
17)	a) Weiß, Moritz b) Herzog Wilh. Str. 3 c) Konditor u. Kellner d) verh[eiratet].	5	4	1				1	2			1		a) Juli 1939 b) Ungarn c)?	2	3
18)	a) Z* I* b) * c) (Stenotypistin) d) geschieden	2	2	1		1		1						a) Tochter März 1939 b) Schweden c) USA		1
19)	a) K* b) M[ünc]h[e]n. c) Arztfrau d) geschieden 1939	2	2	1		1		1						a) Frühjahr 1939 b) England c)?		2
20)	a) S* b) * c) Opernsänger d) verh[eiratet].	4	4	1	2	1	2	1				1		a) 9. August 1939 b) England c)?		1
21)	a) G* b) * c) Schülerin d) ledig	1	1					1						a) Sommer 1939 b) England c) "	2	2
22)	a) K* b) * c) Schneiderin d) ledig	1	1	1		1								a) Sommer 1939 b) Schweiz c)?		
23)	a) K* A* b) * c) Kürschnermeister d) geschieden.	1	1	1		1								a) Dezember 1939 b) Italien c) Süd-Amerika		1
24)	a) S* b) Planegg c) Kaufmann d) verh[eiratet].	3	2	1				1				1		Mann Frau a) 20.1.40 6.4.40 b) USA USA	1	
	Übertrag der vorh[e]r[i]g[en]. Seite	27 31 58	23 28 41	7 12 19	6 4 10	4 10 14	5 3 8	3 2 5	8 5 13			1 1 2	2 7 9		9 13	12 4

davon Juden		½ u. ¾ Arier		Arier		Zahl d. Zurückgebl[iebenen].		davon Juden		½ u. ¾ Arier		Arier		davon wollen noch ausw[andern].		Juden		½ u. ¾ Arier		Arier		Bemerkungen.
m	w	m	w	m	w	m	w	m	w	m	w	m	w	m	w	m	w	m	w	m	w	
1		1		2		1																d[ur]ch. schott[ische]. Mission/Budapest
			1				1	1							1		1					d[ur]ch. Grüber Mutter noch nicht ausgewandert
	1		1																			
		1				2	1	1		1		1		2	1	1		1		1		halbar[ischer]. Sohn steht im Feld d[ur]ch. Grüber
2	1	Halbarier		1																		d[ur]ch. Spiero/Grüber
		1																				jüd[ische]. Mutter geschieden noch hier d[ur]ch. Grüber
	1		1																			
1					1		1				1				1						1	das im März geb. Töchterchen soll in 1 Jahr nachkommen nach USA.
6	4	2	6	1	2	2	4	1	2	1	2											
10	3	3	1			4	10	2	1		3	1	7									
16	7	5	7	1	2	6	14	3	3	1	5	1	7									

Abkürzungen

a. D.	außer Dienst
AIMM	Archiv der Inneren Mission, München
allg.	allgemein
ao.	außerordentlich
APU	(Evangelische Kirche der) Altpreußischen Union
AT	Altes Testament
Bd/Bd.	Band
bes.	besonders
Betr.	Betreffende
BK	Bekennende Kirche
bzw./bezw.	beziehungsweise
ca.	circa
C. A./ Conf. Aug.	Confessio Augustana (1530)
Chem.	Chemiker
chem.	chemisch
Chr.V.J.M	Christlicher Verein Junger Männer
D.	Doktor ehrenhalber
d.	der/die/das
DC/D. C.	Deutsche Christen
DCSV	Deutsche Christliche Studentenvereinigung
DEK	Deutsche Evangelische Kirche
DEKA	Deutscher Evangelischer Kirchenausschuss
DEKK	Kirchenkanzlei der Deutschen Evangelischen Kirche
d. h.	das heißt
DW	Diakonisches Werk
EGBlM	Evangelisches Gemeindeblatt für München und Umgebung. Münchener Kirchenbote
EGBlN	Evangelisches Gemeindeblatt Nürnberg
e. V.	eingetragener Verein
ev./Ev./evang./ Evang./evangl.	evangelisch
etc.	et cetera
EZA Berlin	Evangelisches Zentralarchiv, Berlin
f.	für
geb.	geboren

H.	Herr
Hl./hl.	Heilig/heilig
i. A.	im Auftrag
IM/I. M.	Innere Mission
i. R.	im Ruhestand
isr.	israelitisch
i. V.	in Vertretung
kathol.	katholisch
KGA	Kirchengemeindeamt
Kap.	Kapitel
KG	Kirchengeschichte
KKE	Kirchenkampf kleinere Erwerbungen
Kom.	Kommentar
KorrBl	Korrespondenzblatt für die evangelisch-lutherischen Geistlichen in Bayern
KZ	Konzentrationslager
£	[Britisches] Pfund
LAELKB	Landeskirchliches Archiv der Evang.-Luth. Kirche in Bayern, Nürnberg
LKR	Landeskirchenrat
LSA	Landessynodalausschuss
luth.	lutherisch
LWB	Lutherischer Weltbund
m	männlich
m.	mit
MdB	Mitglied des Bundestages
MdL	Mitglied des Landtages
MdPR	Mitglied des Parlamentarischen Rates
MdR	Mitglied des Reichstages
NB	Nota bene
NS	Nachsatz
NSV	Nationalsozialistische Volkswohlfahrt
NT	Neues Testament
o.	ordentlich
o. D.	ohne Datum
o. J.	ohne Jahr
OKR	Oberkirchenrat
ÖRK	Ökumenischer Rat der Kirchen
PA	Personalakten
PD	Privatdozent
Pfr.	Pfarrer

Pf.	Pfennig
preuß.	preußisch
PT	Praktische Theologie

RM	Reichsmark
RGBl	Reichsgesetzblatt
RMBl	Reichsministerialblatt
RMBliV.	Reichsministerialblatt der inneren Verwaltung
RuPMdI	Reichs- und Preußisches Ministerium des Innern

S.	Seite
SPD	Sozialdemokratische Partei Deutschlands
SS	Schutz-Staffel
St.	Sankt
Stellv.	Stellvertreter
stellv.	stellvertretender
Syst	Systematische Theologie

| theol. | theologisch |

u.	und
u. a.	unter anderem
u. E.	unseres Erachtens

USA/U.S.A.	United States of America
USPD	Unabhängige Sozialdemokratische Partei Deutschlands
usw.	und so weiter
u. v. a. m.	und viele andere mehr

V.	Vers
v.	von/vom
VELKD	Vereinigte Evangelisch-Lutherische Kirche Deutschlands
vgl.	vergleiche
VKL	Vorläufige Kirchenleitung

| w | weiblich |

z.	zu/zum/zur
ZBayKG	Zeitschrift für bayerische Kirchengeschichte
z. B.	zum Beispiel

Quellen und Literatur

1. Schriftliche und mündliche Auskünfte

Schriftliche Auskunft des Stadtarchivs Augsburg vom 8. September 2009
Schriftliche Auskunft des Stadtarchivs Memmingen vom 15. September 2009
Telefonische Auskunft des Einwohnermeldeamtes Selb vom 21. Januar 2010

2. Unveröffentlichte Quellen

EZA Berlin	1/3210
AIMM	Ordner »Nichtarische Christen«; Ordner »Geschichte der Inneren Mission 1931–1945/64«
LAELKB	Dekanat München I, Nr. 18
	DW 111
	DW 1552
	KKE, Nr. 71
	LSA A 35
	LKR 671
	LKR 676
	LKR 677
	LKR 679
	LKR 2595
	Personen 36 (Hans Meiser), Nr. 102
	Personen 36 (Hans Meiser), Nr. 115
	Personen 36 (Hans Meiser), Nr. 176
	Personen 36 (Hans Meiser), Amtstagebücher 1938–1940
	Vereine II, XIV, Nr. 1
	Vereine II, XIV, Nr. 2
	Vereine II, XIV, Nr. 4
	Vereine II, XIV, Nr. 7
	Vereine II, XIV, Nr. 8
	Vereine II, XIV, Nr. 9
	PA Hans-Werner Jordan
	PA Johannes Zwanzger

3. Gedruckte Quellen und Literatur

Albertz, Martin: Die Vorläufige Kirchenleitung der Deutschen Evangelischen Kirche, in: Bekennende Kirche. Martin Niemöller zum 60. Geburtstag, München 1952, S. 164–172

Althaus, Paul: Grundriß der Ethik. Neue Bearbeitung der Leitsätze, Erlangen 1931, 2. neubearbeitete Auflage Gütersloh 1953

Althaus, Paul: Leitsätze zur Ethik, Erlangen 1928, [3]1929

Ammon, Friedrich von: Der Christ und der Antisemitismus [Referat über eine Rede von Friedrich Langenfaß], in: EGBlM 30 (1921), S. 46f.

Auer, Wilhelm: Das jüdische Problem. Ein wissenschaftlicher Versuch. Den Amtsbrüdern und wahrheitsliebenden Christen dargeboten, Lorch 1921

Baier, Helmut: Die Deutschen Christen Bayerns im Rahmen des bayerischen Kirchenkampfes, Nürnberg 1968

Baier, Helmut: Kirche in Not – Die bayerische Landeskirche im Zweiten Weltkrieg (Einzelarbeiten aus der Kirchengeschichte Bayerns, 57), Neustadt/Aisch 1979

Baier, Helmut: Kirche und Judentum in der bayerischen Landeskirche. Aspekte zum Verhalten vor und nach 1933, in: »... wo ist Dein Bruder Abel?« 50 Jahre Novemberpogrom. Christen und Juden in Bayern in unserem Jahrhundert, Nürnberg [2]1988, S. 11–21

Baier, Helmut: Liebestätigkeit unter dem Hakenkreuz. Die Innere Mission in München in der Zeit des Nationalsozialismus (Arbeiten zur Kirchengeschichte Bayerns, 87), München 2008

Baier, Helmut, Die Bayerische Landeskirche und ihr Verhältnis zu den Juden in der ersten Hälfte des 20. Jahrhunderts, in: Wolfgang Kraus (Hg.): Auf dem Weg zu einem Neuanfang. Dokumentation zur Erklärung der Evangelisch-Lutherischen Kirche in Bayern zum Thema Christen und Juden, München 1999, S. 79–104

Bilstein, Jochen: Stadtarzt Dr. Erich Aschenheim – ein deutsch-jüdisches Schicksal, in: Ders./Frieder Backhaus (Hg.): Geschichte der Remscheider Juden, Remscheid 1992, S. 201–205

Beschluß der Bezirkssynode München über »die Wertschätzung des Alten Testaments in unseren Gemeinden«, in: EGBlM 30 (1921), S. 211f.

Bielschowsky, Albert: Goethe. Sein Leben und Werk, 2 Bde., München 1896/1904, [43]1925

Biographisches Gedenkbuch der Münchener Juden, 2. Bde., München 2003/2007

[Blach, Friedrich]: Die Juden in Deutschland. Von einem jüdischen Deutschen (Kultur und Leben, 19), Berlin 1911

Blum, Friederike: Wir wußten alle, was in so einem Lager passiert, in: Harald Wenzel-Orf (Hg.): Mit hundert war ich noch jung. Die ältesten Deutschen, München 2000, S. 26–30

Bonhoeffer, Dietrich: Die Kirche vor der Judenfrage, in: ders.: Berlin 1932–1933 (Dietrich Bonhoeffer Werke, 12), München 1997, S. 349–358

Bormann, Lukas: Der »Stürmer« und das evangelische Nürnberg (1924–1927). Zur Entstehung von Hans Meisers Artikel aus dem Jahr 1926 »Die evangelische Gemeinde und die Judenfrage«, in: ZBayKG 78 (2009), S. 187–212

Bühler, Anne Lore: Der Kirchenkampf in München. Die Auseinandersetzung mit dem

Nationalsozialismus und seinen Folgeerscheinungen im Bereich des Evang.-Luth. Dekanates München 1923–1950. Ein Kapitel der Geschichte des evang.-luth. Dekanates München (Einzelarbeiten aus der Kirchengeschichte Bayerns. Fotodruckreihe, 5), Nürnberg 1974

Büttner, Ursula: Von der Kirche verlassen: Die deutschen Protestanten und die Verfolgung der Juden und Christen im »Dritten Reich«, in: Dies./Martin Greschat (Hg.): Die verlassenen Kinder der Kirche. Der Umgang mit Christen jüdischer Herkunft im »Dritten Reich«, Göttingen 1998, S. 15–69

Chamberlain, Houston Stewart: Die Grundlagen des 19. Jahrhunderts, 2 Bde., München 1899

Curio, Claudia: Verfolgung, Rettung, Flucht. Die Kindertransporte 1938/39 nach Großbritannien (Dokumente – Texte – Materialien, 59), Berlin 2006

Delitzsch, Friedrich: Die große Täuschung, Bd. 1: Kritische Betrachtungen zu den alttestamentlichen Berichten über Israels Eindringen in Kanaan, die Gottesoffenbarung vom Sinai und die Wirksamkeit der Propheten, Stuttgart/Berlin 1920; Bd. 2: Fortgesetzte kritische Betrachtungen zum Alten Testament, vornehmlich den Prophetenschriften und Psalmen, nebst Schlußfolgerungen, Stuttgart/Berlin 1921

Derleder, Heinrich: Hohenecker Konferenz und völkische Bewegung, in: KorrBl 49 (1924), Nr. 28, 9. Juli, S. 131 f., 134

Domarus, Max: Hitler. Reden und Proklamationen 1932–1945. Kommentiert von einem deutschen Zeitgenossen, Band 2: Untergang (1939–1945), Neustadt/Aisch 1963

Erhart, Hannelore: Das Büro Pfarrer Grüber und seine schlesische Vertrauensstelle, in: Hannelore Erhart/Ilse Meseberg-Haubold/Dietgard Meyer: Katharina Staritz 1903–1953, Dokumentation Band 1: 1903–1942, Neukirchen-Vluyn 1999, S. 272–385

Fikenscher, Ernst: Riederau 1931. Ev. Kirche und völkische Bewegung, in: KorrBl 56 (1931), Nr. 16, 20. April, S. 175–177

Flüchtlingsdienst des Ökumenischen Rates der Kirchen: Die Evangelische Kirche in Deutschland und die Judenfrage. Ausgewählte Dokumente aus den Jahren des Kirchenkampfes 1933 bis 1943, Genf 1945

Freimunds kirchlich-politisches Wochenblatt für Stadt und Land. Organ einer öffentlichen Mission vom Standpunkt evangelisch-lutherischen Christentums 1921

Fried, Amelie: Schuhhaus Pallas. Wie meine Familie sich gegen die Nazis wehrte, München/Wien 2008

Friedländer, Saul: Das Dritte Reich und die Juden, Bd. 1: Die Jahre der Verfolgung 1933–1939, München 1998

Gailus, Manfred (Hg.): Elisabeth Schmitz und ihre Denkschrift gegen die Judenverfolgung. Konturen einer vergessenen Biographie (1893–1977), Berlin 2008

Göpfert, Rebekka: Der jüdische Kindertransport von Deutschland nach England 1938/39, Frankfurt/New York 1999

Golde, Sammy: Julius, Luise und Bruno Kaufmann, in: Wolfram P. Kastner (Hg.): auf einmal da waren sie weg … Zur Erinnerung an Münchener Juden – ein Beispiel, das zur Nachahmung anregen könnte, Stamsried 2004, S. 118–121

Goltz, Eduard von der: Christentum und Rassenfrage, Königsberg 1925

Graf, Friedrich Wilhelm: Die Erlanger Theologie 1870–1918, in: Handbuch der Geschichte der Evangelischen Kirche in Bayern, hg. v. Gerhard Müller/Horst Weigelt/Wolfgang Zorn, Band 2: 1800–2000, St. Ottilien 2000, S. 121–135

Graf, Friedrich Wilhelm: Theologische Strömungen, in: Handbuch der Geschichte der Evangelischen Kirche in Bayern, hg. von Gerhard Müller/Horst Weigelt/Wolfgang Zorn, Band 2: 1800–2000, St. Ottilien 2000, S. 249–269

Hamm, Bernd/Oelke, Harry/Schneider-Ludorff, Gury (Hg.): Spielräume des Handelns und der Erinnerung. Die Evangelisch-Lutherische Kirche in Bayern und der Nationalsozialismus (Arbeiten zur Kirchlichen Zeitgeschichte, Reihe B: Darstellungen, 50), Göttingen 2010

Hanke, Peter: Zur Geschichte der Juden in München zwischen 1933 und 1945 (Miscellanea Bavarica Monacensia, 3), München 1963

Hass, Otto: Hermann Strathmann. Christliches Denken und Handeln in bewegter Zeit, Bamberg 1993

Hauck, Albert: Evangelische Mission und deutsches Christentum, in: Deutsche Evangelische Missions-Hilfe. Zweite Sitzung des Verwaltungsrates. Berlin, 1. Februar 1916, Berlin 1916, S. 9–23

Henn, Ernst: Führungswechsel, Ermächtigungsgesetz und das Ringen um eine neue Synode im bayerischen Kirchenkampf, in: ZBayKG 43 (1974), S. 325–443

Hermle, Siegfried: Evangelische Kirche und Judentum – Stationen nach 1945 (Arbeiten zur Kirchlichen Zeitgeschichte, Reihe B: Darstellungen, 16), Göttingen 1990

Hermle, Siegfried: Zwischen Bagatellisierung und engagierter Hilfe. Hans Meiser und die »Judenfrage«, in: Carsten Nicolaisen/Gerhart Herold (Hg.): Hans Meiser (1881–1956). Ein lutherischer Theologe im Wandel der politischen Systeme, München [2]2008, S. 53–68

Hetze gegen Deutschland!, in: Fränkische Wacht, Nr. 14, 1. April 1933, S. 109

Hetzer, Tanja: »Deutsche Stunde«. Volksgemeinschaft und Antisemitismus in der politischen Theologie bei Paul Althaus (Beiträge zur Geschichtswissenschaft), München 2009

Hitler, Adolf: Mein Kampf. Zwei Bände in einem Band, 851.–855. Auflage München 1943

Hoefler, Konrad: Protestantismus und Völkische Bewegung, Nürnberg 1924

Hofmann, Friedrich: Von der Arbeit der Inneren Mission, in: EGBlM 48 (1939), S. 68f.

Holz, Karl: Offener Brief des Frankenbischofs Karl Holz an den Landesbischof Meiser, in: Der Stürmer, 1935, Nr. 32, August

[Jacobi, Gerhard]: Tagebuch eines Großstadtpfarrers. Briefe an einen Freund, Berlin o.J. [1929], [9][1930]

Jasper, Gotthard: Die Universität in der Weimarer Republik und im Dritten Reich, in: Henning Kössler (Hg.): 250 Jahre Friedrich-Alexander-Universität Erlangen Nürnberg. Festschrift (Erlanger Forschungen. Sonderreihe, 4), Erlangen 1993, S. 793–838

Jordan Hermann: Gedanken zur Judenfrage, in: Ders.: Von deutscher Not und deutscher Zukunft. Gedanken und Aufsätze, Leipzig/Erlangen [2]1922, S. 81–99

Jordan, Hermann: Luthers Staatsauffassung. Ein Beitrag zu der Frage des Verhältnisses von Religion und Politik, Leipzig 1917

Kaim, Isidor: Ein Jahrhundert Judenemancipation und deren christliche Vertheidiger. Rückblick auf Literatur und Geschichte, Leipzig 1869

Kantzenbach, Friedrich Wilhelm: Der Einzelne und das Ganze. Pfarrerschaft und Kirchenleitung in Bayern in Auseinandersetzung mit dem Nationalsozialismus, in: ZBayKG 47 (1978), S. 107–202

Kantzenbach, Friedrich Wilhelm: Widerstand und Solidarität der Christen in Deutschland 1933–45. Eine Dokumentation zum Kirchenkampf aus den Papieren des D. Wilhelm Freiherr von Pechmann, Neustadt/Aisch 2000

Kirchliches Jahrbuch für die Evangelische Kirche in Deutschland, 60.–71. Jahrgang 1933–1944, hg. von Joachim Beckmann, Gütersloh ²1948

Kittel, Manfred: Provinz zwischen Reich und Republik. Politische Mentalitäten in Deutschland und Frankreich 1918–1933/36 (Quellen und Darstellungen zur Zeitgeschichte, 47), München 2000

Köberle, Adolf: Hohenecker Konferenz, in: KorrBl 49 (1924), Nr. 24, 11. Juni, S. 103–105

Korrespondenz-Blatt für die evangelisch-lutherischen Geistlichen in Bayern rechts des Rheins 44 (1919)

Künneth, Walter: Lebensführungen. Der Wahrheit verpflichtet, Wuppertal 1979

Kuller, Christiane/Schreiber, Maximilian: Das Hildebrandhaus. Eine Münchner Künstlervilla und ihre Bewohner in der Zeit des Nationalsozialismus, München 2006

Lachenicht, Gerlind: Getauft und deportiert. Evangelische Gemeinden recherchieren über Christen jüdischer Herkunft. Einige Zwischenergebnisse, in: Jahrbuch für Berlin-Brandenburgische Kirchengeschichte 66 (2007), S. 188–232

Lindner, Stephan H.: Hoechst. Ein I. G.-Farben-Werk im Dritten Reich, München 2005

Linn, Dorothee: Das Schicksal der jüdischen Bevölkerung in Memmingen von 1993 bis 1945 (Aus den deutschen Landerziehungsheimen, 7), Stuttgart 1968

Löhnert, Peter/Gill, Manfred: The relationship of I.G. Farben's Agfa Filmfabrik Wolfen to its Jewish scientists and married to Jews, 1933–1939, in: The German Chemical Industry in Twentieth Century, hg. von John E. Lesch, Dordrecht 2000, S. 123–145

Ludwig, Hartmut: Die Denkschrift von Elisabeth Schmitz »Zur Lage der deutschen Nichtarier«, in: Manfred Gailus (Hg.): Elisabeth Schmitz und ihre Denkschrift gegen die Judenverfolgung. Konturen einer vergessenen Biographie (1893–1977), Berlin 2008, S. 93–127

Ludwig, Hartmut: An der Seite der Entrechteten und Schwachen. Zur Geschichte des »Büro Pfarrer Grüber« (1938 bis 1940) und der Ev. Hilfsstelle für ehemals Rasseverfolgte nach 1945, Berlin 2009

Ludwig, Hartmut: Die Opfer unter dem Rad verbinden. Vor- und Entstehungsgeschichte, Arbeit und Mitarbeiter des »Büro Pfarrer Grüber«, Diss. Berlin 1982

Ludwig, Hartmut: »So gehe hin und tue desgleichen!« Zur Geschichte des »Büros Pfarrer Grüber« 1938–1940, in: Jörg Hildebrandt (Hg.): Heinrich Grüber. Judenfreund und Trümmerprobst. Erinnerungen, Predigten, Berichte, Briefe, Leipzig 1991, S. 11–40

Marggraf, Eckhart: Die Landeskirche vor der »Judenfrage« und angesichts der Judenverfolgung 1935–1945, in: Die Evangelische Landeskirche in Baden im Dritten Reich. Quellen zu ihrer Geschichte, Bd. IV: 1935–1945, Karlsruhe 2003, S. 367–466

Martin Buber. Briefwechsel aus sieben Jahrzehnten, hg. von Grete Schaeder, Bd. II: 1918–1938, Heidelberg 1973

Meiser, Hans: Die evangelische Gemeinde und die Judenfrage, in: EGBlN 33 (1926), S. 394–397, 406 f. und 418 f.

Meisiek, Cornelius Hendrik: Evangelisches Theologiestudium im Dritten Reich (Europäische Hochschulschriften, Reihe XXIII: Theologie, 481), Frankfurt/M. u. a. 1993

Mensing, Björn: Konservative Lutheraner zwischen NS-Verstrickung, Selbstbehauptung und Entnazifizierungskritik. Die Evangelisch-Lutherische Kirche in Bayern, in: Manfred Gailus/Wolfgang Krogel (Hg.): Von der babylonischen Gefangenschaft der Kirche im Nationalen. Regionalstudien zu Protestantismus, Nationalismus und Nachkriegsgeschichte 1930 bis 2000, Berlin 2006, S. 419–445

Mensing, Björn: Pfarrer und Nationalsozialismus. Geschichte einer Verstrickung am Beispiel der Evangelisch-Lutherischen Kirche in Bayern (Arbeiten zur Kirchlichen Zeitgeschichte, Reihe B: Darstellungen, 26), Göttingen 1998

Merz, Georg: »Völkisches« Christentum?, in: EGBlM 30 (1921), S. 192 f.

Merz, Georg: Zur theologischen Erörterung des Ariergesetzes, in: Zwischen den Zeiten 11 (1933), S. 529–535

Meyer, Dietgard: Elisabeth Schmitz: Die Denkschrift »Zur Lage der deutschen Nichtarier«, in: Hannelore Erhart, Ilse Meseberg-Haubold, Dietgard Meyer (Hg.): Katharina Staritz 1903–1953. Dokumentation Band 1: 1903–1942, Neukirchen-Vluyn 1999, S. 187–269

Müller, Christine-Ruth: Diakonische Hilfe für die verfolgten Nächsten. Das »Büro Pfarrer Grüber«, in: Theodor Strohm, Jörg Thierfelder (Hg.): Diakonie im »Dritten Reich«. Neuere Ergebnisse zeitgeschichtlicher Forschung (Veröffentlichungen des Diakoniewissenschaftlichen Instituts der Universität Heidelberg, 3), Heidelberg 1990, 285–304

Müller, Johann Tobias: Die symbolischen Bücher der evangelisch-lutherischen Kirche, 12. Auflage Gütersloh 1928

Münchner Neueste Nachrichten 1940

Nicolaisen, Carsten: Nationalsozialistischer Evangelischer Pfarrerbund (NSEP), in: Historisches Lexikon Bayerns (http://www.historisches-lexikon-bayerns.de/artikel/artikel_44776)

Noss, Peter: Martin Albertz (1883–1956). Eigensinn und Konsequenz. Das Martyrium als Kennzeichen der Kirche im Nationalsozialismus, Neukirchen-Vluyn 2001

Nürnberger Isr. Gemeindeblatt 5 (1924)

Nürnberger Zeitung, 1931

Plath, Karl Heinrich: Was machen wir Christen mit unsern Juden!?, Nördlingen 1881

Rabus, Michael: Friede über Israel!, in: KorrBl 44 (1919), Nr. 9, 3. März, S. 64

Rabus, Michael: Friede über Israel! (Zum X. Sonntag nach Trinitatis), in: KorrBl 49 (1924), Nr. 34, 19. August, S. 157 f.

Rehbach, August Christoph: [Votum zum Antisemitismus], in: Antisemitismus? 125 Antworten aus Bayern, Berlin 1931, S. 22

Rittelmeyer: Friedrich: Das Vaterunser. Zehn Kanzelreden, München 1918, ³1928

Röhm, Eberhard/Thierfelder, Jörg: Juden, Christen, Deutsche 1933–1945, Bd. 1: 1933–1935, Stuttgart 1990; Band 2, Teil II: 1935–1938, Stuttgart 1992; Bd. 3: 1938–1941, Teil I, Stuttgart 1995

Röhm, Eberhard/Thierfelder, Jörg: Der Münchener Laienbrief, in: Glauben und Lernen 22 (2007), 25–33

Röpke, Claus-Jürgen: Die Protestanten in Bayern, München 1972

Rosenberg, Alfred: Der Mythus des XX. Jahrhunderts. Eine Wertung der seelisch-geistigen Gestaltenkämpfe unserer Zeit, 71.–74. Auflage München 1935

Schäfer, Gerhard: Landesbischof D. Wurm und der nationalsozialistische Staat 1940–1945. Eine Dokumentation, Stuttgart 1968

Scheiner, Jens J.: Vom gelben Flicken zum Judenstern. Genese und Applikation von Judenabzeichen im Islam und christlichen Europa (849–1941), Frankfurt/M. u. a. 2004

Schmid, Heinrich: Apokalyptisches Wetterleuchten. Ein Beitrag der Evangelischen Kirche zum Kampf im »Dritten Reich«, München 1947

Schmidt, Ernst Ludwig: Die Evang.-Luth. Landeskirche in Bayern und die Juden 1920–1992, in: Wolfgang Kraus (Hg.): Auf dem Weg zu einem Neuanfang. Dokumentation zur Erklärung der Evangelisch-Lutherischen Kirche in Bayern zum Thema Christen und Juden, München 1999, S. 25–67

Schmidt, Kurt Dietrich: Die Bekenntnisse und grundsätzlichen Äußerungen zur Kirchenfrage des Jahres 1933, Göttingen 1934

Schneller, Ludwig: Die Lösung der Judenfrage, in: EGBlN 31 (1924), S. 249–252

Schönlebe, Dirk: München im Netzwerk der Hilfe für »nicht-arische« Christen 1938–1941, in: Von ihren Kirchen verlassen? Zum Schicksal Christen jüdischer Herkunft im München der NS-Zeit, München 2006, S. 1–145

Scholder, Klaus: Die Kirchen und das Dritte Reich, Band 1: Vorgeschichte und Zeit der Illusionen 1918–1934, Frankfurt/M./Berlin/Wien 1977

Schwab, Ulrich: Evangelische Jugendarbeit in Bayern 1800–1933, München 1992

Schwarz, Andrea: Hans Meiser in der archivalischen Überlieferung, in: Carsten Nicolaisen/Gerhart Herold (Hg.): Hans Meiser (1881–1956). Ein lutherischer Theologe im Wandel der politischen Systeme, München ²2008. S. 178–193

Seidler, Eduard: Jüdische Kinderärzte 1933–1945. Entrechtet – Geflohen – Ermordet, erweiterte Neuauflage Basel u. a. 2007

Seiler, Matthias: Tritt ein für die Schwachen! Hans Werner Jordan – Ein Pfarrer jüdischer Herkunft im Einsatz für »nichtarische« Christen während des 3. Reichs, in: ZBayKG 74 (2005), S. 200–232

Selig, Wolfram: »Arisierung in München. Die Vernichtung jüdischer Existenz 1937–1939, Berlin 2004

Simplicissimus 48 (1938)

Smid, Marikje: Deutscher Protestantismus und Judentum 1932/1933 (Heidelberger Untersuchungen zu Widerstand, Judenverfolgung und Kirchenkampf im Dritten Reich, 2), München 1990

Sommer, Wolfgang: Friedrich Veit. Ein konservativer Kirchenpräsident in der Weimarer Republik und seine Abwehr des Nationalsozialismus, in: ZBayKG 76 (2007), S. 232–269

Spengler, Oswald: Der Untergang des Abendlandes. Umrisse einer Morphologie der Weltgeschichte, Bd. 1: Gestalt und Wirklichkeit, Wien/Leipzig 1918; Bd. 2: Welthistorische Perspektiven, München 1922

Stählin, Wilhelm: Die völkische Bewegung und unsere Verantwortung (Neue Flugschriften des Bundes Deutscher Jugendvereine e. V., 5), Sollstedt 1924

Steinlein, Hermann: Luthers Stellung zum Judentum (Schriftenreihe der Arbeitsgemeinschaft für Volksmission des Landesvereins für Innere Mission in Bayern r. d. Rh., Abteilung Apologetik, 7), Nürnberg 1929

Strathmann, Hermann: Nationalsozialistische Weltanschauung? (Christentum und Volkstum, 1), Nürnberg 1931

Stuckart, Wilhelm/Globke, Hans: Reichsbürgergesetz vom 15. September 1935, Gesetz zum Schutze des deutschen Blutes und der deutschen Ehre vom 15. September 1935,

Gesetz zum Schutze der Erbgesundheit des deutschen Volkes (Ehegesundheitsgesetz) vom 18. Oktober 1935. Nebst allen Ausführungsvorschriften und den einschlägigen Gesetzen und Verordnungen, München 1936

Der Stürmer, 1923–1925, 1931, 1934

Thierfelder, Jörg: Gertrud Hammann. Eine badische Christin jüdischer Herkunft in der Zeit des Nationalsozialismus, in: Beiträge pädagogischer Arbeit 45 (2002), S. 26–44

Thiersch, Heinrich Wilhelm Josias: Ueber den christlichen Staat, Basel 1875

Töllner, Axel: Eine Frage der Rasse? Die Evangelisch-Lutherische Kirche in Bayern, der Arierparagraf und die bayerischen Pfarrerfamilien mit jüdischen Vorfahren im »Dritten Reich« (Konfession und Gesellschaft, 36), Stuttgart 2007

Veit, Friedrich: Zum Neuen Jahre, in: Neue Kirchliche Zeitschrift 35 (1924), S. 1–19

Wendehorst, Alfred: Geschichte der Friedrich-Alexander-Universität Erlangen-Nürnberg 1743–1993, München 1993

»Das Wichtigste sind doch die Menschen …«. Gertrud Hammann (1910–1990). Erinnerungs- und Lesebuch, hg. von der Evangelischen Frauenarbeit in Baden, Karlsruhe 2010

Wieninger, Karl: In München erlebte Geschichte, München 1985

Wittern, Renate: Die Professoren und Dozenten der Friedrich-Alexander-Universität Erlangen 1743–1960, Bd. 1: Theologische Fakultät, Juristische Fakultät, bearb. von Eva Wedel-Schaper (Erlanger Forschungen. Sonderreihe, 5), Erlangen 1993

»… wo ist Dein Bruder Abel?« 50 Jahre Novemberpogrom. Christen und Juden in Bayern in unserem Jahrhundert, Nürnberg ²1988

Zeiß-Horbach, Auguste: Fürsprache für die Juden. Der Nürnberger Hauptprediger Christian Geyer und der Verein zur Abwehr des Antisemitismus, in: ZBayKG 76 (2007), S. 215–232

Zeiß-Horbach, Auguste: Der Verein zur Abwehr des Antisemitismus. Zum Verhältnis von Protestantismus und Judentum im Kaiserreich und in der Weimarer Republik, Leipzig 2008

Zwanzger, Johannes: Jahre der Unmenschlichkeit. Eine Rückbesinnung, in: Concordia. Mission – Bekenntnis – Gemeinde 73 (1988), H. 4, S. 8–21

Personenregister

Albertz, Martin (1883–1956); 1910 Pfr. Stampen, 1921 Studiendirektor Predigerseminar Berlin-Spandau (1923 nach Stettin-Kückenmühle verlegt), 1931–1953 Pfr. Spandau, 1935–1941 zugleich Dozent Kirchliche Hochschule Berlin (NT). **19, 21 f., 159**

Abraham, Fritz (1905–1942); Fürsorger, 1941 Leiter des Jüdischen Übernachtungsheims Wagnerstraße, April 1942 nach Piaski deportiert. **300**

Agnihotri, Pundit (1900–?); Kaufmann u. Mitarbeiter der Austro-Indian Society in Wien, 1939 Ausreise aus Österreich. **237**

Alt, Karl (1897–1951); 1921 Stadtvikar Augsburg, 1923 Pfr. Kaufbeuren, 1929 Hausgeistlicher Heil- u. Pflegeanstalt Ansbach, 1934 Pfr. München (Lutherkirche) zugleich Gefängnispfr. Stadelheim. **60, 318, 334, 341**

Althaus, Paul (1888–1966); 1914 PD Göttingen, 1919 o. Prof. Rostock (Syst), 1925 Erlangen (Syst), 1932 (Syst, NT). **31, 37, 61, 118 f., 122, 139**

Ammon, Friedrich von (1894–1967); 1921 Stadtvikar München, 1922 Pfr. Memmingen, 1935 Dekan Pappenheim, 1943 Dekan Rosenheim. **72**

Andrae, Walter (1875–1956); Archäologe, 1921 Kustos der Vorderasiatischen Abteilung der Staatlichen Museen zu Berlin, 1928 Direktor. **199**

Aschenheim, Annemarie (1899–?); Ehefrau von Dr. Ernst Aschenheim. **202 f.**

Aschenheim, Ernst (1882–1941); 1912 stellv. Leiter Städtisches Säuglingsheim Dresden, 1921 Stadtarzt Remscheid, 1934 als Medizinalrat aus rassischen Gründen beurlaubt bzw. entlassen, Übersiedlung nach Krailling u. Eröffnung einer Praxis, 1938 Entzug der Approbation, November 1938 inhaftiert. **202–206**

Aschenheim, Eva (1923–?); Tochter von Dr. Ernst Aschenheim. **202**

Auer, Wilhelm (1877–1970); 1912 Pfr. Geißlingen, 1926–1945 Larriden. **27**

Barth, Karl (1886–1968); 1911 Pfr. Safenwill, 1921 Prof. für Reformierte Theologie Göttingen, 1925 o. Prof. Münster (Syst), 1930 Bonn, 1935–1962 Basel. **20, 38**

Beaconsfield Lord = Benjamin Disraeli (1804–1881); Schriftsteller u. Politiker, 1852 u. 1858 Schatzkanzler, 1868–1869, 1874–1880 Premierminister. **116**

Bell, George Kennedy Allen (1883–1958); 1910 Tutor u. Doz. (KG) Oxford, 1914 Sonderreferent für internationale u. interkonfessionelle Beziehungen u. Chaplain Canterbury, 1929–1957 Bischof von Chichester, 1948–1954 Vorsitzender des Zentralkomitees des ÖRK, 1954 Ehrenpräsident des ÖRK. **21 f.**

Berolzheimer, Hans (1882–?); 1925 Regierungsrat Speyer, 1926 Rechtsanwalt München, 1933 Verlust der Zulassung als Anwalt, November 1938 KZ Dachau, 1942 nach Piaski deportiert. **318 f.**

Best, Werner (1903–1989); 1929 Gerichtsassessor, 1931 MdL Hessen (NSDAP), 1933 Landespolizeipräsident Hessen, 1935 SS-Standartenführer u. Abteilungsleiter im Geheimen Staatspolizeiamt, 1939 Abteilungsleiter im Reichssicherheitshauptamt, 1941 Leiter der Abteilung Verwaltung beim Militärbefehlshaber in Frankreich, 1942 Reichsbevollmächtigten für Dänemark, 1948 zum Tode verurteilt, begnadigt u. abgeschoben, 1951 Rechtsanwalt Essen. **163**

Buber, Martin (1878–1965); 1902 Verleger, 1905 Lektor, 1924 Lehrbeauftragter bzw. Honorarprof. (Jüdische Religionslehre, Ethik) Frankfurt/M., 1938 Emigration u. Prof. (Anthropologie u. Soziologie) Jerusalem. **22, 120**

Cahn, Ernst (1857–1953); 1902 Leiter des Sozialen Museums Frankfurt/M., 1916 Obermagistratsrat Frankfurt/M., 1933 entlassen. **28, 90**

Carney, Charlotte (1900–1943); Lehrerin, 1933 Entlassung, 1935 Handelsvertreterin, März 1943 Deportation nach Auschwitz. **328–331**

Carter, Roger J. (1911–?); Quäker. **224, 254**

Caspari, Wilhelm (1876–1947); 1904 PD Erlangen, 1915 ao. Prof. Breslau (AT), 1922 o. Prof. Kiel, 1936 Entlassung, 1945 Rückkehr auf den Lehrstuhl. **208, 210–212**

Chamberlain, Houston Stewart (1855–1927); Schriftsteller u. Rassentheoretiker. **126**

Classen, Walter (1883–1955); 1937 Besitzer des F. A. Ackermann Kunstverlages München, 1944 Ausreise in die Schweiz, 1945 Rückkehr nach München. **55, 189**

Cohen, Annemarie (1897–1985); Ärztin, Ehefrau von Rudolf Cohen. **58 f., 189, 206**

Cohen, Max (1876–1963); 1904 Schriftsteller u. Journalist, 1912–1918 MdR (SPD), 1918/19 Vertrauensmann der Berliner Soldatenräte, Mitglied des Vollzugsrates u. stellv. Vorsitzender bzw. Vorsitzender des Zentralrats der Deutschen Sozialistischen Republik, 1933 Emigration. **112**

Cohen, Rudolf (1864–1953); Physiker, 1921 Generalbevollmächtigter der Schuckert-Werke, 1923 Direktor der Bayerischen Verkehrskreditbank, 1925 Technischer Direktor, 1933 i. R. **58 f., 189, 206**

Crispien, Arthur (1875–1946); Journalist, 1906 Parteisekretär der SPD für Westpreußen, 1912 Redakteur Stuttgart, 1917 USPD, 1919–1922 deren Vorsitzender, 1918/19 württembergischer Innenminister, 1919 MdL, 1920 MdR (USPD, seit 1922 SPD), 1933 Emigration. **84**

Daumiller, Oskar (1882–1970); 1912 Pfr. Zeitlofs, 1917 Memmingen, 1922 München (Himmelfahrtskirche), 1933 OKR, 1934 Kreisdekan, 1952 i. R. **29, 162, 341**

Delitzsch, Friedrich (1850–1922); 1877 ao. Prof. Leipzig (semitischen Sprachen u. Assyriologie), 1893 o. Prof. Breslau, 1899 Berlin. **73, 76, 149**

Derenberg, Gaby; Mitarbeiterin des American Friends Service Committee. **290**

Derleder Heinrich (1866–1945); 1900 Pfr. Pegnitz, 1912–1935 Kasendorf. **82**

Deutsch, Else, geb. Retze (1891–?); Ehefrau von Ludwig Deutsch. **151**

Deutsch, Ferdinand (1895–1976); 1923 Mitinhaber der Süddeutsche Metallwaren-Fabrik Mußbach, Emigration nach Palästina. **151**

Deutsch, Hermann. **151**

Deutsch, Ludwig (1881–1957); Direktor der Dresdner Bank Frankfurt/M. **151 f.**

Dibelius, Otto (1880–1967); 1908 Archidiakonus Crossen, 1910 Pfr. Danzig, 1911 Oberpfr. Lauenburg/Pommern, 1915 Pfr. Berlin-Schöneberg, 1921 nebenamtliches Mitglied des EOK Berlin, 1925 Generalsuperintendent Kurmark, 1933 durch NS-Kirchenkommissar beurlaubt, Versetzung in den Ruhestand, 1934 ständiger Mitarbeiter im Bruderrat der BK Berlin-Brandenburg, 1937 Mitglied des Rates der Ev. Kirche der APU, 1945 Bischof Kirche von Berlin-Brandenburg, 1945–1961 Vorsitzender des Rates der EKD, 1966 i. R. **34**

Doederlein. **296**

Dominicus, Alexander (1873–1945); 1900 Regierungsassessor Straßburg, 1911–1921 Oberbürgermeister (Berlin-)Schöneberg, 1919–1925 Mitglied der preuß. Landesversammlung bzw. MdL (DDP), 1921 preuß. Innenminister. **109**

Draeger, Margarete (1895–1944); 1924 Lehrerin Berlin, 1933 zwangspensioniert, 1938 Mitarbeiterin im Büro Pfarrer Grüber, 1942 Zwangsarbeiterin, 1944 Deportation nach Auschwitz. **226**

Duden, Paul (1868–1954); seit 1905 führend bei den Farbwerken Hoechst tätig, 1925 Mitglied des Vorstandes der I.G. Farbenindustrie u. Leiter der Betriebsgemeinschaft Mittelrhein, 1932 i. R. **275 f.**

Egbert (?–1132); 1127–1132 Bischof von Münster. **102**

Einstein, Albert (1879–1955); 1902 Experte Patentamt Bern, 1909 ao. Prof. Zürich (Physik), 1911 o. Prof. Prag, 1912 Zürich, 1914 hauptamtlich besoldetes Mitglied der Preuß. Akademie der Wissenschaften Berlin, 1921 Nobelpreis für Physik, 1933 Mitglied des Institute for Advanced Study (Princeton), 1934 Verlust der deutschen Staatsbürgerschaft. **133**

Einstein, Sigmund (1899–?); bis 1938 Handelsvertreter für elektrische Maschinen, 1956 Auswanderung in die USA. **318**

Eisner, Kurt (1867–1919); Journalist u. sozialdemokratischer Politiker, 1917 Mitbegründer der USPD, 1918 bayerischer Ministerpräsident. **82, 112, 152**

Elert, Werner (1885–1954); seit 1911 im Kirchendienst, 1914–1918 Feldprediger, 1919 Direktor Theol. Seminar der Evang.-Luth. Kirche Preußens (Altlutheraner) Breslau, 1923 o. Prof. Erlangen (KG), seit 1932 ST. **37, 61, 139**

Emlein, Rudolf (1884–1951); 1907 Pfr. Lörrach, 1908 Mannheim, 1914 Feldgeistlicher, 1918 Pfr. Emmendingen, 1919 Schmieheim, 1926 Leiter des Mutterhauses für Kinderschwestern u. Gemeindepflege Mannheim. **320, 326**

Emmert, Friedrich (1896–1969); 1926 Pfr. Memmingen, 1945 Dekan, 1954 Kirchenrat, 1961 i. R. **307 f.**

Engelmann, Theodor (1880–1971); Kaufmann. **190**

Faulhaber, Michael (1869–1952); 1892 Kaplan Kitzingen, 1893 Präfekt Kilianeum Würzburg, 1896–1898 Romaufenthalt, 1898 Pfarrverweser Holzkirchen, 1903 Professor Straßburg (AT), 1910 Bischof von Speyer, 1917 Bischof von München u. Freising, 1921 Kardinal. **25**

Felmy, Pastor. **302**

Ferdinand I. (1503–1564); 1521 Erzherzog von Österreich, 1526/1527 König von Böhmen, Kroatien u. Ungarn, 1558 Kaiser. **102**

Feuchtwanger, Lion (1884–1958); Schriftsteller. **133**

Fichte, Johann Gottlieb (1762–1818); 1794 Prof. Jena (Philosophie), 1799 entlassen, 1805 Prof. Erlangen, 1810 Berlin. **119**

Fischer, Emil (1852–1919); 1879 Prof. München (Analytische Chemie), 1882 Erlangen, 1885 Würzburg, 1892 Berlin, 1902 Nobelpreis für Chemie. **277**

Fikenscher, Ernst (1895–1970); 1927 Pfr. Pfäfflingen, 1929 Studienrat Ansbach, 1947 Pfr. LKR München, 1949 theol. Hilfsreferent, 1964 i. R. **118**

Foley, Frank (1884–1958); Geheimdienstoffizier, Chef des British Passport Control Office Berlin. **198**

Hohmann, Georg (1880–1970); 1903 Assistenzarzt, 1910 Oberarzt München, MdL (DDP), 1930 Prof. Frankfurt/M. (Orthopädie), 1946 o. Prof. München u. Leiter der Staatlichen Orthopädischen Klinik München-Harlaching. **197**
Holsten, Walter (1908–1982); 1934 Pfr. Moringen, 1946 Habilitation, 1947 Prof. Mainz (Religions- und Missionswissenschaften), 1973 i. R. **148**
Holz, Karl (1895–1945); Buchhändler, 1922 NSDAP-Mitglied, 1925–1938 Chefredakteur des Stürmers, 1932 MdL, 1933 Ministerialrat u. MdR, 1934 stellv. Gauleiter von Franken, 1940 Amtsenthebung, 1942 Reichsverteidigungskommissar von Franken, 1944 Gauleiter. **39**
Hülf; Assessor im Geheimen Staatspolizeiamt. **163**

Joch, Martin (1865–1945); 1986 Pfr. Straubing, 1904 München (St. Matthäus III), 1905 (St. Matthäus II), 1920 (St. Matthäus I), 1931 i. R. **75**
Jordan, Leopold (1874–1940); 1905 PD München (Romanistik), 1911 ao. Prof., 1923 Honorarprof. Technische Hochschule München, 1933 entlassen. **45**
Jordan, Hans-Werner (1908–1976); 1934 Stadtvikar Augsburg, 1938 Pfr. Steinheim, 1949 Bamberg (St. Stefan II), 1971 i. R. **44 f., 47–52, 54–59, 62 f., 66, 161, 163–165, 168, 175 f., 185, 189, 193–195, 335 f., 343**
Jordan, Hermann (1878–1922); 1899 Hauslehrer, 1904 3. Domstiftsprediger Berlin, 1904 PD Greifswald (KG), 1907 ao. Prof. Erlangen, 1914 o. Prof. **30 f., 103**
Jülicher Adolf (1857–1938); 1887 PD Berlin (KG), 1888 ao. Prof. Marburg, 1889 o. Prof. (NT, KG), 1923 Emeritierung. **38**

Käßler, Georg (1898–1989); 1930 Pfr. Reichelsdorf, 1934 2. Pfr. Stadtmission Nürnberg, 1935 Pfr. Selb, 1948 Aschaffenburg, 1957 Osternohe, 1964 i. R. **310**
Kaim, Isidor (1817–?); 1848 Rechtsanwalt Leipzig, Dresden u. Berlin. **90**
Kant, Immanuel (1724–1804); 1755 PD Königsberg (Philosophie), 1766 Bibliothekar, 1770 Professor. **149**
Kaufmann, Bruno (1884–1940); 1910 Dipl.-Ing. **236–246**
Kaufmann, Gertrud (1887–?); Ehefrau von Bruno Kaufmann. **237–246**
Kautzky, Karl (1854–1938); 1917 Beitritt zur USPD, 1918/19 Staatssekretär im Auswärtigen Amt, 1922 Rückkehr zur SPD, 1938 Emigration. **82**
Kelber, Karl (1901–1995); 1931 Pfr. Burghausen, 1949 Dekan Rothenburg ob der Tauber, 1968 i. R. **283 f., 286–288**
Keller, Adolf (1872–1963); 1896 Pfr. Kairo, 1899 Burg/Stein am Rhein, 1904 Genf, 1909 Zürich, 1920–1941 deutschsprachiger Sekretär des Schweizerischen Evang. Kirchenbundes, 1924 Leiter der Europäischen Zentralstelle für kirchliche Hilfsaktionen, 1925 Gründer des Internationalen Sozialwissenschaftlichen Instituts, 1929 Direktor des ökumenischen Seminars Genf, 1954 Übersiedelung in die USA. **21, 159**
Keppler, Friedrich (1890–1954); 1918 Stadtpfr. Heidenheim, 1930 Direktor der Rheinischen Mission Barmen, 1933 Dekan Weikersheim, 1940 Reutlingen, württembergischer Vertreter im Rat der Evang.-Luth. Kirche Deutschlands Berlin. **41, 153**
Kern, Hans (1884–1971); 1914 Pfr. Hohenberg, 1922 Beerbach, 1931 Forchheim, 1948 Ammerndorf, 1954 i. R. **56**
Kett, August (1900–1948); 1931 Caritassekretär München; 1946 2. Direktor (Verwaltungsdirektor). **58, 166, 172, 189**

rungsrat Berlin, 1922 Ministerialrat im Reichsministerium des Innern, 1932 Polizeidezernent, 1933 Staatssekretär u. Chef der Reichskanzlei, 1940 SS-Obergruppenführer, 1949 zu 20 Jahren Haft verurteilt, 1951 begnadigt. **182 f.**

Langenfaß, Friedrich (1880–1965); 1910 Pfr. Rothenburg ob der Tauber, 1920 München (St. Matthäus), 1929 München (St. Markus), 1930 Dekan München, 1950 i. R. **51, 56, 72, 189**

Lasker, Eduard (1829–1884); Jurist u. liberaler Politiker. **82**

Lassalle, Ferdinand (1825–1864); Jurist, 1863 Mitbegründer u. Präsident des Allgemeinen Deutschen Arbeitervereins. **82**

Lavater, Johann Caspar (1741–1801); Philosoph, 1769 Diakonus, 1775 Pastor Zürich. **149**

Lejeune, Lina. **156**

Lessing, Gotthold Ephraim (1729–1781); Schriftsteller, 1770 Bibliothekar Wolffenbüttel. **126**

Levien, Max (1885–1937); 1905 Teilnehmer an der russischen Revolution, 1906 Mitglied der russischen Sozialrevolutionäre, 1913 bayer. Soldat, Ende 1918 Vorsitzender des Münchner Soldatenrates u. der Münchner Spartakusgruppe, Delegierter beim Gründungsparteitag der KPD, nach der Niederschlagung der Räterepublik Flucht nach Wien, 1921 Übersiedelung in die UdSSR, 1936 Verhaftung u. Lagerhaft (in Todesurteil umgewandelt). **112**

Leviné, Eugen (1883–1919); 1905 Teilnehmer an der russischen Revolution, 1909 SPD-Mitglied, später USPD bzw. KPD, April 1919 Anführer der zweiten kommunistischen Münchner Räterepublik, Mai 1919 Verhaftung u. Todesurteil. **112**

Liebmann, Alexander (1871–1942); Maler u. Graphiker. **341 f.**

Liebmann, Johanna (1874–1942); Landschaftsmalerin. **341 f.**

Liebrecht, Arthur (1862–?); Chemiker. **277**

Lilje, Hanns (1899–1977); 1925 Studentenpfr. Hannover, 1927–1933 Generalsekretär der DCSV, 1932–1935 Vizepräsident der World Student Christian Federation, 1934 Mitglied des Lutherischen Rates, 1935–1945 Mitglied des Rates der Ev.-Luth. Kirche Deutschlands (Lutherrat), 1936–1945 Generalsekretär des LWB, 1944 Inhaftierung, 1945–1947 Oberlandeskirchenrat Hannover, 1947–1971 Landesbischof, 1945–1973 Mitglied des Rates der EKD. **61**

Limpert, Werner (1887–1979); 1915 Pfr. in Kempten, 1928 Augsburg (St. Johannes I), 1957 i. R. **60, 337 f.**

Lindenstedt, Georg (1875–1942); Musiker, in das KZ Sachsenhausen deportiert. **336**

Lindenstedt, Maria (1870–?); Ehefrau von Georg Lindenstedt. **336**

Lindner, Friedrich (1875–1944); 1906 Pfr. Oberlaimbach, 1909 Ullstadt, 1919 Dekan Ansbach, 1925 Dekan Würzburg, 1942 i. R. **335**

Livingstone, Laura (1889–1969); Schwägerin von Bischof George Bell, 1937–1939 in seinem Auftrag in Berlin zur Hilfe für rassisch verfolgte Christen. **22, 46 f., 200, 232 f., 271**

Löbe, Paul (1875–1967); 1899 Zeitungsredakteur, 1919 Vizepräsident der Nationalversammlung, 1920–1933 MdR (SPD), 1920–1924 u. 1925–1932 Reichstagspräsident, 1933 u. 1944 inhaftiert, 1945 Zeitungsredakteur, 1948/1949 MdPR, 1949–1953 MdB. **82**

Ludendorff, Erich (1865–1937); seit 1882 Berufssoldat, 1914 Chef des Generalstabs der

IM, 1916 Pfr. Chemnitz, 1926 Heimleiter Wackenitzhof, 1928 Bräunsdorf, 1931 Mitglied der Quäker, 1933 Entlassung, 1935 Leiter des Frankfurter Quäkerbüros. **197, 199, 205 f., 290**

Schmid, Franz (1875–1954); 1905 Pfr. Forheim, 1913 Nürnberg (St. Lorenz II), 1915 Traunstein, 1926 Neu-Ulm, 1932 Rosenheim, 1933 Dekan, 1943 i. R. **333**

Schmitz, Elisabeth (1893–1977); 1923 Gymnasiallehrerin Berlin, 1939 Versetzung in den Ruhestand auf eigenen Antrag, 1946 Rückkehr in den Schuldienst, 1958 Pensionierung. **20–22**

Schneller, Ludwig (1858–1953); 1881 Pfr. Berlin, 1883 Neu-Tornow, 1884 Bethlehem, 1889 Köln, 1891 Vorsitzender der Missions-Gesellschaft des Syrischen Waisenhauses für das Heilige Land, 1907 Pfr. Köln, 1937 i. R. **28**

Schnurmann, Emil (1889–1941); Landwirt, November 1941 nach Kaunas deportiert u. ermordet. **208–214**

Schnurmann, Franziska (1854–1939); Mutter von Emil Schnurmann. **208–210**

Schweitzer, Carl Gunther (1889–1965); 1931 Direktor des Central-Ausschusses für die IM, 1932 Superintendent Kirchenkreis Potsdam II, 1934 Suspendierung, 1937 zwangsweise Ruhestandversetzung, Emigration nach England, 1939 Gründer u. Leiter des Wistow Training Centre for Post-War Christian Service Oxford, 1947 Lehrbeauftragter Universität Münster (Sozialethik), 1949 Leiter Sozialschule Friedewald, 1954 Lehrbeauftragter Universität Bonn. **61**

Seiler, Selma (1898–?); 1922 Hilfskatechetin München, 1932 Katechetin. **265**

Siebert, Ludwig (1874–1942); Jurist, 1908 Bürgermeister Rothenburg, 1924 Oberbürgermeister Lindau, 1932–1942 MdR (NSDAP), 1933 bayerischer Finanzminister, 1934 Ministerpräsident. **35**

Siegmund-Schultze, Friedrich (1885–1969); 1908 Studieninspektor Domkandidatenstift Berlin, 1911 Pfr. Potsdam u. Gründer der Sozialen Arbeitsgemeinschaft Berlin-Ost, 1914 (bis 1946) Schriftführer des Weltbundes für Freundschaftsarbeit, 1925 Teilnehmer an der Weltkirchenkonferenz in Stockholm, 1928 bis 1948 Sekretär des Internationalen Komitees des Weltbundes für Freundschaftsarbeit der Kirchen, Juni 1933 Ausweisung in die Schweiz, 1934–1937 Studentenberater Zürich, 1947 Honorarprof. Münster (Sozialethik, Sozialpädagogik). **19**

Singer, Käthe (1885–1941); Opernsängerin, November 1941 nach Kaunas deportiert. **57**

Singer, Paul (1844–1911); Textilunternehmer u. liberaler bzw. sozialdemokratischer Politiker, 1884–1911 MdR. **82**

Smith, Alfred (1873–1944); 1919–1920, 1922–1928 Gouverneur des Bundesstaates New York, 1928 Präsidentschaftskandidat der Demokraten. **133**

Soden, Hans von (1881–1945); 1905 Assistent am Königlich-Preuß. Historischen Institut in Rom, 1910 PD Berlin (KG), 1914 Divisionspfr., 1918 Extraordinarius Breslau, 1921 dort o. Prof., 1914 o. Prof. Marburg (KG, NT). **19**

Söllner, Valentin (1896–1990); 1923 Stadtvikar Erlangen-Neustadt, 1924 Pfr. Großbirkach, 1929 Nürnberg (Christuskirche II), 1934 (Christuskirche I), 1946 Dekan Hersbruck, 1963 i. R. **81**

Sondermann, Gustav (1896–?); Arzt u. Schriftsteller, seit 1923 Mitglied der NSDAP, 1925–1929 Schriftleiter der Zeitschrift »Das Dritte Reich«. **81**

Spengler, Oswald (1880–1936); 1908 Gymnasiallehrer Hamburg, 1911 freier Schriftsteller München. **126**

Grüber, 1940 nach der Verhaftung Grübers von der Gestapo mit der Auflösung des Büros beauftragt, 1941 KZ-Haft Dachau. **191, 313, 315, 332 f.**

Tacitus, Publius Cornelius (58–116); römischer Historiker u. Politiker. **82**
Thiersch, Heinrich Wilhelm Josias (1817–1885); 1838 Lehrer am Basler Missionsseminar, 1839 Repetent, dann PD Erlangen, 1843 ao., 1846 o. Prof. Marburg, 1847 Anschluss an die Katholisch-apostolische Gemeinde, 1849 Verzichtet auf den Lehrstuhl. **92**
Toller, Ernst (1893–1939); 1914 Kriegsfreiwilliger, seit 1917 Studium München, führend an der Ausrufung der Münchner Räterepublik beteiligt, nach deren Niederschlagung inhaftiert, danach Schriftsteller, 1933 Emigration in die USA. **112**
Toureille, Pierre Charles (1900–1976); 1924 Pfr. Bordeaux, 1928 Congénies, 1934 Béziers, Generalsekretär des Weltbund für internationale Freundschaftsarbeit der Kirchen in Frankreich, 1940 Seelsorger für die protestantischen Flüchtlinge in Frankreich, 1946 Studium Prag, 1947 Pfr. in den USA, 1955 Missionar Belgisch Kongo, 1960 Lehrer in der Schweiz, 1964 Missionsdirektor Morges, 1973 i. R., Gerechter unter den Völkern. **327**
Turner, Audrey; Mitarbeiterin des Germany Emergency Committee. **251**

Ungnad, Joachim (1873–1942); 1903 Pfr. Niederwuschnitz, 1906 Diakon Zwickau, 1913 Vereinsgeistlicher der IM Berlin, 1916 Pfr. Berlin, 1929 Superintendent Strausberg, 1934 i. R. **22**

Veit, Friedrich (1861–1948); als Oberkonsistorialrat seit Juli 1917 Leiter der Evang.-Lutherischen Kirche in Bayern, seit 1921 als Kirchenpräsident, 1933 Rücktritt, seit 1917 Mitherausgeber der »Neuen Kirchlichen Zeitschrift«. **32, 38, 129**
Vogt, Paul (1900–1984); 1927 Pfr. Ellikon, 1929 Walzenhausen, 1933 Gründer des Sozialheims »Sonneblick« Walzenhausen, 1936 Pfr. Zürich-Seebach, 1937 Gründer des Schweizerischen Evang. Hilfswerks für die BK in Deutschland u. Leiter der Fürsorgekommission des Hilfswerkes, 1943 Evang. Flüchtlingspfr. der Schweiz, 1945 Mitglied der ökumenischen Flüchtlingskommission, 1947 Pfr. Grabs, 1951 Dekan Rheintal-Werdenberg-Sargans, 1952 Präsident der Evang. Lehranstalt Schiers-Samedan, 1958 Pfr. Degersheim. **159**

Weber, Friedrich (1892–1955); Tierarzt, 1921 Mitglied im Freikorps Oberland, 1923 Teilnahme am Hitler-Putsch, 1927 Amtstierarzt, 1933 politischer Adjutant im Bayrischen Innenministerium, 1934 »Reichsführer der Deutschen Tierärzte«, 1934 Ministerialrat im Reichsministerium des Innern, 1936 Ministerialdirektor. **81**
Weichlein, Julius (1898–1978); 1925 Pfr. Rödelsee, 1933 Vereingeistlicher u. Geschäftsführer des Landesvereins für die IM in Bayern, 1945 Pfr. Mühldorf, 1958 Kirchenrat, 1964 i. R. **47 f., 58, 161–163**
Weinicke, Hans (1894–1972); 1922 Pfr. Nürnberg (Wöhrd II/St. Bartholomäus), 1951 Nürnberg (St. Bartholomäus I). **39**
Weiss, Christina (1903–?); Ehefrau von Moritz Weiss, 1939 Emigration nach Ungarn. **263–267**
Weiss, Edith (1925–?); Tochter von Moritz Weiss, 1939 Emigration nach Ungarn. **263–267**

Ortsregister